Antje Heimsoeth

Erfolg beginnt im Kopf

SPORTMENTAL Training

DIE ERFOLGS-methode

pietsch

Einbandgestaltung: grafik + design Kornelia Erlewein

Titelbild: Rocksweeper/Shutterstock

Rückseite: (von li. nach re.): Getty/Onne van der Wal; Getty/BERTRAND GUAY/Kontributor; Getty/Alex Grimm/Staff

Bildnachweis: ai-generated/Pixabay.com & Antje Heimsoeth: 103, 205; Alliance/fotolia.com: 250; M Anchels/fotolia.com: 181; Walter Andre: 15 (u.), 74, 75; Robert Betuker: 14 (o.), 211; Orhidea Briegel: 255; Oskar Brunner: 7 (o. r.), 180, 238, 245, 249; Oskar Brunner & Antje Heimsoeth: 238; Anja Burkel: 94 (o. l.); Matthias Capizzano: 5 (o. r.), 77, 115; Matthias Capizzano & Antje Heimsoeth & Kerstin Diacont: 146; DSV: 9 (u.); Kerstin Diacont: 20 (o.), 23 (o.), 25, 38, 39, 48, 59, 68, 78, 81, 94 (o. r.), 128, 133, 134, 137, 139, 161, 174, 175, 177, 179, 184, 187, 193, 194, 195; Kerstin Diacont & Antje Heimsoeth: 163, 164, 166, 167; Kerstin Diacont & michanolimit/fotolia.com: 157; Armin Emrich: 12 (u.), privat; Manfred Esser: 8 (Oliver Kahn); Daniel Fessl: 171; Dominik Fessl: 14 (u.); Foto Winkler, Bad Endorf: 12 (o.), 13 (u.); fredredhat/fotolia.com: 130; fresnel6/fotolia.com: 141; Frank Föhlinger & Antje Heimsoeth & Kerstin Diacont: 102 (linke Spalte); GoodMood/Fotolia.com: 214; Good Mood/fotolia.com & Kerstin Diacont & Antje Heimsoeth: 102, rechte Spirale; gstockstudio/fotolia.com: 4 (o. li.); gstockstudio/Fotolia.com, Antje Heimsoeth: 104; Regina Häusl-Leins: 13 (o.), privat; Antje Heimsoeth: 108, 111, 117 (u.), 151, 155, 158, 160, 188, 198, 206, 208, 224, 236; Antje Heimsoeth & Kerstin Diacont: 22, 24 (o/u.), 26, 41, 45, 49, 50, 52, 55, 62, 63, 65, 83, 86, 96, 97, 98, 105, 106, 109, 112, 145, 153, 156, 182, 186, 215, 218, 248; IPSM GmbH: 3 (o. r.), 204; iStock_00000678309 medals: 40; istock/Andrew Howe: 233; Elisabeth Kellerer: 5 (o. l.), 159; Marinus Kraus privat: 32, privat; Wolfgang Mader: 61, privat; Marem/fotolia.com: 240; Maridav/fotolia.com: 71; massimhokuto/fotolia.com: 217; MSA GmbH: 6 (o. r.), 11 (u.), 127, 209; M-WoGi/fotolia.com: 125; Sergey Peterman/fotolia.com: 6 (o. l.), 148; Pexels.com & Antje Heimsoeth & Kerstin Diacont: 101; picture alliance/Actionplus: 232; picture alliance/Patrick Seeger/dpa: 230; Pixabay.com: 7 (o. l.), 67, 119, 136, 147, 150, 173, 190, 210, 223, 229, 235; Pixabay.com & Antje Heimsoeth: 89, 90 (o./u.), 149, 168, 196; Pixabay.com & Antje Heimsoeth & Kerstin Diacont: 35, 80; Michael Rauschendorfer: 29, 100; Dietmar Reker: 9 (o.), 21 (u.), 117 (o.), 202; Tatjana Scheidt-Butterfly Photography: 16; Tatjana Scheidt-Butterfly Photography & Antje Heimsoeth: 87; shootingankauf/fotolia.com: 37; Alex Stiller: 10 (o.); TIWAG-Tiroler Wasserkraft AG: 3 (o. l.), 8, 11 (o.), 28, 33, 34, 46, 120, 226, 228; Geraldine Tröger: 10 (u.); Valeriy Veikov/fotolia.com & Kerstin Diacont: 19; Sandra Volk: 4 (o. r.); Christian Wydra: 12, 15 (o.), privat

ISBN 978-3-613-50981-8

3. überarbeitete und erweiterte Auflage 2024

Sie finden uns im Internet unter www.pietsch-verlag.de

Lektorat: Susanne Fischer, Ulrike Ruh, Niko Schmidt
Innengestaltung: Kerstin Diacont
Druck und Bindung: Graspo ZC 76303 Zlín
Printed in Czech Republic

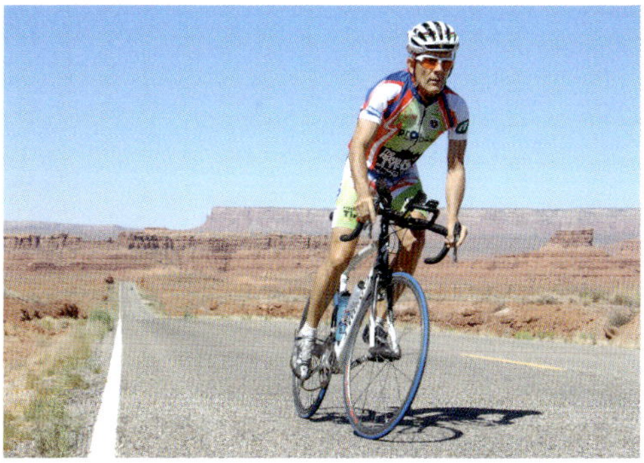

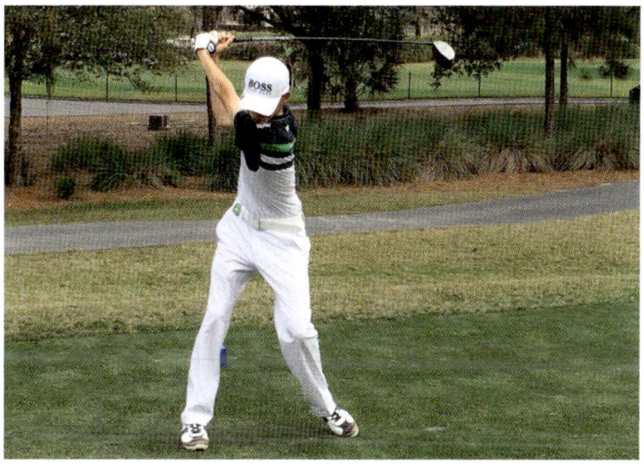

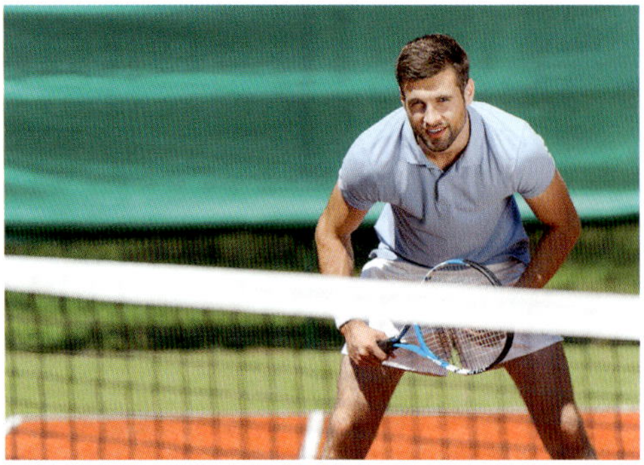

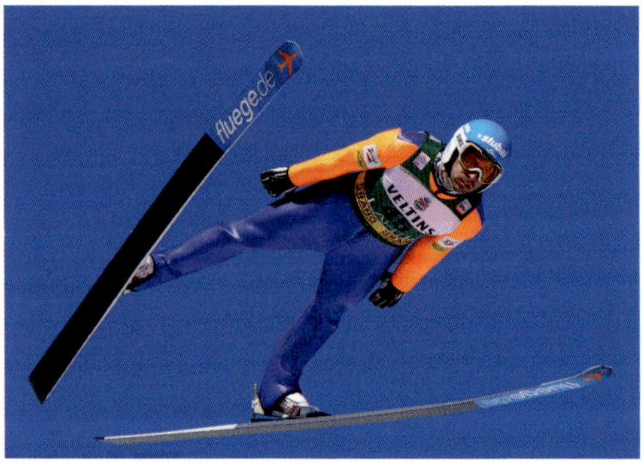
fluege.de
VELTINS

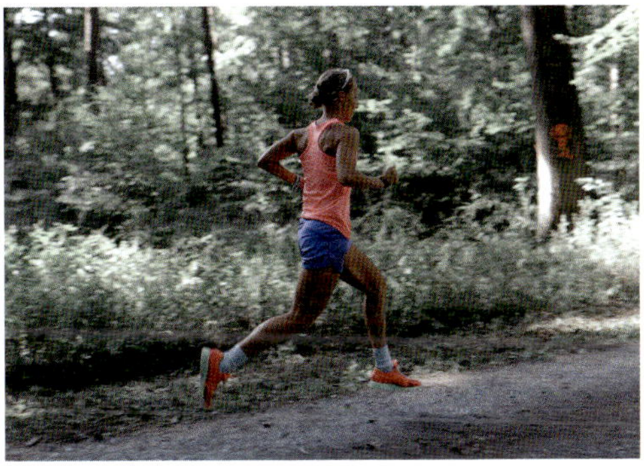

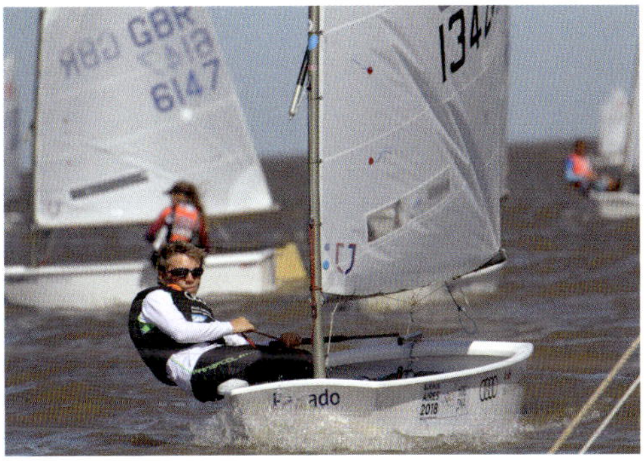
GBR
6147
ado

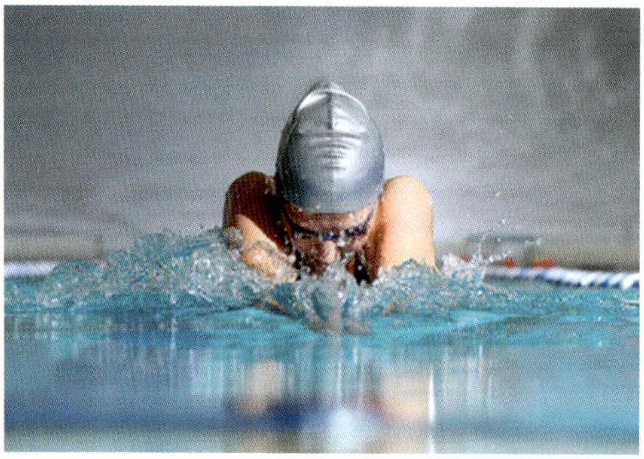

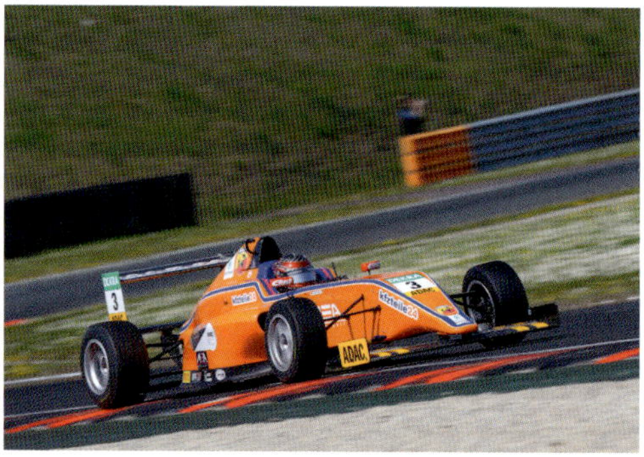

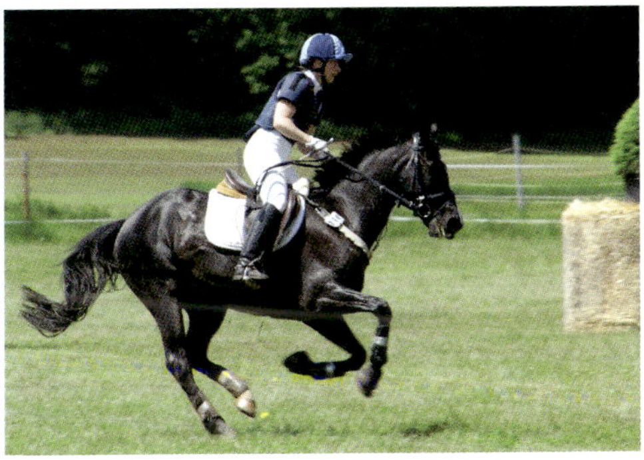

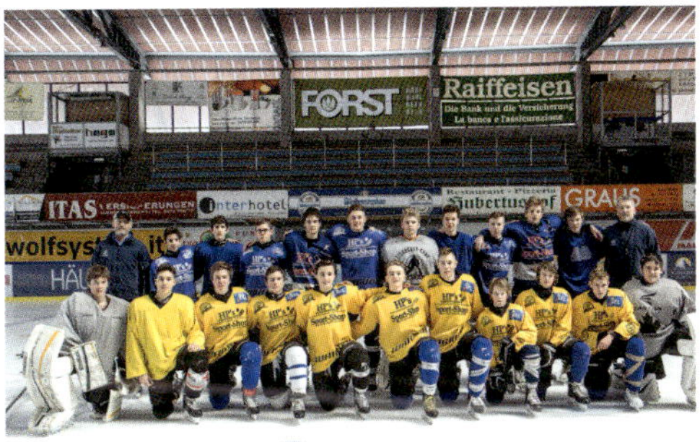
FORST
Raiffeisen
ITAS
interhotel
GRAUS

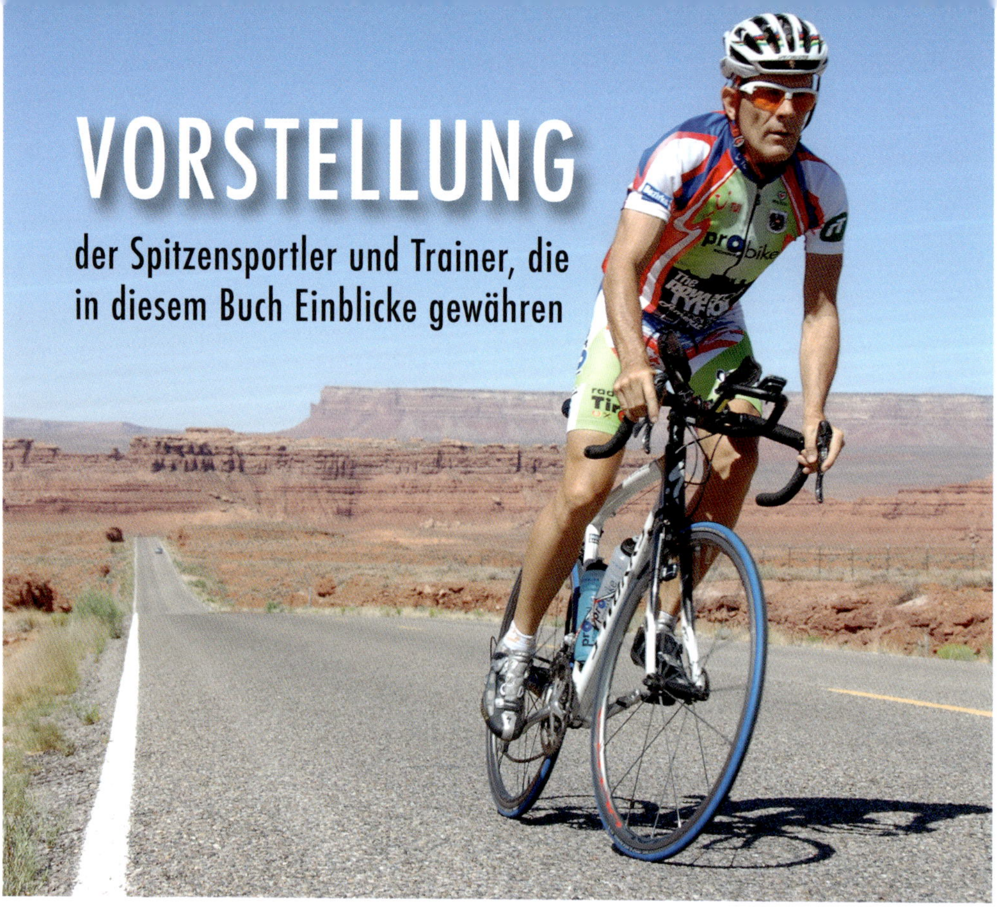

VORSTELLUNG

der Spitzensportler und Trainer, die in diesem Buch Einblicke gewähren

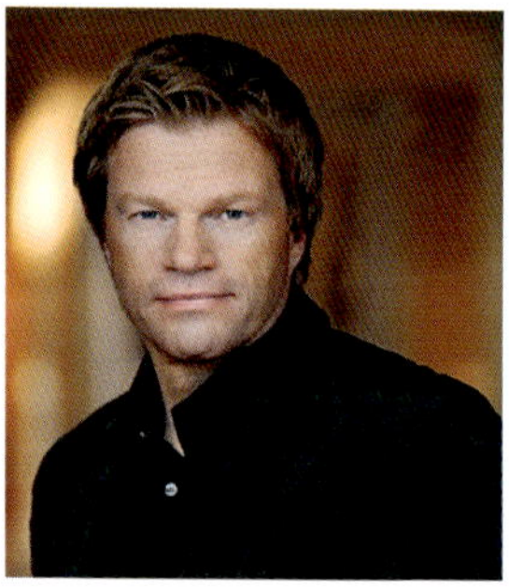

» Oliver Kahn

»Es gab immer bessere Talente, also musste ich versuchen, mich auf eine andere Art durchzusetzen. Es war schnell klar, dass beim Torhüter der Kopf eine ganz entscheidende Rolle spielt.«

Er ist eine weltbekannte Torwartlegende. Kaum einer hat mehr gekämpft auf dem Platz als Oliver Kahn, der »Titan«. Mit dem FC Bayern München wurde der gebürtige Karlsruher achtmal Deutscher Meister, sechsmal DFB-Pokal-Sieger und gewann 2001 die Champions League. Dreimal trug er den Titel »Welttorhüter des Jahres«. Dass er 2002 bester Spieler und Torhüter der Weltmeisterschaft war, zählt er selbst zu seinen größten Erfolgen. Seit dem Ende seiner sportlichen Karriere 2008 ist Oliver Kahn als Fußballexperte für das ZDF bei Länderspielen und der Champions League im Einsatz. Als Buchautor und Redner beschäftigt er sich mit den Themen Führung und Motivation. Mit der Oliver Kahn Stiftung unterstützt der 1969 in Karlsruhe Geborene den weltweiten Aufbau von Bildungszentren für sozial benachteiligte Kinder und Jugendliche. Ende 2011 hat Oliver Kahn sein Studium der Betriebswirtschaftslehre erfolgreich mit dem Titel »Master of Business Administration« abgeschlossen. Er hat drei Kinder und lebt in München.

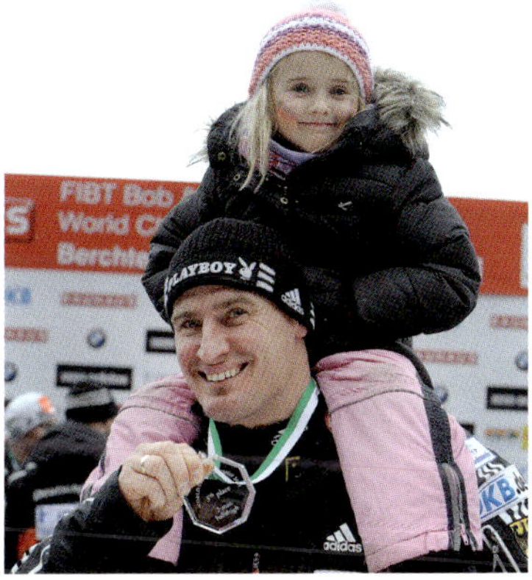

» Karl Angerer

»Ein guter Trainer macht immer verschiedene Fehler, ein schlechter Trainer macht immer wieder den gleichen. Man muss sich eingestehen, wenn man vielleicht nicht auf dem richtigen Weg ist.«

Der ehemalige Bobpilot begann seine sportliche Karriere 1999 im Alter von 19 Jahren. Zwölf Jahre später gewann er im Viererbob den Vizeweltmeistertitel auf seiner Heimbahn am Königssee, sein schönstes und erfolgreichstes Erlebnis im Eiskanal. Karl Angerer schaffte es mit seinem Team bis an die Weltspitze, stand mehrfach auf dem Podest und nahm 2010 auch an den Olympischen Spielen in Vancouver teil. Im selben Jahr holte er sich im Zweierbob seinen ersten deutschen Meistertitel in Winterberg. Der Sportsoldat studiert derzeit noch an der Trainerakademie des Deutschen Olympischen Sportbunds in Köln für seine neue Tätigkeit als Trainer. Der 1969 in Karlsruhe Geborene betreut bereits als Landestrainer in Bayern den Nachwuchs. Karl Angerer ist verheiratet und lebt mit zwei Kindern in Markschellenberg bei Berchtesgaden.

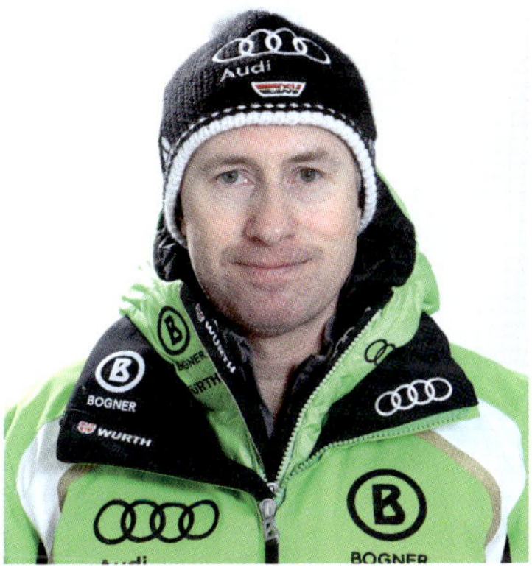

» Thomas Braun

»Ein Trainer muss das vorleben, was er fordert, also authentisch bleiben. Das ist ganz, ganz wichtig.«

Als Technischer Leiter Ausbildung beim Deutschen Skiverband (DSV) kümmerte sich Thomas Braun sowohl um die Skilehrerausbildungen als auch um die Trainerausbildungen. Er hat bis 2003 als Trainer Ski Alpin die Damen im Nachwuchs und im Europacup betreut, danach bis 2010 die Herren in den gleichen Bereichen. Dort verzeichnete er in der Saison 2007/2008 die erfolgreichste Europacup-Saison der DSV-Herren seit vielen Jahren. Im Slalom-Herrenbereich schaffte es ein Athlet seiner Mannschaft in die Top 3 der Europacup-Slalomwertung. Auch heute noch begleitet der Ausbildungsleiter bei Europacup- und Weltcuprennen die Herren in den Disziplinen Super-G und Abfahrt als Trainer. Thomas Braun lebt mit seiner Lebenspartnerin und zwei Kindern in Unterhaching bei München.

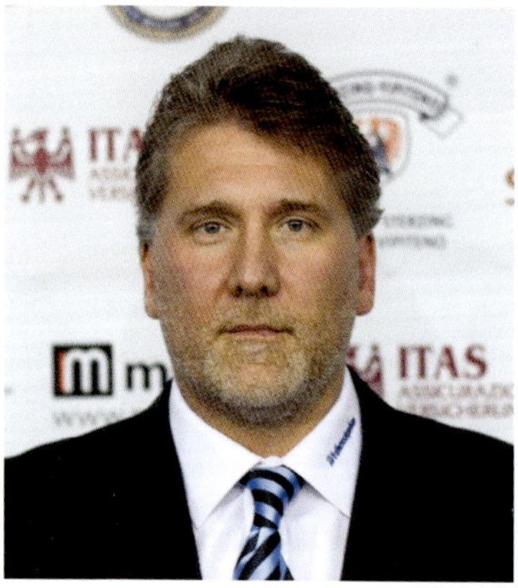

» Michael (Mitch) Pohl

»Meine Philosophie ist es, den Spielern zu helfen, ihre Ziele zu erreichen, und nicht Spieler zu benutzen, um meine Ziele zu verwirklichen!«

Meistertitel sind Michael Pohl vertraut. Schon als junger Eishockeyspieler heimste er mit dem SB Rosenheim Titel ein, wurde dann Nationalspieler und spielte 16 Jahre lang als Profi in der 1. Bundesliga/Deutschen Eishockey Liga. Der gelernte Bankkaufmann (IHK) und Sportfachwirt (IHK) absolvierte dort bis zum Jahr 2000 655 Spiele und wurde 1987 sogar von den New Jersey Devils (NHL) gedraftet. Seine erfolgreiche Laufbahn setzte der 1968 Geborene auch als Trainer fort: Mit den Senioren der Löwen Waldkraiburg holte er 2011 den Meistertitel der Landesliga Südwest sowie den Bayernkrug und wurde dann als Nachwuchs-Cheftrainer der Sterzing Broncos mit der U20 2012 Italienmeister. Diesen Meistertitel gewann er 2013 auch mit der U16, 2014 mit der U14 und 2015 sogar im Doppelpack mit der U18 und U20 der Sterzing Broncos Jr. Michael Pohl ist verheiratet, hat zwei Kinder und lebt sowohl in Rosenheim als auch in Sterzing.

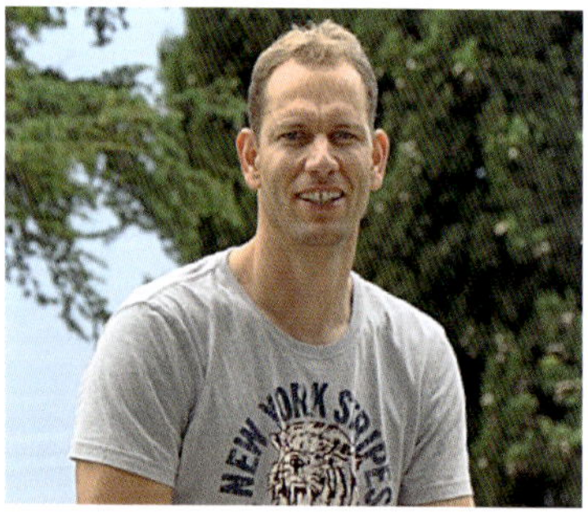

» Christian Tröger

»Erfolgreiche Sportler verfolgen ihre Ziele oftmals fokussierter und sind es gewohnt, auch aus Niederlagen positive Energie zu schöpfen.«

Christian Tröger war fünf Jahre alt, als er mit dem Schwimmen als Vereinssport begann. Der ehemalige Nationalschwimmer blickt auf zahlreiche Erfolge zurück. Im australischen Perth wurde er 1991 Weltmeister, im World-Cup 1993 und 1996 Gesamtsieger im Freistil-Sprint. Sein schönstes Erlebnis sei seine erste Olympiamedaille gewesen, sagt Tröger. Er gewann bei den Olympischen Spielen in Barcelona 1992 und in Atlanta 1996 insgesamt dreimal Bronze, in Sydney 2000 belegte er den vierten Platz. Außerdem wurde er 1996 Europameister und 1997 erneut Weltmeister im schwedischen Göteborg. Weitere Medaillengewinne bei Europameisterschaften untermauern seinen sportlichen Erfolg. Der promovierte Diplom-Kaufmann ist heute selbstständig mit einer Unternehmensberatung, die sich um den strategischen Markenaufbau sowie die Kommunikation kümmert. Gemeinsam mit einem weiteren Olympiaschwimmer betreibt der 1969 in München geborene Tröger erfolgreich eine Schwimmschule für Kinder und Erwachsene. Christian Tröger lebt mit Frau und Kind in einem südlichen Vorort von München.

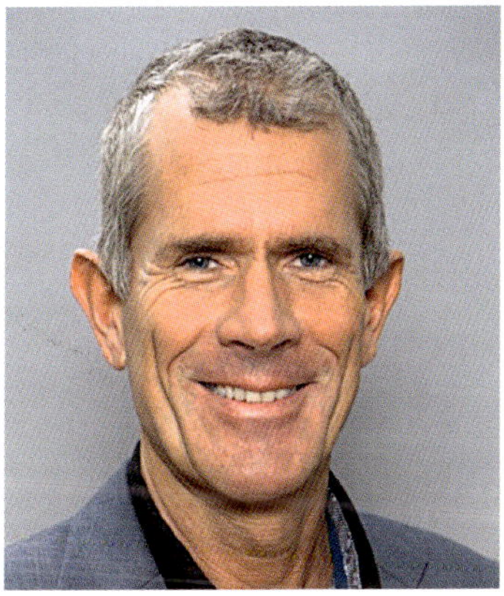

» Wolfgang Mader

»Wenn man an ein Ziel wirklich glaubt, es wirklich vom Innersten her erreichen will und einem das entsprechend viel wert ist, wird man den Preis (nicht unbedingt monetär), den man auf dem Weg zum Ziel zahlen muss (Schmerzen, Verletzungen, Stürze, Entbehrungen, Anstrengungen, Verzicht auf andere Dinge, Gegenwind und Unverständnis anderer etc.), gerne zahlen und sein Ziel erreichen.«

Der österreichische Extremsportler hat viele Erfolge als Radrennfahrer gefeiert; je härter das Rennen, desto größer ist Maders Ehrgeiz. Zu seinen größten Erfolgen zählen neben dem 3. Platz und Altersklassensieg bei der Ultraradmarathon-WM 2010 in Graz sein Weltrekord 2011, als er 25.346 Höhenmeter in 48 Stunden überwand, sowie seine Teilnahme am »Race Across America«, dem schwersten, härtesten und längsten Radrennen der Welt, wo er 2012 auf Anhieb den 15. Platz von 41 gestarteten Fahrern belegte. Gleich im Jahr darauf fuhr er mit mehreren Knochenbrüchen das längste und härteste Mountainbike-Rennen der Welt, die »Crocodile Trophy« durchs australische Outback. Den Lebensabschnitt der Radrennen hat Wolfgang Mader für sich beendet, heute widmet er sich als Trainings- und Abenteuerpartner seinen sibirischen Huskys. Wolfgang Mader ist als Leiter der Unternehmenskommunikation bei einem Tiroler Energieversorgungsunternehmen tätig. Wolfgang ist verheiratet, hat drei Kinder und lebt im österreichischen Zirl.

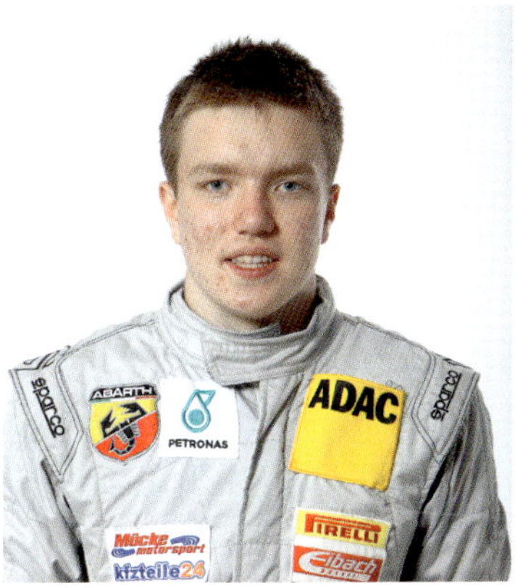

» Benjamin Mazatis

»Meine größte Stärke liegt darin, dass ich bereit bin, mehr als andere für den Erfolg zu kämpfen, und daran noch meinen Spaß habe, mich selbst und meinen Körper zu bezwingen.«

Der Motorsport-Youngster aus Bruckmühl überzeugt seinen Rennstall, das Berliner »Mücke Motorsport Team«, vor allem durch seinen Fahrstil und die Fähigkeit, Anweisungen seines Ingenieurs gut umsetzen zu können. Erste Einsätze in der neuen ADAC Formel 4 meisterte der Formel-Rookie 2015 souverän. Als einer von 18 jungen ausgewählten Teilnehmern an der »McLaren Performance Academy«, dem Nachwuchskader für die Formel 1, hat sich der damals 16-jährige 2014 nach kurzer Zeit einen Platz unter den Top 5 gesichert. Bei Team Challenges war er mit seinem Team bereits regelmäßig Sieger. Für 2015 sind es neben Benjamin Mazatis noch drei weitere Fahrer, die in der nächsten Stufe des McLaren-Ausbildungsprogramms »MPA-15« intensiv weiter gefördert werden. Seine ersten Rennerfahrungen machte Mazatis im Alter von sechs Jahren im Kartsport. 2011 nahm er als einer der Jüngsten an einem Testwochenende des Formel BMW Talent Cup auf einer Grand-Prix-Strecke teil, 2012 belegte er mit 14 Jahren beim Shoot-out der von BMW Motorsport organisierten Formelsport-Einstiegsserie den zweiten Platz.

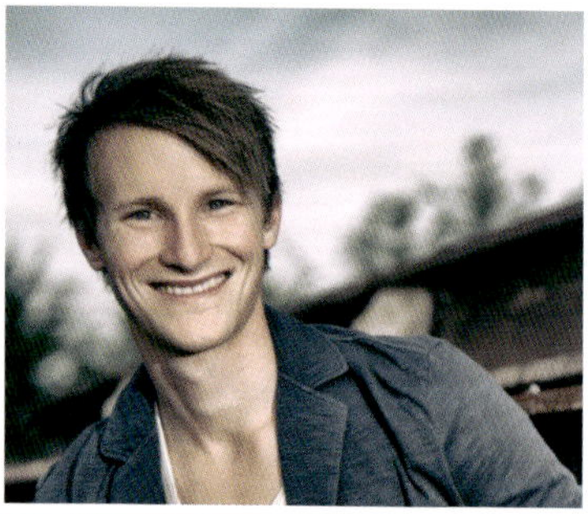

» Marinus Kraus

»Mentale Vorbereitung trägt dazu bei, dass ich meine bestmögliche Leistung erbringe.«

Im Jahr 2013 wurde der ehemalige Skispringer Marinus Kraus für die Weltcupmannschaft nominiert und gewann im selben Jahr die deutschen Meisterschaften auf der Großschanze in Oberstdorf. Bei den Olympischen Spielen 2014 in Sotschi holte der im Februar 1991 Geborene im Teamspringen Gold für Deutschland, nachdem er im ersten Durchgang mit einem Sprung über 136,5 Meter bereits die Weichen dafür gestellt hatte. Der gebürtige Oberaudorfer ist Polizeiobermeister bei der Bundespolizei und lebt in Rosenheim.

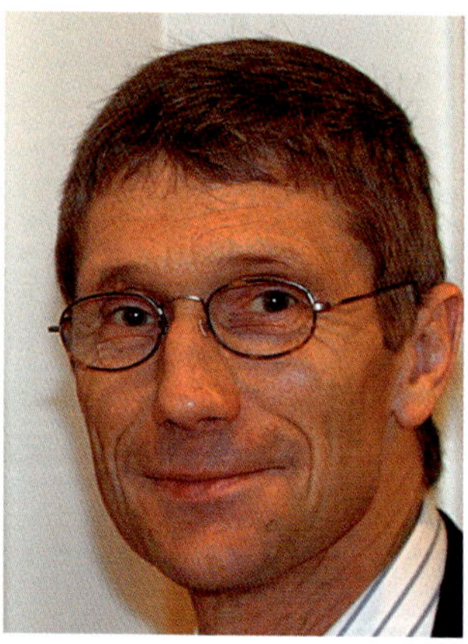

» Armin Emrich

»Ein Trainer muss in der Lage sein, die Beziehungsebene und Motivation auf hohem Niveau zu halten, und er muss jeden einzelnen Typen in der Heterogenität seiner Mannschaft am Nerv treffen.«

Von Anfang 2005 bis Anfang 2009 war Armin Emrich Trainer der deutschen Handballnationalmannschaft der Frauen. Bei der WM 2007 in Frankreich erreichte er mit seinem Team den dritten Platz. Im Laufe seiner langjährigen Trainerkarriere betreute der ehemalige Handball-Nationalspieler Spieler und Spielerinnen von den Minis bis zu den Nationalmannschaften der Männer und der Frauen. Heute arbeitet Emrich in der Trainer- und Lehrerfortbildung. Zu seinen Schwerpunkten zählt die Wirkung von Sport auf die sogenannten exekutiven Funktionen, nämlich die Gedächtnisleistung, Inhibition und kognitive Flexibilität. Armin Emrich ist verheiratet, hat vier Söhne und lebt in Schwanau.

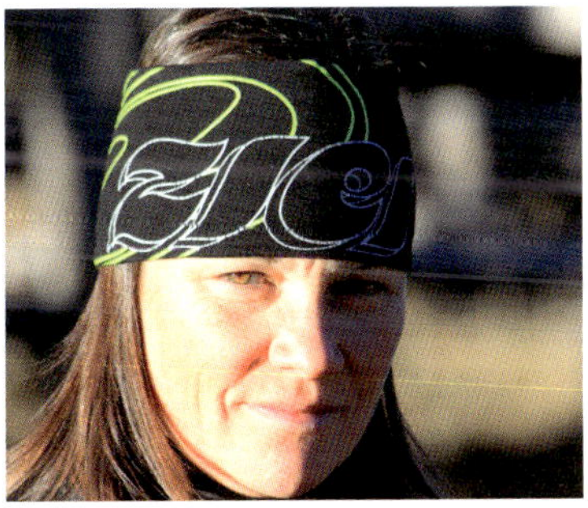

» Regina Häusl-Leins

»Das Wissen, optimal vorbereitet zu sein, ist für mich ein sehr wichtiger Faktor, um konzentriert, fokussiert und mit der richtigen inneren Gelassenheit arbeiten zu können.«

Zu den größten sportlichen Erfolgen der ehemaligen deutschen Skirennläuferin zählt ihr Sieg im Abfahrtsgesamtweltcup in der Saison 1999/2000 und ihr Weltcupsieg im Abfahrtslauf in Cortina 1993 als bis dahin jüngste deutsche Athletin. Regina Häusl wurde 1992 gleich zweimal Juniorenweltmeisterin, im Super-G und im Riesenslalom, und erfuhr sich insgesamt 13 Podestplätze im Weltcup, in der Abfahrt und im Super-G. Sie beendete ihre Ski-Karriere verletzungsbedingt im Februar 2005. Die im Dezember 1973 in Bad Reichenhall Geborene ist als europaweit einzige Frau ausgebildete Polizeiberg- und Skiführerin. Regina Häusl-Leins lebt mit Mann und Tochter in Schneizlreuth.

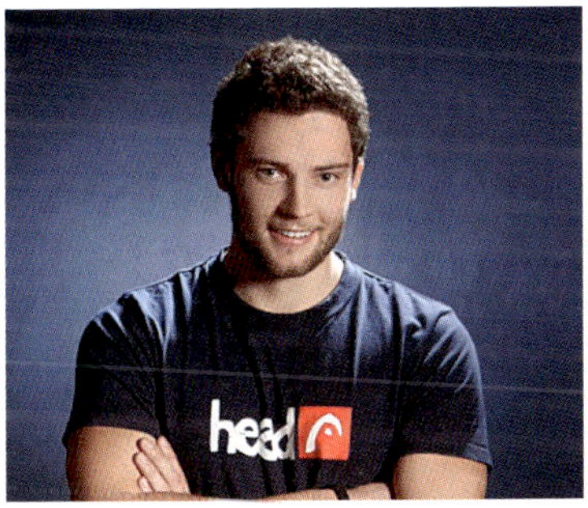

» Paul Eckert

»Kopfkino durch die Helmkamera – so stell ich mir die ideale Fahrt vor.«

2015 fuhr der im Jahr 1990 geborene Freestyle-Skier im schwedischen Are mit Platz drei erstmals in seiner Karriere als Skicrosser aufs Weltcup-Podium. Das gelang dem WM-Vierten im französischen Megève beim letzten Rennen des Winters erneut. Paul Eckert ist Polizeimeister bei der Bundespolizei und lebt in München und Samerberg.

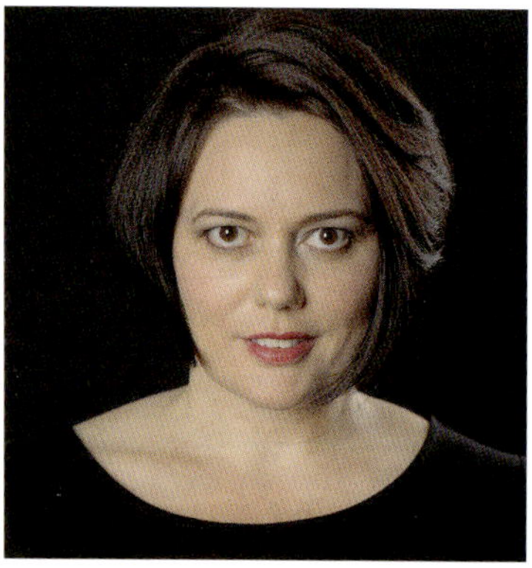

» Rita König

»Niederlagen und Scheitern gehören zum Leben dazu. Sie sind ein Teil unserer Lebensgeschichte. Ich habe durch meine Sportart lernen müssen, dass ich erst viele Gefechte verlieren muss bis ich eine Meisterschaft gewinnen kann.«

Rita König war Geschäftsführerin der Sport-Marketing Tauberbischofsheim GmbH und vielfach ausgezeichnete Florett-Fechterin. Bei den Olympischen Spielen 2000 in Sydney gewann sie zwei Medaillen für Deutschland. Darüber hinaus ist sie zweifache Weltmeisterin und mehrfache deutsche Meisteriin.
Nach einem überraschenden Comeback bei Future Fencing Werbach gewann König bei den Deutschen Fechtmeisterschaften 2019 im Alter von 42 Jahren die Goldmedaille mit der Florett-Mannschaft.

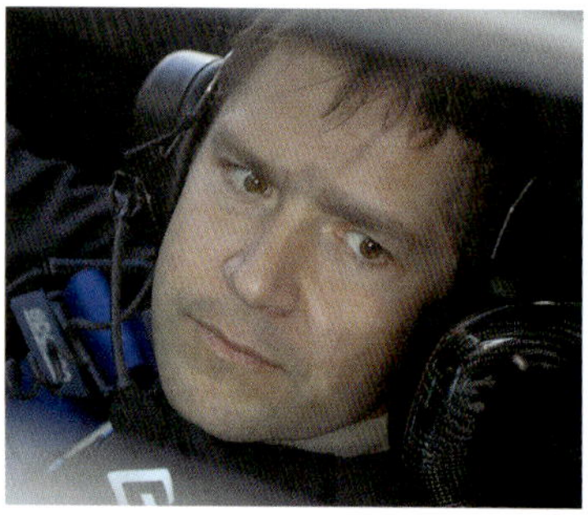

» Bernhard Ettel

»Let your faith be bigger than your fears. (Lass deinen Glauben größer sein als deine Angst.)«

Profi-Rallye, Co-Pilot. Der Rallyesport findet meistens über mehrere Tage verteilt auf einzelne Etappen auf befestigten oder unbefestigten Straßen statt. Es werden hier keine Runden gefahren, wie im normalen Rennsport üblich, sondern es wird von Punkt A nach Punkt B so schnell wie möglich die Strecke zurückgelegt. Der Beifahrer spielt im Rallyesport eine sehr große Rolle. Er ist dafür zuständig, dass der Fahrer immer zur richtigen Zeit die Zeitkontrollen passiert und den richtigen Weg findet. Zudem muss er bei Sonderprüfungen die richtige Strecke ansagen, die sie als Team Tage zuvor besichtigt haben und in Form von Abkürzungen zu Papier gebracht haben. Mit diesen Abkürzungen beschreibt der Beifahrer dem Fahrer während der Fahrt den weiteren Streckenverlauf bei der Sonderprüfung. So kann sich der Fahrer ausschließlich auf das Steuern des Fahrzeuges konzentrieren; er muss den Anweisungen seines Beifahrers mehr oder weniger blind vertrauen. Nur ein top eingespieltes Team wird im Rallyesport erfolgreich sein.

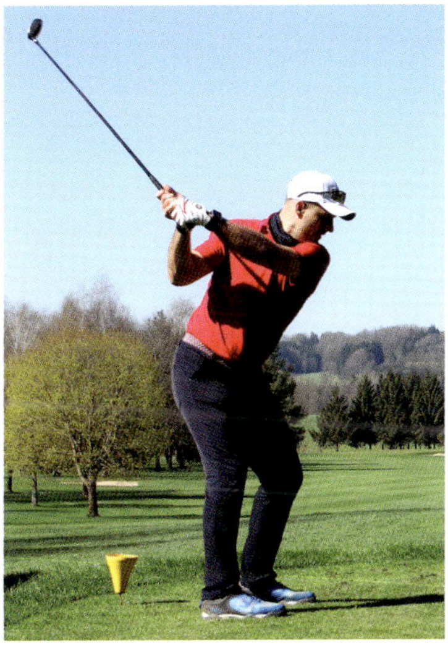

» Christian Wydra

»Ohne emotionale Kontrolle, Konzentration, Durchhaltevermögen und somit mentaler Souveränität sind individuelle Bestleistungen nicht möglich.«

»Nach dem Abitur bin ich in die Offizierslaufbahn der Luftwaffe eingetreten und habe die Ausbildung zum Jet-Piloten absolviert. Nach knapp zehn Jahren als aktiver Einsatzpilot auf dem Flugzeugmuster TORNADO, bin ich als Unternehmensberater im internationalen Umfeld in unseren Familienbetrieb eingestiegen. Seit Ende 2016 baue ich, gemeinsam mit einem Freund und großer Leidenschaft, ein Startup-Unternehmen in der Golfbranche auf.«

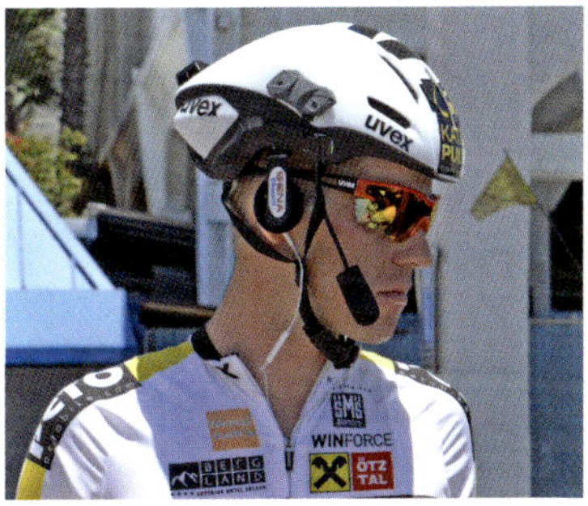

» Patric Grüner

»Für mich als Langstreckenfahrer ist das Mentaltraining gleich wichtig wie das Training auf dem Rad!«

»Ich komme aus Tirol und bin Extremradsportler! Ich fahre Radrennen, die länger als 24 Stunden dauern! Ich bin 2-facher Ultraradmarathon-Weltmeister und war beim härtesten Radrennen der Welt am Start (Race Across America 2017).

Die Interviews wurden 2015 bzw. 2018 geführt und waren bereits in der Erst- bzw. Zweitauflage dieses Buches enthalten. Alle Inhalte, auch die zur Person, sind Stand 2015 bzw. 2018.

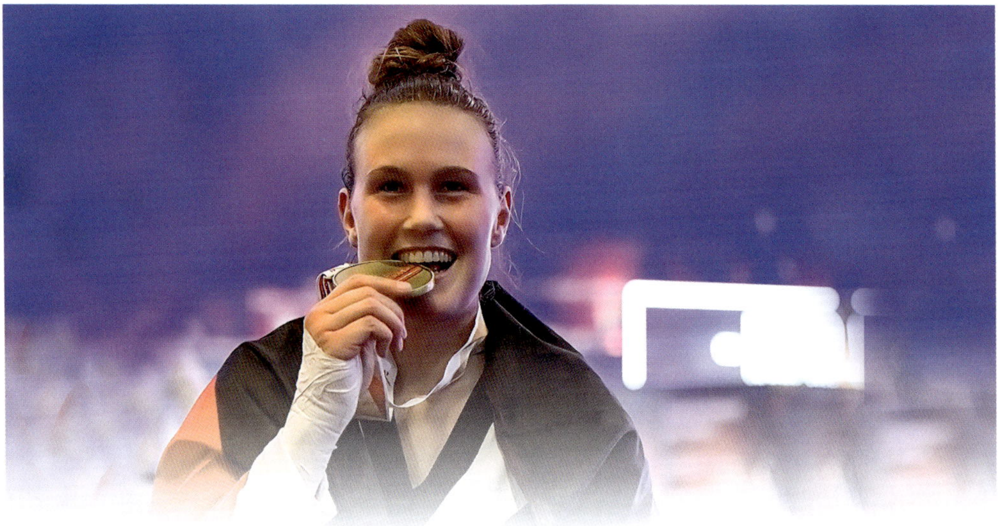

Erfolg entsteht im Kopf

Den 23. Oktober 2022 werde ich nie vergessen. Beim Grand Prix in Manchester merkte ich schon beim Aufwärmen, dass dieser Wettkampftag anders ist. Zwei Wochen vorher hatte eine andere Taekwondoin bei einem Grand Prix in der Gewichtsklasse – 49 kg – eine Bronzemedaille für Deutschland gewonnen, als erste deutsche Dame überhaupt. Das war eigentlich mein Ziel gewesen. Aber: Sie hatte nur Bronze geholt. An diesem Tag in Manchester wusste ich: Heute wird mein Tag. Ich absolvierte fünf Kämpfe. Dabei besiegte ich zwei englische Athletinnen, die vom heimischen Publikum angefeuert wurden. Und die dreifache Weltmeisterin, die ich noch nie zuvor besiegt hatte. Der Kampf gegen sie war sehr intensiv und anstrengend für meinen Kopf, weil sie dreckig kämpfte und mich zum Beispiel regelwidrig festhielt, wenn der Kampfrichter nicht hinsah. Aber ich sagte in Gedanken zu ihr: Du gehst hier nicht als Siegerin raus. Der Kampf gehört mir. Ich schaffe das! Ich war mit 7:3 Punkten in Rücklage. In der dritten Runde holte ich auf: 7:5 Punkte, dann 7:7. Dann hielt sie mich wieder fest, aber dieses Mal sah es der Kampfrichter. Sie kassierte einen Minuspunkt. Ich arbeitete mich auf 8:7 Punkte vor. Noch 8 Sekunden bis zum Ende. Meine Gegnerin ging voll auf mich los, aber ich blieb stabil. Ich machte keine Fehler mehr und gewann den Kampf. Das war an diesem Tag mein Durchbruch. Als ich im Halbfinale stand, war das gefühlt der einfachste Kampf des Tages für mich. Im Finale schlug ich dann die Bronzemedaille-Gewinnerin der Olympischen Spiele von Tokio. Es fühlte sich an, als hätte mich eine Wolke durchs Turnier getragen. Jeder Sieg gab mir neuen Ansporn. Und meine Trainer sagten nach jedem Kampf: Okay, Lorena, Fokus auf die nächste Gegnerin, die arbeitet so und so… Es war an diesem Tag so ein gutes Zusammenspiel zwischen meinem Heimtrainer, meinem Bundestrainer und meinem Kopf! Bei den Weltmeisterschaften in Mexiko im selben Jahr war das Stadion voll, es war laut, das pusht brutal. Umso wichtiger ist dann, dass du dich von all den Reizen nicht ablenken lässt. Kurz vorm Kampf habe ich einen Tunnelfokus. Und ich schaffte es damit, in Guadalajara die Bronzemedaille zu holen.

Dass ich dieses Vorwort schreiben darf, empfinde ich als große Ehre. Als ich Antje Heimsoeth im September 2019 begegnete, ahnte ich nicht, welchen Einfluss das auf mich nehmen wird. Antje ist eine sehr wichtige Person in meinem Leben geworden. Ich bin sehr froh und dankbar, dass sie mich auf meinem sportlichen Weg begleitet. Durch sie habe ich die Qualifikation für die diesjährigen Olymischen Spiele in Paris geschafft. Es war mein Trainer, der mir zu Mentaltraining riet – vor Wettkämpfen fiel es mir schwer, mich zu fokussieren, ich war nervös am Wettkampftag. Schon die ersten Übungen, die mir Antje zeigte, überraschten mich in ihrer Wirkung. Als ich zehn Stärken von mir notieren sollte, merkte ich nach den ersten vier oder fünf Stärken: Gar nicht so einfach wie man denkt. Doch sich meine Stärken vor Augen zu führen, half mir, daraus Sätze abzuleiten, die mich in der Wettkampfvorbereitung unterstützen. Gleichzeitig riet sie mir, negative Gedanken bewusst zu stoppen. Im hinteren Fach meiner ID-Karte, die jede Wettkampf-Teilnehmerin hat, steckt seitdem ein kleiner Zettel mit drei Sätzen: Ich bin stark. Ich bin die Beste. Die anderen haben Respekt vor mir. Und ein kleines Stoppschild. Es hilft mir, wenn mein Kopfkino in die falsche Richtung geht. Denn ich habe sofort Bilder im Kopf, wenn jemand vorm Wettkampf zu mir sagt: »Stell dir mal vor, deine Gegnerin …« Bei hinderlichen Bildern oder Gedanken hilft es mir, laut »Stopp« zu sagen, sodass mein Kopf und Körper ein klares Signal bekommen, das Gedankenkarussell oder Horrorszenarien zu unterbrechen.

Mein Bundestrainer arbeitet jetzt im dritten Jahr mit mir zusammen und sagte mir vor kurzem, er sei beeindruckt davon, wie ich mich mental auf einen Kampf vorbereite. Am Anfang war es eine komplett neue Situation für mich, beim Warmmachen Sätze laut zu mir selbst zu sagen, wenn andere um mich herum sind. Aber als ich merkte, was sie für eine Wirkung haben, verlor ich die Scheu. Ich will einfach mein Ziel erreichen. Dabei ist mir inzwischen egal, was andere in solchen Momenten von mir denken. Ich mag es, mit den Sätzen zu arbeiten, weil sie mir Erfolg bringen. Sie geben mir viel Sicherheit, das macht den Wettkampf sehr viel einfacher. Am Anfang brauchte es viel Disziplin, die Sätze immer zu wiederholen. Ich hatte viele Turniere, wo ich das ausprobieren konnte. Und dann gab es wichtige Wettkampftage, an denen es komplett funktioniert hat. Mentaltraining ist ein längerer Prozess – etwas im Training zu üben, ist anders als im Wettkampf, wo das Adrenalin dich schon pusht. Aber es gelingt mit der Zeit! Wenn ich heute nervös bin, weil ich gegen eine Top-Athletin antrete, beruhige ich mich eher und gehe mit der Einstellung in den Kampf: Du musst erstmal gegen mich gewinnen. Ich bin stolz, dass ich bis heute die einzige Deutsche bin, die Gold beim Grand Prix geholt hat und im November 2023 nochmal Bronze. Ich bin damit die einzige deutsche Taekwondoin, die zwei Medaillen hat – und bisher auch die einzige, die zu Olympia fährt.

Ich habe über das Ranking die Direktqualifikation für die Olympischen Spiele 2024 geschafft. 2021 konnte ich mich noch nicht für die Spiele in Tokio qualifizieren. Zwischen 2021 und 2024 habe ich im mentalen und im sportlichen Bereich einen Riesenschritt gemacht – dank Antje. Sie unterstützt mich bedingungslos. Die Erfahrung und die mentale Stärke sind manchmal der Schlüssel, warum wir einen Kampf gewinnen. Was man sich vorstellen kann, das kann man auch erreichen, machte mir Antje klar. Ich bereite mich schon jetzt mental auf Paris vor. Stelle mir vor, wie ich dort einlaufe und sehe mich mit einer Medaille um den Hals dort stehen. Ich habe fast alle Gegnerinnen, auf die ich dort treffen werde, bereits in anderen Wettkämpfen geschlagen. Mein Motivationsmotto lautet: Ein Ziel ist ein Traum mit Termin! Die Teilnahme an den Olympischen Spielen war immer mein Ziel. Für jeden Leistungssportler und jede Leistungssportlerin ist Olympia ein Traum – das letzte, was man erreichen kann. Mein Traum ist jetzt mein Ziel mit dem Termin 10. August 2024. Der Eiffelturm steht auf meinem Nachttisch und die Olympischen Ringe habe ich stets vor meinem geistigen Auge. So weiß ich immer, wo ich hinmuss und will.

Lorena Brandl, Februar 2024

EINFÜHRUNG IN MENTALES TRAINING

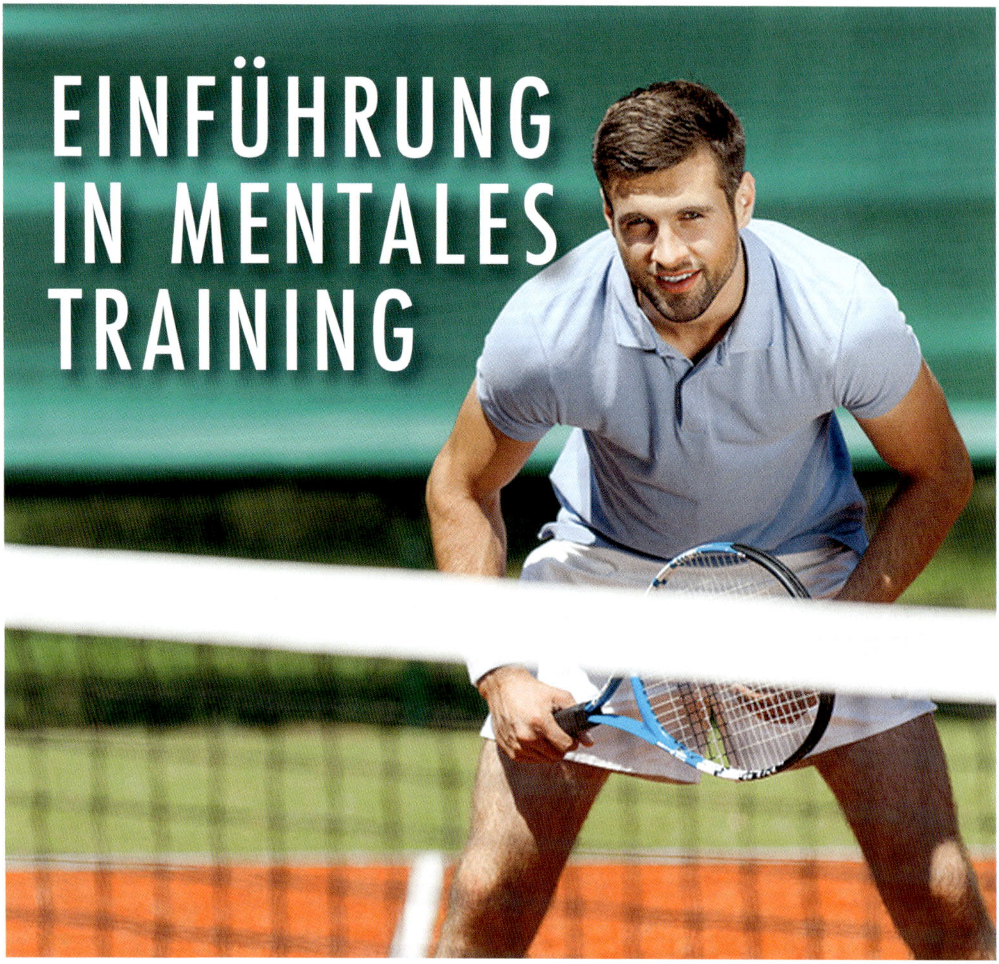

»Das Geheimnis des Erfolgs liegt darin, für die Gelegenheit bereit zu sein, wenn sie kommt.«
B. Disraeli

Sportler benötigen für gute Leistungen im Training und Wettkampf athletische, technische, taktische Fähigkeiten, körperliche Fitness, mentale und emotionale Stärke. Und natürlich brauchst du eine Basistechnik, regelmäßige Stunden mit einem (Co-) Trainer, Zeit zum Trainieren, eine Ausrüstung, Material und Geld. Und eben mentales Training.

Denn die Bewegungen eines Sportlers werden vom Gehirn kontrolliert. Als Babys lernten wir krabbeln, gehen, essen, rennen, bewusstes Sprechen etc. durch das Prinzip von Versuch und Irrtum. Als Erwachsene müssen wir nicht mehr darüber nachdenken, wie wir gehen, sprechen, Fahrrad fahren, Treppen steigen oder einen Ball werfen. Diese Prozesse laufen automatisch ab. Dein Gehirn ist ein Bio-Computer.

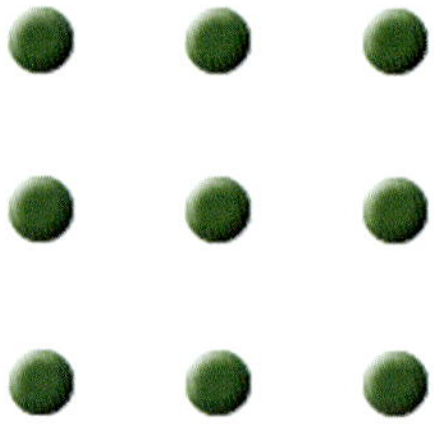

Quelle: Thomas Zerlauth, Sport im State of Excellence, 2000, S. 25

Was aber hindert uns, unsere Potenziale abzurufen?

Eine beschränkte Sicht der Dinge?

Um dir einen Eindruck zu vermitteln, was ich darunter verstehe, über die eigenen Grenzen hinauszudenken und alternative Lösungen zu entwickeln, bitte ich dich, folgende Aufgabe zu lösen.

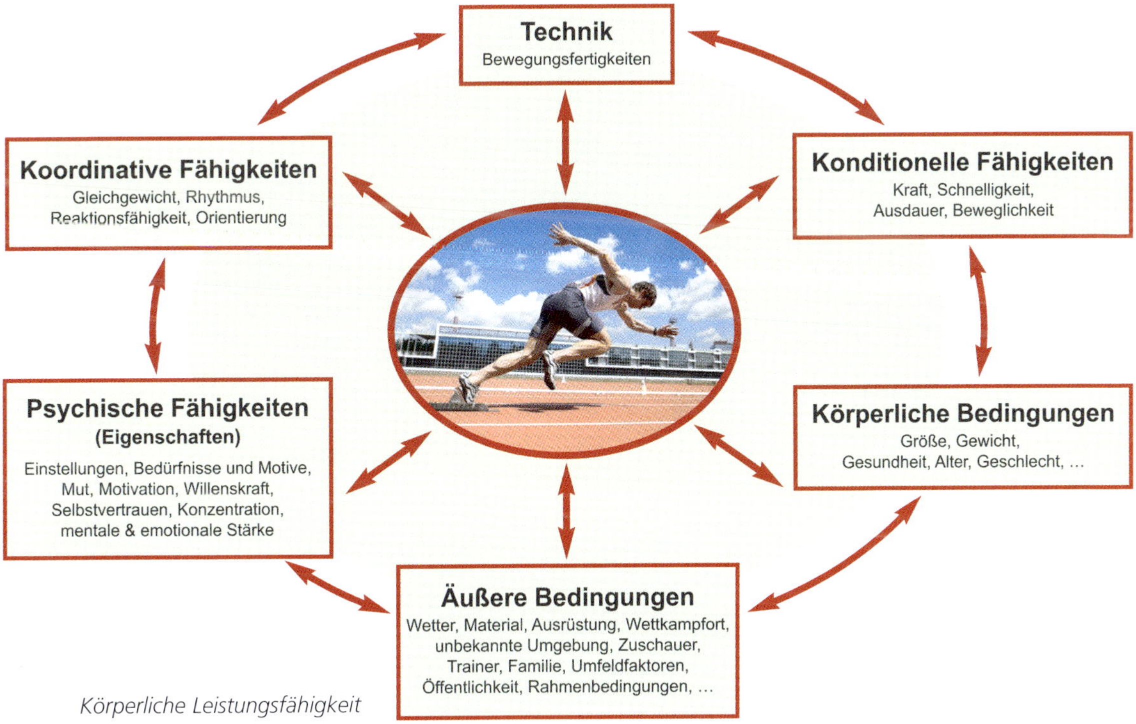

Körperliche Leistungsfähigkeit

Versuche, die links abgebildeten neun Punkte auf mit vier Linien (geraden Strichen) zu verbinden, ohne den Stift abzusetzen.
Die Lösung findest du auf Seite 39.

Viele Sportler kommen mit alten Mustern, eigenen Ansichten, Vorstellungen und Meinungen zu mir in die Sport-Mentalcoaching-Sitzung. Um etwas zu verändern, geht es darum, dass Sportler für alles, was man ihnen beibringt, offen sind, ihren Kopf freimachen und sich so lange eines Urteils bzw. einer Bewertung darüber enthalten, bis sie es eine Zeit lang ausprobiert haben. Der große Zen-Meister Shunryu Suzuki Roshi sagte: »Im Geiste des Anfängers gibt es viele Möglichkeiten; im Geiste des Experten gibt es wenige.« Wenn dein Anfängergeist offen und nicht voll ist mit vorgefassten Meinungen und Vorstellungen, ist er immer wissbegierig, zugänglich für fast alles, was kommt, und bereit, sich auf Neues einzulassen.

Ganz gleich, ob wir unseren Sport trainieren oder etwas anderes tun: Am Anfang machen wir neue Erfahrungen. Als Anfänger glauben wir nicht, dass wir bereits etwas können. Deshalb sind wir lernfähig. Aber nach einer Weile können Erfahrungen schal werden. Wir denken vielleicht, wir wüssten schon einiges, und verlieren die Motivation. Es bleibt weniger Raum für Neues. Sobald uns das bewusst wird, können wir noch einmal von vorn beginnen und zum Anfängergeist zurückkehren. Wir finden es vielleicht schwierig, uns den Anfängergeist zu erhalten. Aber es lohnt sich außerordentlich. Mit einem Anfängergeist können wir von jedem und allem lernen, dem

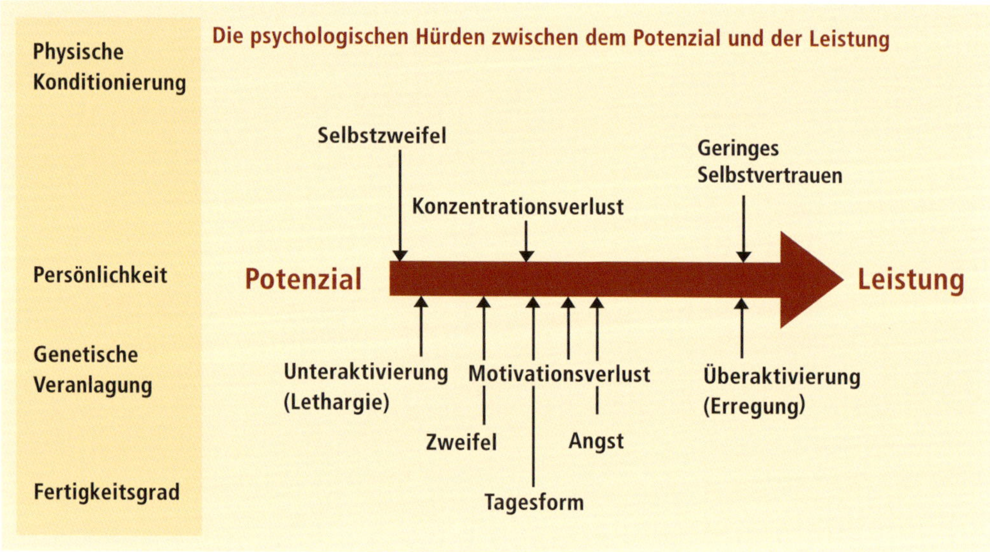

wir begegnen. Bewahre dir stets einen Anfängergeist.

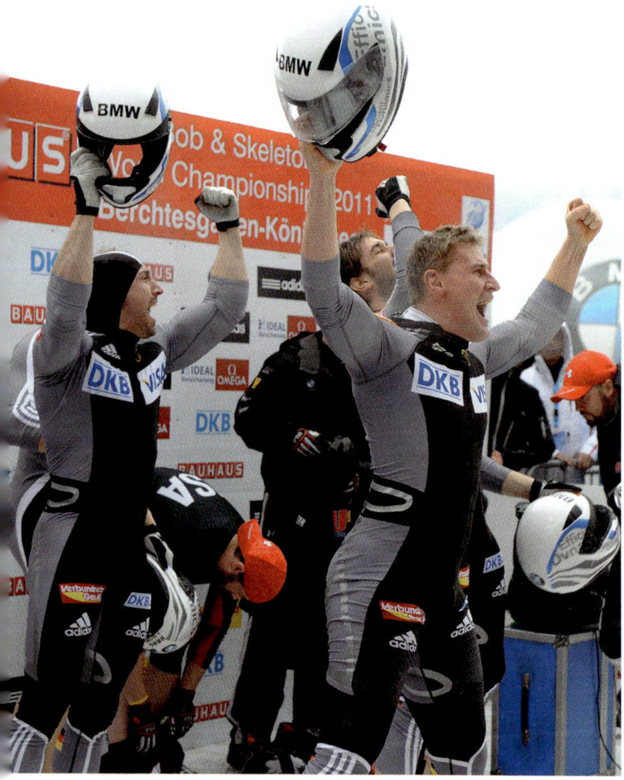

Karl Angerer mit seinem Team

Beispiele zu Störfaktoren und Problemen aus der Praxis

Karl Angerer

»Das sind bei uns Reibereien, nicht nur bei den Frauen herrscht Zickenkrieg, haben wir genauso. Man ist ja im Winter eigentlich das halbe Jahr gemeinsam unterwegs, ständig zusammen, da tauchen natürlich viele Probleme auf, wie es ganz normal und überall ist. Natürlich können diese Probleme sich dann aufschaukeln. Umso besser die Mannschaft funktioniert, umso besser die Basis ist, je besser eingeschworen die Mannschaft ist, umso schneller werden diese Dinge im Keim erstickt. Aber natürlich kann das auch ausarten und zu einer Streiterei werden. Der Bobpilot ist als Teamchef immer derjenige, der versucht, es zu schlichten, der versucht, alle wieder einzunorden und das Team wieder aufs Wesentliche zu besinnen.«

Mitch Pohl

»Störfaktoren können da einzelne Spieler sein, die sich nicht ein- oder unterordnen wollen und/oder nur ihre eigenen Ziele verfolgen (müssten dann in letzter Konsequenz entfernt werden), oder auch unrealistische Vorstellungen/Erwartungen seitens der Vor-

» Probleme ...

... bei denen ich als Mentalcoach und Motivationstrainerin im Sport angefragt werde

Aufregung vor Turnieren; keinen Spaß am Wettkampf haben; schwierige Wettkampfbedingungen; schwacher Wettkampf sitzt noch monatelang im Hinterkopf; Umgang mit Unbekanntem; Angst vor Hindernissen; Angst vor erneuter Verletzung nach Sturz; die negativen Gedanken, die seit einem Sturz im Hinterkopf immer dabei sind, verarbeiten; neue Impulse für das Training; Finden neuer Energien und Ideen; »Ich möchte mich schneller entspannen können.«; »Ich lasse mich leicht ablenken.«; Stress, enormer Druck; Mangel an Selbstvertrauen; nachlassende Konzentration; Aufbau einer Helfermannschaft/Team, die mich während des Wettkampf begleiten; Umgang mit Emotionen wie Wut, Ärger und Angst – »Ich koche manchmal vor Wut«; Angst, Fehler zu machen oder zu verlieren; »Verkrampfung«, durch Kleinigkeiten verunsichert werden; Umgang mit hohen Erwartungen; zwanghaftes Agieren; »Ich sehe Fehler als Misserfolge und nicht als Lernerfolge.«; Ich spüre Erfolgszwang.«; »Ich vermassle immer alles.«; »Ich höre auf andere, auch wenn diese das 'Falsche' sagen.«; Trainingsweltmeister; Konflikte; unregelmäßige Trainingsbeteiligung; Abwertung; Kommunikationsprobleme; nicht alle Teammitglieder sind gleichberechtigt; Versagensängste; innere Blockaden; zwischenmenschliche Probleme; Verarbeiten von emotionalen Stresserinnerungen aus Wettkampfsituationen und Niederlagen; der Sportler lässt sich durch Zuschauer, Umfeld oder sich selbst aus dem Rhythmus bringen; Schicksalsschläge; der Sportler zeigt zu viel Respekt vor großem Gegner; geringe »Frustrationstoleranz«; Leistungsdruck durch Angstgegner; Probleme im eigenen Umfeld; Umgang mit selbst erzeugtem Druck; Schwierigkeiten, sich zu motivieren; Teamzusammenstellung; sich vom Team nicht unterstützt fühlen; Gesundheitsprobleme; den Spaß auf der Rennstrecke verlieren; den Fokus auf das Wesentliche verlieren; Selbstmitleid u.v.m.

standschaft und zuletzt natürlich die Eltern, die erfahrungsgemäß nur die Interessen der eigenen Kinder im Auge haben!!!«

Mentales Training - Definitionen

mens: »Geist, Verstand, Vorstellung« (Wahrig, 2004, S. 603f).

mental: »[lateinisch] die psychischen Vorgänge (Denken und Vorstellen) betreffend.« (www.wissen.de).

men-tal: »[Adj., o.Steig.] zum Geist gehörend, den Geist betreffend, geistig, (nur) in Gedanken« (nach www.wissen.de).

Training: »['tr i-; das; englisch]
im weiteren Sinne jede organisierte Ausbildung, wie z. B. industrielle Anlernverfahren oder berufsqualifizierende Verfahren wie Verkaufstraining, Astronautentraining u. a. Die Psychologie kennt verhaltensändernde Methoden und Lernverfahren, die auch als Training bezeichnet werden, wie mentales Training, autogenes Training und observatives Training. – Im engeren Sinne spricht man vom sportlichen Training, womit allgemein die verschiedenen Maßnahmen zur zielgerichteten Leistungssteigerung und -erhaltung im Sport bezeichnet werden; wird angewendet im Leistungssport, Schulsport, Breiten- und Freizeitsport sowie in der Prävention und Rehabilitation.« (nach www.wissen.de).

»Unter mentalem Training (kurz: MT) ist die planmäßig wiederholte und bewusst durchgeführte Vorstellung einer Bewegung oder Handlung, ohne deren gleichzeitige Ausführung, zu verstehen.«
(Eberspächer, 2001)

Mentale Stärke

- Selbstreflexion, Selbstbild, Selbsteinschätzung,
- Ist-Analyse
- Stärken stärken
- Werte-Arbeit
- Die richtigen Ziele setzen und erreichen

Gedanken, Denken

- Positives und negatives Denken
- Optimismus, Pessimismus
- Gedankenkontrolle
- Die Kraft der positiven Gedanken
- Neuroplastizität
- Selbsterfüllende Prophezeiung
- Positives Selbstgespräch
- Gedankenstopp

Ergebnis- und Prozessziele

- Ressourcenarbeit
- Handlungsschritte

Entspannung und Regeneration

- Atemübungen zur Entspannung
- Ausreichend Schlaf
- Digital Detox
- Geistige Auszeit
- Progressive Muskelentspannung
- Autogenes Training
- Meditation
- Individuelle Entspannung

Selbstvertrauen und Selbstwert

- Fokus und Ziele
- Selbstakzeptanz, Selbstannahme
- Eigenverantwortliches Leben
- Persönliche Integrität

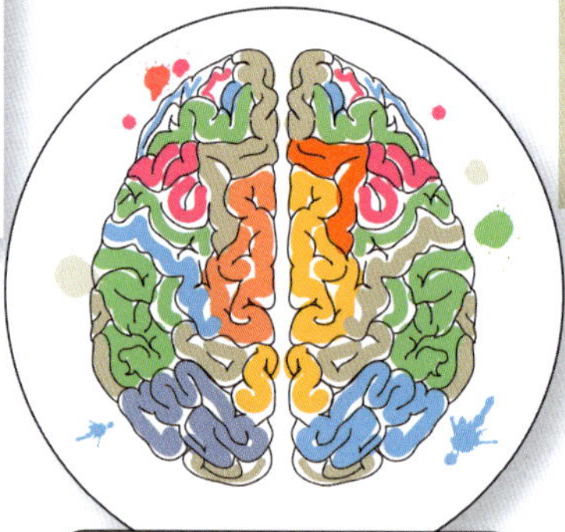

Mentales Training

Emotionsmanagement

- Emotionen sammeln
- Anspannen und Entspannen
- Emotionale Kontrolle durch Atmung
- Umgang mit Druck
- Umgang mit Redeangst, Lampenfieber, Aufregung, Blackout
- wingwave®, Klopftechniken (EFT)
- Problembox
- Submodalitäten

Motivation

- Ziele setzen und erreichen

Konzentration

- Der optimale Leistungszustand
- Flow
- Innere und äußere Ablenkungen ausblenden
- ›Tunnelblick‹
- Hier und jetzt

Mentale Vorbereitung von Herausforderungen

- Erfolgsgalerie nutzen
- Erfolgsvisualisierung
- Zielfoto im Kopf
- Vorstellung der Bewältigung der Herausforderung
- Aufbau mentaler Stärke
- Realistische Affirmationen sprechen
- Meditation, um den Kopf frei zu bekommen
- Entspannungsübungen
- Positive innere Einstellung zur Herausforderung
- Selbstliebe

Stress

- Stress entsteht durch Bewertung
- Innere Antreiber
- Energieräuber, -fass
- Kleine Pausen machen
- Die Macht der inneren Bilder
- Entspannung und Regeneration
- Auszeiten nehmen
- Resilienz

Routinen und Rituale

- Die Macht der Gewohnheiten
- Feierabendritual
- Pausengestaltung
- Rituale vor einer Herausforderung

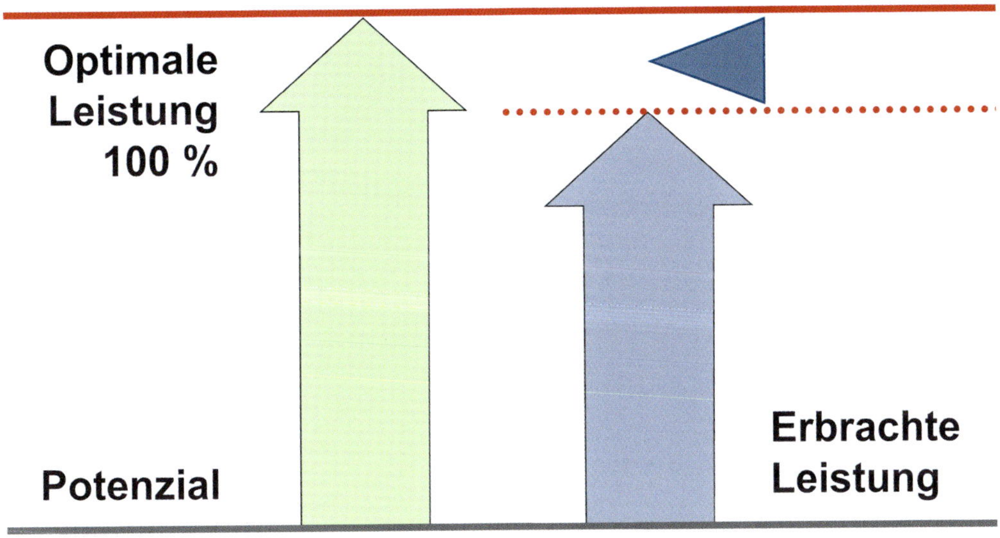

Mentales Training ist leider oft kein wichtiger Bestandteil des Trainings, da nur wenige Athleten und Trainer mit mentalen Techniken und Übungen vertraut sind.

Wie wichtig ist die mentale Seite im Sport? Es ist eine Ironie des Schicksals, dass sowohl Sportler als auch Trainer die mentalen Fähigkeiten als einen äußerst wichtigen Bestandteil von Spitzenleistungen ansehen, sich aber nicht die Zeit nehmen, mentale Stärke zu erlernen und zu entwickeln.
Einem Menschen wird mentale Stärke nicht in die Wiege gelegt. Mentale Fähigkeiten können erlernt und entwickelt werden, genauso wie körperliche Fähigkeiten und Kraft erlernt und entwickelt werden können.

Ziele

Mentaltraining dient der Verbesserung technischer und taktischer Fähigkeiten und Fertigkeiten, der Erreichung von Zielen und Stärkung des Bewusstseins der Selbstwirksamkeit. Weitere »Ziele des mentalen Trainings sind ein optimaler Eigenzustand, effektives Handeln und ein klarer Weg im Umgang mit Anforderungen jenseits der Routine«. (Eberspächer, 2004a, S. 65).

Wozu mentales Training?

Mentales Training wird eingesetzt, um Angst und Lampenfieber zu reduzieren, um den Fokus zu erhöhen, die Konzentration und das Selbstvertrauen zu verbessern und mit Ablenkungen umzugehen.

Der Skispringer Marinus Kraus sagt: »Mentales Training bedeutet ja nicht nur, dass man auf wichtige Situationen gut eingestellt ist. Sondern man kann mit mentalem Training auch einen Zustand von Überzeugung und ausgeprägtem Selbstbewusstsein erzeugen, sodass man wirklich bis in jede Haarspitze von sich selbst und seinen Stärken überzeugt ist.«

Paula Radcliffe, die lange Zeit den Marathon-Weltrekord der Frauen mit einer Zeit von 2:15:25 Stunden hielt, kommentierte: »Die Verbesserung Ihrer mentalen Härte wird sich auszahlen – nicht nur beim Laufen, sondern im Leben im Allgemeinen.«

Mentale Gesundheit

- Angst
- Anliegen bzgl. Essen
- Körperbild
- Trauma
- Nahrungs-ergänzungsmittel
- Kummer
- Wut
- Einsamkeit
- Niedergeschlagenheit

Herausforderungen im Leben und im (Leistungs-)Sport

- Versagensangst, Leistungsangst
- Beziehungen
- Kommunikation
- Motivation
- Burnout
- Persönlichkeitsentwicklung
- Umgang mit Verletzungen
- Familiäre Probleme
- Schlaf
- Stress
- Karriere
- Transfer, Wechsel
- Übergang in den / aus dem Sport

Leistungsoptimierung

- Kommunikation, u.a. mit Trainern
- Vertrauen
- Gelassenheit
- Fokus, Aufmerksamkeit
- Zielsetzung
- Macht der inneren Bilder, Visualisierung
- Routinen, Rituale
- Effektiver Einsatz der Energien
- Verbesserung der inneren Prozesse
- Achtsamkeit

Mentales Training

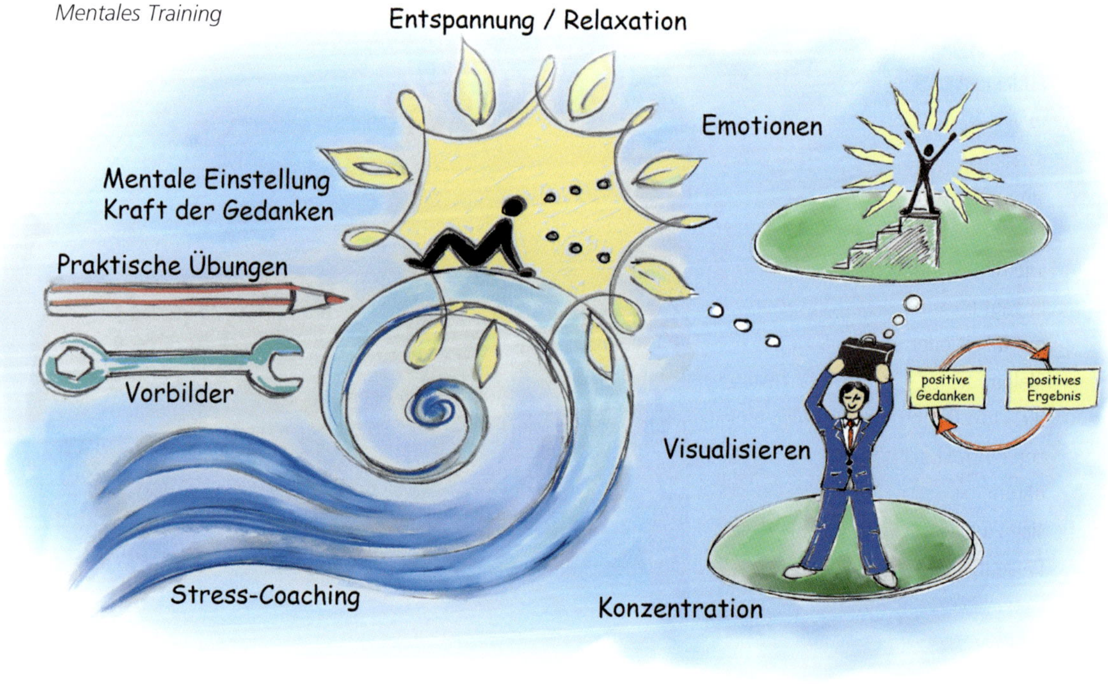

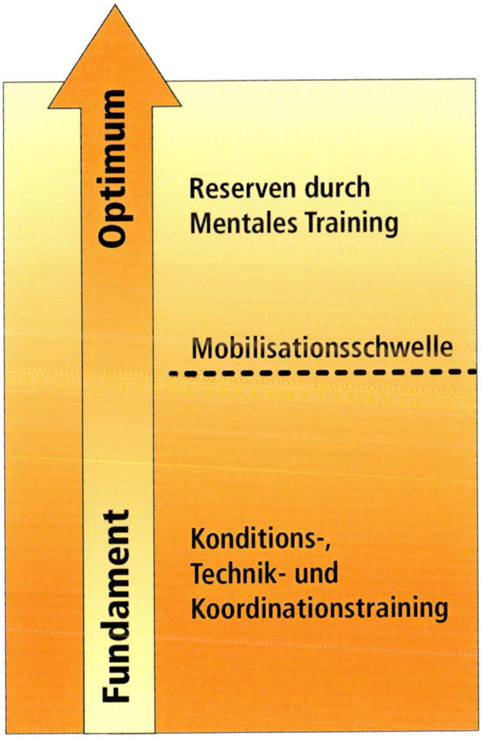

Motivation (vgl. Thomas Wörz, 2003, Mentales Golf, S. 43).

Warum ist mentale Stärke so wichtig?

»Du musst dich mit dir, mit deinen Gedanken auseinandersetzen«, sagt Slalom-Ass Linus Straßer (zdfheute von 28.01.2024), dem in 2024 zwei Slalomsiege in Kitzbühel und Schladming in vier Tagen gelungen sind. Für alle Nicht-Ski-Fans: Die große, goldene Gams, die Siegertrophäe von Kitzbühel, ist so etwas wie der Oskar in der Filmbranche!

Er sagt im Sportstudio: »Der Kopf entscheidet, ob du gut fährst oder um den Sieg fährst.« Damit meint er, Slalom sei zu »70 Prozent Kopfsache«. »Du musst dich mit dir, mit deinen Gedanken auseinandersetzen.« Am Start habe man viel Zeit, da gehe es immer darum, »sich im Griff zu haben, fokussiert und bei sich zu bleiben«. Den Plan durchgehen. Sich auf das Wesentliche konzentrieren. Das habe viel mit Vertrauen zu tun. Es funktioniere nicht, seinen Kopf im Wettkampf zu kontrollieren.

Linus Straßer dachte ans Aufhören, weil er gemerkt hat, »ich stehe mir einfach jedes Mal selbst im Weg.« Im Training fuhr er den Kollegen – darunter Neureuther – um die Ohren, aber im Rennen sei er jedes Mal »in ein Loch gefallen«, da war das Vertrauen weg. Er setzte sich ein Ultimatum – und arbeitete sich ›peu à peu‹ nach vorne. (zdfheute vom 28.01.2024) Auch im Kopf.

Orientierung und klare, aktive Zielsetzung

Die ›richtige‹ Zielsetzung ist eine der wichtigsten Voraussetzungen für den Erfolg. Vielen ist allein dadurch der nachhaltige Erfolg verwehrt, dass sie nur sehr vage, nicht konkrete Zielvorstellungen oder ›Weg-von-Ziele‹ im Kopf haben.

Visualisieren des Erfolges, des Sieges

Wenn du dir vorstellst, dass du schon gewonnen hast, trägt das wesentlich zum Erfolg bei. Durch diese Vorstellung vom Sieg verändert sich die Hirnchemie, dadurch auch die Körperchemie – das entfaltet die Ressourcen im Körper, um Höchstleistungen zu erbringen.

Steigerung der Motivation für Training und Wettkampf

Nicht jeden Tag sind wir gleich motiviert, um zu trainieren, oder gleich gut drauf bei einem Wettkampf. »Schlechte Tagesverfassung« höre ich oft als Grund für die eigene mittelmäßige Leistung. Wenn du deine Motivation selber beeinflussen kannst, hast du gegenüber anderen einen entscheidenden Vorteil.

Nervosität vor dem oder im Wettkampf

Die Nervosität lähmt. Diese Spannung, so banal sie auch klingen mag, ist viel häufiger für schwächere Leistungen verantwortlich als für einen Mangel an Muskeln oder Technik.

Es gibt unzählige Gründe für Nervosität: sehr hoher Erwartungsdruck – an sich selbst oder von anderen; »ich bin heute nicht gut drauf«; Angst vor Versagen; Ablehnung oder Kritik von Zuschauern; Angst vor

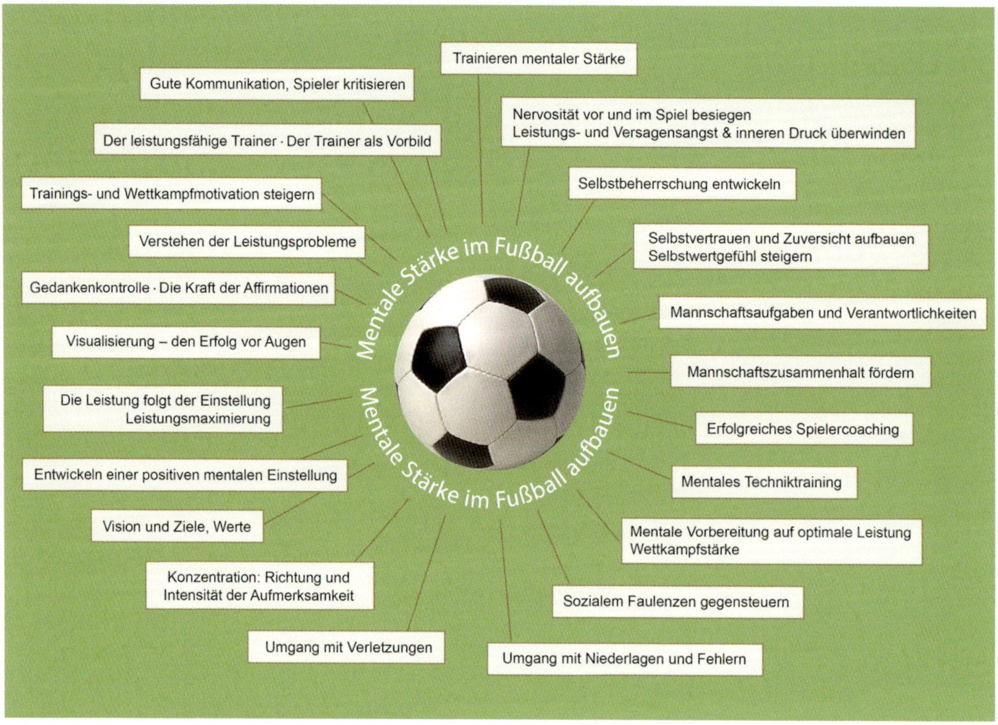

Mentale Stärke aufbauen – am Beispiel Fußball.

dem Erfolg; schlecht geschlafen; Erinnerung an Misserfolge; das Wissen, dass es um viel geht; Zweifel an der eigenen Leistungsfähigkeit; Angst davor, der Herausforderung nicht gewachsen zu sein; Angst davor, trotz des vielen Trainings das Ziel nicht erreichen zu können usw. All das wiegt mindestens so schwer wie eine unzureichende Vorbereitung.

Konzentration im richtigen Augenblick – gezieltes Training der Konzentrationsfähigkeit

Ablenkung(en) oder Unachtsamkeit sind oft Gründe für Fehler. Sich im entscheidenden Moment voll und ganz konzentrieren zu können, ist ein entscheidender Faktor im Sport.

Energie und Kraft auf Abruf

Kennst du das: Im entscheidenden Augenblick fehlt plötzlich die Energie, die Kraft? Während des Trainings wurden die Limits erfüllt, und nun im entscheidenden Augenblick, ist die Energie nur noch auf Sparflamme? Zum richtigen Zeitpunkt Energie mobilisieren zu können, entscheidet oft über Sieg oder Niederlage.

Durchhaltevermögen

Bei länger andauernden Belastungen ist das Durchhaltevermögen von entscheidender Bedeutung. Mit mentaler Stärke können sich Sportler im Finale sogar noch steigern.

Erholung in Wettkampfpausen – Regeneration

Auch die Regeneration spielt im Mentaltraining eine große Rolle. Regeneration ist die Fähigkeit, durch die Anwendung geeigneter Entspannungsmethoden (z.B. Progressive Muskelentspannung, Autogenes Training, Yoga, Tai Chi etc.) ein inneres Gleichgewicht zwischen Körper und Geist, Training und Erholung, Arbeit und Spiel, Entspannung und Bereitschaft bewusst zu steuern. Wenn zwischen den Wettkämpfen nur kurze Pausen sind, sinkt deine Leistungsfähigkeit zunehmend. Hier ist entscheidend, wie gut du dich regenerieren kannst. Mit entsprechenden Mentaltechniken kann die Regenerationszeit verkürzt und die Regenerationswirkung stark erhöht werden. Diese Fähigkeit entscheidet eben oft über Sieg oder Niederlage.

Oft wird Mentaltraining auf Entspannungstraining reduziert. Fakt ist, dass gezielte Entspannung die Körperwahrnehmung, das Körpergefühl und die Regeneration fördert. Mentaltraining ist jedoch viel mehr als Entspannungstraining.

Ablenkung durch Außeneinflüsse vermeiden

Unzählige Außeneinflüsse können das Leistungsvermögen beeinflussen: schlechtes Wetter, schlechte Luft, Klima, Temperaturen, Eltern, Gegner betreiben »Psychokrieg« usw. Von diesen Einflüssen können wir uns durch Mentaltraining hervorragend abschotten.

Hohem Leistungsdruck/Erwartungsdruck standhalten

Ob dieser teilweise enorme Druck vom Sportler selbst kommt oder vom Trainer, von Eltern, Freunden oder aus dem Umfeld, das ist egal. Er löst Stress aus, der das Leistungsvermögen bremsen kann.

Erlernen eines Bewegungsablaufes, einer Technik

Die kognitive Beteiligung des Gehirns an den Bewegungsabläufen ist stärker als bisher angenommen. D.h., das Unterbewusstsein speichert den Ablauf einer Bewegung, die wir unbewusst und reflexartig bei Bedarf abfragen. Dies erklärt auch, warum die Vorstellung über den korrekten Ablauf einer Bewegung zu besseren Leistungen führen kann. Mentales Training ist also ein wichtiger Aspekt für das Erlernen des korrekten Bewegungsmusters.

Neue Bewegungsabläufe werden über den »inneren Film« viel schneller richtig erlernt und automatisiert. Du lernst, dir Bewegungsabläufe genau so vorzustellen, wie sie in der Realität ablaufen. Deine Nerven, Muskeln, Bänder und Sehnen reagieren in feinerer Form auf dieselbe Art und Weise wie beim wirklichen Bewegungsvorgang. Und dadurch können Bewegungsabläufe im Wettkampf auch unter hoher nervlicher Belastung sicherer angewendet werden, denn du reagierst – im Ernstfall – genauso, wie du es dir mental vorgestellt hast!

Die Fähigkeit, diesen inneren Film detailliert zu sehen und nachzuspüren, muss trainiert und geübt werden.

» Beachte

Um ein wirksames MT durchführen zu können, ist eine klare Bewegungsvorstellung bezüglich der zu trainierenden sportlichen Aufgabe nötig. Je differenzierter die Bewegungsvorstellung, desto wirkungsvoller ist das MT. (vgl. Hotz/Weineck 1983, 76)

Das Wegstecken von Fehlern oder Niederlagen

Auch wenn man Rocky Balboa, den boxenden Filmheld der Achtzigerjahre, nicht unbedingt für ein Paradebeispiel mentaler Stärke halten würde, so bringt er einen entscheidenden Aspekt für mentale Stärke im Gespräch mit seinem Sohn auf den Punkt: »Die Welt ist oft ein gemeiner und hässlicher Ort. Und es ist mir egal, wie stark du bist. Sie wird dich in die Knie zwingen und dich zermalmen, wenn du es zulässt. Du und ich – und auch sonst keiner – kann so hart zuschlagen wie das Leben. Aber der Punkt ist nicht der, wie hart einer zuschlagen kann. Es zählt bloß, wie viele Schläge er einstecken kann, und ob er trotzdem weitermacht. Wie viel man einstecken kann und trotzdem weitermacht. Nur so gewinnt man!«

Es gehört zur Weiterentwicklung, sich Fehler zu erlauben! Misserfolge sind die Lehrmeister des Erfolgs.

Ein jüdisches Sprichwort lautet: »Fast jeder Erfolg ist begründet auf einer vorherigen Niederlage.«

Mentale Stärke bedeutet, sich den eigenen Fehlern zu stellen. Für die Fehlerbetrachtung sollten wir einen Spiegel benutzen, kein Fernglas. Das heißt, Fehler nicht zu leugnen und anderen oder unglücklichen Umständen zuzuschieben, sondern sie anzuerkennen und sich mit ihnen auseinanderzusetzen. Denn sie verraten uns, wo wir stehen und wo Verbesserungsbedarf herrscht. In ihnen liegt die Antwort, wie wir zurück auf die Straße Richtung Erfolg finden.

Rocky Balboa weiß: Keiner kann so hart zuschlagen wie das Leben. Die mentale Stärke liegt in dem Wissen, diesen Umstand zu akzeptieren und sich dennoch nicht davon entmutigen zu lassen.

Innere Ruhe und Konzentration beim Turnier

Unzählige Wettkämpfe wurden schon von Sportlern gewonnen, weil sie die Ruhe behalten haben und sich konzentrieren konnten, obwohl ein anderer eindeutig Favorit war. Oder ein anderer hat eine Spitzenleistung »vorgelegt«. Dann trotzdem die innere Ruhe zu bewahren, ist mentale Stärke.

Mit Hilfe dieses Buchs lernst du, dich in jeder Situation zu konzentrieren und dich von keinen Störfaktoren ablenken zu lassen. Aber dies musst du üben.

Schnelle Rehabilitation und Wiedereinstieg nach (Sport-)Verletzungen, Unfällen und Krankheiten

Hast du nicht auch schon gestaunt, wie schnell Spitzenathleten nach großen Verletzungen wieder zurück an der Spitze waren? Mentales Training hilft bei der

Wolfgang Mader

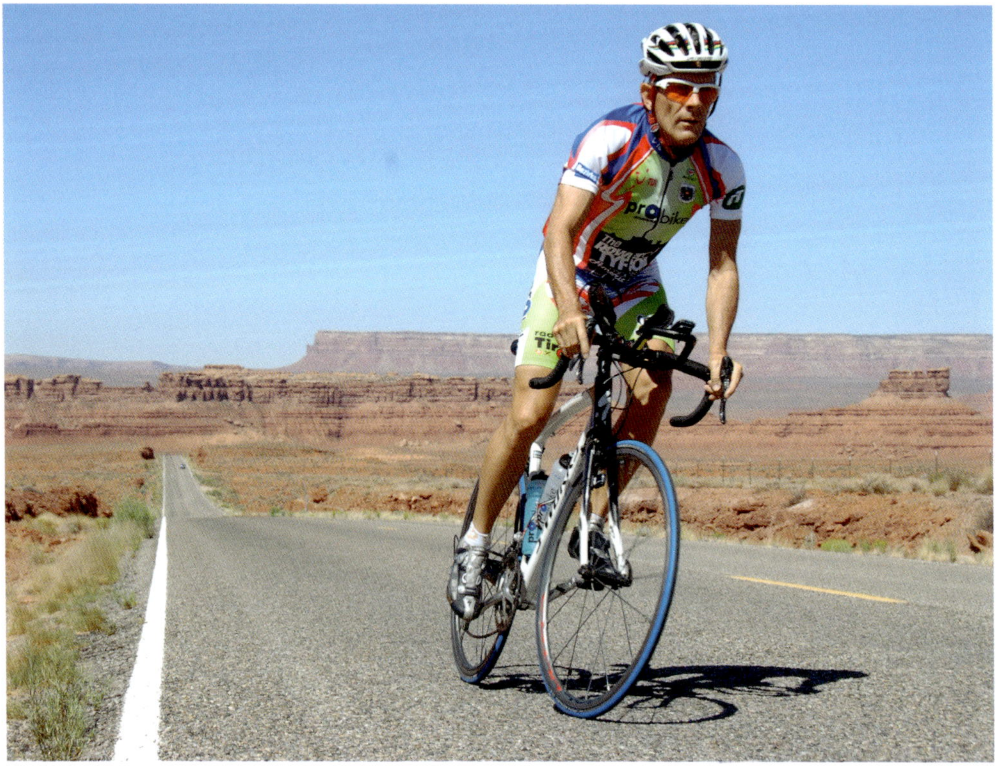

Prävention von Verletzungen und wenn es doch zu Verletzungen gekommen ist, beim mentalen Aufbautraining.

Cyprien Sarrazin ist 2023/2024 die neue französische Abfahrts-Sensation, nachdem er mehrere Rennen und insbesondere die beiden Abfahrtsrennen auf der Streif im legendären Kitzbühel gewonnen hat, wobei er den Weltcup-Führenden Marco Odermatt geschlagen hat.
Obwohl er ein besonderes Talent hat und hart gearbeitet hat, um dorthin zu gelangen, hat er nach einer Rückenverletzung und Problemen in seinem Privatleben in einem Interview erklärt, dass er seine Probleme lösen konnte, nachdem er mit einer Psychologin und Mentaltrainerin intensiv gearbeitet hat.

Faris Al-Sultan

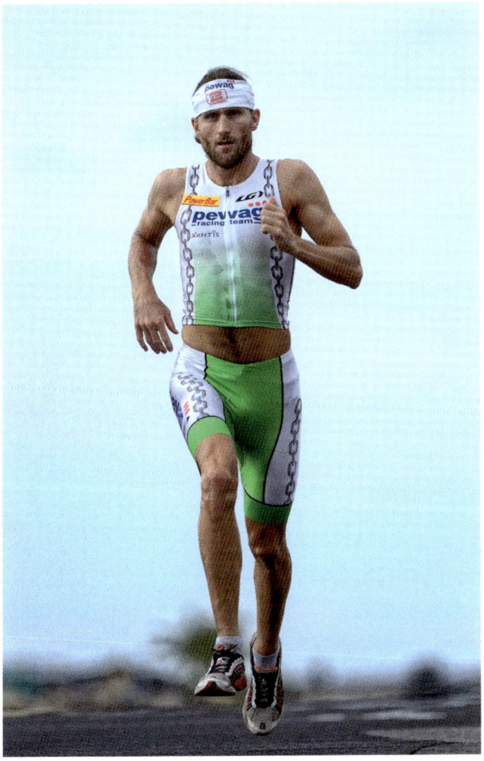

Mentaltraining ist auch privat von Vorteil

Natürlich können mentale Techniken auch im privaten und beruflichen Bereich angewendet werden. Auch dort macht sich der Unterschied zwischen mental schwachen und mental starken Persönlichkeiten ganz gravierend bemerkbar: Mittelmaß oder herausragend und sehr erfolgreich. Der ehemalige österreichische Extremradsportler Wolfgang Mader sagt: »Ich wende Mentaltraining jede Sekunde meines Lebens an, weil ich es längst in meiner Welt des Unterbewusstseins verankert habe. Mentales Training in jedem Denken, Tun, Handeln und Entscheiden durch GELEBTES Mentaltraining.«
Mit Mentaltraining sei man in allen Lebenslagen leistungsfähiger, so Mader. »Das heißt nicht, dass man damit immer sein Ziel zu 100 % erreicht, doch die Chance, es zu erreichen, ist auf alle Fälle immens höher.« Selbstverständlich gehöre Glück auch dazu, denn Training, Leistungsfähigkeit sowie Gesundheit seien eben nur fast alles, so Mader weiter.

Grundverständnis - Grundannahmen - Grundprinzipien

- Menschliche Handlungen gehen immer mit inneren, mentalen Prozessen einher.
- Diese mentalen Prozesse werden gleichermaßen von unseren Gedanken, Gefühlen und unserer körperlichen Haltung beeinflusst.
- Mentale Prozesse haben immer eine logisch-rationale und eine affektiv-emotionale Komponente.
- Mentale Prozesse können durch Mentaltraining beeinflusst werden.
- Mentaltraining unterstützt Menschen bei der umfassenden Entwicklung ihrer Potenziale. Es hilft Menschen, ihre Stärken zu stärken.
- Mentaltraining wirkt präventiv im Sinne des salutogenetischen Ansatzes.
- Wettkämpfe sind anders.

Fundamentals, Methoden und Ansätze

Ich baue Mentaltraining und -Coaching auf folgenden Fundamentals, Ansätzen und Methoden auf – ohne Anspruch auf Vollständigkeit. Nicht die Methoden sind ausschlaggebend, sondern die Beziehung und das Vertrauen zwischen Mentalcoach und Sportler, Trainer oder Team. Wichtig ist, dass der Trainer/ Sportler Vertrauen in den Mentalcoach und den Prozess hat.

- Die Sportwissenschaft, die sich intensiv mit dem Mentaltraining beschäftigt, ist die Sportpsychologie. Da wird zum Teil ein ganz erheblicher Aufwand betrieben, um zu gesicherten Aussagen zu kommen (Eberspächer, 1990; 2001).
- Neurolinguistisches Programmieren (NLP)
- Motivationstechniken
- Energetische Psychologie nach Roger Callahan, Gary Craig, Fred Gallo
- Gehirnforschung (Hüther, 2004; Spitzer, 2002; Grawe, 2004)
- Ostasiatische Kampf- und Bewegungskünste und deren philosophischer Hintergrund (Herrigel, 1979; Knörzer, 1991)
- Moderne lösungsorientierte Team- und Persönlichkeitsentwicklungsverfahren (Schmidt-Tanger, 1999; Senge, 1996; Liggett, 2004)
- Modell der Salutogenese – Das Salutogenese-Modell verzichtet auf die alternative Unterscheidung von krank und gesund (Antonovsky, 1982).
- Stressmanagement
- Entspannungs- und Mobilisationstechniken
- Visualisierungstechniken
- wingwave®, EMDR
- Zürcher Ressourcen Modell (ZRM®)
- Sporthypnose
- Gewaltfreie Kommunikation
- Fragetechniken.

Nachgefragt bei Oliver Kahn:

Oliver Kahn schreibt in seinem Buch »Ich. Erfolg kommt von innen« auch über mentale Techniken. Wann hat er diese für sich entdeckt?

Oliver Kahn: »Ich musste mich damit auseinandersetzen, als ich vom beschaulichen Karlsruher Sportclub zu Bayern München gewechselt bin. Die ersten zwei Jahre kam ich gut zurecht. Dann wurde ich auch Nationalspieler und fester Bestandteil der A-Mannschaft beim FC Bayern. Plötzlich musste ich jede Woche zwei Spiele bewältigen. Damals gab es sogar zwei Champions League-Gruppenphasen. Man musste also pro Jahr, pro Saison, manchmal mehr als 60 Spiele bewältigen – und das immer auf höchstem Niveau. Wenn man bei Bayern München nicht höchstes Niveau bringt, hat man ganz schnell das Nachsehen. In der Nationalmannschaft war es genau das Gleiche. Da fragte ich mich: »Wie kann ich das bewältigen?« Ich habe schon als Jugendlicher Bücher zu Motivation und mentaler Stärke gelesen. Es gab immer bessere Talente, also musste ich versuchen, mich auf eine andere Art durchzusetzen. Es war schnell klar, dass beim Torhüter der Kopf eine ganz entscheidende Rolle spielt. Ich habe häufig große Talente im Jugendbereich erlebt, alle besser als ich, aber die haben es nicht geschafft. Dadurch habe ich sehr schnell gemerkt: »Aha, da scheint es ja noch einen mentalen Aspekt zu geben.«

Antje Heimsoeth: »Das ist genau das Phänomen, das ich heute auch beobachte, und trotzdem merke ich, dass es immer noch in Deutschland schwer ist, mit dem Thema Mentaltraining/mentale Stärke.«

Oliver Kahn: »Ich könnte mir vorstellen, dass man durch den tragischen Tod von Robert Enke mittlerweile ein bisschen offener im Fußballgeschäft geworden ist. Aber ich gebe Ihnen recht, zu meiner Zeit war das klar: Jeder, der sich damit beschäftigt, ist ein ›Psycho‹ und nicht stark genug fürs Fußballgeschäft.

» Vorteile von Mentaltraining im Sport

Mentales Training ermöglicht dir, auf den großen Schatz und inneren Reichtum deiner individuellen Ressourcen zuzugreifen, um den Sport optimal und mit Freude auszuüben. Die Vorteile, die du durch Mentaltraining erzielen kannst, sind sehr vielfältig:

- Verkürzung der Lernzeiten
- Verbesserung der Stabilität, z. B. durch positive Selbstgespräche (»Ich kann das!«)
- Regulierung des eigenen Zustandes (»Ganz ruhig!«)
- Erhöhung der Präzision
- Simulierung von Wettkampfsituationen
- Identifikation mit dem Sport und deinen Zielen
- Aktivierung der eigenen Kräfte und Ressourcen
- Stärken stärken: Stärkung des eigenen Selbstvertrauens und Selbstwertgefühls; Optimierung des eigenen Ressourcenpotenzials für Training und Wettkampf
- optimale Einstellung für den Wettkampf
- Verringerung der Nervosität, des Lampenfiebers
- Überwindung von Blockaden
- sich von inneren und äußeren Störfaktoren abschotten
- Nachwirkungen eines Fehlers oder einer Niederlage auf ein Minimum begrenzen, sich von Rückschlägen/Fehlern erholen
- Probleme als Herausforderung nehmen
- sich immer wieder neu motivieren, u. a. durch starke Zielorientierung im Training
- Verbesserung/Steigerung der Konzentration hin zu optimalem Konzentrationsaufbau
- unter Druck deine Leistung erbringen
- Marinus Kraus: »Speziell in Stresssituationen oder in außergewöhnlichen Situationen, wo man vielleicht ein bisschen reingeschubst und überrascht wird, hilft Mentaltraining. Man ist dann darauf vorbereitet, ist die Situation schon mal mental durchgegangen, dies hilft einem dabei, dass man handlungsfähig bleibt. Diese mentale Vorbereitung kann in Stresssituationen dazu beitragen, dass man seine bestmögliche Leistung erbringt.«
- das richtige Anspannungsniveau finden
- Fehler als Helfer und Erfahrung (als Training für die Zukunft) betrachten
- Gedanken und Emotionen kontrollieren
- Christian Tröger: »Die Gefahr ist geringer, durch Selbstzweifel oder externe Störfaktoren aus dem Konzept geworfen zu werden.«
- Schulung der Bewegungsvorstellung; bildhaftes Vorstellungsvermögen aktivieren
- Schulung des Körpergefühls
- Erinnerungen verstärken: Fühle dich wieder so gut wie damals, als du gewonnen hast.
- störende und einschränkende Gedanken beiseiteschieben: »Jetzt ist keine Zeit dafür, jetzt nicht, nachher, nach dem Wettkampf.«
- Schaffung eines emotional positiv besetzten Umfelds
- Gestaltung emotional positiver Beziehungen
- Karl Angerer: »Auf jeden Fall ist man mit Mentaltraining leistungsfähiger.«
- Wolfgang Mader: »Mentaltraining bewirkt bei mir eine höhere Lebensqualität in allen Bereichen, höhere Leistungsfähigkeit, höhere Belastungsfähigkeit … mehr Lebensglück.«
- bessere Resultate im Sport
- Mentales Training ist überall und jederzeit durchführbar
- Üben von Extremsituationen

Die investierte Zeit ist bestens angelegt, denn du wirst bei gleichem zeitlichen Aufwand bessere Trainingsergebnisse erzielen, Ressourcen, auf die du nicht zugreifen konntest, nutzen können und mehr Spaß im Training und auf Wettkämpfen erleben.

Das ist absoluter Quatsch. Ich habe nicht nur mentales Training für mich genutzt – was ich übrigens immer sehr anstrengend fand, weil es eben Arbeit mit sich selbst bedeutet.

Ich habe auch in verschiedenen Phasen Coachings genutzt. Dabei ging es hauptsächlich um die Auseinandersetzung mit Problemstellungen, verschiedene Blickwinkel einzunehmen, Probleme anders zu betrachten, um Lösungen für sich selbst zu finden. Beispielsweise in der für mich schwierigen Zeit zwischen 2004 und 2006 – während des Konkurrenzkampfs zwischen mir und Jens Lehmann. In dieser Zeit hatte ich Coachings, um dieses Thema für mich solide bewältigen zu können. Ich hatte kein Problem damit, Coachings in Anspruch zu nehmen. Warum muss ich alles mit mir selbst ausmachen?

Es gibt tatsächlich auch Sportler, die das (Anmerkung der Autorin: Mentaltraining) nicht brauchen, weil sie sich lange nicht so viel Gedanken machen wie ich. Nach der Niederlage 1999 im Champions

» Wie trainieren meine Interviewpartner mentale Stärke?

Karl Angerer: »Ich denke, da muss jeder seinen eigenen Weg finden. Ich bin sehr heimisch, sehr naturverbunden und befinde mich sehr viel in der Natur bei uns, in den Bergen in Berchtesgaden. Das gibt mir viel mentale Stärke. Ich hole mir auch die Bilder oft aus dem Kopf. Das gibt mir eigentlich sehr viel. Auch dieses Besinnen aufs Wesentliche, denke ich immer unmittelbar vorm Start, war für mich immer eine ganz wichtige Geschichte.«

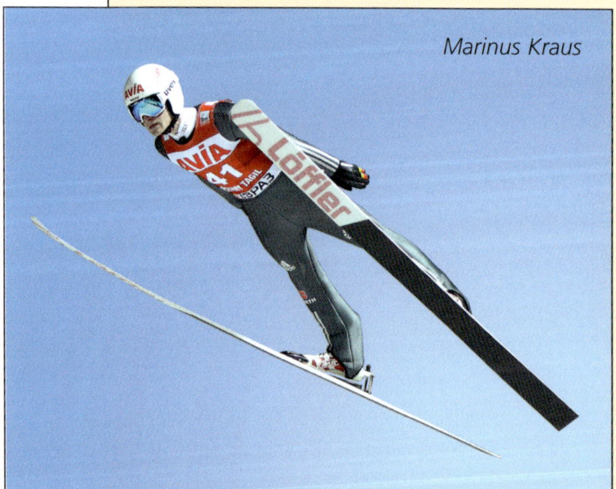

Marinus Kraus

Marinus Kraus: »Ich trainierte mentale Stärke sowohl mit klassischem Mentaltraining als auch häufig im Alltag. Ich trainiere es so, dass ich meinen Körper und meinen mentalen Zustand erkennen und reflektieren kann. Es ist sehr wichtig, seine eigene mentale Situation zu erkennen, sodass man daraus lernen kann, wie man Einzelheiten besser machen und umsetzen kann. Dazu gehören auch Atemübungen, wingwave®, auch Stressbewältigung oder Entspannungsübungen. Ich bin ständig am Lernen, egal, in welcher Situation. Mentaltraining wende ich immer speziell im Training und im Wettkampf an, aber auch privat. Mir ist es sehr wichtig, dass ich mental ausgeglichen bin.«

Christian Tröger: »Routinen entwickeln, positive Beispiele als Blueprint. Überzeugt sein von der Qualität der eigenen Vorbereitung als Basis für ein gesundes Selbstvertrauen.«

Wolfgang Mader: »Nach einer Intensivwoche bei Antje Heimsoeth, dem Lesen unzähliger Bücher zu diesem Thema ›Mentaltraining‹ und zahlreichen persönlichen Gesprächen (überwiegend privat, keine Kurse) mit Mentalcoaches, vor

League-Finale gegen Manchester United, als wir in den letzten drei Minuten Nachspielzeit verloren haben, nachdem wir zuvor 1:0 führten: Manche Spieler hat das nicht besonders tangiert. Mich hat es hingegen total getroffen. Ich musste da hart an mir arbeiten, um aus dem Tief wieder rauszukommen. Es hat durchaus auch Vorteile, sich weniger Gedanken zu machen.«

Mentaltraining heißt üben, üben, üben

»Ich bin jemand, der immer viel damit rumprobiert hat. Ich denke schon, es hat jeder seine Art der Vorbereitung von Wettkampf oder der unmittelbaren Vorbereitung direkt vorm Wettkampf. Ich denke, man muss das (Anmerkung der Autorin: Mentaltraining) oft im Training probieren. Ich habe schon versucht, besonders im Training, gewisse Wege zu probieren und habe dann im Kraft- oder im Sprinttraining diese mentalen Geschichten ausprobiert und natürlich da auch bessere Leistungen bringen können.« Karl Angerer

allem aber mit Ureinwohnern aus Hawaii und Australien habe ich diese Techniken und Philosophien ganz einfach in meinen Alltag mit eingebaut und zu meinen Alltagsbegleitern bei jedem Tun und Handeln, Denken und Entscheiden gemacht. Ist das einmal gelungen, trainiert man mentale Stärke jeden Tag, jede Stunde, jede Minute und Sekunden, ohne es bewusst zu tun, ohne es zu merken und dringt damit noch viel mehr ins Unterbewusstsein ein, als man es mit der Kraft des Bewusstseins jemals schafft.«

Zu seinen angewendeten Techniken zählen u. a. die Visualisierung, bei der er unterschiedlichen Körperteilen bestimmte Farben zuordnet, Atemtechniken, Thymusdrüse klopfen, positives Denken unmittelbar vorm Einschlafen und nach dem Aufwachen, das Nutzen von Fantasy als Realität im Kopf, das Nutzen der Tatsache, dass das Unterbewusstsein keinen Unterschied zwischen der Bedeutung verschiedener Ereignisse macht (Mader: »Auch das vermeintlich unbedeutendste Erfolgserlebnis kann mental gleich genutzt werden wie große.«) sowie das Setzen realistischer, aber nicht zu kleiner Ziele.

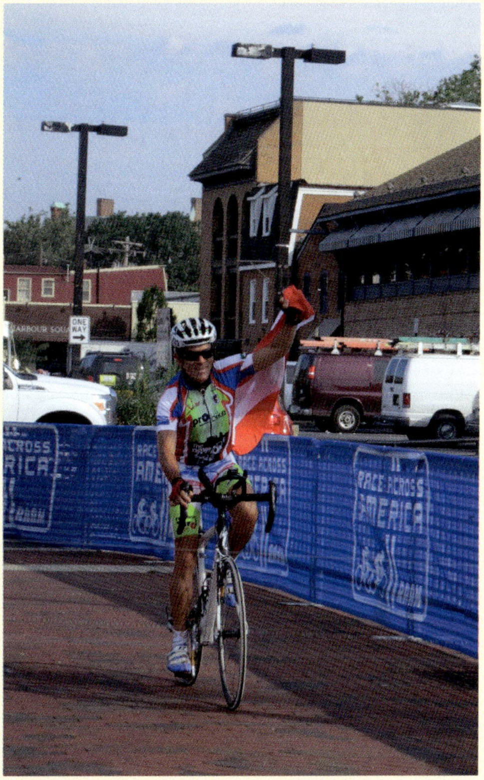

Wolfgang Mader – Zieleinfahrt RAAM

Was ist mentale Stärke?

Definition

»Mentale Stärke ist die Fähigkeit, sich ungeachtet der Wettkampfbedingungen an seiner oberen Leistungsgrenze zu bewegen.« (Loehr, 1996, S. 21).

Typische Momente für mentale Stärke

Oliver Kahn: »Noch viel problematischer finde ich es, wenn man die eigene Angst auch ausstrahlt. Ich habe immer gedacht: Wenn ich hinten im Tor unsicher wirke, das steckt meine ganze Mannschaft an. Man hat es auch sehr gut gesehen beim Champions-League-Spiel in Porto in der Saison 2014/2015, als die Bayern 3:1 verloren haben. Das ist ein typisches Phänomen. Wenn die zwei Abwehrspieler einen Fehler machen und kurz darauf noch mal einen Fehler – auf einmal ist das ganze Gebilde wacklig. Das ist so ein typischer Moment für mentale Stärke. Wenn man nach zwei Minuten einen eklatanten Fehler macht, muss man aber noch 90 Minuten weiterspielen. Auch beim Torwart gibt es diese extremen Situationen. Man legt los, ist hoch motiviert und zack, rollt dir einer durch die Beine. Dann muss es aber weitergehen!«

Deutscher Meister und drei Tage später dann Champions-League-Sieger

Oliver Kahn: »Auch im (Anmerkung der Autorin: Champions League) Finale 1999 haben wir dazugelernt. Wir gingen bis zur 90. Minute 1:0 in Führung, noch zwei Minuten Nachspielzeit, und dann haben wir innerhalb von zwei Minuten alles verloren, den größten Titel, den man sich als Vereinsmannschaft vorstellen kann. Wir haben danach gesagt: Nie wieder werden wir aufgeben, bevor der Schiedsrichter das Spiel nicht abgepfiffen hat. Nie mehr. Eigentlich banal – aber so ist es eben manchmal im Fußball. Im Zuge dessen entstand auch das berühmte »Weiter, immer weiter«-Thema, das Ottmar Hitzfeld sehr schön aufgenommen und gelebt hat. Zwei Jahre später standen wir wieder im Finale der Champions

» Mentale Stärke bedeutet ...

... für Armin Emrich, Handball: »Gut sein, wenn's drauf ankommt! Nicht nur super Leistung im Training abliefern, sondern jetzt genau beim Spielstand 13:13 muss der nächste Ball drin sein. Die letzten 60 Sekunden sind die entscheidenden – wer ist jetzt cool? Wer kann sich jetzt fokussieren, konzentrieren, genau auf diese 60 Sekunden, wer kann alles andere an Störreizen ausblenden und die für ihn oder für die Mannschaft optimale Leistung genau in diesen 60 Sekunden bringen?«

... für Mitch Pohl: »Mentale Stärke bedeutet für mich die Fähigkeit, speziell zum Ende einer langen Saison sich noch einmal überwinden zu können, um die beste Leistung in der wichtigsten Phase abzurufen!«

... für Wolfgang Mader: »Mentale Stärke ist für mich die höchstmögliche Nutzung und Fokussierung aller geistigen und psychischen Fähigkeiten und Stärken (angeborener und erlernter) auf ein gesetztes Ziel zu dessen Erreichung sowie die gleichzeitige Ausblendung oder Beherrschung (durch Kenntnis) der Schwächen auf dem Weg zum Ziel.«

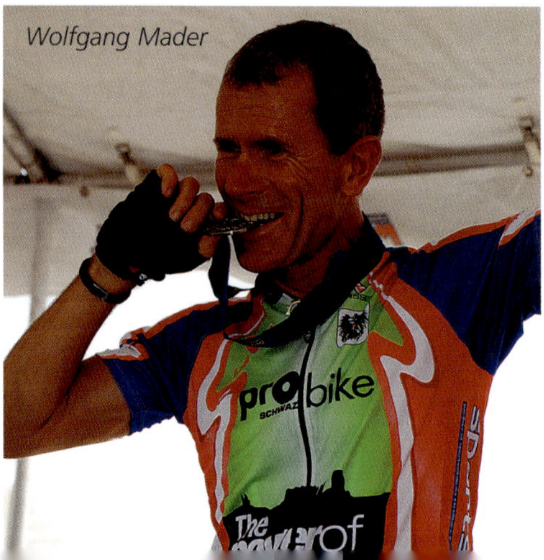

Wolfgang Mader

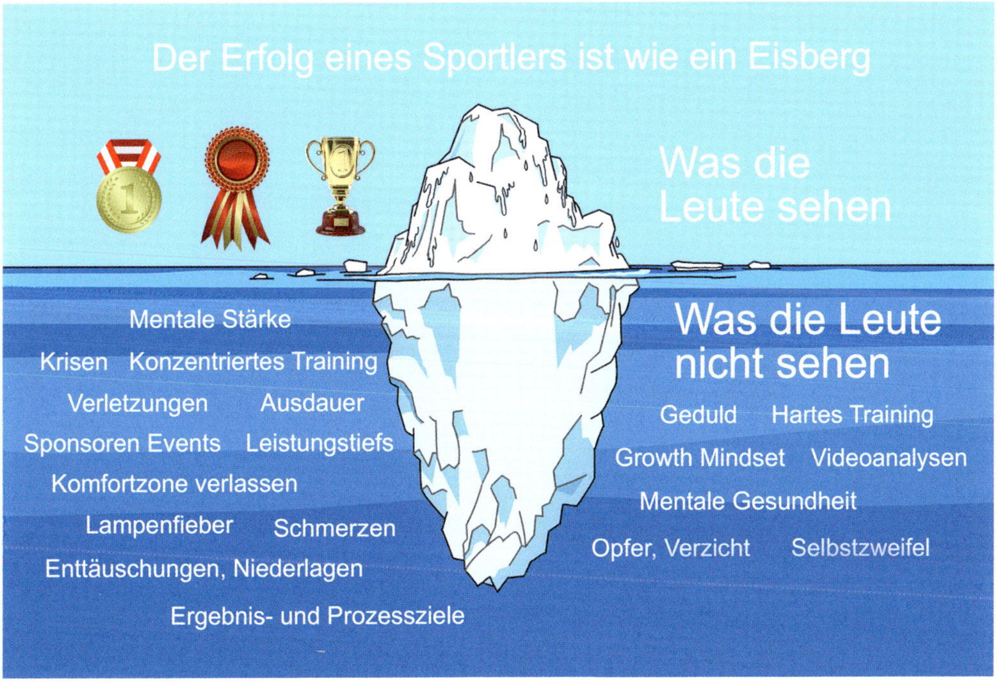

League, und drei Tage vorher war das letzte Bundesliga-Spiel in Hamburg. Wir brauchten nur einen Punkt, um Meister zu werden. Schalke hat parallel gespielt zu Hause und hat 5:3 gewonnen. Schalke feierte schon den vermeintlichen Meistertitel. Wir lagen in Hamburg 1:0 im Rückstand, das Gegentor fiel wieder in der 90. Minute. Schon wieder. Das war für mich ein mentaler Kulminationspunkt. Es passierte schon wieder. Ich weiß noch, wie ich im Stadion stand und die letzten 20 Minuten, vielleicht sogar das ganze Spiel gedacht habe: Was ist denn eigentlich, wenn wir jetzt schon wieder den Sieg verspielen? Ich konnte nichts machen gegen diesen Gedanken.

Als das 1:0 in der 90. Minute gegen uns gefallen ist – das werde ich nie vergessen und das ist ja das, was wir gelernt haben aus 1999 – dachte ich: Egal, jetzt ist es zwar passiert, aber wir haben noch Zeit. Ich lief zu Markus Merk, dem Schiedsrichter, und habe ihn gefragt: Wie lang geht es noch? Noch vier Minuten. Da habe ich Stefan Effenberg angeschaut und gesagt: »Effe, es geht noch vier Minuten. Jetzt geht es noch verdammte vier Minuten.« Das haben wir verinnerlicht. Es war wie ein Klick bei jedem einzelnen Spieler: Das haben wir ja schon mal erlebt, aber jetzt wollten wir mal diejenigen sein, die es noch schaffen. Und tatsächlich: In der 94. Minute schafften wir den Ausgleich zum 1:1, waren Deutscher Meister und drei Tage später dann Champions-League-Sieger. Was wäre wohl gewesen, wenn wir nicht Deutscher Meister geworden wären? Das sind die typischen mentalen Momente, die im Sport stattfinden und die natürlich hoch spannend sind.«

Wie wichtig ist mentale Stärke für den sportlichen Erfolg?

Nahezu alle Trainer und Sportler stimmen darin überein, dass mindestens 50 % des Erfolgs mental bedingt sind. Bist du jedoch wie die meisten Sportler, so wendest du kaum fünf Prozent deiner gesamten Trainingszeit dafür auf, um deine mentalen Fähigkeiten zu verbessern.

Wolfgang Mader: »Im Ultramarathon-Radrennsport liegt das Verhältnis mentale Stärke zu physischer Stärke bei 70 % mental zu 15 % physisch/mental und 10 % rein physisch. Die rein physischen Grundvoraussetzungen sind, keine angeborenen Lungen- und Herzschwächen zu haben. Alle anderen physischen Voraussetzungen sind antrainierbar, und zwar eben nicht zuletzt durch mentale Stärke.«

Marinus Kraus: »Klar müssen die körperlichen Voraussetzungen und viele andere Faktoren stimmen, um Spitzenleistungen zu erbringen, aber ob man diese dann letztendlich auch in einem Wettkampf abrufen kann, hängt nicht zuletzt von der mentalen Stärke ab. (…) Wenn ich die Athleten betrachte, die die Gesamtwertung dominiert haben, dann sind es diejenigen, die in Stresssituationen, speziell beim Wettkampf, ganz fokussiert oder anders ausgedrückt handlungsfähig sind. Sie sind ›abgebrüht‹, sie haben ihre Gefühle, z. B. Nervosität, im Griff, sie können sich so konzentrieren, dass sie einfach das Ziel und die dazu notwendige Handlung sehen und so vorbereitet sind, dass keine Situation oder keine äußeren Umstände sie davon abhalten, von der inneren Mitte und ihrem Plan abzuweichen.«

Veränderung beginnt im Kopf

Hast du schon mal mental trainiert? Nein? Okay, ich stelle die Frage anders: Hast du dir schon einmal vor einem Wettkampf irgendwelche Gedanken gemacht?? – »Na klar!« wirst du vielleicht jetzt sagen. Allein dieses »Sich-Gedanken-Machen« ist bereits mentales Training – nur eben sehr unsystematisch durchgeführt.

Nimmst du auch manchmal diese Gedankenmühle, die unablässig in deinem Hirn abläuft, wahr? Dabei sind eigentlich gar nicht wir es, die denken. »Es« denkt! Denn die Gedanken kommen, wenn sie es wollen – nicht, wenn wir es wollen. Die Inder nennen es »Affengeschnatter«; amerikanische Psychologen sprechen vom »Awfulizing« – schreckliche Gedanken immer schrecklicher machen.

Am deutlichsten hört man seine eigene Gedankenmühle, wenn man abends im Bett liegt und nicht sofort einschläft. Oft hadern wir dann innerlich mit Gott und der Welt, kommen vom Hölzchen aufs Stöckchen und malen uns aus, was alles hätte passieren können. Manchmal hindern uns diese negativen Überlegungen lange am Einschlafen. Natürlich laufen die unkontrollierten Gedanken auch dann weiter, wenn wir schlafen – und erst recht, wenn wir träumen. Der innere Dialog läuft rund um die Uhr.

90 % unserer Gedanken sind wirr und undiszipliniert. Du kennst das: Wenn ich sage »Denke jetzt nicht an einen rosaroten Elefanten!«, dann ruft allein die Tatsache, dass du diese Worte gerade gelesen hast, das Bild eines rosaroten Elefanten in dir hervor. Die Qualität unseres inneren Dialoges – ob also unsere unkontrollierten Gedanken vornehmlich negativ oder positiv sind – bestimmt ganz entscheidend über Erfolg und Zufriedenheit! Bei Kindern ist der innere Dialog in der Regel eher positiv oder zumindest neutral. Im Laufe der Zeit färbt er sich jedoch bei vielen Menschen nach und nach negativ. Das Selbstgespräch, so sagt Skispringer Marinus Kraus, ist eine der mentalen Techniken, die er für sich regelmäßig angewendet hat. »Beispielsweise, was sagt der Körper zu mir, wie bin ich eingestellt? Die innere Stimme muss man zunächst hören und soweit reflektieren können, dass man darauf zugreifen kann. Was sagt meine innere Stimme, ist diese negativ oder positiv eingestellt? Sagt die mir: »Ah, du bist jetzt schlecht gesprungen im Training, der Wettkampf wird nichts.« Oder sagt die: »Hey, du bist super drauf, jetzt lass es laufen.« Ich rede viel mit mir selbst, motiviere mich, positiv zu denken.«

Die Macht der Gedanken

Gedanken bewirken Reaktionen im Körper, bei der

Achte stets auf deine Gedanken,
denn sie werden deine Worte.

Achte stets auf deine Worte,
denn sie werden zu deinen Handlungen.

Achte stets auf deine Handlungen,
denn sie werden zu deinen Gewohnheiten.

Achte stets auf deine Gewohnheiten,
denn sie werden dein Charakter.

Achte stets auf deinen Charakter,
denn so wird dein Leben.

(Chinesische Weisheit)

Atmung, dem Muskeltonus, Zittern. Gedanken können dich verkrampfen oder entspannen lassen. Das Zusammenspiel der an Bewegungen beteiligten Muskelgruppen gerät ins Stocken, der Bewegungsfluss geht verloren und das Ergebnis wird zum Zufallsprodukt. Die Muskelspannung ist viel zu hoch, und die falschen Muskeln sind zum falschen Augenblick aktiviert. Um dem entgegenzuwirken, kannst du zum Beispiel über das Verhalten ›Lächeln‹ Entspannung fördern.

Lächeln hilft

Ein erstes kurzes Hochziehen deiner Mundwinkel bewirkt Entspannung, eine heitere und auflockernde Grundstimmung, und ein befreites Gefühl stellt sich im ganzen Körper ein. Beim Lachen werden bis zu 300 verschiedene Muskeln und bestimmte Muskelgruppen im Gesicht bewegt, wie der große Jochbeinmuskel (er hebt den Mundwinkel nach oben, seitlich, in der Mimik drückt seine Kontraktion Lachen oder Vergnügen aus), der kleine Jochbeinmuskel, der Lachmuskel, der Backen- oder Trompetermuskel (ermöglicht das Ausblasen der Luft, zieht die Mundwinkel nach außen und sorgt für faltenlose Ausbreitung der Wangenschleimhaut, wirkt bei Lachen und Weinen mit, Gesichtsausdruck zeigt Genugtuung). Durch das Bewegen dieser Muskeln wird ein positives Signal direkt zum Großhirn geleitet.
Das Verhalten »Lächeln« löst in unserem Gehirn Erinnerungen aus, die bis in die Kindheit zurückgehen und positiv besetzt sind. Bereits nach wenigen Sekunden werden negative Gefühle von positiven Gefühlen überlagert.

Bemühe dich um ein Lächeln, auch wenn es schief oder aufgesetzt wird. Setze einen besonderen Marker, wie beispielsweise einen »Smiley« auf deine Sporttasche, Ausrüstung, auf den Laptop und ipod, der dich jedes Mal liebenswürdig an das Lächeln erinnert. Wenn du gut trainiert hast, dann genügt dir bereits die Vorstellung, ein inneres Lächeln, um lokkerer zu werden. Verkrampfte Sportler erkenne ich an ihren Gesichtszügen.

Ein wesentlicher Beitrag, um Muskulatur zu lockern, unsere Stimmung zu verbessern und aufzuheitern, kommt dabei auch der Stirnmuskulatur zu. Die Entspannung dieser Muskeln überträgt sich schnell auf andere Muskelgruppen. Diesen positiven Aspekt macht man sich beispielsweise auch bei der Spannungskopfschmerz-Therapie zunutze.

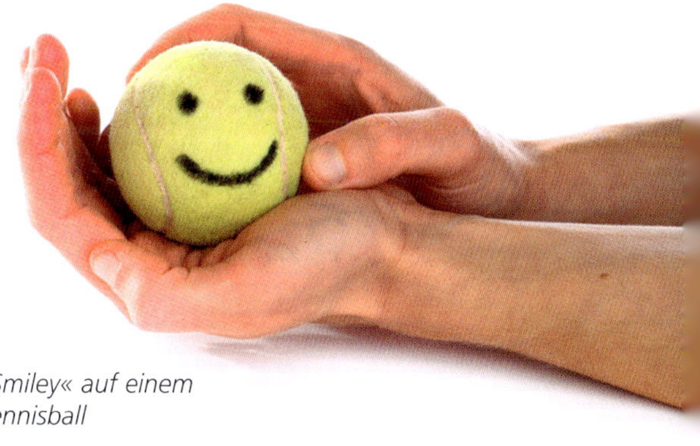

»Smiley« auf einem Tennisball

Sprichwörter und Sätze wie: »Lächle, und die Welt lächelt zurück.« oder »Humor ist der beste Gegenspieler der Angst.« (ausgesprochen von Victor Frankl, einem der Urväter der Lachtherapie) untermalen dies. Das Wissen um das Lachen ist nicht neu. Wie amerikanische Wissenschaftler mittels Magnetresonanztomographie neuestens bewiesen haben, stärkt Lachen das Immunsystem, steigert die Ausschüttung körpereigener Glückshormone (Endorphine), wirkt stressabbauend – und steht dir jederzeit zur Verfügung. Seit den 1970er-Jahren beschäftigen sich Wissenschaftler mit den körperlichen Auswirkungen des Lachens. Diese Forschungsrichtung nennt sich Gelotologie – abgeleitet von Griechisch »gelos« = lachen. Die Gelotologen fanden heraus, dass herzhaftes Lachen zahlreiche Stoffwechselfunktionen positiv beeinflusst.

Allerdings: Unsere Leistungsgesellschaft hat das Lachen verlernt. Konkurrenzdruck, Neid, Geldgier, Anspannung stehen im Vordergrund. Lachen? Lachen ist nicht nur positiv besetzt, sondern auch negativ. Lachen heißt auch »auslachen« oder »ausgelacht werden«. Deutsche Manager haben ihr Lachen verloren. »Wer lacht, der arbeitet nicht.« oder »Erst die Arbeit, dann das Vergnügen.« oder »Ein humorvoller Chef ist keine Führungspersönlichkeit.« So lauten gängige Sätze. Dabei können Lachen, Humor und fröhliches Auftreten zur Verbesserung des innerbetrieblichen Klimas und der sozialen Strukturen, zur Förderung der Teamarbeit, Kooperations- und Teamfähigkeit, als Strategie gegen Mobbing und zur Verbesserung der Kritikfähigkeit beitragen. Humor fördert die Kreativität der Mitarbeiter, entschärft Konflikte und sorgt für ein angstfreies, offenes Arbeitsklima.

Unter dem Druck der Anpassung verschüttete Kanäle zur eigenen ungebremsten Lebenskraft und Kindlichkeit werden laut dem Wiener Psychiater Viktor Frankl wieder geöffnet. Alles kommt in Fluss.

Scham, Mangel an Selbstwertgefühl, Angst, Wut und Depressionen führen in einen negativen Kreislauf, der durch Lachen durchbrochen werden kann. Die Abläufe im Körper werden wieder normalisiert, der Heilprozess in Gang gebracht. Lachen öffnet Türen und Herzen, macht sympathisch, attraktiv und steigert Vergnügen. Noch ein Satz über das Lachen, vom Philosophen Albert Camus: »Die Fantasie tröstet die Menschen über das hinweg, was sie nicht sehen können, und der Humor über das, was sie tatsächlich sind.«

Wie deine Gedanken deine Gefühle steuern

Emotionen reagieren weitgehend auf die gleiche Weise wie Muskeln. Diejenigen, die am häufigsten stimuliert werden, entwickeln sich am stärksten und auch am zuverlässigsten.

Gedanken wirken auf Gefühle – und wir wissen, dass positive wie Freude, Spaß, Genuss, Lust am Leistungsvergleich usw. am ehesten Höchstleistung för-

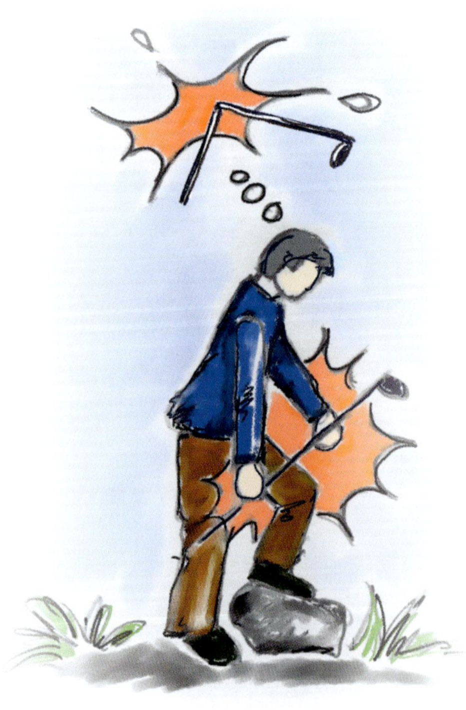

dern. Ebenso will der richtige Umgang mit Niederlagen gelernt sein.

»Ärger, Wut, Enttäuschung: nicht schön reden, sondern damit umgehen können!«
Antoine de Saint-Exupéry

Negative Emotionen wie Eifersucht, Missgunst, Ärger und Rachegelüste sind bekannt dafür, im Sport zu schlechten Leistungen zu führen. Negative Gedanken erzeugen negative Emotionen, und wir wissen bereits, welche Richtung dich negative Gedanken einschlagen lassen – nämlich die falsche Richtung. Du fokussierst dich dann auf das »Hindernis« anstatt auf ein Ziel.

Falle niemals darauf herein! Ein mental starker Sportler würde lachen, einen Kommentar eines Gegners oder Begleiters runterschlucken und weitermachen. Konzentriere dich rein auf den Sport. Es ist wesentlich besser, der intelligente, mental starke Sportler zu sein, der seine Gedanken auf den »Job« und nicht auf die Leistung anderer Sportler konzentriert. Du hast den stärksten Computer der Welt zu deiner Verfügung: deine Gedanken. Stelle also sicher, dass er richtig programmiert ist.

Denke daran, dass niemand dich aufhalten kann, außer du selbst. Halte deine Gedanken immer fokussiert, positiv, optimistisch, zuversichtlich, gewinnorientiert und kraftvoll (ohne sich selbst dabei etwas vorzumachen). Verlierer spielen dagegen in Gedanken das eigene Versagen durch.

Manchmal ist es sogar hinderlich, überhaupt etwas zu denken: Wenn es richtig super läuft, dann denkt man gar nicht mehr wirklich darüber nach, was man gerade macht. Man geht einfach in der Tätigkeit auf, und alles scheint völlig mühelos und fast automatisch zu laufen. Diesen optimalen Leistungszustand (OLZ) kannst du nicht erzwingen, aber du kannst im mentalen Training lernen, die Gedanken zu lenken, um dadurch die eigene Leistung von der mentalen Seite her optimal zu unterstützen.

Die Lösung: Neun-Punkte-Grafik von Seite 18

Kommentar: Mit dieser Lösung verweist der Kommunikationswissenschaftler Paul Watzlawick darauf, dass es manchmal notwendig ist, die Rahmenbedingungen zu verändern, um ein Problem zu lösen.

Fast jeder, der zum ersten Mal die Lösung dieser Aufgabe versucht, führt als Teil seines Lösungsversuchs etwas ein, das die Lösung unmöglich macht. Es ist die unbegründete Annahme, dass die Lösung innerhalb des durch die Punkte gegebenen Quadrats gefunden werden muss – eine Bedingung, die in der Aufgabe nicht enthalten ist, sondern die sich der Problemlöser unversehens selbst auferlegt. Sein Scheitern liegt daher nicht in der Unmöglichkeit der Aufgabe, sondern in seinem Lösungsversuch begründet.
Die Lösung besteht im Heraustreten aus dem Rahmen, sie kann nicht in sich selbst enthalten sein, wie sie eben – in der Sprache der Principia Mathematica – ihre Gesamtheit betrifft und daher nicht Teil ihrer selbst sein kann (vgl. Zerlauth, T., 2000, Sport im State of Excellence. Junfermann, Paderborn, S. 2526).

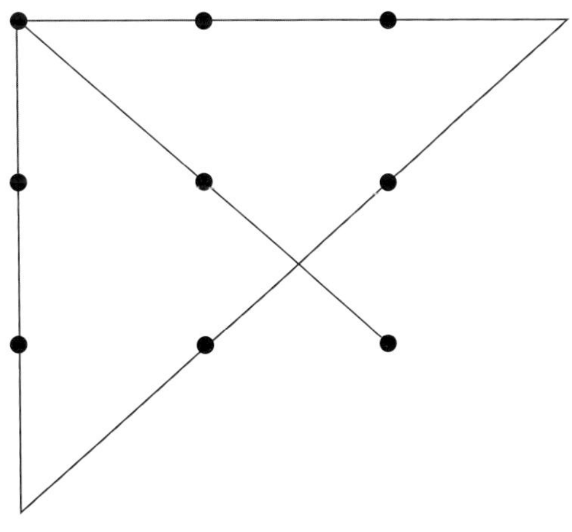

DER SPORTMENTAL-TRAININGSZYKLUS

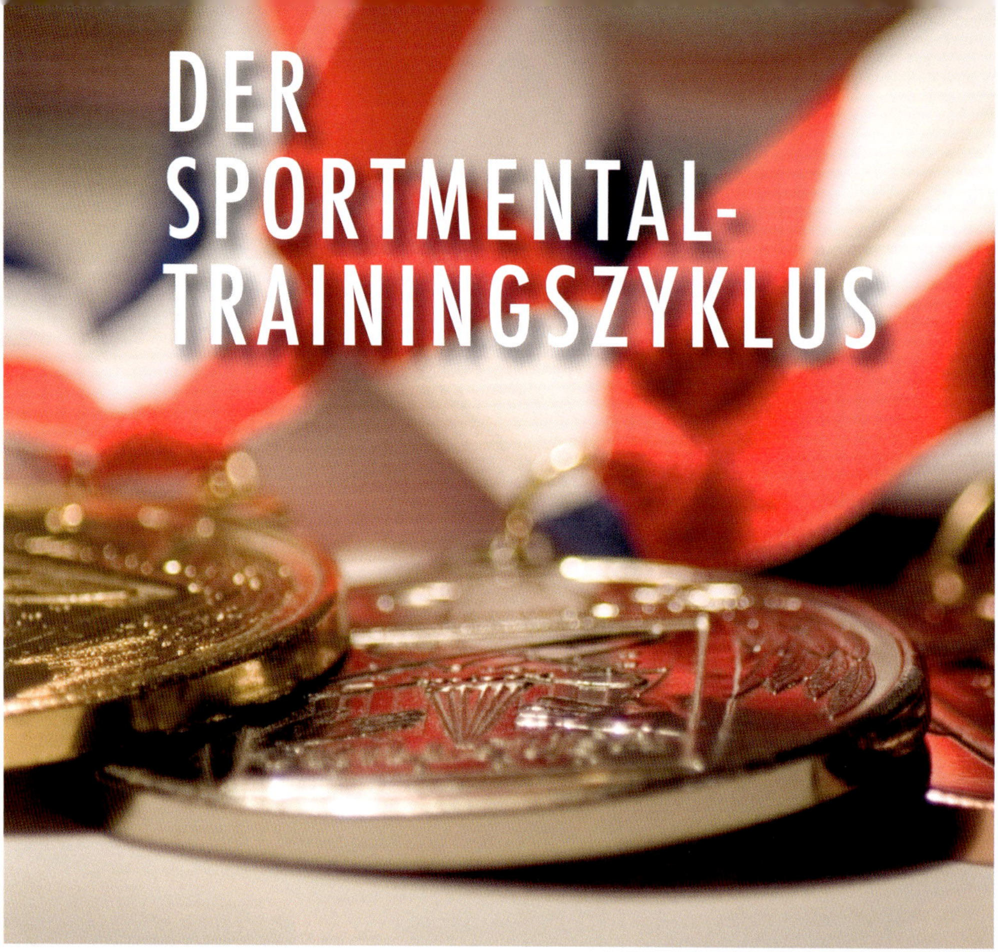

In meiner Ausbildung zum Sportmentaltrainer und -coach an der Heidelberger Akademie für Gesundheitsbildung habe ich den HIM-Sportmentalzyklus kennengelernt und seither in meine Arbeit als Mentalcoach integriert. Dieser wurde von Amler/Bernatzky/Knörzer am Heidelberger Institut für Mentaltraining in Anlehnung an den von W. Edward Deming (1982) entwickelten »Regelkreis zur kontinuierlichen Qualitätssteigerung« entwickelt, um den Prozess der kontinuierlichen und planmäßigen Leistungssteigerung zu gewährleisten.

Der Sportmentaltrainingszyklus umfasst vier Phasen:

1. Orientierungsphase
2. Stärken stärken
3. Mentale Blockaden und Defizite
4. Erfolgskontrolle

Für jede dieser vier Phasen gibt es ein umfangreiches Repertoire an Interventionen und Übungsformaten. Mentales Training, so aufgebaut, gewährleistet vom Anfänger- und Freizeit- bis in den Profisport einen kontinuierlichen Verbesserungs- und Veränderungsprozess.

Da immer auf die persönlichen Stärken, positiven Eigenschaften und die persönliche Zielsetzung des Sportlers bzw. Sportteams geachtet wird, ist ein hohes Maß an Selbstbestimmung und Selbstverantwortung des Athleten gegeben.

Sportmentaltraining wird von einem Sporttrainer mit Zusatzqualifikation oder einem hinzugezogenen Mentalcoach durchgeführt. Der Umfang eines systematischen Sportmentaltrainings reicht von Intensivkursen in der Saisonvorbereitung auf die kommende Wettkampfsaison bis hin zur kontinuierlichen Begleitung während einer gesamten Wettkampfsaison.

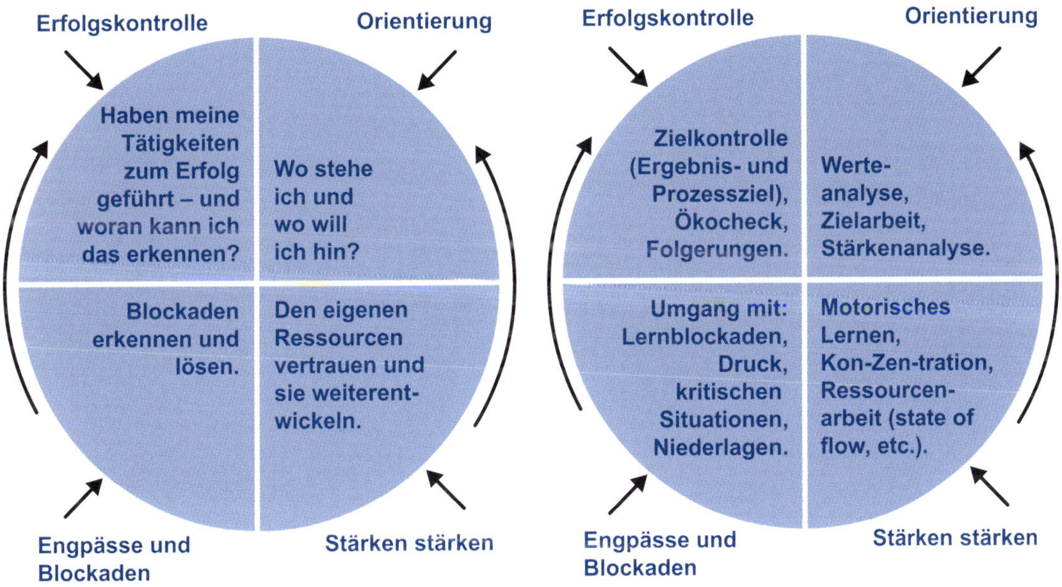

Der Sportmentaltrainingszyklus nach Amler/Bernatzky/Knörzer

Orientierung

Die Orientierungsphase dient zum einen der Standortbestimmung bzw. Bestandsaufnahme (IST-Analyse) und zum anderen der Bestandsaufnahme / Beschreibung des SOLL-Zustands bzw. der gewünschten Zukunft.

Ist-Analyse

- Wie ist der momentane Leistungsstand?
- Wo liegen deine Stärken und Schwächen?
- Worauf führst du deine bisherigen Erfolge zurück? Was bedeutet Erfolg für dich?
- Woraus führst du deine bisherigen Misserfolge und Fehler zurück?
- Wie stark kann deine Leistung verbessert werden, wenn man den Trainingsaufwand des vergangenen Jahres mit dem jetzigen vergleicht?
- Wie bist du mit deinen Trainern und Umfeld zufrieden? Was bedeutet dir die Unterstützung deiner Eltern oder deines Partners?

Werteanalyse

Warum sind Werte und innere Haltung so wichtig? Wie können wir Werte für die Kommunikation und unser Handeln nutzen? Warum tun Menschen das, was sie tun? Woran erkenne ich oder erkennen andere Werte? Wie lassen sich Werte entwickeln und steuern?

Definition:
Werte = Nominalisierungen
(was man nicht in eine Schubkarre packen kann)

Werte = Dinge,
... die uns wichtig sind,
... die uns motivieren,

... die uns sagen, was richtig oder falsch ist,
... die uns sagen, was gut oder böse ist,
... für die wir Zeit, Energie und Ressourcen aufwenden.

Es gibt globale Werte, die das ganze Leben betreffen, und kontextabhängige Werte.
Die Klärung dessen, was dem Sporter bzw. Trainer wichtig ist, was seine Werte sind, steht bei der Werteanalyse im Vordergrund. Denn diese Werte bestimmen, bewusst oder unbewusst, sein Handeln. Werte können helfen, Ziele zu erreichen, können aber einer Zielerreichung auch im Wege stehen. Wenn du im Einklang mit deinen Werten handelst, dann wirst du eine neue, starke Energie in dir spüren.

Diese Übung »Werteanalyse« unterstützt dich dabei, dir über deine persönlichen und sportlichen Werte klarer zu werden. Die Werteanalyse schafft aber auch Klarheit für die Zusammenarbeit zwischen Trainer und Sportler. Sie hilft dir außerdem, die Werte zu entdecken, die du künftig stärker zum Ausdruck bringen möchtest. Vorhandene Werte- und Kriterienkonflikte (etwa zwischen (Co-)Trainer und Sportler, aber auch innerhalb der Person des Sportlers bzw. Trainers) lassen sich mittels der Werteanalyse aufdecken und anschließend klären. Denn wenn Werte miteinander konkurrieren, wird man leicht unschlüssig in seinem Handeln.

Champions-League-Finale 2012 – ein gutes Beispiel für den Wert Verantwortung
Oliver Kahn: »Bayern war absolut überlegen, und trotzdem standen sie auf einmal im Elfmeterschießen. Ich konnte die Situation vor dem Elfmeterschießen auf dem Platz sehr gut beobachten. Und ich habe gesehen, dass Jupp Heynckes sich die Spieler ausgesucht hat. Er schaute sich um: Wo sind meine Spieler? Und einige haben sich tatsächlich geweigert zu schießen. Was war also die Ursache für das Scheitern? Die Verweigerung von Verantwortung – und wo wir gerade beim Thema Werte sind: Verantwortung zu übernehmen ist ein ganz wichtiger Wert. Wenn man im Fußball sagt: »Ich schieße keinen Elfmeter.« und andere sagen das Gleiche, dann strahlt das natürlich auf eine ganze Mannschaft aus. Diese Verweigerung von Verantwortung, dafür bezahlt man bitterböse. Das ist für mich die Quintessenz aus diesem Finale. Ich glaube, das hat die Mannschaft inzwischen aufgearbeitet, sie haben danach gesagt: Keiner von uns wird jemals wieder Verantwortung ablehnen.«

Übung Werte

1. Schritt: Sammlung deiner Werte (mindestens 15 Werte) im Sinne eines Brainstormings.
Notiere alles, was dir einfällt. Sammle alles, was dir spontan in den Sinn kommt. Du bist es wert! Und je mehr dieser Werte erfüllt sind, desto zufriedener, gestärkter und glücklicher wirst du sein.

- Was ist mir wichtig? Welche Werte sind wichtig für mein Leben? An welchen Werten orientiere ich mich? Welche Werte sind wichtig für folgende Lebensbereiche?:
- Wie weiß ich, dass meine Werte erfüllt sind? Welche inneren und äußeren Kriterien geben an, dass der Wert gelebt wird? Kriterien sind innere und äußere Erkennungssignale, die sinnlich wahrnehmbar sind.
- Gibt es Werte, die in der Vergangenheit wichtig waren, aber sich verändert haben?
- Was kann mich dabei unterstützen?
- In welchen Lebensbereichen oder Situationen sind meine Werte nicht erfüllt? Was denke ich warum? Was ist meine Begründung dafür?
- Gibt es Werte, die sich nicht vertragen? Z.B. Freiheit und Sicherheit?
- Wie definierst du Wert X?

Beispiel: Für Emrich ist Zielstrebigkeit wichtig. Seine Begriffsklärung des Wertes ›Zielstrebigkeit‹: »Sie ist

» Werteliste (Auszug)

Abwechslung, Aktivität, Anerkennung, Akzeptanz, Aufrichtigkeit, Austausch, Authentizität, Autonomie, Ausgeglichenheit
Balance von Sport und Freizeit, Balance von Geben und Nehmen, Balance von Sprechen und Zuhören, Bewegung, Bewusstheit, Beständigkeit, Bescheidenheit, Beliebtheit
Echtheit, Effektivität, Ehrlichkeit, Einfachheit, Einfühlsamkeit, Engagement, Entspannung, Entwicklung, Erfolg, ernst genommen werden
Feiern, Flexibilität, Freiheit, Freizeit, Freude Freundschaft, Frieden,
Geborgenheit, gehört werden, Gemeinschaft, gesehen werden, Gelassenheit, Genuss, Gemeinsamkeit, Gemeinschaftssinn, Gesundheit, Gleichwertigkeit, Glück, Großzügigkeit,
Harmonie, Herausforderung, Hilfsbereitschaft, Humor, Hygiene,
Identität, Initiative, Idealismus, Integrität, Inspiration,
Klarheit, Konfliktfähigkeit, Kongruenz, Kooperation, Kontakt, Konzentration, Kraft, Kreativität,
Lebensfreude, Lebenserhalt, Liebe, Loyalität, Lebendigkeit, Leichtigkeit, Leidenschaft, Leistung, Luxus
Menschlichkeit, Mitgefühl, Mitgestalten, Mut, Nähe, Natur, Neugier
Offenheit, Optimismus, Orientierung, partnerschaftlicher Umgang, persönliches Wachstum, Privatsphäre
Raum, Raum für persönlichen Ausdruck, Respekt, Ruhe, Rücksichtnahme,
Schutz, Selbstbestimmung, Selbstrespekt, Selbstverantwortung, Selbstvertrauen, Selbstverwirklichung, Sexualität, Sicherheit, Sinnhaftigkeit, Spiritualität, Stärke, Struktur/Ordnung,
Tatkraft, Toleranz, Teamgeist, Tiefgang
Umweltschutz, Unterstützung,
Verantwortlichkeit, Verbundenheit, Verlässlichkeit, Verständnis, Verstehen, Vorwärtskommen,
Wärme, Weitblick, Wachstum, Wahrheit, Wissen, Wertschätzung, Wohlergehen,
Zeit/Energie sinnvoll nutzen, Zielstrebigkeit, Zugehörigkeit, Zusammenarbeit

für mich die gelungene Kombination von größter Anstrengung, intensiver Motivation und Verlässlichkeit sowie der Fähigkeit, Störreize auszublenden, die mich an der Zielstrebigkeit hindern. Das bedeutet eine hohe Disziplin an sich selbst, und das ist wieder die Kombination zwischen Vorbildfunktion des Trainers; die Disziplin, die Korrektheit, das sind jetzt einfach Primärtugenden, Pünktlichkeit, Zuverlässigkeit, Konsequenz, Gradlinigkeit.«

2. Schritt: Erarbeite eine Wertehierarchie deiner persönlichen Werte.
Markiere in deiner Wertesammlung zwölf Werte, die für dich am wichtigsten sind. Und bringe sie in eine Reihenfolge: Was ist dein wichtigster Wert, dein zweitwichtigster Wert etc.?

3. Schritt: Skalierung: Zu wie viel Prozent lebst du in der letzten Zeit deinen Wert X, Wert Y, …?

Wenn ein Wert niedriger als der Wunschwert ausfällt: Was wäre für dich eine Verbesserung, also ein Wert auf der Skala von 0–100 %, wo du sagst »Das ist in Ordnung so«. Was genau müsste geschehen, damit du diesen Wert erreichst? Was wirst du tun, damit du deinen Wunsch-Wert erreichst?

Die schriftliche Dokumentation dieser Arbeit unterstützt deinen Prozess nachhaltig. Eine abschließende Vereinbarung (Commitment) über das, was du ändern und was du konkret tun wirst, kannst du mit dir selbst treffen (Selbstkontrakt) oder zusammen mit deinem Trainer.

Wert	Inwieweit lebe ich meine Werte in meinem aktuellen Leben/Sport? (in %)	Bei Abweichung IST – Wunschwert: Was werde ich tun?
Freundschaft	60	- öfter Anerkennung aussprechen - Mannschaftskollegen zur nächsten Geburtstagsfeier einladen - Echtes Interesse an meinen Kollegen zeigen

» Werte meiner Interviewpartner

Oliver Kahn: »Ich bin sehr früh in den Sport gekommen, mit sechs Jahren habe ich beim KSC angefangen. Der Sport bringt ja schon grundsätzlich bestimmte Werte mit – wie verhalte ich mich auf dem Platz, wie gehe ich mit meinen Mannschaftskollegen um? Was ist für mich Fairness? Was bedeutet für mich Fairplay? Ich muss lernen, mit Niederlagen umzugehen. Ich muss eine bestimmte Disziplin wahren. Ich muss Durchhaltevermögen zeigen. All diese Werte und Tugenden, die ich beim Sport mitbekommen habe, spielen auch heute für mich eine sehr große Rolle.
Ich merke immer wieder, dass es mir sehr wichtig ist, durchzuhalten und eine gewisse Disziplin an den Tag zu legen. Es geht darum, Ziele zu erreichen, sodass man ein bisschen Stolz für sich selbst entwickeln kann, also nicht durch unlautere Mittel Erfolg zu haben usw. Das sind sehr wichtige Werte. Diese spielen bei mir auch heute im Businessbereich eine große Rolle.«

Wolfgang Mader: »Niemand weiß wirklich, ob es ein Leben nach dem Tod gibt. EINES, weiß man aber mit 100-prozentiger Sicherheit, nämlich, dass es ein Leben VOR dem Tod gibt! Aus diesem Grund war immer schon und wird immer meine Devise sein, für SICH das Bestmögliche aus dem Leben herauszuholen. Was da alles darunter fällt, ist für jeden unterschiedlich und anders. Der eine holt das Beste aus seinem Leben heraus, indem er eine Riesen-Karriere im Beruf, Sport oder auf einem sonstigen Gebiet hinlegt. Der andere wieder, indem er eine große Familie gründet und so viel Zeit wie möglich für diese da ist. Der nächste wieder, indem er sein Leben den Mitmenschen, sprich Dritten widmet, denen hilft und für die Gesellschaft Gutes tut. Das alles schließt sich nicht aus, und man kann auch vieles miteinander verbinden. Das WICHTIGSTE ist aber, und war mir immer, dass man SICH SELBST treu ist und bleibt, DAS tut, was man wirklich für richtig und erstrebenswert hält, DAS tut, was einen glücklich macht, und nicht, was ANDERE glücklich macht (wobei dieses oft miteinander Hand in Hand geht und verknüpfbar ist). […]
MUT zur Entscheidung und Selbstverantwortung für jede Entscheidung sowie die volle Reflexion darauf, am Ende des Lebens nur sich selbst rechenschaftspflichtig zu sein, waren immer meine wichtigsten Werte im Leben im Allgemeinen und im Sport im Speziellen.«

Für **Al-Sultan** sind Familie, Gesundheit, Freunde, Freiheit wichtig.

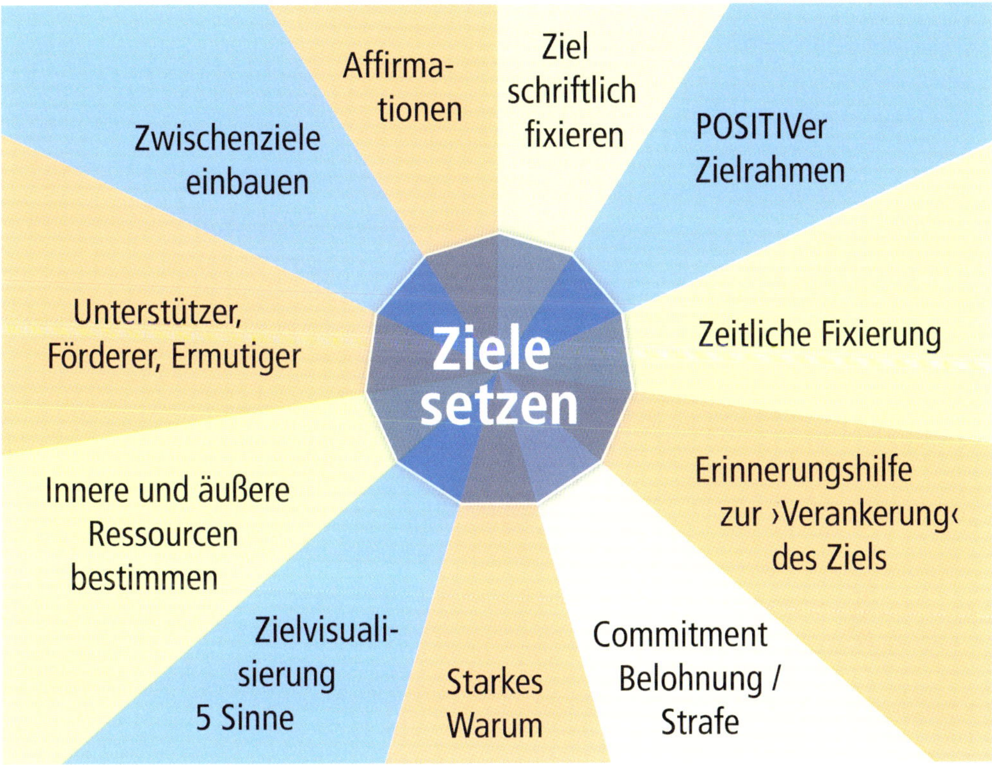

Zielsetzung

In diesem Kapitel werden wir uns mit der Bedeutsamkeit von Zielen, den verschiedenen Arten von Zielen befassen und die Kriterien für die Festlegung geeigneter Ziele sowie die systematische und kontinuierliche Umsetzung deiner Ziele erläutern.

Betreibst du eine persönliche Erfolgskontrolle? Wie ist deine letzte Saison gelaufen? Welche deiner Ziele hast du realisiert? Welche Strategien haben dir dabei geholfen? Gab es Ziele, die du verfehlt hast? Was folgerst du daraus? Wie sieht dein sportlicher Erfolg aus, wenn du ihn erreichst?

Wer kein Ziel hat, kann auch keines erreichen und kann auch keinen Erfolg haben. Erfolgreiche Sportler analysieren ihre letzte Saison und ihre Ziele schriftlich und bereiten sich entsprechend auf die nächste Saison vor.

Erst realistische Ziele und Analysen helfen, herausragende Ergebnisse im Sport zu erreichen und erfolgreich zu sein. Nur wenn du weißt, wo genau du hinwillst, kannst du den genauen Weg dorthin festlegen und situations- und anforderungsgerecht handeln. Mein Kollege Jörg Löhr hat für die Zielformulierung einen anschaulichen Vergleich formuliert: »Wie beim Autofahren per Navigationssystem führen uns im Leben nur genaue Zieldaten dahin, wohin wir wollen.« (Pfeffer, A., Pridun, C., 2009). Wenn wir in ein Taxi steigen, sagen wir dem Taxifahrer auch nicht, wo wir nicht hinwollen, sondern wo genau er uns hinfahren soll. Wenn wir im Restaurant bestellen, sagen wir dem Ober auch nicht, was wir nicht essen und trinken wollen, sondern was er uns konkret bringen soll.

Ziele steuern unsere Aufmerksamkeit und Handeln, erhöhen das Durchhaltevermögen und deine Anstrengungsbereitschaft und mobilisieren Energie. Ziele unterstützen die Entwicklung neuer Lern- und Lösungsstrategien. Man blendet ganz viel von dem aus, was noch da ist, und man nimmt ganz viel von dem wahr, was da ist, um seine Ziele zu erreichen. Wir begegnen ganz vielen Personen, die mit diesem Thema zu tun haben. Ziele haben eine Anziehungskraft. Mit klaren Zielen vor Augen weißt du viel eher, wann du dich in die richtige oder in die falsche Richtung bewegst. Du weißt auch, wann du »Ja« oder »Nein« sagen musst. Und du weißt, wann du kämpfen musst oder gelassen sein kannst.

Daher ist es wichtig, Ziele zu setzen, und nicht nur das: Es ist wichtig, unsere Ziele gut zu wählen, weil sie uns bewusst und unbewusst steuern und lenken. Wenn wir das Ziel dann erreichen, stärkt dieses Erfolgserlebnis unseren Selbstwert und unser Selbstvertrauen. Wir fühlen uns sehr gut und sind motiviert für größere Herausforderungen. Es gibt einen Energieschub. Wir bekommen Lust darauf, uns weitere, neue Ziele zu setzen.

Ohne Ziele generieren wir kein Wachstum, sprich: keine Weiterentwicklung. Oliver Kahn sagt dazu: »Man kann nicht nicht wachsen. Sie haben schon recht, wenn Sie protestieren. Natürlich kann man auch ›schrumpfen‹. Was ich meine, ist: Man sollte nicht schrumpfen wollen. Man sollte nicht mal ›auf der Stelle treten‹ wollen. Denn bereits ›Nullwachstum‹ zähle ich dem Schrumpfen zu. Nur wer sich bewegt, kann auch wachsen.« (Kahn, O., 2010, S. 51–55; 73).

Solange man Träume und Ziele hat, solange macht das Leben Sinn

Wolfgang Mader: »Meine größte Stärke ist, dass ich – einmal ein Ziel ins Auge gefasst – dieses Ziel so lange nicht aus den Augen verliere, bis ich es erreicht habe. Mein längster, größter und intensivster Lebenstraum war seit meinem zehnten Lebensjahr, mein Leben mit einem oder mehr sibirischen Huskys zu teilen. Zu meinem 50. Geburtstag (40 Jahre danach) habe ich mir auch diesen Traum realisiert und auch dieses Ziel erreicht. Ich habe dieses Ziel 40 Jahre lang aus unterschiedlichen Gründen nie realisieren können, habe es aber nie aus den Augen verloren. So eine Eigenschaft gibt ein Leben lang wahnsinnig viel Energie. Solange man Ziele hat, lebt man. Solange man Träume und Ziele hat, hat man Energie und Motivation, diese zu erreichen und zu realisieren. Solange gibt und macht das Leben Sinn!« Ergänzend sagt er: »Glücklich ist derjenige, der mehr Träume hat, als die Realität jemals zerstören kann. Ich habe sehr viele Träume. Zahlreiche davon habe ich bereits erfolgreich realisiert. Um einen Traum zu realisieren, muss man ihn aus dem Schlaf holen und aus diesem Traum aufwachen. Dann kann man ihn in die Realität umsetzen. Ich hole mir nach jedem reali-

Innerhalb von 16 Monaten ›RAAM‹ und ›Crocodile Trophy‹: Wolfgang Mader bestreitet als erster Radsportler in der Geschichte innerhalb von 16 Monaten die zwei längsten und härtesten Radmarathons (Straße und Mountainbike) der Welt.

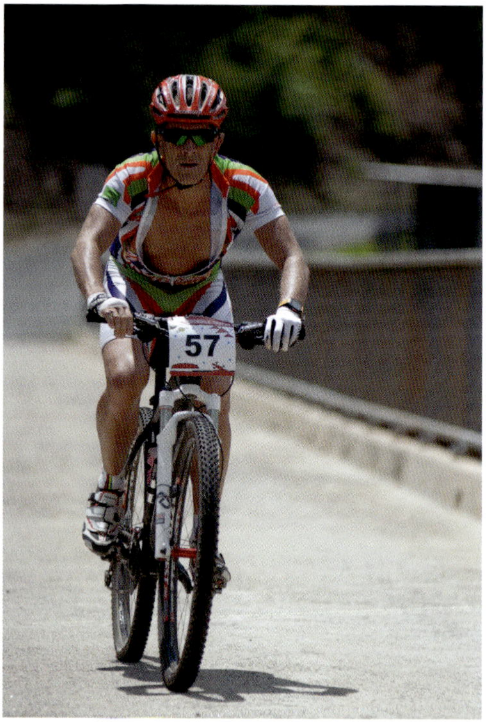

sierten Traum den nächsten aus meinem Kopf und gehe ihn so lange an, bis ich ihn erreicht und realisiert habe. Ich habe im SPORT mehr erreicht, als ich mir erhofft und erträumt habe. Das Finishen des schwersten und härtesten Radrennens der Welt, des ›Race across America‹, war für mich lange Zeit ein Traum, und ich habe ihn realisiert. Der Weltrekord, die ›Crocodile Trophy‹ oder die Ultra-Marathon-WM waren nie meine Träume, sind aber am Weg zum ›RAAM‹ mitgegangen. In der Zukunft möchte ich sportlich erreichen, solange als irgendwie möglich so fit zu sein, um meinen Huskys ein adäquater Trainings- und Abenteuerpartner zu sein, mit ihnen tausende schöne Momente zu erleben und mit ihnen die Natur zu genießen. Im Sinne von Wettkämpfen, Platzierungen und Rennen habe ich nichts mehr vor. Dieser Lebensabschnitt RENNEN ist vorbei, der nächste hat begonnen.«

Träume groß. Denke groß! Natürlich sollten deine Ziele realistisch sein, aber zu viele Menschen begrenzen sich selbst, bevor sie überhaupt mit dem Setzen von Zielen beginnen. Sich selbst klein zu machen und an sich zu zweifeln, ist wahrscheinlich eine der größten menschlichen Herausforderungen, die wir alle zuweilen meistern müssen. Und damit geht oft eine starke Emotion einher – die Angst.

Was ist der Unterschied zwischen Vision, Wunsch, Ziel?

Wie halten wir diese Begriffe auseinander?

Definitionen:

Wunsch

- engl. ›desire‹
- »Der Wunsch ist ein Begehren oder Verlangen nach einer Sache oder einer Fähigkeit, ein Streben oder zumindest die Hoffnung auf eine Veränderung der Realität oder das Erreichen eines Zieles für sich selbst oder für einen anderen.« (www.wikipedia.de)
- »gleichbedeutend mit Begehren und Verlangen; das Herbeisehnen von etwas, wobei dieses fantasierte Ziel nicht unbedingt mit der Realität in Einklang zu bringen sein muss.« (www.wissen.de)
- gefühlsbezogen, fühl- und erlebbare Qualität
- Wunsch als treibende Kraft
- Wünsche sind wichtig, doch ein Wunsch allein lässt mich mein Ziel nicht erreichen.
- Wünsche richten sich auf Gegenstände, Personen
  oder auf lustvoll erlebte Sachverhalte.
- Vater des Ziels
- Oft liegt die Erfüllung nur teilweise unter eigenem Einfluss.
- Umsetzungsstrategie fehlt.
- Man unternimmt keinerlei aktive Schritte, um dieses Ziel zu erreichen.
- Metapher: Ich pflanze ein Samenkorn, gieße es aber dann nicht.

Beispiel:
»schönes Wetter beim nächsten Wettkampf«

Vision

- weit weg
- andere Begriffe: Lebenszweck, Sinn, Lebensaufgabe, Mission State
- Aus Visionen können Ziele werden. Eine Vision kann mehrere verschiedene Ziele beinhalten.
- vgl.: *allgemein*
  eine im Hinblick auf die (unbestimmte) Zukunft entworfene, oft träumerische Vorstellung oder Imagination bezüglich eines Zustands, z. B. die Vision einer völlig konfliktfreien Welt. (www.wissen.de)
- richtungsweisend, energiebesetzt, mitreißend

Beispiele:

- »der Beste in seiner Sportart sein«
- »Weltrekord in seiner Sportart brechen«

Ziel

- lateinisch finis,
  englisch objective, goal:
  »das, worauf Bemühungen oder Ambitionen gerichtet sind« oder »ein Zustand, der durch eine bestimmte Vorgehensweise erreicht werden kann« (Webster's Dictionary)
- Das Ziel ist die Antwort auf die Frage »Was willst du?«

Beispiele:
»Gewinn des ersten Spiels der Fußball-WM.«
»Ich laufe den Marathon am Tag x unter einer Zeit von y.«

Ich darf mein Ziel als Mentalcoach, Betreuer oder Technik-Trainer nicht auf den Sportler übertragen! Die Ziele des Trainers und die des Sportlers sind voneinander zu unterscheiden. Die Übereinstimmung der Ziele des Sportlers mit den Einschätzungen des Trainers bietet die besten Voraussetzungen für das Motiviert-Sein des Sportlers bis in die Haarspitzen. Trainer und Betreuer können dem Sportler beratend zur Seite stehen.

Kurz-, mittel- und langfristige Ziele

Lege zunächst dein langfristiges Ziel fest - das ist das Ziel, das dich zu größeren Leistungen als Sportler anspornen wird. In der Regel wird es auf einen Zeitraum von ein bis vier Jahren festgelegt. Alles, was darüber hinausgeht, ist als Zeitrahmen unrealistisch, da sich die Dinge in unserer heutigen Welt so schnell ändern.

Hier sind einige Beispiele für langfristige Ziele:

- Stammtorwart in der Mannschaft werden
- Die Anerkennung meiner Leistungen durch den Kadertrainer verbessern
- In den Kader aufgenommen werden
- Einer der mental stärksten Spieler des Landes sein.

Monat	Monatsziel
1	
2	
3	
4	
5	
6	
7	
8	
9	
10	
11	
12	

Verschiedene Zielarten

- zeitliche Ziele: kurzfristige Ziele (ein bis sechs Monate), mittelfristige Ziele (für die nächste Wettkampf-, Trainingssaison; drei Monate), langfristige Ziele (ein bis drei Jahre)
- konkrete Nahziele (Zeitraum von ein bis zwei Wochen) für Wettkampf und Training
  → Nahziele zur Verbesserung der Kondition, Technik, Taktik und zur Steigerung der mentalen Stabilität (Railo, S. 93)
  Beispiel Taekwondo: »Ich greife an.«
  Beispiel Segelsport: »Ich konzentriere mich auf die Boje.«
  Beispiel Fußball: »Ich akzeptiere es, wenn ich einen Fehler mache.«
- Etappenziele, Teilziele, Zwischenziele (= Stufen zur Fernzielerreichung)
  Thomas Braun dazu: »Der Hauptpunkt ist, dass man bei der Zielformulierung auch ganz klar Zwischenziele formulieren muss. Es hilft nichts, wenn ein 20-jähriger Athlet sagt: ›Ich will Olympiasieger werden‹ – es sei denn, es ist jetzt ein Ausnahmetalent wie Marcel Hirscher. Sondern es müssen ganz klar die Schritte formuliert sein, damit der Athlet auch den Fortschritt sieht und motiviert bleibt.«
- Ergebnisziele
- Prozess- bzw. Handlungsziele (›process goals‹)

Ein Trainerkollege von mir rät: »Schreibe deine Ziele auf, stecke sie in eine Schublade und schaue ein Jahr später wieder auf den Zettel«. Das ist nicht ganz mein Denkansatz. Du erreichst auf jeden Fall mehr, als wenn man die Ziele gar nicht aufgeschrieben hätte. In meinen Augen ist es aber besser und wirkungsvoller, sich immer wieder an seine eigenen Ziele zu erinnern, immer wieder an seinen Strategien zu arbeiten, Motivationsposter und Zielcollagen anzufertigen und sich mit seinen Zielen zu beschäftigen.

Hast du langfristige Ziele und Visionen, führt dies zu einer Bewusstheit, dass einzelne Siege und Niederlagen nur Eckpfeiler im langfristigen Leistungsaufbau sind. Somit verliert ein einzelnes Turnier seinen bedrohlichen Charakter, denn du weißt, wo du langfristig hinkommen willst.

Um langfristige Ziele erreichen zu können und Frust zu vermeiden, setze dir konkrete mittel- und kurzfristige Ziele mit den entsprechenden Trainingszielen! Mittelfristige und kurzfristige Ziele sollten immer mit den Langzeitzielen übereinstimmen und dabei helfen, die Fortschritte in Richtung des schlussendlichen Ziels zu lenken. Anhand von mittelfristigen und kurzfristigen Zielen kannst du nicht nur deinen Fortschritt messen, sie dienen auch als Motivationsverstärker. Jedes kurzfristige Ziel, das du erreicht hast, ermutigt dich, den nächsten Schritt zu tun.

Denke daran: Der Weg ist so viel wert wie das Ziel. Genieße unterwegs die Landschaft!

Du bleibst ruhiger, wenn du, statt immer auf das Endziel (in z. B. vier Jahren) zu schauen, mehr darauf achtest, wo auf der »Straßenkarte« du dich befindest. Aus deiner »Straßenkarte« müsste klar ersichtlich sein, dass dein Weg dich – Schritt für Schritt – deinem ultimativen Ziel immer näherbringt. Ist dies nicht der Fall, musst du für eine neue Karte sorgen, indem du deine kurzfristigen Ziele neu definierst, veränderst oder anpasst.

Trainingsziele

Um Qualität im Training sicherzustellen, lege auch für jedes Training ein bis drei Ziele (körperlich, technisch/taktisch, mental) fest. Am Ende des Trainings überprüfst du die Ziele.

Wettkampfziele

Thomas Braun: »Das bedeutet, dass man nicht zum Wettkampf hinfährt und sagt: ›Okay, bestreite ich halt den Wettkampf‹, sondern dass man sich da auch ganz klare Ziele vornimmt, die speziell im Nachwuchsbereich nicht immer das Gewinnen sein kön-

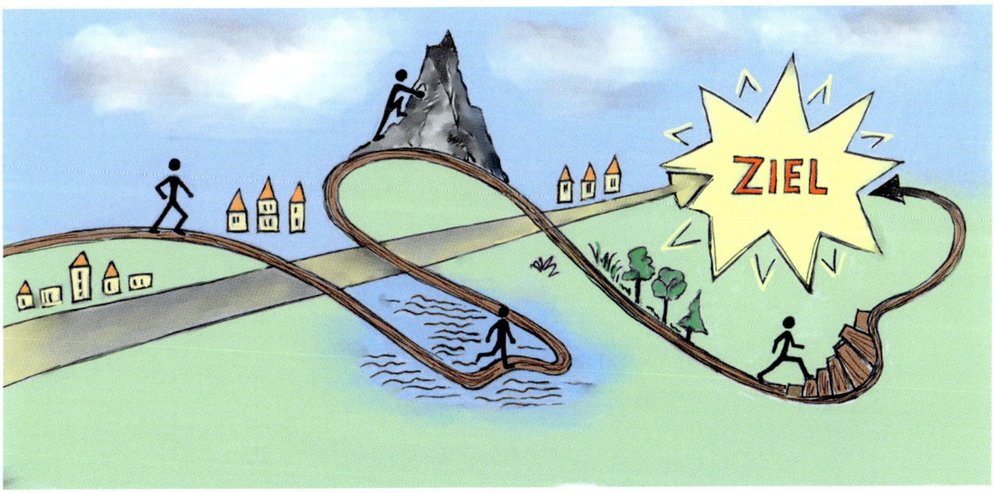

nen, da muss man realistisch sein. Da gilt es auch mal, an einem Tag vielleicht nur eine gute Leistung abzurufen, weil ich die drei Rennen vorher ausgeschieden bin oder vielleicht mal den einen oder anderen Gegner aus einer anderen Nation, der ähnliche Rennen fährt und immer ein bisschen voraus war, dass man den auch mal im Griff hat. Also realistische Ziele verfolgen, […], verbunden mit dem Willen, die Leistung am Tag X abzurufen.«

Ergebnisziele (Was will ich erreichen?)

Die meisten Menschen legen Lang- und Kurzzeitziele auf der Basis von konkreten Ergebnissen fest. Ergebnisziele beschreiben, **was** genau erreicht werden soll. Sie sind klar **quantitativ** messbare Ziele wie Titelgewinne, Platzierungen, Zeiten, Gewinnen von Schleifen und Pokalen, Hindernisfehler und Wertnoten. Oft werden Ergebnisziele an Platzierungen festgemacht (Platz auf dem Treppchen, x. Tabellenplatz). Hier liegt aber ein Verstoß gegen das Zielkriterium »eigenverantwortlich erreichbar« vor, da die sportliche Konkurrenz des Sportlers ihn durchaus an der Zielerreichung hindern kann.

Nachteile von Ergebniszielen:

- Sie haben einen Anteil an Fremdeinwirkungen (nicht vollständig unter eigenem Einfluss).
- Frust und Druck ist vorprogrammiert. Angst vor Versagen kann entstehen.
- Oftmals Konzentration eher auf negative Gedanken (Was wäre, wenn ...).

Vorteil:

- Genaue Überprüfung möglich, ob Ziel auch tatsächlich erreicht wurde.
- Langfristig können Ergebnisziele sehr motivieren.

Beispiele

»Ich werde Weltmeister/deutscher Meister.«
»Ich erringe eine Goldmedaille.«
»Ich qualifiziere mich für die Olympischen Spiele.«
»Ich schaffe den Halbmarathon in 81 Minuten.«

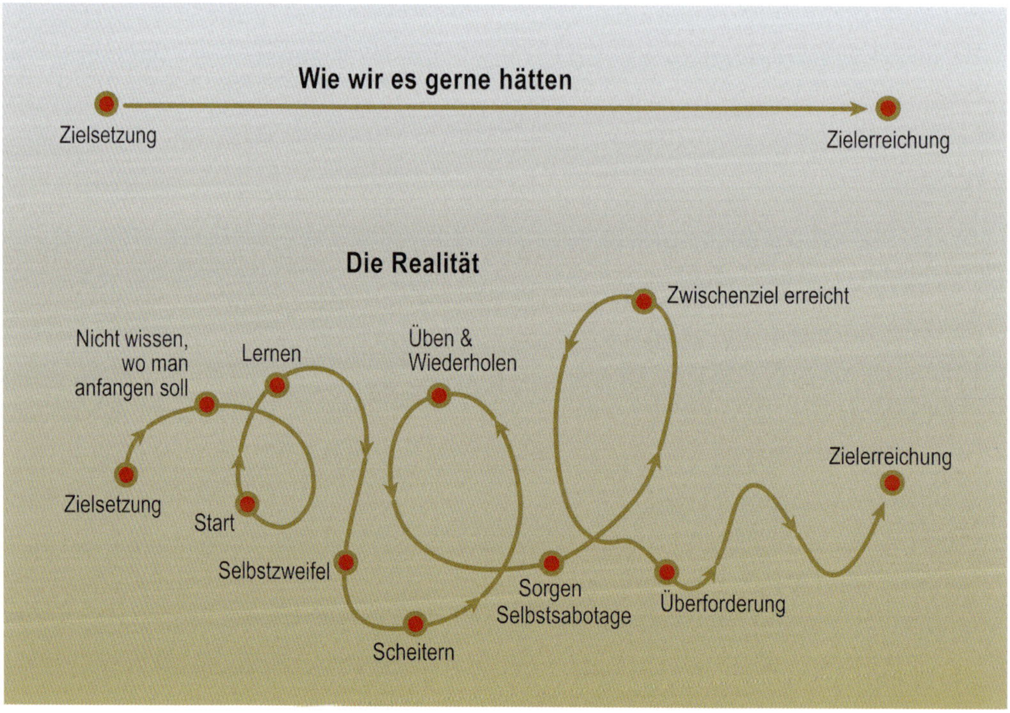

»Ich gewinne … .«
»Ich stehe auf dem Siegertreppchen!«

Der Weltklasse-Tennisspieler Roger Federer sollte als 15-Jähriger im Tennisinternat seine sportlichen Ziele aufschreiben. Während seine Mitschüler Sätze formulierten wie »Berufsspieler werden« oder »unter die ersten 100 der Weltrangliste vorstoßen«, schrieb Roger Federer: »In die Top Ten kommen und dann die Nummer Eins werden« (Weltwoche, 2007). Ein hohes Ziel, aber offensichtlich ein sehr motivierendes. Knapp zehn Jahre später, im Jahr 2005, stand der Schweizer auf Platz eins und sagte dazu im Interview: »Das zeigt mir, dass ich mich richtig organisiert habe als Profi, dass ich mein Potential ausspiele« (Berliner Morgenpost, 2006). Federer hat stets sehr zielstrebig agiert, immer nach Platz eins gestrebt und mit jedem Erfolg an Durchsetzungskraft gewonnen.

Paul Eckert: »Ich arbeite mit realistischen Zielen. Ich nenne nur Ziele, bei denen ich mir sicher sein kann, dass ich diese mit einem normalen Trainingsaufwand oder mit einem normalen Sportlerjahr erreichen kann. Zum Beispiel: »Ich will nächstes Jahr den Gesamtweltcup gewinnen.« Ich würde das Ziel gerne erreichen, aber darauf habe ich nur bedingt Einfluss, und von daher würde ich mir solche Ziele nie setzen.
Ein weiteres Ziel: Eine Olympia-Teilnahme. Bewusst keine Olympia-Medaille, sondern erst mal die Teilnahme.«

Handlungsziele bzw. Prozessziele

Prozessziele basieren auf kontrollierbaren Gedanken und Handlungen im Zusammenhang mit der Leistungsausführung. Das Hauptaugenmerk liegt auf der Verbesserung von mentaler Stärke und Technik. Um Ergebnisziele zu erreichen, musst du eine Reihe von Prozesszielen erreichen. Prozessziele dienen als Sprungbrett, um das Leistungsniveau zu erreichen, das zu den gewünschten Ergebnissen führt.

Beispiele
»Sport mit Spaß und Freude.«
»Im nächsten Turnier führe ich nur positive Selbstgespräche, komme was wolle!«
»Ich steigere meine Ausdauer.«
»Rhythmischen Schwung im Golf im Turnier durchhalten.«
»Beim nächsten Wettkampf 'cool bleiben'.«
»Entspannt bleiben.«

Arbeitsblatt: Zielerkennungskriterien (aus Amler/Bernatzky/Knörzer, 2006, S. 26).

Datum: Name: Prozessziel:

Zielerreichungskriterien	**voller Energie**	**mutig**	**kraftvoll**
Indikatoren	Indikatoren	Indikatoren	Indikatoren
Wie siehst du aus?	leuchtende Augen	mit breiter Brust	aufrechte Haltung
Wie hört es sich an?	ein inneres Vibrieren	»Do it!«	»Ich pack' es!«
Wie und wo fühlst du es besonders intensiv?	im ganzen Körper	in der Brust	in Armen und Beinen
Wie viel %?			

Zu vage ist die Formulierung »Mein Ziel ist es, mein Bestes zu geben.«

Thomas Braun dazu: »Und sie müssen auch genau wissen, was sie tun müssen, um dieses Ziel zu erreichen. Da reicht es eben nicht zu sagen, »Ich will Olympiasieger werden.«, sondern da muss der Athlet wissen: Was muss er im konditionellen Bereich machen, was muss er im skitechnischen Bereich machen, was muss er im Umfeld, im Management machen, und was muss er möglicherweise auch im psychologischen Bereich machen oder im mentalen Bereich? Und dann gilt es, ihm auch den Weg aufzuzeigen, wie er dahin kommt.«

Der ehemalige deutsche Skispringer und Olympiasieger Sven Hannawald verrät: »Mein Ziel war nicht Weltmeister oder Olympiasieger, sondern mein Ziel war immer der perfekte Sprung – das hat mich länger motiviert« (Tigers Career Day, Uni Tübingen, Juli 14). Der Extremsportler Norman Bücher, der mehr als 100 Marathon- und Ultramarathonläufe absolviert hat, sagt zu seiner Zielsetzung: »Für mich als Extremsportler sind nicht Bestzeiten, irgendwelche Platzierungen oder Rekorde entscheidend. Ich habe, außer einem 5-Kilometer-Volkslauf als Jugendlicher, noch keinen einzigen Wettkampf gewonnen. Das stört mich nicht, solange ich meine persönlich gesteckten Ziele erreichen kann. Nicht die Wettkämpfe sind für mich entscheidend, nicht auf das Sammeln von Marathonläufen kommt es mir an, und nicht irgendwelche Medaillen und Pokale motivieren mich. Für mich stehen die persönlichen Erfahrungen bei meinen Laufabenteuern im Vordergrund. Die sehr intensiven Laufmomente bei meinen Abenteuern, sich an seine persönlichen Grenzen heranzuwagen und diese zu überwinden und zu erfahren, was man alles im Leben mit dem Willen und der Vorstellungskraft erreichen kann. Diese Erfahrungen und Eindrücke sind in meinen Augen viel mehr wert als irgendeine Zeit in Minuten und Sekunden.« (Bücher, 2011, S. 27).

Das ganze Leben ist eine Reise und ein fortwährender Lernprozess, und Sport ist ein wertvoller Teil davon. Manchmal denken wir gar nicht an unsere Erwartungen und sporteln, weil es uns Spaß macht. Wenn wir das tun, entwickeln wir uns weiter, denn wir wollen mehr Freude am Sport erleben, und das wird dann zum Schwerpunkt. Als Ergebnis davon entspannt sich unser Geist, der Körper wird locker, und wir lernen automatisch. Da in diesem Fall das grundlegende Ziel darin besteht, dass wir an dem Prozess teilhaben wollen, haben wir das Ziel bereits erreicht.

Prozessziele beschreiben, **wie** das Ergebnis erreicht werden soll, welche Handlungen kurz- oder mittelfristig konkret erfolgen müssen, beschreiben den Weg zum Ziel und die **Qualität** der Handlung. Handlungsziele sind leistungs- und verhaltensorientiert. Sie sind von Fremdverhalten unabhängig.

Entscheide, worauf du zusteuerst (Ziel), und erkenne, welche Hindernisse und Blockaden du dabei überwinden musst.

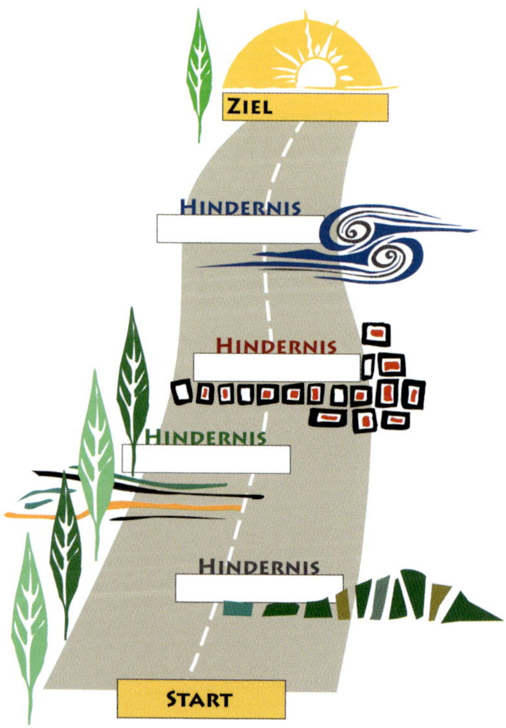

Nenne 3–5 Kriterien, an denen du deine Zielerreichung erkennen kannst (siehe Tabelle Seite 51). Diese formulierst du selbst. Zum Beispiel:

- »Blick über den Ski. Atmen. Dranbleiben.«
- »Voller Energie, mutig, kraftvoll. usw.«
- »Optimale Körperspannung, Arme locker, Blick voraus. Atmen.«

Im nächsten Schritt werden dann die Kriterien weitergehend hinterfragt:
»Wie siehst du aus, wenn du energievoll bist? Wie hört sich das an? Wie fühlt sich das an? Wo spürst du die Energie am stärksten?«

Mithilfe einer Skala lässt sich dann einordnen, wie viel Prozent der jeweiligen Zielerreichungskriterien in einer Trainings- oder Wettkampfsituation verwirklicht wurde.

Ich habe gute Erfahrungen damit gemacht, mit Sportlern in erster Linie Handlungsziele festzusetzen. Ich kann ein Ergebnisziel verpassen, das Handlungsziel aber erreicht haben.

Hinweis für Trainer: Ziele werden vom Sportler selbst festgelegt. Sie dürfen ihm nicht von außen vorgegeben oder gar aufgezwungen werden. Die Zielsetzung sollte vor der Wettkampfsaison erfolgen. Zur Saisonmitte wird überprüft, welche Ziele der Sportler bis dahin erreicht haben wollte, und wo er tatsächlich zu dem Zeitpunkt steht. Die nächste Kontrolle ist dann am Ende der Saison mit Rückblick und neuer Zielsetzung für die nächste Saison.

Vermeidungsziele (»Weg-von-Ziele«) und deren negative Wirkung

Jeder kennt das: Vor dem Wettkampfstart werden die letzten Anweisungen der Trainer/Begleiter mit auf den Weg gegeben. In den meisten Fällen handelt es sich dabei um Vermeidungsanweisungen, die man aber auch als Handlungsziele formulieren könnte, was gleich eine ganz andere Wirkung hätte.
Ziele, die sprachlich den Zustand beschreiben, der vermieden werden soll, heißen Vermeidungsziele (»Ich lasse mich weniger hetzen.«).

Ziele werden als Handlungs- und Ergebnisziele und nicht als Vermeidungsziele formuliert. Manche Trainer verfallen in ein »falsches« Denken (nicht nur auf dem Turnier) und formulieren ihre Absichten für den Sportler als Vermeidungsziele. Für jüngere und unerfahrene Sportler – und vor allem Jugendliche und Kinder – sind solche Aussagen wenig hilfreich, da diese Aussagen ihnen nicht aufzeigen, wie sie sich tatsächlich zu verhalten haben bzw. handeln sollen. Vermeidungsziele erhöhen vor allem dann die Unsicherheit, wenn Sportler keine Fortschritte in ihrer Entwicklung erkennen. Positive Handlungsziele wirken jedoch motivierend.

Annäherungsziele (»Hin-zu-Ziele«)

Ziele, in denen das Thema so formuliert ist, dass der Zustand, der erreicht werden soll, darin enthalten ist, werden Annäherungsziele genannt (»Ich gönne mir Ruhe.«).
Annäherungsziel statt Vermeidungsziel: Formuliere deine Zielformulierung so, dass sie zum Annäherungsziel wird.

Einleitung des Zielfindungsprozesses

Konfuzius sagte: »Selbst eine Reise über tausend Meilen beginnt mit einem einzigen Schritt.«

Der Vorgang:

- Entscheide konkret, was du erreichen willst.
- Erkenne die Hindernisse und mentalen Blockaden, die dich an der sportlichen Weiterentwicklung und Erreichung deiner langfristigen Ziele hindern.
- Finde Lösungsstrategien für diese Hindernisse und mentalen Blockaden.
- Finde Antworten auf die Frage: Was brauche ich

an inneren und äußeren Ressourcen, um meine Ziel(e) erreichen zu können?

Eine weitere Vorgehensweise könnte sein, als erstes eine Analyse der aktuellen Leistung zu machen. (vgl. Peter Terry, 1990, S. 42–43, Tabelle unten)

Danach überlege dir, welche Punkte du verbessern möchtest. Ich habe dir mögliche Elemente eingetragen. Entscheide, um wie viel du jeden Punkt verbessern möchtest und bis wann. Diese Ziele sollten eine Herausforderung für dich darstellen.

Bitte eventuell beim Ausfüllen der Analyse deinen Trainer oder Co-Trainer um Unterstützung oder jemand, der dich als Sportler genau kennt, z. B. deinen Vater.

Gründe, warum dein Sport dir wichtig ist

Ein wichtiger Teil des Zielsetzungsprozesses ist es, zu verstehen, warum du deinen Sport betreibst. Schreibe mindestens drei Gründe dafür auf, warum du deinen Sport machst.

Warum hast du dich entschieden, mit Deinem Sport anzufangen?
Was hat Dir damals an Deinem Sport gefallen? Warum machst du den Sport immer noch?
Was macht Dir jetzt am meisten Spaß an Deinem Sport?

Zielkriterien und Richtlinien für effektive Zielsetzung – Der positive Zielrahmen

Zielsetzung für Training und Turniere

Ziele werden oft zu allgemein formuliert. Ihren vollen Einfluss auf unsere mentalen Prozesse entfalten Ziele erst dann, wenn sie nach bestimmten Kriterien formuliert werden.
Formuliere deine persönlichen und sportlichen Ziele nach dem positiven Zielrahmen:

Positiv: positive Beschreibung des Ziels – ohne sprachliche **Verneinungen** (kein, nicht, nie etc.)! Das Gehirn kann keine Negationen verarbeiten.

Leistungsanalyse *(nach Peter Terry, 1990, S. 42–43)*

Name: Alter: Disziplin: Klasse:

Fertigkeiten	**Test**	**Punktestand**
Fitness		
Ausdauer		
Kraft		
Beweglichkeit		
Mentale Einstellung		
Konzentration		
Gelassenheit unter Stress		
Aggressivität		
Selbstvertrauen		

P	Positiv und in der Gegenwart formuliert, ohne Vergleiche und Verneinungen, ohne ›möchte‹, ›will‹ oder sprachliche Verneinungen (kein, nicht, nie etc.)
O	Ökologisch (ohne innere und äußere Widerstände; im Bewusstsein für die Auswirkungen und Konsequenzen des Ziels)
S	Sensorisch/sinnesspezifisch konkret, d. h. den Zielzustand mit allen Sinnen (sehen, hören, fühlen, riechen, schmecken) vorweg im Kopf erleben
I	Individuell, realistisch, selbst kontrollier- und initiierbar
T	Testbar, überprüfbar, messbar
I	Interessant, relevant – Bedeutung des Ziels für Sie
V	Visionär – wie passt das Ziel zu den Zukunftsvorstellungen?

Positive Zielkriterien

Wenn ich zu dir sage »Denke jetzt bitte NICHT an einen rosa Elefanten«, dann wirst du mit aller Wahrscheinlichkeit zumindest kurz an einen rosa Elefanten denken.

Ziele, die Verneinungen beinhalten, werden »Weg-von-Ziele« genannt. Es werden in diesem Fall Situationen beschrieben, die man nicht mehr erleben möchte. Ziele dieser Art sind wesentlich schwerer umzusetzen, da die gewählte Formulierung immer wieder an das erinnert, was du eigentlich hinter dir lassen möchtest.

Drücke dich immer positiv aus, wenn du dir ein Ziel setzt.

Keine Vergleiche

Das Gehirn kann auch bei Zielen mit Vergleichen wenig anfangen, denn es bleibt offen, worauf es seine Aufmerksamkeit richten soll. Bei dem Ziel »Ich will besser als … reiten, schwimmen, laufen … können.«, bleibt offen, wie genau X gut reitet, schwimmt, läuft … . Bei »Ich möchte sportlicher werden.«, ist es möglich, nur ein wenig oder immer weiter zu gehen.

Konkretion, Präzision, Timing und Kontext

Ziele ohne »will«, »kann«, »möchte« formulieren rauben deinem Ziel die Prägnanz

Wenn du ein Ziel formulierst, dann soll es konkrete Hinweise geben, wer, was genau, wie, wann, wie viel, wo und gegebenenfalls mit wem du dieses Ziel erreichen möchtest.

- »Ich möchte … gewinnen.«
  Besser: »Ich gewinne … .«
- »Ich möchte besser reiten.«
  Besser: »Ich sitze gerade und im Gleichgewicht.«
  »Ich gebe feine und wirkungsvolle Hilfen.«
  »Ich habe einen unabhängigen Sitz.«
- »Ich möchte in der Situation XY geduldiger werden.«
  Besser: »Immer, wenn die Situation XY eintritt, werde ich ab morgen erst tief durchatmen, mich beruhigen und dann reagieren.«

Formuliere dein Ziel **in der Gegenwart** (oder Zukunft) – so als ob du es **schon erreicht** hättest!

Gib einen **konkreten Zeitpunkt**, Datum, Zeitrahmen an, bis wann du dein Ziel erreicht haben wirst.

Oekologisch (ohne innere und äußere Widerstände, positive und negative Konsequenzen)

Die Frage nach der Ökologie ist eine wichtige Frage. Jede Zielerreichung bringt Veränderung im eigenen Leben und eventuell auch im Leben oder in den Abläufen anderer Menschen mit sich. Manchmal mag zwar das Ziel sehr attraktiv sein, die Konsequenzen daraus aber womöglich nicht. Ziele bedürfen manchmal großen und starken Einsatzes auf Kosten anderer Lebensbereiche. Ziele können auf der Strecke bleiben, da Ziele es nicht wirklich wert sind, über den eigenen Schatten zu springen, eine Extrameile zu gehen und die eigenen Grenzen auszudehnen.

Es geht darum, sportliche Ziele im gesamten Lebenszusammenhang des Sportlers zu sehen.
Oft ist die Missachtung des Ökochecks verantwortlich für Rückschläge bei der Zielerreichung.

Wolfgang Mader beschreibt in seiner Aussage so schön, wie der ›Preis‹ für die Zielerreichung aussehen kann: »Wenn man an ein Ziel wirklich glaubt, dieses Ziel auch wirklich vom innersten her erreichen will und einem das Erreichen dieses Zieles auch entsprechend viel wert ist, wird man den Preis (nicht unbedingt in monetärer Form), den man am Weg zum Ziel zahlen muss (Schmerzen, Verletzungen, Stürze, Entbehrungen, Anstrengungen, Verzicht auf andere Dinge, Gegenwind und Unverständnis bei ›Freunden‹ etc. etc.), gerne zahlen und sein Ziel erreichen. Es gewinnt IMMER der Boxer, der einmal öfter aufsteht als sein Gegner.«

Sensorisch/sinnesspezifisch/konkret
Die Schritte der Zielarbeit verlaufen überwiegend auf der gedanklich-kognitiven Ebene. Das vollständige Potenzial entfaltet sich dann, wenn Sportler und Trainer die Zielerreichung zusätzlich emotional und körperlich erleben.

Formuliere daher dein Ziel so konkret, dass du den Zielzustand siehst, hörst und spürst bzw. fühlst – vielleicht auch riechen und schmecken kannst. Was hast du an? Wo bist du? Wie wirst du aussehen, wenn du dein Ziel erreicht hast? Schließe die Augen und erlebe möglichst intensiv, wie es sein wird, am Ziel zu sein! Versetze dich in das Bild deines gewünschten Ergebnisses. Lass deine Fantasie spielen und vor deinem inneren Auge einen Film ablaufen, in dem du das Ziel schon erreicht hast. Aktiviere deine Emotionen.

Es werden kraftvolle »Erinnerungen an die Zukunft« (vgl. Liggett, 2004) geschaffen.

- In den Zustand nach der Zielerreichung gehen.
- Den Erfolg genießen.
- Den Erfolg als Ressource in die Gegenwart nehmen.

Du kannst das Erleben der Zielerreichung so oft wiederholen, wie du möchtest. Mit jeder Wiederholung verstärkst du deine innere Motivation, die dir dabei hilft, deine Ziele zu verwirklichen. Das Vorwegerleben der Zielerreichung weckt Begeisterung und aktiviert Energien. Ziele, die in der Vorstellung bereits mehrfach erfolgreich erlebt wurden, stärken das Selbstvertrauen. Sie wirken im Sinne von »sich selbst erfüllenden Prophezeiungen« positiv in die Gegenwart zurück. (vgl. Amler/Bernatzky/Knörzer, 2006, S. 27)

Das wiederholte Erleben der erfolgreichen Zielerreichung ist ein wesentliches Element des Mentaltrainings. Je öfter man sich in diesen Zielzustand versetzt, umso stärker wird die diesbezügliche mentale Landkarte ausgeprägt. Hier wird der Weg zum Erfolg gebahnt.

Regelmäßiges Mentaltraining führt dazu, dass aus neuronalen Trampelpfaden neuronale »Autobahnen« werden. Gehirnphysiologisch betrachtet, kommt es zur Ausbildung stabiler neuronaler Vernetzungen. (vgl. Hüther, 2004; Spitzer, 2002)

Beispiele aus der Praxis
Der Effekt der Visualisierung ist nicht zu unterschätzen: Einem Klienten von mir, einem Triathleten, wurde bei der gemeinsamen Zielarbeit bewusst, dass der einzige Triathlon, den er nicht beendet hatte, obwohl er topfit war, jener war, für den er kein Zielbild entwickelt hatte. Er hatte sonst für jeden Wettkampf immer ein Bild vor Augen, das ihn beim Zieleinlauf zeigt. Nur für diesen einen Triathlon nicht. Das Resultat spricht für sich. Die Kunst des Visualisierens bildet hinsichtlich deines Leistungsvermögens eine Brücke zwischen Geist und Körper.

Ein anderer Klient, ein Marathonläufer, beschreibt seine Zielvisualisierung wie folgt: »Ich sehe mich über den roten Teppich am Frankfurter Römer laufen. Sobald ich dieses Bild visualisiere, steigen mir Tränen in die Augen, weil es noch nie in meinem Leben ein Ziel gab, das ich so bewusst angestrebt und auf das ich mich so lange vorbereitet habe. Bei jeder Trainingseinheit durchdenke ich Passagen des Wettkampfs.«

Individuell, selbst kontrollierbar und initiierbar
Beispiel: Lottogewinn ist nicht selbst erreichbar.
Formuliere dein Ziel so, dass die Erreichbarkeit in deinem eigenen Einflussbereich/Kontrolle liegt und dass es von dir abhängt, ob du es erreichst.
»Kann ich mein Ziel ohne fremde Hilfe erreichen? Ist mein Ziel erreichbar?« Bei einem »wohlgeformten« Ziel spielst du eine aktive Rolle und bist nicht abhängig von anderen oder äußeren Umständen, d.h., die Verantwortung für das Ziel muss bei dir selbst liegen und darf sich nicht auf Dritte oder Rahmenbedingungen beziehen.

Testbar/Überprüfbar/Messbar
Formuliere dein Ziel so konkret, dass du die Erreichung eindeutig überprüfen kannst. Dabei helfen Meilensteine, um sicher zu sein, dass du dich noch auf dem richtigen Weg befindest.

Interessant/relevant
Was (genau) bedeutet dieses Ziel für dich? Hast du dir dein Ziel so gesteckt, dass du es auf jeden Fall erreichst, oder hängt der Apfel zu hoch am Baum? Musst du vielleicht Zwischenschritte oder Zwischenziele definieren?
Es gibt unzählige Sportler, die Ziele verfolgen, die für sie nicht wichtig sind. Erwachsene Freizeitsportler, die reiten oder golfen lernen wollen, um sich zu erholen und zu entspannen, landen überfordert und nervös auf Wettkämpfen. Begeisterte Jugendliche mit einer Liebe zu ihrem Sport enden als verängstigte und nervöse Sportler. Manchmal verfolgen Sportler Träume der Menschen in ihrem Umfeld, vielleicht weil sie für diese Bereiche des Sports, die sie eigentlich selbst nicht als erstrebenswert ansehen, Anerkennung gezollt bekommen. Trainer, Eltern und Freunde wollen nur das Beste, wenn sie Unterstützung anbieten. Zielsetzung kann in der Zukunft nur Realität werden, wenn du deine eigenen Hoffnungen und Träume verfolgst. Deshalb solltest du dich immer wieder fragen, ob die Ziele, die du dir setzt, die du verfolgst und auswertest, wirklich deine eigenen sind. Gleiche deine Ziele mit deinen eigenen Hoffnungen und Träumen ab.

Visionär
Formuliere dein Ziel so, dass du den Kern deiner Wünsche triffst!

Diese sogenannten Wohlgeformtheitskriterien sind nicht nur bei großen Zielen wichtig, sondern auch bei den vielen kleinen, alltäglichen Zielen, die man sich so setzt: Trainingsziele, den Urlaub genießen oder den Spind in der Umkleidekabine auf Vordermann bringen.

» Beachte

Wollen statt müssen! Verwende keine Muss-Formulierungen. Jedes »Ich muss« löst innerlich in uns etwas aus. Das kann zum Beispiel eine Enge und Schwere sein.

Statt »ich muss« sage »ich will« oder »ich entscheide mich dafür, dass ...«. Wenn Du willst, ist viel mehr möglich.

Hilfreiche Fragen zur Zielformulierung und -festlegung

Positiv (ohne sprachliche Verneinung, ohne Vergleich mit anderen wie »Ich möchte besser sein als du.«, ohne möchte, will, kann):

Wenn du das nicht willst, was willst du dann? Sondern? Was denn ...? Wie machst du etwas »nicht«? Wenn du keine Angst hättest, was würdest du stattdessen empfinden?
Was würdest du gern tun statt (dich selbst zu kritisieren)?
Wie wäre es, wenn du in der Lage wärest, ... ?
Beispiel: »Ich will nicht mehr rauchen.« ist kein Ziel.

Ökologisch

(Wo und wann? Konsequenzen? Kosten? Innere und äußere Widerstände?)
Wo und wann gilt dieses Ziel? Welche Konsequenzen oder Auswirkungen entstehen, wenn du am Ziel bist? Was wird es dir bringen, dass du dieses Ziel erreichst? Sind negative Konsequenzen für dich akzeptabel? Wenn nicht: Wie können diese Nachteile ausgeglichen werden? Wie wird deine Umgebung reagieren? Wie wirkt es sich auf dein gesamtes Leben aus (Familie, Partnerschaft, Schule, Studium, Beruf, ...)? Welche Rahmenbedingungen müssen auf dem Weg zum Ziel beachtet werden? Stimmt deine persönliche Kosten-Nutzen-Rechnung?
Sind die Vorteile des alten Verhaltens im neuen integriert? Wenn nicht: Ist das okay? Auf welche Weise kannst du sie in das neue Verhalten integrieren?

Macht dein Körper ein entsprechendes Training mit? Welche anderen Ziele hast du, die mit diesem Ziel in Konflikt geraten könnten? Und wie gehst du damit um?
Kosten/Aufwand: Was kostet dich das Erreichen des Ziels? Welchen »Preis« bist du bereit, dafür zu zahlen? Wie sehr bist du bereit, diesen Preis zu bezahlen? Ist das Ziel dir den Preis wert?

Du »bezahlst« für die Erreichung des Ziels mit

- Anstrengung und Zeit
- Investition in Training und Wettkampfstarts
- Dingen, die du zugunsten des sportlichen Erfolgs/Engagements hinten anstellst
- ...

» Arbeitsblatt: Ziele setzen

1. Was möchte ich im Sport erreichen?
   Was ist mein Ziel?
2. Wie weiß ich und woran merke ich, dass ich mein Ziel erreicht habe?
   »Persönliche Zufriedenheit.«
3. Wann, wo, in welchem Kontext und mit wem möchte ich dies erreichen?
4. Was wird sich dadurch in meinem Sport/ meinem Leben verändern?
   »Zusätzlich ca. ... Stunden Training täglich.« Hält mich das ab?
5. Was muss ich dafür aufgeben?
   »Zeit für familiäre Begegnungen.«
6. Was hindert mich an der Erreichung meines Ziels?
7. Muss ich mein Ziel eventuell verändern?
   Wenn ja, wie lautet mein verändertes Ziel? (Wiederholung ab Schritt Nr. 2)
8. Was ist mein endgültiges Ziel?
   Genaue Zielformulierung und/oder Symbol finden, auf einer Karte fixieren.
9. Was ist mein wichtigster persönlicher Gewinn bei der Zielerreichung?

Sensorisch konkret

Was genau siehst du und hörst du? Wie fühlst du dich? Wie fühlt es sich an, das Ziel erreicht zu haben? Wie spürst du es, dass du dieses Ziel erreicht hast? Welche Gefühle begleiten dich in diesem Moment? Wie nehmen andere dich wahr? Was werden andere sehen? Wie werden andere merken, dass du dein Ziel erreicht hast? Welche Bilder, Gefühle, Klänge/ Geräusche (evtl. auch welchen Geschmack und Geruch) verbindest du mit deinem Ziel?

Individuell

(im eigenen Einflussbereich/in deiner eigenen Kontrolle)
Was ist dein persönlicher Anteil (an diesem Ziel)? In wessen Verantwortung liegt die Erreichbarkeit deines Zieles? Wer ist dafür zuständig?

Testbar

Woran wirst du merken, dass du auf dein Ziel zugehst oder dich davon entfernst?
Woran wirst du oder wird ein anderer Mensch erkennen, ob du das Ziel erreicht hast?
Wann darf ich dich nach dem Ergebnis fragen?

Interessant:

Wie wird es sein, am Ziel zu sein?
Was bedeutet es für dich?

Visionär:

Aus welchen Gründen ist das Ziel für dich wichtig?
Wie passt dieses Ziel zu deiner Vision/Zukunft?
Wozu willst du dein Ziel erreichen? Ein größeres Ziel »dahinter«? Welcher Sinn ...?
In welchem Zusammenhang ...? Wie fügt sich das sportliche Ziel in deine Lebensplanung ein?
(siehe auch nächste Seite: Arbeitsblatt Ziele setzen)

Codierungen

Zielsetzungen werden verankert mit Hilfe von

- Worten (laut oder innerlich vorgesprochen)
- Bildern (Foto, Zeichnung, »Film« – real oder vorgestellt)
- Gefühlen (Wunsch, Erinnerung)
- Tönen, Melodien, Rhythmen (ab CD oder in die Phantasie)
- Gegenständen (Maskottchen usw.)
- Bewegungen – ausgeführt oder gedacht (zum Beispiel Siegerfaust)
- Gerüchen (real oder in der Vorstellung).

Denke groß

Das untermauert Wolfgang Mader mit den folgenden Sätzen sehr schön: »Ich kann alles erreichen, was ich erreichen will. Ich habe in meinem bisherigen Leben mehr erreicht und erlebt als die meisten Menschen. Eine gesunde und glückliche Familie mit der gleichen Frau seit 30 Jahren und drei erwachsenen Kindern, die allesamt eine akademische Ausbildung fertig haben; eine Führungsposition in einem Großkonzern in der ersten Führungsebene nach dem Konzernvorstand; eine akademische Ausbildung (Doktor und Magister); unzählige weitere Ausbildungen; Realisierung unglaublich vieler großer und auch kleinerer Träume; ein eigenes Haus; zwei sibirische Huskys; alle Kontinente der Welt bereits bereist; in 36 von 50 US-Bundesstaaten mit dem Rad unterwegs gewesen; im Innsbrucker Alpenzoo drei echte WÖLFE mit der Hand aufgezogen; Delphinschwimmen auf Jamaica; Iron Man auf Hawaii erlebt; ein Formel-Eins-Auto selbst gelenkt in St. Tropez etc. etc. .... TRÄUME sind da, um sie zu realisieren, und ich habe noch viele Träume für die nächsten 50 Jahre. Und nachdem ich ausnahmslos am Ende des Lebens nur MIR rechenschaftspflichtig bin, kann mich niemand vernichten und wirklich besiegen. Denn ob ich gewinne oder verliere, Gewinner oder Verlierer bin, entscheide ich selbst.«

Ziele aufschreiben

Es reicht nicht, dein Ziel im Kopf zu definieren. Formuliere deine Wünsche, Ziele und den »persönli-

» Beachte

Wenn du deine Ziele aufschreibst, dann drückst du damit folgendes aus:

- Ich glaube an meine Ziele.
- Ich habe mir konkrete Gedanken gemacht.
- Ich kann meine Ziele immer wieder nachlesen

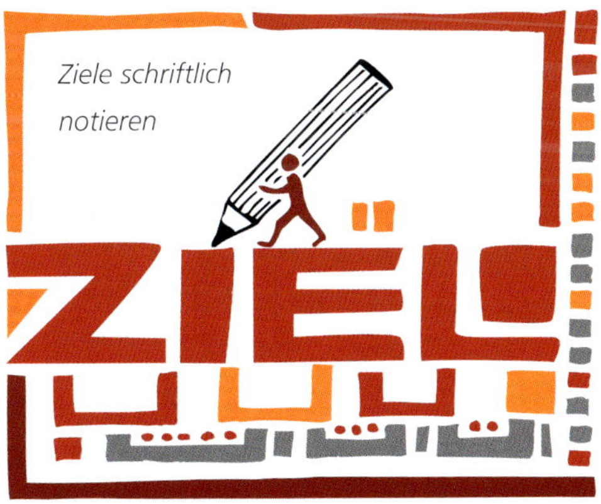

Persönlicher Vertrag
von: »Name des Sportlers«

Ich, »Name des Sportlers«, verpflichte mich und verspreche mit meiner Unterschrift nach bestem Wissen und Gewissen, dass ich über einen Zeitraum von »Anzahl Monate«, beginnend mit dem »Datum«, mindestens »Länge, Art und Ort des Trainings« durchführen werde.

Mein Ziel: z. B. Konzentration steigern, ausreichend Wasser trinken ...
Benötigter Aufwand: »in Stunden pro Woche«
Wann & wo: »Tage, Art und Ort des Trainings«

Ort, Datum:

Unterschrift: Zeuge:

Vertrag
bezüglich Zielsetzung

Ab sofort ist es mein Ziel, einen unabhängigen Sitz zu bekommen. Dazu ergreife ich folgende Maßnahmen.

1. Ich lasse mich longieren.
2. Ich sehe mir Videos von Reitern mit schönem Sitz an.
3. Ich visualisiere, wie ich aus einer schönen, eleganten Haltung heraus ruhige Hilfen gebe.
4. Ich reite ohne Steigbügel.

Ich bin hundertprozentig entschlossen, mein Ziel zu erreichen. Dies ist ein verbindlicher Vertrag, den ich mit mir selbst abschließe.

Datum/Unterschrift

Zeuge

Beispiele für einen persönlichen Vertrag (links allgemeines Beispiel, rechts Beispiel aus der Reiterei): (rechtes Beispiel aus Jane Savoie (Juni 2006). Positiv denken – Erfolgreich reiten. Mit Mentaltraining zum persönlichen Sieg. Kosmos, S. 21)

chen Vertrag« selbst aus, und das schriftlich. Durch die schriftliche Erfassung wird u. a. das Unterbewusstsein stärker aktiviert. Wenn du dein Ziel definierst, indem du es aufschreibst, fängst du an, deine Zukunft zu gestalten.

Du kannst einen Vertrag und/oder Karteikarten anfertigen, u.a. als Symbol deines Engagements. Nachdem du alle »Ich bin«-Aussagen fertiggestellt und sie noch einmal hinsichtlich der Richtlinien des positiven Zielrahmens geprüft hast, schreib alle zusammen auf eine Karteikarte.

- Sei nicht schüchtern! Mache deine Ziele bekannt. Aber nur Menschen, die dir wohlgesonnen sind. Zeuge(n)/Freunde unterschreiben den Vertrag. Das motiviert dich.
- Im Falle der Nichteinhaltung des »Vertrags« musst du dich dir selbst gegenüber rechtfertigen.
- Aus Erfahrung bemühen sich Sportler so um eine konsequente Erledigung der Übungen und Einheiten und demonstrieren Konsequenz, Willensstärke, Disziplin und Ausdauer.
- Kein Offenhalten einer Hintertür.
- Vertrag unterschreiben als Appell an das eigene Pflichtgefühl.
- Vertrag/Karteikarte an Badezimmerspiegel, an den Arbeitsplatz, ins Auto, an den Kühlschrank in der Küche, über den Schreibtisch oder das Bett hängen.
- Jetzt, wo alle Karteikarten an ihrem Platz hängen, fängt die eigentliche Arbeit an: Jedes Mal, wenn du an einer Karte vorbeikommst, musst du anhalten, alle Ziele laut lesen (und wenn es nur für dich selbst ist) und dir einige Sekunden Zeit

zum Nachdenken über diese Ziele nehmen. Das Aufstellen von Zielen ist die eine Sache – das Nachdenken über sie und ihre Überprüfung bzw. Auseinandersetzung damit ist eine andere!

Langfristige Ziele brauchen ständiges Augenmerk und viel Hingabe – sie passieren nicht einfach so. Mal ehrlich: Die meisten Menschen machen sich ihre Ziele nicht täglich bewusst. Und selbst wenn sie es tun, ist das meist noch zu selten. Damit sich Ziele verwirklichen, musst du wissen, wohin du dich bewegst, und du musst daran erinnert werden, die nötigen Taten dazu regelmäßig auszuführen. Je mehr du dich in die richtige Richtung bewegst, desto schneller werden deine Ziele Realität.

- Vor allem bei längerfristigen Zielen vergiss nicht, was genau dein Ziel war (Wollte ich 7 oder 9 kg abnehmen?).

Zielcollage, digitaler Bilderrahmen, Vision Board

(vgl. Heimsoeth, 2015, S. 82–84)

Eine Zielcollage ist eine Collage aus Bildern und auch mal einzelnen Worten, die deine Ziele ausdrückt. Zielcollagen helfen, an Zielen dranzubleiben und sich an Ziele zu erinnern. Dazu schneidest du aus Zeitschriften, Illustrierten, ausgedruckten Bildern aus dem Internet und aus deinem persönlichen Fundus an Fotos passende Bilder zu deinen formulierten Zielen aus und klebst diese intuitiv auf ein großes Papier – ich empfehle dir die Verwendung eines Flipcharts – oder Karton. Klebe deine Ziele über die Lebensbereiche Gesundheit, Sport, Beruf, Interessen/Hobbies, soziales Umfeld, Freunde, Familie, Finanzen, Vermögen, Eigentum, sehnlichster immaterieller Wunsch, Lebensstil, ›Abenteuer‹, Reisen und persönliche Weiterentwicklung hinweg.

Lass dir von einer Vertrauensperson dazu Feedback geben. Sie assoziiert, was sie im Bild sieht oder was ihr besonders auffällt – ohne vorher viel über das Ziel

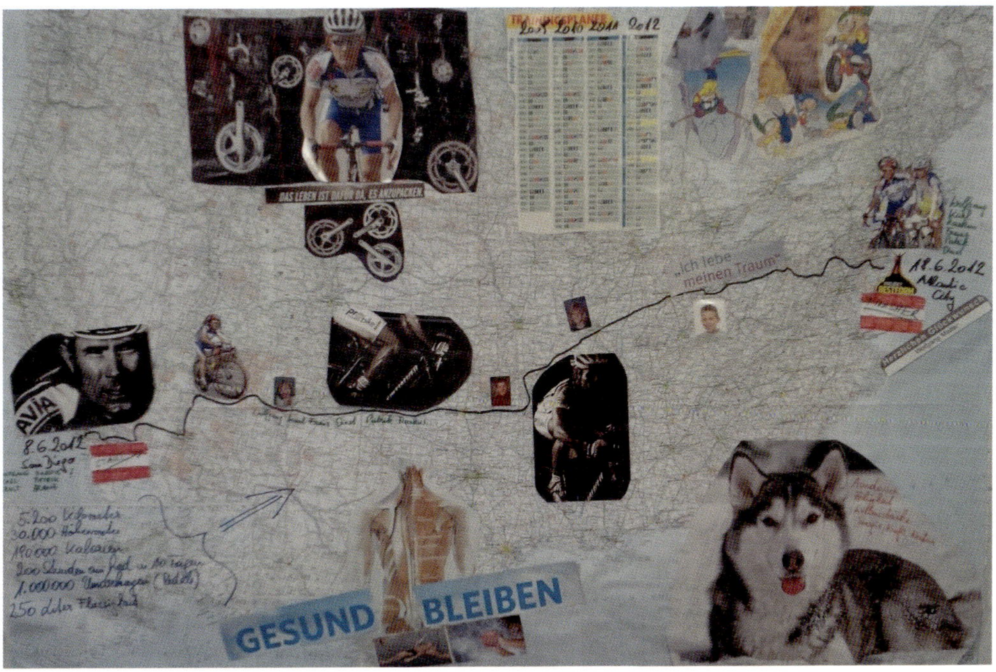

Zielcollage von Wolfgang Mader aus dem Jahr 2010. Sie hängt heute noch in seinem Keller.

zu wissen. Ein Coaching-Klient, ein Sportler, hatte z.B. das Ziel, bei seiner Teilnahme an einer Weltmeisterschaft auf dem Siegertreppchen zu stehen. Auf seiner Zielcollage war zwar ein »Stockerl« abgebildet, aber dort stand niemand drauf! Die glückliche Ehe, von der er erzählt hatte, war auf der Zielcollage nicht abgebildet. Solche Beobachtungen geben wertvolle Hinweise auf die Stimmigkeit deines Ziels.

Eine andere Klientin von mir, Pilotin und dreifache Mutter, war beim Kleben der Zielcollage emotional sehr berührt. Die Collage brachte nämlich hervor, dass ihr BWL-Studium für sie kein Thema mehr ist, obwohl ihre Mutter sie permanent drängte, aus dem Abschluss etwas zu machen und sich entsprechend zu bewerben. Auch ihr Mann vermisste beim Betrachten der Zielcollage das Thema BWL. Doch sie hatte durch die Zielcollage an Überzeugung gewonnen, dass sie ein sehr zufriedenes Leben führt, nachdem sie sich zu Beginn der Ausbildung noch sehr unzufrieden über ihr Leben geäußert hatte. Alles sei gut so wie es ist. Sie verfolgt nun konsequent das Thema Sport-Mentalcoach als zukünftige Berufsausübung neben ihrem Job als Pilotin. Das genüge ihr und mache sie glücklich. Sie gelangte durch das Kleben der Zielcollage zu der Erkenntnis: »Mensch, mir geht es ja richtig gut im Leben!« Durch die Zielcollage hat sie sich selbst vor Augen geführt, wie gut es ihr eigentlich tatsächlich geht.

Ein **Beispiel** außerhalb des Sports: Ein anderer Klient hatte in seiner Zielcollage nur ein oder zwei Menschen. Stattdessen wählte er vor allem Tierbilder, auch für sich und seine Frau. Die Tiere symbolisierten bestimmte Eigenschaften. Z.B. stand ein Krokodil fürs »Zähne zeigen«, ein Adler für den »Überblick«, ein Chamäleon für »Anpassungsfähigkeit«, ein auf dem Rücken liegender Hund für »Hingabe« und ein Schmetterling für »Leichtigkeit«. Das Augenpaar eines Löwen, das den Betrachter anschaute, stand für »Ich weiß, was ich will«. Durch die Arbeit an der Zielcollage fand er für sich heraus, dass er mit seiner geplanten Selbstständigkeit noch warten möchte. Seine beiden Kinder seien noch zu klein, das dritte Kind war unterwegs. Deshalb möchte er die Sicherheit der Festanstellung noch nicht aufgeben.

Such dir einen geeigneten Platz an der Wand für deine Zielcollage und schaue möglichst jeden Tag drauf. Wenn dir auffallen sollte, dass auf der Zielcollage noch etwas fehlt, darfst du diese jederzeit noch ergänzen. Wenn sich dein Ziel verändert, ändert sich auch die Zielcollage.

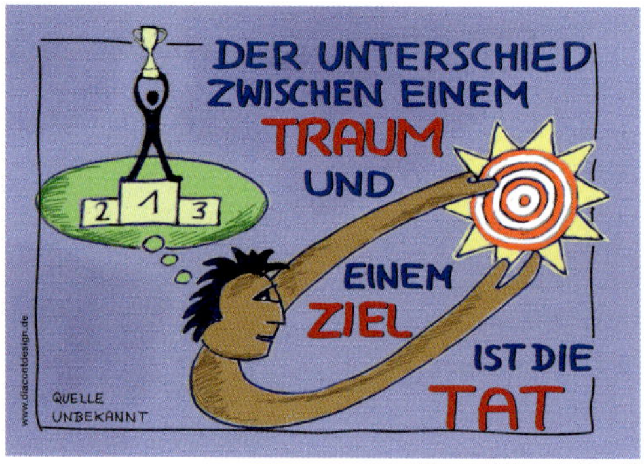

Diese unterstützende Maßnahme zur Zielerreichung lässt sich für den Einsatz im Team adaptieren. Jedes Teammitglied kann etwas zur Collage eines (gemeinsam) formulierten Ziels beitragen. Das fertige Werk kann als Reminder in der Umkleidekabine hängen oder an die Flurwände gemalt werden.

Wem das Anfertigen einer Collage zu viel Bastelarbeit oder zu »kindisch« ist, dem sei ein digitaler Bilderrahmen empfohlen. Dieser kann in Dauerschleife Bilder zeigen, die du mit deinem Ziel verbindest. Du kannst die Bilder immer wieder leicht be- und überarbeiten und zusätzlich Affirmationen (bestärkende, positive Sätze) und Fotos deiner Erfolge bzw. schöner Orte (Ruhebilder) einfügen. Steht der Bilderrahmen auf deinem Schreibtisch, hast du dein Ziel immer vor Augen. Unterbewusstsein und Bewusstsein beschäftigen sich so oft damit. Solche Bilder und Affirmationen lassen sich selbstverständlich auch in eine Powerpoint-Präsentation einfügen, die das gemeinsame Team-Ziel visualisiert und bei Meetings vorab gezeigt werden kann.

Ähnlich wie eine Zielcollage funktioniert ein Vision Board, das dir persönlich zur Motivaton dienen kann. Auf eine große Pinnwand oder ein Magnetboard heftest du alles, was dich an deine Ziele erinnert: Fotos, Zitate, Smileys, Namen, Affirmationen, Postkarten, Zeitschriftenbilder etc. Füge über die Zeit Dinge hinzu bzw. entferne etwas, wenn nötig.

Eines gilt bei all dem jedoch zu beachten: Die Visualisierung von Zielen allein reicht nicht, um diese zu erreichen. Du musst ins Tun kommen und Strategien ausarbeiten, um dorthin zu gelangen, wo du hinwillst.

Der Begriff Zielsetzung ist mehr als nur das Setzen von Zielen. Die meisten Sportlerinnen und Sportler haben zwar Ziele, aber es fehlt ihnen an einem systematischen Maßnahmen-Plan, um ihre Ziele zu erreichen.

Erfolgstagebuch

Führe ab sofort ein Sportleistungs- oder Erfolgs-, Trainings- und Wettkampf-Tagebuch mit dem Ziel:

- genau zu überprüfen, was du erreicht hast;
- deine Leistung zu kontrollieren und zu steigern;
- vergangene Erfolge und die Faktoren, die zu diesen geführt haben, zu dokumentieren;
- noch einmal den Augenblick des Erfolgs zu genießen, damit du deine schon erreichten Erfolge nicht vergisst, denn es ist großartig, Ziele zu erreichen;
- anzuerkennen, was das Leben und der Sport dir alles bietet;
- Vergangenheit, Gegenwart und Zukunft im Blick zu behalten;
- aber auch wissen, an welchen Schwächen und Defiziten du arbeiten musst und welche negativen Gewohnheiten es zu verändern gilt.

Arbeitsblatt Ziele und Handlungsschritte

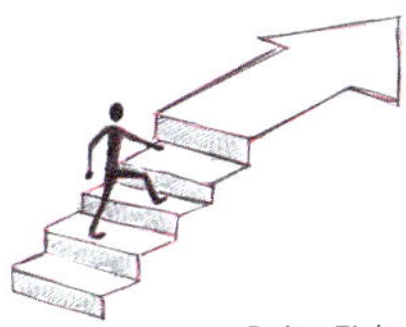

Deine nächsten Handlungsschritte & Maßnahmen

Deine Ziele

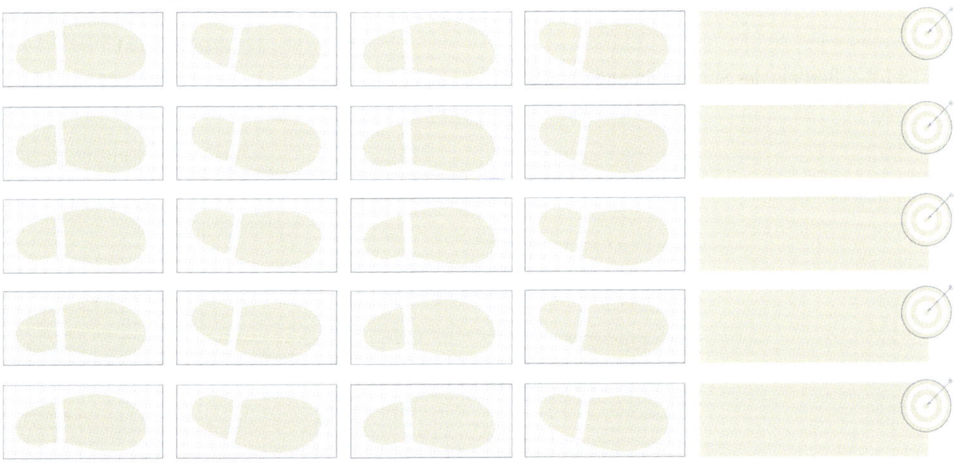

Falls du gern ausführlicher deine Gedanken und Aspekte aufschreiben möchtest, dann kann zumindest ein Teil des Auswertungsprozesses darin bestehen, dass du diejenigen Aspekte, die dich im Training oder auf einem Wettkampf nach vorne gebracht haben, Dinge, die du gelernt hast, festhältst. Die Erkenntnisse über deine jüngsten Fortschritte und darüber, was du die letzten Monate und Jahre erreicht hast, werden dir Selbstvertrauen geben.

Nimm dir immer mal wieder ein paar Minuten Zeit und wirf einen Blick in deine so dokumentierte Entwicklung. Sei stolz auf dich und das, was du bis hierhin erreicht hast. Lass deinen Gedanken und Emotionen freien Lauf. Deine sportliche Weiterentwicklung hängt auch von deinen positiven Gefühlen und Gedanken an vergangene Erfahrungen ab.

Affirmationen für dein Ziel

Umsetzungsübung:

- 1. Nimm deine Liste mit den kurz-, mittel- und langfristigen Zielen und wähle jeweils ein Ziel aus jeder Liste aus, an dem du arbeiten möchtest.
- 2. Formuliere zwei bis drei positive Selbstgespräche (Affirmationen), mit denen du in den kommenden Wochen arbeiten möchtest.

Beispiele für Affirmationen:

- Morgenläufe machen mich stark.
- Ich bin entschlossen, ein besserer Sportler zu werden.
- Mentales Training macht mich stark.
- Ich bin bestmöglich vorbereitet.
- Ich habe einen Erfolgsplan. Ich committe mich zu diesem.
- Ich regeneriere schnell.
- Ausreichend Schlaf gibt mir die Energie für großartige Leistungen.
- Die Affirmationen regelmäßig wiederholen (wie ein Mantra), laut gesprochen oder in Gedanken.
- Die Affirmationen auf einem Zettel in der Hosentasche oder Trainingstasche dabei haben.
- Die Affirmationen auf Startbildschim am Computer als Bildschirmschoner oder auf der Hauptansicht des Handys anzeigen lassen.
- Über die Affirmation nachdenken, evtl. reden.
- Die Affirmation auf einen Stein ›programmieren‹ (›Ankern‹) und in der Hosentasche mittragen.

» Tipp: Erfolgstagebuch

Nimm dir ein Heft, ein leeres Tagebuch, einen schönen Schreibblock und denke über deine Erfolge in den letzten Wochen nach. Schreibe künftig am besten täglich oder mindestens einmal wöchentlich die kleinen und großen Erfolgserlebnisse im Berufs- und Privatleben und beim Golfen auf, damit keiner deiner Erfolge verlorengeht bzw. in Vergessenheit gerät.

- Was hast du gut gemacht, was ist dir gut gelungen, wofür kannst du dir auf die Schulter klopfen, was war ein Schritt nach vorn? Apropos Erfolge: Hänge die Messlatte nicht zu hoch.
- Was hat dir Spaß gemacht?
- Was hast du dazugelernt?
- Welche Probleme hast du gelöst?
- Wichtig: Was sind deine positiven Seiten? Wo hast du deine Stärken? Was können andere nicht so gut wie du? Was spricht für deine Kompetenz?
- Worauf kannst du stolz sein?
- Wann ist es dir gelungen, dich einmal deutlich abzugrenzen?

Erinnerungshilfen

aus Zürcher Ressourcen Modell (ZRM®)

(vgl. Heimsoeth, 2015, S. 84–85)

Soll ein Ziel erreicht werden, entspricht das im Gehirn dem Ausbau eines neuen neuronalen Netzes. Dieses muss nun gestärkt, im Fachjargon »gebahnt« werden, um Neues zu verinnerlichen. Das sogenannte Priming ist eine Form unbewussten Lernens. Dabei wird ein Reiz gesetzt, der unbewusst verarbeitet wird und später bei der Bewältigung einer Aufgabe hilfreich ist. Primes wirken sofort und immer. »Die wissenschaftlichen Ergebnisse sprechen dafür, dass wegen der unbewusst verlaufenden Lernprozesse, die in den Primingstudien untersucht wurden, die Wahrscheinlichkeit des Auftretens von zieladäquaten Handlungen deutlich erhöht werden kann. [...] Unbewusste – automatische – Informationsverarbeitung [...] ist gerade in komplexen und schwierigen Situationen eigentlich das effizientere Handwerkszeug, um das eigene Handeln zu steuern.« (Storch, 2009) Wir profitieren davon, so Storch, wenn wir vor und während entscheidender Situationen gute Priming-Prozesse in Gang setzen, damit der unbewusste Verarbeitungsmodus gut instruiert ist.

Wenn du dir während der Verfolgung eines Ziels überall Erinnerungshilfen (Primes) platzierst, die im Zusammenhang mit dem Ziel stehen, arbeitet das Unterbewusstsein ständig an der Zielerreichung. Nutze stationäre und mobile Erinnerungshilfen dafür. Den Zielsatz oder ein Symbolbild dafür kannst du z.B. als Hintergrundbild deines Computers oder Smartphones abspeichern usw. Damit setzt du Reize, die das Gehirn unbewusst verarbeitet. Finde mindestens fünf mobile und fünf stationäre Primes. Je schwieriger eine Situation, desto mehr Primes.

Wolfgang Mader hatte das Ziel, das härteste, schwerste und längste Radrennen der Welt, das »Race Across America« (RAAM), zu finishen. Als das Ziel gesetzt war, ließ er sich umgehend ein entsprechendes Autokennzeichen fertigen mit RAAM 2 (die 1 war in diesem Zusammenhang bereits vergeben). Das Kennzeichen hing zwei Jahre, bevor er überhaupt in den USA an den Start ging, an seinem Auto – und sein Unterbewusstsein hatte viel Gelegenheit, sich mit diesem Ziel zu beschäftigen. Derselbe Klient nutzt Erinnerungshilfen übrigens auch zum Verankern von Erfolgen. Er macht seine Erfolge ebenfalls täglich sichtbar, indem er u. a. seine Handyhülle mit Fotos seiner Rennsiege bebildert hat.

Übung Stärkendusche

(vgl. Heimsoeth, 2015, S. 85)

Um sich selbst oder einen Teamkollegen in einen

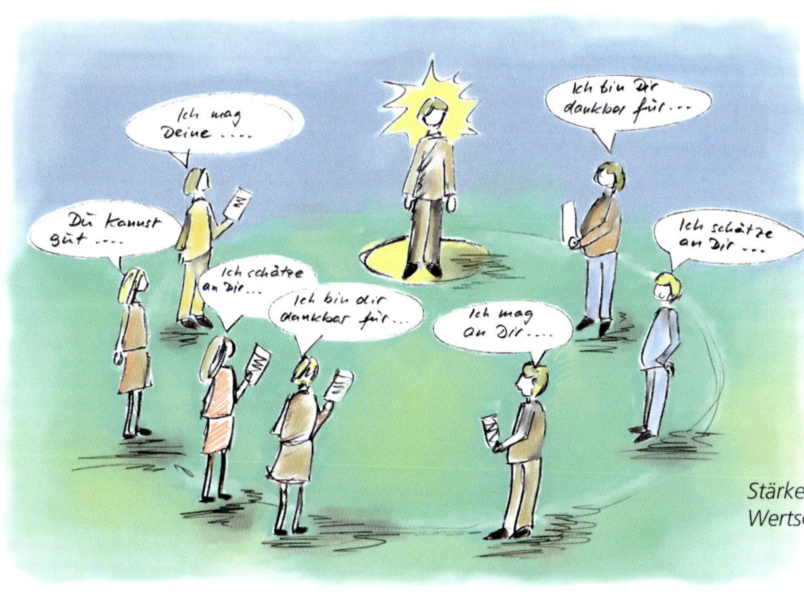

Stärken- und Wertschätzungsdusche

optimalen Zustand für die Zielerreichung zu bringen, ist diese Übung sehr hilfreich. Manchmal stehen uns Selbstzweifel oder Ängste im Weg, um selbstbewusst einer anstehenden Herausforderung entgegenzublicken. Dann hilft die sogenannte Stärkendusche, um positive Gefühle hervorzurufen, die uns Zuversicht schenken. Diese Übung lässt sich nur in einer Gruppe durchführen.

Der Betreffende steht oder sitzt auf einem Stuhl in der Mitte eines Kreises. Nacheinander benennt jeder aus dem Kreis mindestens eine Fähigkeit, Fertigkeit, Stärke und positive Eigenschaft desjenigen, der in der Mitte weilt. Das kann z. B. etwas sein, was er an der Person in der Mitte besonders schätzt. Viele von uns wissen gar nicht, was alles in ihnen steckt. Es tut gut, das von anderen zu hören. Das Bewusstsein, über sehr viele Ressourcen zu verfügen und auf sie zurückgreifen zu können, ist beruhigend und räumt Selbstzweifel aus dem Weg.

Übung: Zielbalken – Über den Balken gehen

Über eine Turnbank, einen gefällten Baumstamm im Wald, Zielbalken (3–5 Meter Länge, ca. 20–30 cm Durchmesser) ungefähr 20 cm über dem Boden, der metaphorisch für einen Weg zum Ziel steht, laufen (es geht auch mit einer Schnur, die auf den Boden gelegt wird).

a) Du legst dein Ziel in der Zukunft fest, nennst dein Zielbild, bevor du dich auf den Balken stellst. Zielkriterien noch einmal überprüfen. Das Ziel wird örtlich am Ende des Baumstamms bzw. Zielbalkens fixiert. Der Trainer oder ein Trainingskollege bietet seine Hilfe als Begleiter an und weist anfangs darauf hin, dass er jederzeit Hilfe beim Balancieren leistet. Du entscheidest, ob du die Hilfe in Anspruch nimmst oder nicht. Du fixierst das Ziel am Ende des Weges, hier am Ende des Balkens, stellst dir vor, was du siehst, was du hörst, wie sich das Erreichen des Ziels anfühlt. Sollte eine weitere Person zur Verfügung stehen, dann bitte diese Person, sich ans andere Ende des Zielbalkens zu stellen und dir seine Hand auf Augenhöhe hinzuhalten, sodass du dein Zielbild auf seine Hand projizieren kannst.

Du balancierst auf dem Zielbalken, unterstützt vom Trainer oder einer anderen Person, in dein Zielbild hinein (ein- bis zweimal). Nimm bewusst die mit der Zielerreichung verbundenen Gefühle wahr.

b) Wenn mehrere Personen anwesend sind: Im nächsten Durchlauf klären, welche Sätze/Beliefs das Erreichen des Ziels unterstützen könnten und welche hinderlich oder einschränkend sind. Die Mannschaft bzw. das Team, die/das neben dem Baumstamm oder Zielbalken rechts und links steht, brüllt bzw. sagt laut diese unterstützenden bzw. positiven und negativen Glaubenssätze (›Beliefs‹), während du mindestens zweimal über den Baumstamm auf dein Ziel zuläufst. Der Trainer läuft als Begleitung nebenher.

c) Am Ende eines Durchgangs reflektierst du: Wie ist es dir ergangen? Wie hat es sich angefühlt? Was und wie hast du es gemacht, ums ins Ziel zu kommen? Welche Gedanken gingen dir durch den Kopf? Was hättest du noch gebraucht, um noch sicherer über den Zielbalken zu gehen? Welche Ressourcen benötigst du noch? Was könnte dir helfen, trotz der Störungen durch andere souverän ans Ziel zu kommen?

d) Die Übung wird so lange wiederholt, bis eine Handlungssicherheit eintritt. Es ist durchaus möglich, zwischendurch zur ausschließlich positiven Formulierung der Sätze zurückkehren.

e) Am Ende der Übung reflektierst du, welche Strategien du im Umgang mit den Störungen genutzt hast. Du fasst deine Erfahrungen (schriftlich) zusammen und beschreibst, wann, wie und wo du die Erfahrung konkret in die Praxis übertragen wirst.

Beobachte, nimm wahr, ob du die Hilfe des Trainers bei einer auftretenden Unsicherheit oder bei einem Sturz annehmen kannst oder nicht.

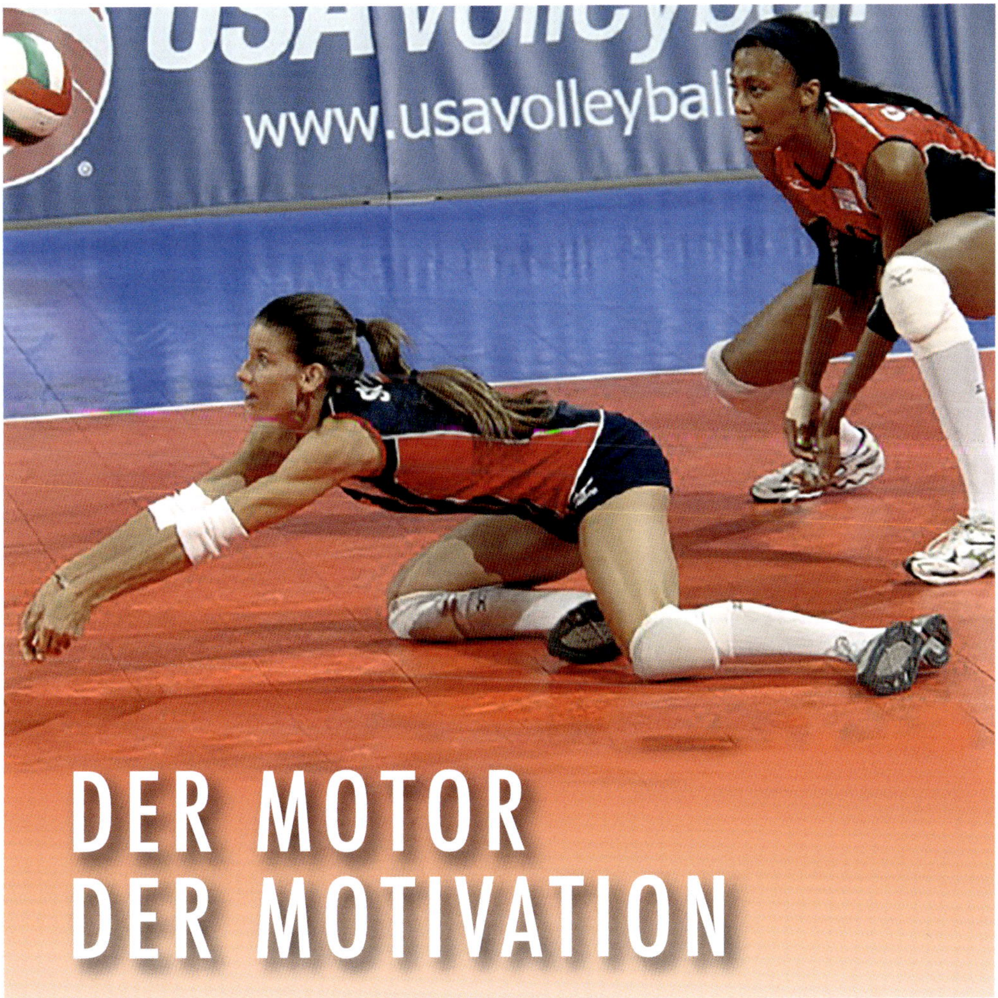

DER MOTOR DER MOTIVATION

»Motivation ist die Kunst, Menschen dazu zu bringen, das zu tun, was man von ihnen möchte, weil sie es tun wollen.« Dwight D. Eisenhower

»Motivation ist das, was das Feuer in euch am Brennen hält. Und wie bei einem echten Feuer muss man auch bei der Motivation darauf achten, dass man regelmäßig nachlegt, damit dir die Glut nicht erlischt.« Oliver Kahn

Im Wort ›Motivation‹ steckt das lateinische Wort ›movere‹ (= bewegen) und das Wort ›Motiv‹. Das Motiv ist der Grund, sich zu bewegen.

Im Sport ist eine hohe Motivation eine wesentliche Voraussetzung dafür, dass Sportler ihr Potenzial ausschöpfen können.

Self-Determination Theory (Selbstbestimmungstheorie SDT)

Die Self-Determination Theory (SDT) bezieht sich auf die Fähigkeit oder den Prozess, eigene Entscheidungen zu treffen und das eigene Leben zu kontrollieren. SDT stammt ursprünglich von den Forschern Edward L. Deci und Richard M. Ryan aus den 70er- und 80er-Jahren. Die Theorie hinter der Selbstbestimmung weist darauf hin, dass wir alle drei angeborene psychologische Bedürfnisse haben:

- **Kompetenz:** Leistung, Wissen und Fähigkeiten

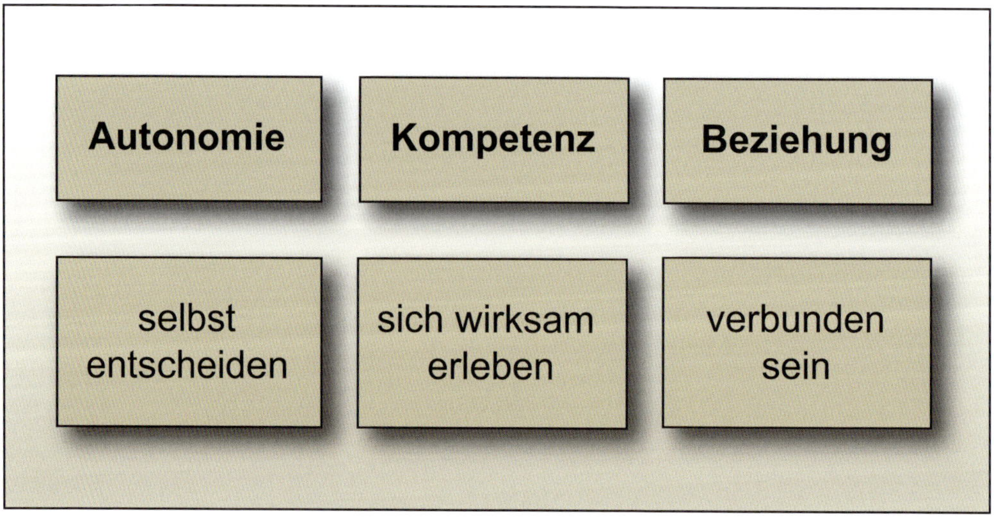

Self Determination Theory, Deci & Ryan, 2000

- **Autonomie:** Bedürfnis nach Selbstbestimmung, Unabhängigkeit, selbst entscheiden
- **Beziehung:** Verbunden sein, soziale Eingebundenheit

Je mehr jeder dieser Bedürfnisse in dem, was wir tun, erfüllt ist, desto mehr empfinden wir die Aufgabe als intrinsisch, daher angenehmer.

Intrinsische und extrinsische Motivation

Die Motivation für ein Ziel kann kein anderer bei dir erzeugen. Nur du allein kannst Motivation entwickeln und in Handlungen umsetzen. Denn Fremd- und Selbstmotivation haben eine unterschiedliche Wirkung auf die Zielerreichung.

Die extrinsische Motivation

Die extrinsische Motivation wird von deiner Umwelt erzeugt. Du bekommst etwas als Lohn für deine Leistung. Treibende Kraft sind hier Pokale, Schleifen, Trophäen, Prämien oder Anerkennung durch andere. Beispiele für extrinsische Motivation:

- Ein Fußballer, der für sein Team einen Meisterpokal gewinnen möchte.
- Ein Reiter wird durch die Aussicht motiviert, eine Schleife oder eine Anerkennung für seine Leistung zu gewinnen.
- Ein Tennisspieler, der hart trainiert, weil er seinen Trainer oder seine Mitspieler beeindrucken möchte.

Vorteile extrinsischer Motivation:

- Bietet konkrete Belohnungen und Anerkennung für Leistungen
- Fördert Zielsetzung und Leistungsverbesserungen
- Wirksam bei der Stärkung von Kompetenz und Selbstwertgefühl

Nachteile extrinsischer Motivation:

- Es kann die intrinsische Motivation untergraben, wenn es überbetont wird
- Kann zu äußerem Druck und Leistungsangst beitragen
- Die Abhängigkeit von extrinsischen Belohnungen kann mit der Zeit zu einer verminderten Motivation führen

An extrinsischer Motivation ist grundsätzlich nichts auszusetzen. Wenn die extrinsische Motivation wegfällt, hört die Anstrengung normalerweise auf.

Die intrinsische Motivation

Die Motivation, die von innen kommt (intrinsisch), ist die Leidenschaft für eine Sache.
Denke über deine Liebe zum Sport nach. Wie sehr macht es dir wirklich Spaß, im Sport nicht nur mit deinen Teamkollegen abzuhängen oder deine Eltern oder Partner stolz zu machen, sondern deinen Sport tatsächlich auszuüben? Sei ehrlich zu dir selbst.
Wenn du deinen Sport wirklich liebst, dein Sport dir Freude macht, du hart daran arbeitest, besser zu werden, und du deinen Sport auf einem höheren Niveau machen möchtest, bist du wahrscheinlich intrinsisch motiviert.

Hier sind einige Beispiele für intrinsische Motivation:

- Ein Sportler, der gerne Volleyball spielt, weil er die Herausforderung genießt, seine Fähigkeiten zu verbessern.
- Marathonläufer haben Freude daran, ihren Körper während eines Marathons an seine Grenzen zu bringen.
- Ein Reiter, der einfach aus der Befriedigung reitet, zu sehen, wie er sich mit der Zeit verbessert.

Der Rekordhockeynationalspieler Matthias Witthaus sagt über seine Motivation: »Das ist die Freude am Hockey schlechthin, sich in der Weltspitze mit den Besten zu messen und Erfolge zu feiern. Es ist der Ehrgeiz, wieder ganz oben zu stehen. Der Antrieb kommt von innen, ich will da oben dabei sein, ich will aufs Treppchen! Was mich antreibt, ist die Erinnerung an tolle Siege und Siegesfeiern. […] Kein Geld der Welt kann den Spaß ersetzen, in dieser Mannschaft zu spielen.« (Peters, Bernhard, Hermann, Hans-Dieter, Müller-Wirth, Moritz. Führungs-Spiel, 2012, S. 61.)

Witthaus benennt hier einen wichtigen Motivationsfaktor: Freude. Was erfolgreiche Spitzensportler tun, tun sie mit eben dieser Freude, mit Begeisterung für die Sache, mit Disziplin in der Vorbereitung und mit Willensstärke in der Umsetzung.

Vorteile intrinsischer Motivation:

- Steigert die Freude, Hingabe und Leidenschaft für den Sport
- Stärkt langfristiges Engagement
- Unterstützt persönliches Wachstum und Selbstverbesserung
- Fördert eine größere mentale Belastbarkeit und Resilienz, reduziert Burn-out

Nachteile intrinsischer Motivation:

- Dies kann zu Perfektionismus und Druck führen
- Erfordert konsequente Selbstreflexion

Balance zwischen intrinsischer und extrinsischer Motivation

Es ist wichtig zu beachten, dass beide Arten der Motivation – intrinsisch und extrinsisch – Sportler effektiv dazu bringen können, ihre Ziele zu erreichen. Das richtige Gleichgewicht zwischen intrinsischer und extrinsischer Motivation zu finden, ist jedoch der Schlüssel für optimale Leistung und langfristige Zufriedenheit im Sport.

Kurzum: Wer seine Motivation vor allem durch Leidenschaft und Lebensfreude weckt, sorgt für einen nachhaltigeren Effekt.

Ist-Analyse deiner Motivation

Finde heraus, wo deine aktuelle Motivation liegt. Nimm dir dazu etwas Zeit und denke über die folgenden Fragen nach:
»Auf einer Skala von 0 (= gar keine Motivation) bis 10 (= total motiviert) – wie motiviert bist du?«
»Aus welchen Gründen betreibst du diesen Sport?« (Liebe zur Sportart? Liebe zum Wettkampf?)
»Wenn du aus etwas anderem als der Liebe zur Sportart deinem Sport nachgehst, ist das ein Grund, der auch in den kommenden Jahren anhalten wird?«

»Was sind einige Dinge von innen heraus, die du tun oder über die du nachdenken kannst, um dich selbst zu motivieren und deine Liebe zur Sportart und deine Motivation zu steigern?«

Ziele setzen

Setze dir einige persönlich bedeutsame, ehrgeizige, aber erreichbare langfristige Ziele, mittelfristige und kurzfristige Ziele, Leistungs- und Prozessziele.
Fordere dich heraus, bei jedem Training oder jeder Trainingseinheit einen Leistungsaspekt zu verbessern (Technik, Kondition, Koordination, körperliche Fähigkeiten oder mentale Fähigkeiten).
Mehr dazu auf den Seiten 45 ff.

Erstelle einen Plan

Frage dich jeden Tag: Bringt mich das, was ich jetzt gerade tue, meinem Ziel näher? Wie viel Prozent meiner Energie verwende ich zur Erreichung meiner Ziele? Und hinterfrage kritisch: Wofür vergeude ich Zeit? Jegliches Tun und Handeln sollte aufs Ziel ausgerichtet sein. Dein Fokus zählt.

Selbstreflexion fördern

Sportler sollten über ihre Leistung nachdenken und herausfinden, was sie am meisten motiviert – innere Zufriedenheit oder äußere Belohnungen.

Feedback

Trainer sollten konstruktives Feedback geben, das sich auf die Verbesserung von Fähigkeiten und nicht auf das Erreichen von Ergebnissen konzentriert.

Priorisiere Ruhe und Erholung

Mentale Erschöpfung kann sich auf deine Motivation auswirken. Daher ist die Sicherstellung einer ausreichenden Ruhe- und Erholungszeit von entscheidender Bedeutung, um die Begeisterung für den Sport aufrechtzuerhalten.

Positives Selbstgespräch

Positives Selbstgespräch ist eine Technik, die auch zur Steigerung der Motivation eingesetzt werden kann. Mentaltraining nutzt die innere Stimme eines Sportlers, um sein Selbstwertgefühl oder wichtige Aspekte seiner Leistung zu stärken. Bei angemessener Wiederholung können Selbstgespräche das Glaubenssystem eines Sportlers positiv verändern. Ich gehe auf diese Technik im Kapitel ›Die Macht der Gedanken‹ ein.

Motivationssprüche

Manchmal unterstützt auch ein Verein seine Spitzensportler extrinsisch mit allgemeinen Motivationssprüchen dabei, die Gedanken in die richtige Richtung zu lenken und die innere Haltung entsprechend zu beeinflussen. So zieren die Mauern rund um den Trainingsplatz des so erfolgreichen wie umstrittenen Bundesligavereins RB Leipzig Aussagen erfolgreicher Spitzensportler, darunter der Ausspruch des achtfachen Olympiasiegers im Laufen Usain Bolt: »Man darf sich keine Grenzen setzen, nichts ist unmöglich.« Und Basketballlegende Michael Jordan ist mit »Ich kann Versagen akzeptieren, keiner ist perfekt. Aber was ich nicht akzeptieren kann, ist, es nicht zu versuchen« vertreten.

›Musikalische Hausapotheke‹ – Musik als Motivator

Vor viertausend Jahren schon haben die Ärzte der Hindu eine sanfte und beruhigende Musik spielen lassen, während sie operierten; und als sie feststellten, dass dies die Patienten entspannte und die Genesung beschleunigte, erklang sie auch in den Krankensälen.
Erst in den vergangenen Jahrzehnten haben wir die heilende Macht der Musik wiederentdeckt. Isaac Sclare, Schottland, setzte vor dreißig Jahren zur Heilung psychisch gestörter Patienten weiche und friedvolle Klangfolgen ein, ein italienischer Arzt hat erst kürzlich die Bedeutung verschiedener Musik-

formen bei der Behandlung emotionaler und mentaler Probleme aufgezeigt, und die Ärzte Borzecki und Zakrzewski der Medizinischen Akademie in Warschau haben klinisch nachgewiesen, dass Musik Schmerzen lindern und beheben kann.

- Musik hat einen großen Einfluss auf unsere Stimmung, das wissen Werbepsychologen genauso wie Filmproduzenten.
- Durch Musik fühlt sich der Sportler wohler und seine positivere Stimmung führt zu einer Steigerung der Leistung. Denn wissenschaftliche Untersuchungen belegen: Musik, richtig eingesetzt, kann Stimmungen enorm beeinflussen. Herzfrequenz, Atmung, und Muskelanspannung verändern sich, ohne dass wir es wirklich bewusst steuern könnten.
  Wer kennt es nicht: Am Strand, in dem kleinen schattigen Café und mit der passenden Musik im Hintergrund entsteht das echte ›Urlaubsfeeling‹. Dieses Konzept setze ich auch im Sport um. Durch dem Sportler bekannte Melodien wird ein ›Feeling‹ mit positiven Emotionen geschaffen und die Minuten bzw. Stunden des – bisher unbewussten – Zuhörens werden zum bewussten ›Erlebnis‹.
- Musik wirkt entspannend und beruhigend.
- Musik muntert auf, wenn du betrübt bist.
- Musik besänftigt, wenn du dich verängstigt, nervös oder zu erregt fühlst.
- Durch Musik werden Areale u.a. für die Konzentration und Aufmerksamkeit im Gehirn angeregt und aktiviert. Durch Musik ist eine objektive Veränderung im Gehirn sichtbar.
- Die Atmung wird, so die Studie, weiter, tiefer und gleichmäßiger, und die arbeitende Muskulatur bekommt wesentlich mehr Sauerstoff – der Trainingseffekt wird also optimiert.

»Musik beim Sport verringert signifikant das körperliche Belastungsempfinden«, sagt der Sportwissen-

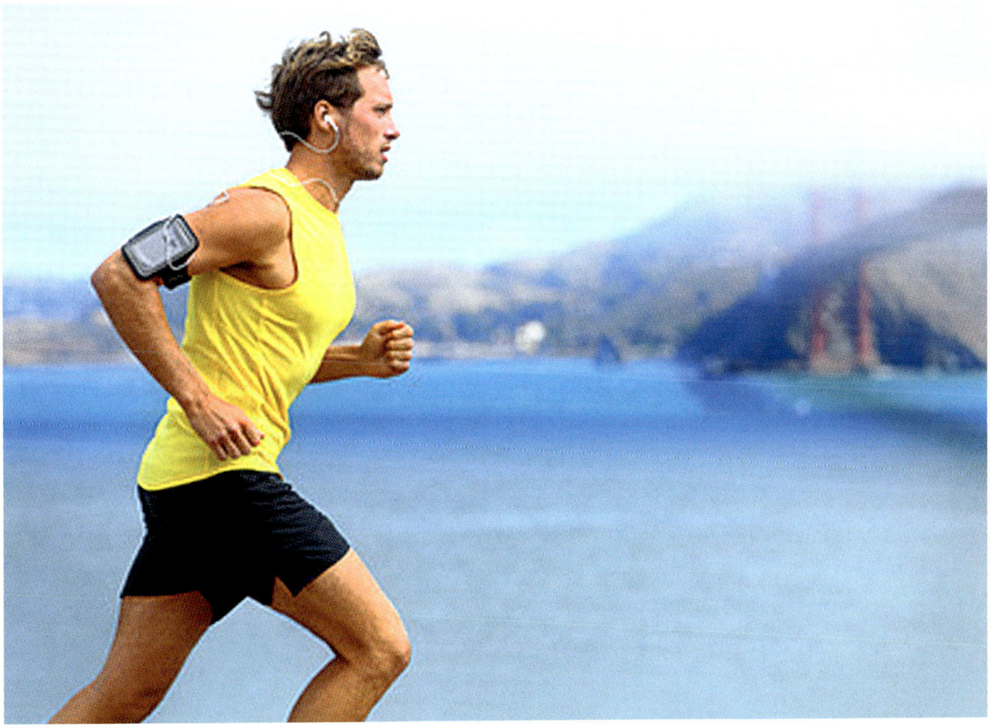

schaftler Professor Alexander Ferrauti von der Ruhr-Universität Bochum. Dass Musik in den Ohren die Leistung nach oben schraubt, haben auch viele Spitzensportler erkannt. Nicht selten dröhnen zur Vorbereitung und Konzentration auf einem Turnier die Lieblingssongs aus den Kopfhörern. »Musik hat eine ablenkende Funktion und hilft dem Sportler bei der Entspannung oder Mobilisation für einen Wettkampf«, so der Sportpsychologe Dr. Ulrich Kuhl vom Olympiastützpunkt Rhein-Ruhr. Doch ein Geheimrezept, welcher Rapper aufputscht oder welche Soulstimme beruhigt, gibt es nicht. Musik ist ganz individuell – der eine empfindet bestimmte Songs als anregend, den anderen regen die gleichen Songs nur auf. »Durch Musik denkt man gar nicht so viel an die schweren Beine (Anmerkung: beim Marathon), die man vielleicht hat«, so Dr. Kuhl. Eine Anekdote vom Boston Marathon dazu: Seit die Veranstalter unweit der kritischen Stelle um Kilometer 30 eine paar Sambagruppen spielen lassen, hat sich die Anzahl der Laufabbrecher deutlich reduziert.

Mader nutzt »generell Musik in allen Lebenslagen«. Nicht aber unmittelbar und direkt während der sportlichen Aktivität. »In der Leichtathletik war das eher schwer möglich, im Radsport auf der Straße zu gefährlich (nur am Ergometer, da war es möglich). Musik hat mich immer auf meinem Weg begleitet und zwar im Ausdruck meiner grundsätzlichen Lebensphilosophie und Lebenseinstellung, zum Auftanken von Emotionen und Energie zum Weitergehen der nächsten Schritte am Weg zum nächsten Ziel.«

Kraus nutzt sehr oft Musik, speziell im Sport. »Im normalen Krafttraining habe ich für mich herausgefunden, dass ich Musik brauche, die mich motiviert. Das ist meistens keine ruhige Musik, sondern anspornende Musik. Die lege ich dann in den CD-Player ein und dann bin ich zwei bis drei Stunden im Kraftraum und kann an mein Äußerstes gehen und hundert Prozent geben. In der Trainings- oder Wettkampfvorbereitung nutze ich vor allem fröhliche, ›happy‹ Musik, wo ich runterkomme, das Glück fühle und dadurch einfach schon automatisch für den Wettkampf gut eingestellt bin.
Ich habe eine Playlist, die sehr stark variiert. Ich update diese immer wieder. Musik hilft mir einfach immens. Wir haben oftmals eine lange Anreise zu den Wettkämpfen und die kann ich dann perfekt nutzen, um einfach ruhig, gelassen zu sein und Vorfreude auf das Ereignis zu haben.«

Vorgehensweise
Versinke in deinen musikalischen Vorlieben. Mache dich auf die Suche:

- nach Rhythmen, die deinen Stressabbau fördern.
- nach Rhythmen, die eine stark motivierende und besonders anspornende Wirkung auf dich haben.

Zieh dir deine Musik auf dein Smartphone oder ipod. Höre dir dann die Musik passend zu deiner Stimmungslage und deinem Zustand an und beobachte sehr genau, was mit deinem Körper passiert.

Beispiele
klassische Musik, ›Ein schöner Tag‹ (Schiller), Hard Rock, alte Balladen, stille Gitarrenklänge, lauter Jazz, Kammermusik, Oper, eigens aufgenommene relaxing music, Mystera, Carmina Burana, Vangelis, R. Strauß: ›Mensch‹ (Herbert Groenemeyer) ›Momentan ist richtig, momentan ist gut, es ist Sonnenzeit, unbeschwert und frei. Und der Mensch heißt Mensch, ... weil er schwärmt und glaubt, sich anlehnt und vertraut‹, ›To be free‹ (Mike Oldfield).

Maders Titel: ›Ich gehör nur mir‹ (Musical Elisabeth); ›I did it my way‹ (Frank Sinatra); ›Wunder gibt es immer wieder‹ (Katja Eppstein); ›The winner takes it all‹ (ABBA); fast alle Lieder von Reinhard Fendrich, Udo Jürgens.

Faris Al-Sultan hört alles Mögliche von Eminem über Sido bis AC/DC.

Beispiele für stark motivierende Musik: Whitney Houston: One Moment in Time / F. Sinatra: My Way / Louis Armstrong: Wonderful World / Queen: Breakthrough / G. Gaynor: I am what I am / Prodigy: Firestarter / The Eye of the Tiger, ›Diwigu tu‹ / Thomas Otten.
Pushende Musik zu maximaler Anstrengung (z. B. beim begleitenden Konditionstraining)
Durchhaltewille, Aggressivität oder höchster Krafteinsatz werden mit schneller, aggressiver, lauter Musik begünstigt.
Beispiele hierfür: Pointer Sisters: Jump / Nirvana: Smells like teen spirit / Prodigy: Firestarter / Limp Bizkit: Rollin'

Einsatz von Musik an Wettkampftagen:
Viele Sportler hören sich in den Pausen zwischen Prüfungen oder unmittelbar vor dem Wettkampf ihre Lieblingslieder an. Das kann eine effektive Strategie sein, um sich in eine optimale Wettkampfstimmung zu bringen.
Beachte: Es braucht Zeit, bis man herausgefunden hat, welche Lieder am besten für einen geeignet sind!

Zu den von dir ausgewählten Liedern/Musik kannst du zusätzlich auf die CD folgende Punkte mitaufnehmen (Musik in dem Moment leiser werden lassen):

- deine positiven Eigenschaften, Talente, Potenziale und Stärken
- deine positiven Assoziationen/Wörter/Bilder zu den Anfangsbuchstaben deines Namens
- Texte/Formeln in Richtung Autosuggestion, Selbsthypnose, Erfolgsprogrammierung, Turniervorbereitung, Affirmationen (positive Selbstgespräche)

Die Worte oder Sätze werden von dir selbst oder einer von dir ausgewählten Person gesprochen.

Höre deine musikalische Hausapotheke zwei- bis dreimal die Woche an bzw. jedes Mal, wenn du ein wenig die Lust am regelmäßigen Training verloren hast, höre dir deine Motivationslieder an.
Musik ist auch eine Art Medizin: Du nimmst sie bei Bedarf.
Das Hören der Musik mit Kopfhörern ermöglicht es dir, sich leichter in der Musik zu ›verlieren‹.

Zusammenfassung
Jeder von uns verfügt über eine ungenutzte Energiequelle, die genutzt werden kann, um hervorragende Ergebnisse zu erzielen. Bei der Steigerung der Motivation geht es im Wesentlichen um eine Änderung der Einstellung, die Entwicklung eines Growth Mindset und das Verfolgen kurzfristiger Prozessziele, die Verbesserungen ermöglichen.

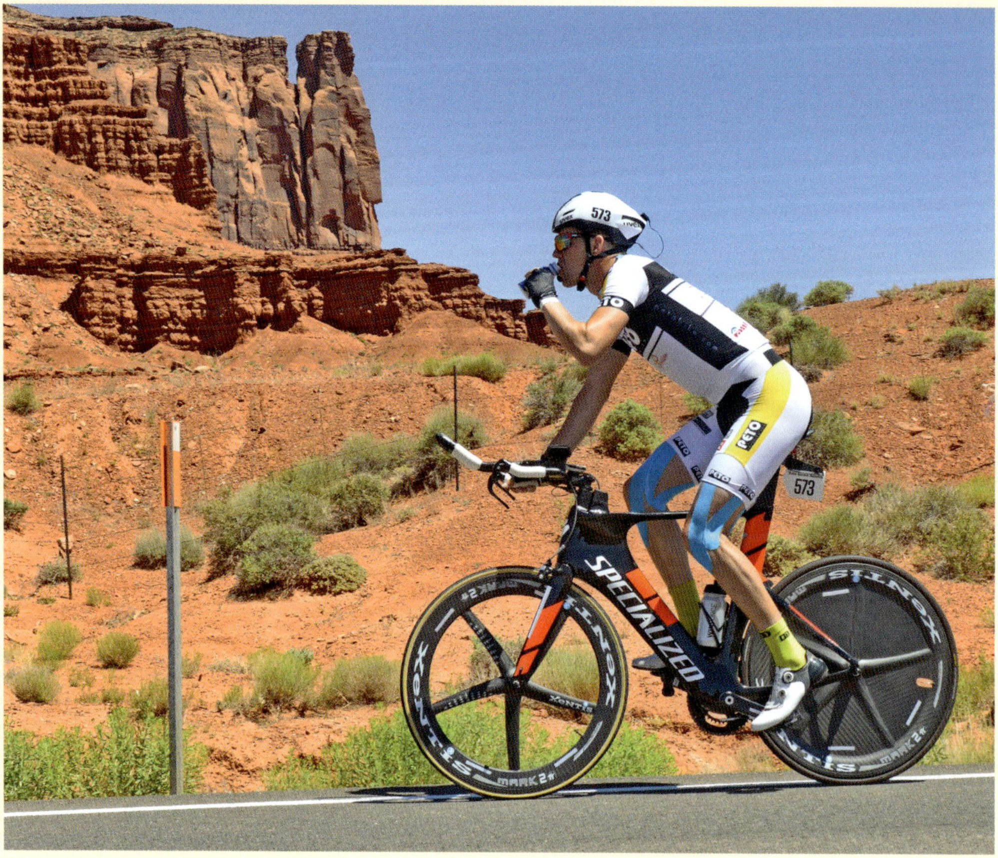

Interview mit Patric Grüner: »Neid muss man sich sehr hart erarbeiten! Dank meines Mentaltrainers habe ich gelernt, mit dieser Situation umzugehen!«

Was reizt dich an deiner Sportart?
Ich mache einen Sport, den nicht jeder machen kann. Ich liebe es, an meine Grenzen zu gehen und die größte Herausforderung ist für mich immer wieder der Schlafentzug.

Wie bekamst/bekommst du (Kopf-)Probleme in den Griff?
Ich habe einen Mentaltrainer, mit dem ich sehr viel arbeite. Für mich als Langstreckenfahrer ist das Mentaltraining genauso wichtig wie das Training auf dem Rad!

Was waren/sind Höchstleistungs- und Stresssituationen für dich?
Früher wurde ich sehr nervös, wenn es nicht so funktioniert hat, wie ich mir es vorgestellt habe! Inzwischen habe ich es gelernt, mit Stresssituationen umzugehen, bleibe ruhig und suche mir einen Weg, wie ich da rauskomme.

Wie bereitest du dich auf Höchstleistungen vor?
Ich setze mir Ziele, die ich mir dann im Mentaltraining einpräge.

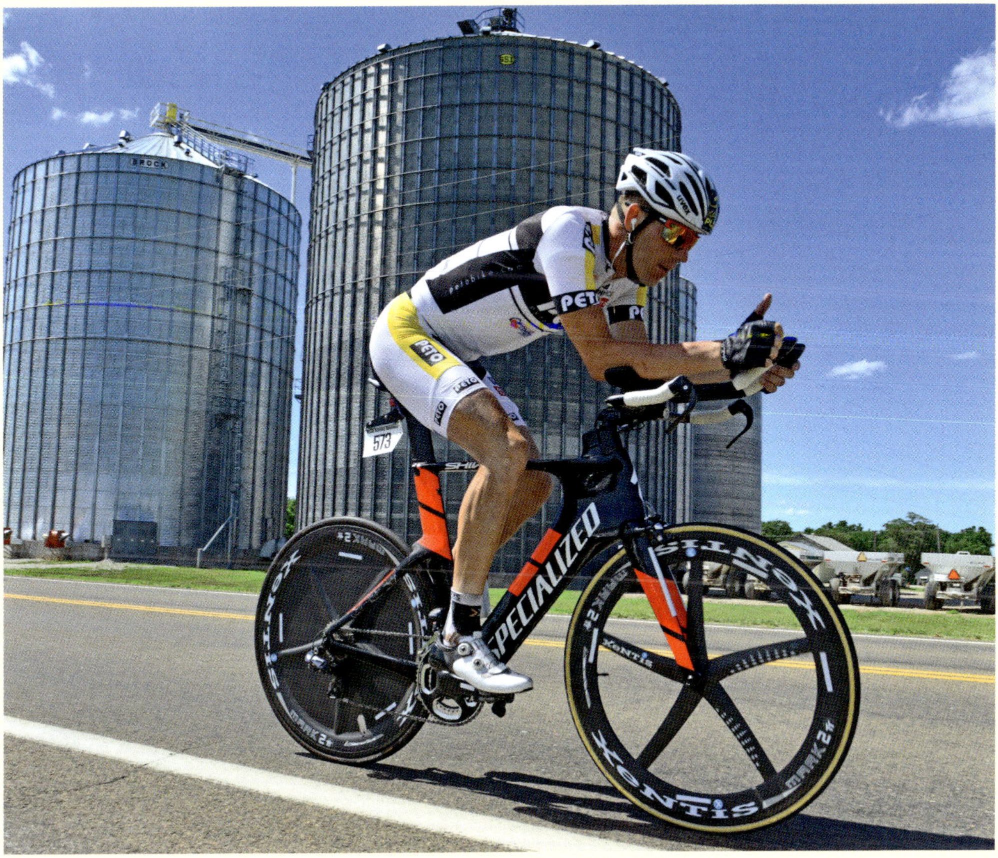

Wie motivierst du dich zu Höchstleistungen? Was treibt dich an?
Wenn man eine Startnummer am Lenker hat, ist man automatisch motiviert! Ich trainiere ca. 7–9 Monate auf meine Saisonhöhepunkte – schon das ist Motivation pur für Höchstleistungen! Mich treibt auch der Ehrgeiz extrem an. Ich möchte immer der schnellste sein :-).

Wie schaffst du es, die richtige Konzentration aufzubauen?
Ich begebe mich vor dem Wettkampf in meine eigene Welt! Wo nur ich drinnen bin und sonst niemand! Ab dem Start vergesse ich, was links und rechts von mir ist und konzentriere mich nur noch auf mich!

Welche Rituale hast du im Sport?
Vor dem Start spreche ich mit niemandem und beschäftige mich nur mit mir selbst.

Wie gehst du mit Druck um?
Ich habe mit dieser Situation keine Probleme mehr. Mir ist es auch egal, was Medien, Leute usw. schreiben und sagen! Neid muss man sich sehr hart erarbeiten! Dank meines Mentaltrainers habe ich mit dieser Situation umzugehen gelernt!

Woher schöpfst du Kraft?
Meine Familie, Freunde. Die geben mir sehr viel Kraft! Aber auch eine Wanderung oder im Winter eine Skitour geben mir sehr viel Kraft!

Wie gehst du mit Niederlagen/Scheitern um?
Scheitern gehört zum Leben, und jeder geht mit die-

ser Situation anders um. Nach meiner verletzungsbedingten Aufgabe beim Race Across America konnte ich es einige Monate nicht verstehen und wahrhaben, dass all die intensive Vorbereitung auf einen Schlag zunichte gemacht worden ist. So langsam habe ich es verarbeitet und schaue positiv in die Zukunft! Vielleicht hatte es auch was Gutes!

Woraus besteht Siegermentalität?
Seine Ziele nie aus den Augen zu verlieren und immer dafür kämpfen, auch wenn es mal nicht so gut geht!

Hast du ein Motto?
Gib niemals auf!

Was ist dein Leitsatz für Menschen, die Erfolg anstreben?
Man soll sich realistische Ziele setzen, mit kleinen Dingen anfangen und sich danach weiterentwickeln für größere Aufgaben! Dann kann man auch erfolgreich sein!

Als Mentalcoach für Spitzensportler und Führungskräfte bin ich der Ansicht, dass Führungskräfte und deren Teams viel vom Spitzensport lernen können. Wo siehst du Parallelen? Was können deine Kollegen/Lehrer/Berufstätige von Sportlern und Trainern lernen?
Die Disziplin, die wir tagtäglich bringen! Einen Ehrgeiz entwickeln für Erfolge, egal ob im Sport oder im Beruf! Was natürlich auch nicht fehlen darf, ist der Spaß, die Leidenschaft. Wenn ich mich jeden Tag zum Training quälen muss, dann ist was faul! So ist es auch im Beruf.
Ich finde, dass ich alles, was ich in meinem Sport mache (mental/emotional) auch im beruflichen Leben fast zu 100 % einsetzen kann!

Wenn du das Geheimnis von Erfolg in 5 Tipps formulieren müsstest, wie lauten deine Regeln für Erfolg?
- Leidenschaft,
- Ehrgeiz,
- Zielstrebigkeit,
- ein wenig verrückt im Kopf sein,
- ein super Betreuerteam zu haben.

Vielen Dank für das Interview!

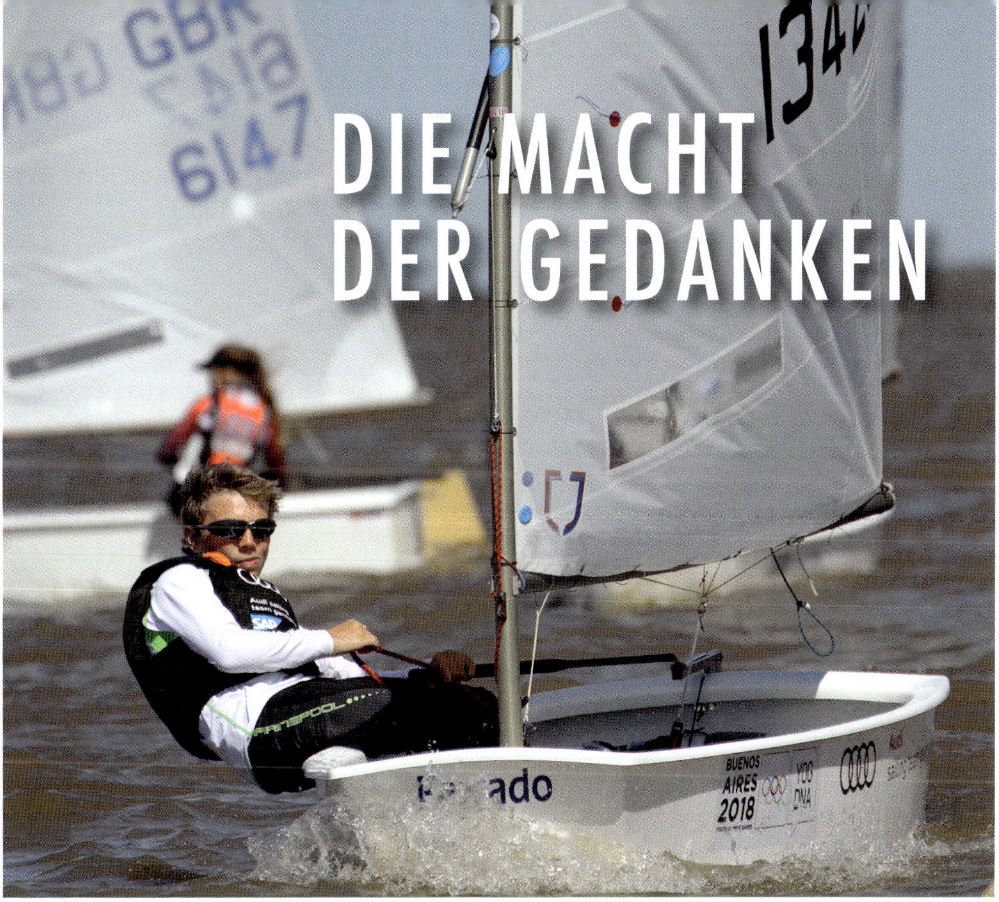

DIE MACHT DER GEDANKEN

»Ob du denkst, du kannst es, oder du denkst, du kannst es nicht – in beiden Fällen hast du Recht.« (Henry Ford)

Wir denken weitaus mehr als wir sagen, jeder von uns. In Gedanken führen wir bereits Dialoge, lange bevor wir sie mit anderen nach außen beginnen. Die besten Gespräche führt man mit sich selbst, behauptet lakonisch der Volksmund. Aber stimmt das eigentlich? Wer seinen inneren Dialog (z. B. während eines Trainings) aufmerksam verfolgt, wird feststellen, dass negative Dialoginhalte in Form von Ungeduld, überzogener Selbstkritik, Überheblichkeit etc. die positiven wie Vertrauen, Respekt, Verständnis und Geduld bei Weitem überwiegen. Das ist fatal, denn was du denkst und innerlich zu dir sagst, hat erheblichen Einfluss auf deine Gefühle, deinen Körper, deine Leistung, dein Allgemeinbefinden und deine Gesundheit. Wie wir mit uns selbst kommunizieren, wirkt sich aus.

Der ehemalige Fußball-Nationaltorwart Oliver Kahn sagt: »Der innere Dialog ist ein Werkzeug, mit dem es gelingt, einen Zustand zu erreichen, den ich mit ›stark im Kopf‹ und ›mental stark‹ bezeichne. Das ist die Fähigkeit, Herr seiner Gedanken zu sein und sich in einen positiven Zustand zu versetzen, der von tiefer Überzeugung und Zuversicht geprägt ist.« (Kahn, 2010). Kahn hat während seiner Fußballkarriere bewusst und systematisch immer wieder an seinem inneren Dialog gearbeitet, damit dieser – vor allem in Phasen von Unsicherheit und Selbstzweifeln – für statt gegen ihn arbeitete. Die Kontrolle des inneren Dialogs ist ein entscheidender Bestandteil mentaler Stärke. Mehr noch: Ohne die Kontrolle des inneren Dialogs sind keine guten Leistungen möglich. Mit Wut, Frust, Ärger, Versagensangst, Problemen oder Resignation, verbalisiert im inneren Dialog, sind noch auf keinem Gebiet Höchstleistungen erzielt worden. Hier liegt der Schlüssel zum mentalen Erfolg! Mit anderen Worten: Erst die Kontrolle des inneren Dialogs bringt dich auf die Straße zu deinem Idealen Leistungszustand.

Werde zum Architekt deiner Gehirnstruktur!

»Jeder Handlung geht ein Gedanke voraus« (Ralph Waldo Emerson) oder ein innerer Dialog. In unserem Gehirn leiten neuronale Verbindungen Informationen in Form elektrischer Impulse weiter. Gedanken verändern die Struktur unseres Gehirns. Und diese Struktur kann sich lebenslang verändern. Bereiche können sich vergrößern, schlummernde Verbindungen können aktiviert, überaktive Verbindungen können lahmgelegt, pathologische Verbindungen gekappt werden (vgl. Begley, 2010). Diese Eigenschaft nennt sich Neuroplastizität. Dahinter steckt das Prinzip des lebenslangen Lernens. Je häufiger du bestimmte neuronale Verbindungen im Gehirn nutzt, desto stärker werden sie. U.a. durch Lernen vermehren sich die Verbindungen zwischen zwei Nervenzellen. Stelle dir die Verstärkung von Nervenverbindungen wie das Trainieren eines Muskels vor.

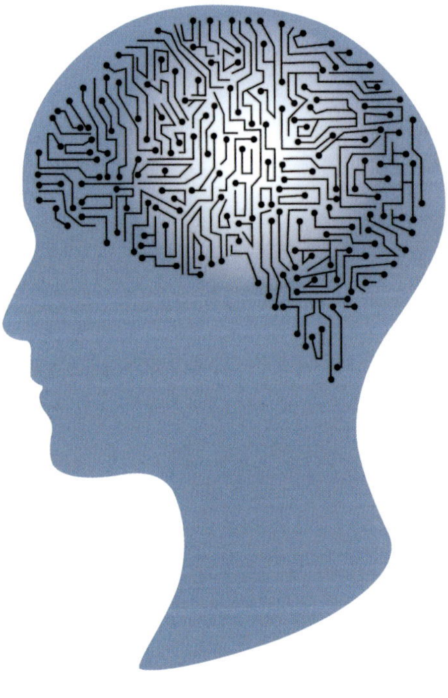

Wenn du regelmäßig im Fitnessstudio bestimmte Muskelgruppen trainierst, werden sie ausgeprägter und kräftiger. Das Gleiche geschieht mit häufig genutzten Nervenbahnen, sie verstärken sich. Auf diese Weise wird aus einem neuronalen Trampelpfad eine neuronale Autobahn (nach Franz Hütter). Ein Gedanke, eine Überzeugung oder eine Zielformulierung werden also umso mächtiger, je häufiger du deren mentalen Pfade beschreitest. Je seltener du einen Gedanken verfolgst, umso verkümmerter wird auch sein mentaler Pfad, also die neuronale Verbindung im Gehirn. Das bedeutet, du kannst aktiv gestalten, welche Verbindungen stark werden und welche du lieber schrumpfen lassen willst. Damit beeinflusst du wiederum dein Leistungsvermögen und Allgemeinbefinden, kurz: deine Realität.

Ist dein Glas halbvoll oder halbleer?

Der US-amerikanische Schriftsteller Mark Twain sagte auf dem Sterbebett: »Ich hatte mein ganzes Leben viele Probleme und Sorgen. Doch die meisten von ihnen sind niemals eingetreten.« Wie ist es bei dir? Schaust du beim Lernen einer neuen Bewegung zuerst nach möglichen Schwierigkeiten, oder überwiegt bei dir die Freude auf das Erkunden deines Körpers und das Spüren der Gefühle? Pessimistisches Denken, so hat die Forschung festgestellt, lähmt und macht handlungsunfähig. Warum? Weil die Wahrnehmung eines Pessimisten verzerrt ist und deshalb sein Angstzentrum im Gehirn übermäßig aktiv. Das beeinflusst sein Denken negativ. Widerfährt ihm etwas Positives, hält er es für Zufall. Erlebt er Negatives, betrachtet er es oft als selbst verschuldet. Damit schwächt er sich selbst. Würde der Pessimist einen Lauf beim Slalom verpatzen, wäre seine Reaktion: »Habe ich es doch gewusst, dass es mich hier schmeißt. War ja klar.«

Der Ärger über die sich selbsterfüllende Prophezeiung würde den Pessimisten vermutlich noch im zweiten

Lauf beschäftigen. Der Optimist hingegen würde sagen: »Uups, da muss ich wohl beim nächsten Mal besser aufpassen und mich konzentrieren.« und die Strecke konzentriert fortsetzen. Optimisten sind handlungsfreudiger, flexibler und geben nicht so schnell auf. Positives Denken kann für eine gehobene Grundstimmung sorgen, mit der sich Unwegsamkeiten leichter meistern lassen.

Der ehemalige Weltklasseschwimmer Christian Tröger sagt, er sei Herausforderungen mit einer »positiven, aber realistischen« Einstellung begegnet. Mit Selbstgesprächen habe er sich positiv auf Wettkämpfe eingestimmt und die Abläufe antizipiert. Tröger: »Kurz vor dem Start sollte man von sich und seiner Leistung überzeugt sein. Sinngemäß lässt sich dies wohl am besten mit dem Satz: »Ich kann alle schlagen!« zum Ausdruck bringen. Wer hingegen aufgrund der bestehenden Bestzeiten der Gegner bestenfalls mit Platz 7 oder 8 im Finale rechnet, der hat in meinen Augen hingegen schon verloren …«

Selbsterfüllende Prophezeiungen

Wenn wir immer wieder das Gleiche erwarten oder befürchten, dann sind die Chancen sehr groß, dass dies zur Realität wird, es wird zur sich selbsterfüllenden Prophezeiung (im englischen als »self-fulfilling prophecy« bezeichnet).

Zu meinen Klienten zählt eine junge Reiterin, die bei den Landesmeisterschaften zum ersten Mal mit einem Großpferd startete. Ihre Mutter sagte im Vorfeld zu mir: »Es wird sehr schwer werden.« Ich antwortete ihr: »Ja, dann wird es schwer.« Wenn wir glauben, dass eine Aufgabe schwer ist, dann wird sie schwer. **Unsere Erwartungen beeinflussen unser Verhalten** und unsere Wahrnehmung.

Die zwei Ichs: Die Funktion des inneren Dialogs

Wer Profi-Tennisspieler beim Match beobachtet, stellt fest, dass viele Spieler mit sich selbst reden, sie erteilen sich am laufenden Band Befehle. Diesem Phänomen widmet sich W. Timothy Gallwey in seinem Buch »The inner game of tennis« (2003). Er betrachtet das »Ich« und das »Selbst« als »offenkundig getrennte Wesen«, die miteinander kommunizieren. »Das eine »Ich« erteilt offenbar die Anweisungen, während das andere, das »Selbst«, sie ausführt. Daraufhin gibt das »Ich« eine Bewertung der Aktion ab.« Die Qualität des Tennisspiels hängt, so Gallwey weiter, von der Art der Beziehung zwischen dem »Ich« und dem »Selbst« ab. Der innere Dialog des Spielers sei »entscheidend für seine Fähigkeit, technisches Wissen in wirkungsvolle Handlung umzusetzen« (Gallwey, 2003). Dem inneren Dialog kommt eine große Bedeutung für die Konstruktion unserer subjektiven Realität zu. Im inneren Dialog erklären wir uns, was wichtig und bedeutend ist. Er ist eine wichtige Grundlage fürs Selbstmanagement. »In Selbstgesprächen formuliert man Pläne für sein Handeln, gibt sich selbst Anweisungen, ordnet seine Gedanken oder kommentiert das eigene Handeln.« (Eberspächer, 2007, S. 21).

Den inneren Dialog beobachten

Wie sieht dein innerer Dialog aus? Unterstützt dich dein innerer Dialog, heizt er dich an oder blockiert er dich? Hast du dir selbst schon einmal aufmerksam zugehört? Weißt du, wie du mit dir selbst dabei redest? Wie gehst du dabei mit dir selbst um? Was denkst du über andere? Was denkst du über das, was gerade ist? Was lösen diese Gedanken in dir aus?

Es ist wichtig, die eigenen Gedanken bewusst zu kontrollieren, damit sich negative Gedanken nicht vermehren und zerstörerisch wirken. Gedanken wie »Jetzt werde ich schwere Beine bekommen.« oder »Ich kann nicht mehr.« führen zu Stress, Angst und Verspannung. Das Ergebnis ist in der Regel eine schwache Leistung. Mehr noch: Ständige negative

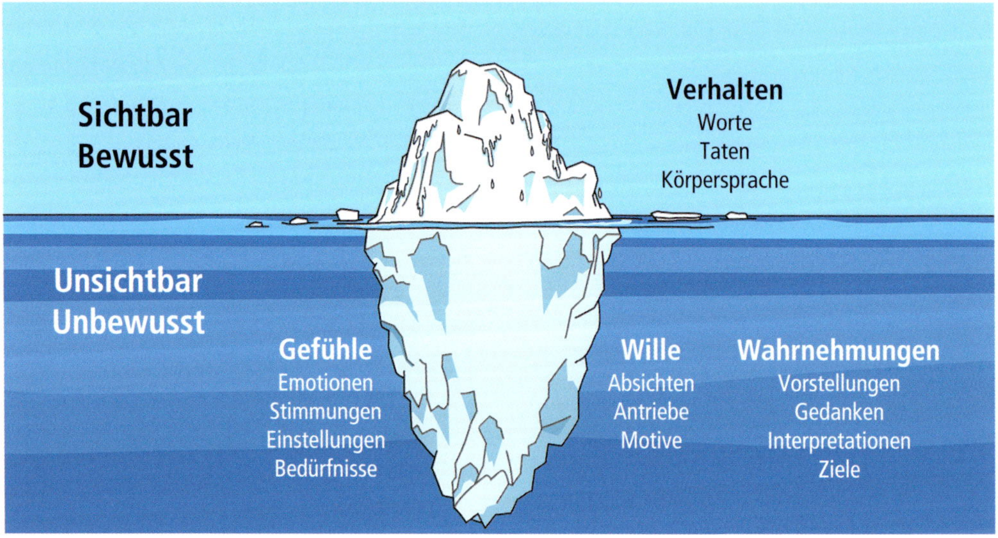

Dein Bewusstsein ist nur die kleine Spitze des Eisbergs.

Gedanken machen krank. Positive Gedanken hingegen stärken mich, bauen mich auf, machen mich sicherer.

Sprich Klartext mit deinem Unterbewusstsein!

In unserem Gehirn spielen sich bewusste und unbewusste Vorgänge ab. Das Bewusstsein kann Ziele setzen, Ergebnisse bewerten, Probleme lösen. Das Unterbewusstsein ordnet, d.h., es verarbeitet aufgenommene Informationen und reduziert sie. Während das Bewusstsein abhängig ist von begrenzten Ressourcen, ist unser Unterbewusstsein unabhängig davon. Es arbeitet schnell und mühelos. Dabei vergleicht es neue Informationen mit bereits vorhandenen und teilt das Ergebnis dem Bewusstsein mit. Das bedeutet, das Unbewusste entscheidet, was uns bewusst werden soll. Unser Unterbewusstsein ist, weil es Neues mit Altbekanntem vergleicht, gleichzeitig die Verbindung zur Vergangenheit und zur Zukunft (vgl. Schützenhöfer, 2007).

Stelle dir dein Unterbewusstsein wie eine Software auf der Festplatte deines Computers vor. Deine Gedanken, Worte und Bilder sind dort sozusagen wie ein Programm gespeichert. Genau wie beim Computer kannst du deine alten, negativen, selbstzerstörerischen (Lebens-)Programme im Unterbewusstsein löschen und neu schreiben. Wenn wir uns der Arbeitsweise des Gehirns bewusst sind, dann liegt es bei uns, womit wir es als nächstes programmieren. Wie das geht? Mit Hilfe von Autosuggestion bzw. Affirmationen (positiven Selbstgesprächen) und mentaler Technik.

Dein Unterbewusstsein ist wie ein gewissenhafter Angestellter: Gewöhnliche Aufgaben bei der Informationsverarbeitung erledigt es routiniert, und es sucht nach Führung. Verweigerst du als »Chef« deinem Unterbewusstsein diese Führung, dann holt sich dein Unterbewusstsein aus externen Quellen die benötigten Anweisungen: von Eltern, Partner, Respektspersonen, Trainer, Co-Trainer, Physiotherapeuten, sogar aus den Medien. Wenn du also nicht der »geborene« Führer für dein Unterbewusstsein bist, dann stellt sich die Frage, wie viele der Gedanken, die du täglich denkst, tatsächlich von dir stammen.

Es ist so: Entweder du wählst deine Gedanken selbst, oder du akzeptierst sie von einer auswärtigen Quelle!

» Geschichte mit dem Hammer

Kennst du die »Geschichte mit dem Hammer« aus Paul Watzlawicks (österreichisch-US-amerikanischer Psychologe und Kommunikationswissenschaftler, 1921–2007) »Anleitung zum Unglücklichsein«?

Ein Mann will ein Bild aufhängen. Den Nagel hat er, nicht aber den Hammer. Der Nachbar hat einen. Also beschließt unser Mann, hinüberzugehen und ihn auszuborgen. Doch da kommt ihm ein Zweifel: »Was, wenn der Nachbar mir den Hammer nicht leihen will? Gestern schon grüßte er mich nur so flüchtig. Vielleicht war er in Eile. Aber vielleicht war die Eile nur vorgeschützt, und er hat etwas gegen mich. Und was? Ich habe ihm nichts angetan; der bildet sich da etwas ein. Wenn jemand von mir ein Werkzeug borgen wollte, ich gäbe es ihm sofort. Und warum er nicht? Wie kann man einem Mitmenschen einen so einfachen Gefallen abschlagen? Leute wie dieser Kerl vergiften einem das Leben. Und dann bildet er sich noch ein, ich sei auf ihn angewiesen. Bloß weil er einen Hammer hat. Jetzt reicht's mir wirklich.«
Und so stürmt er hinüber, läutet, der Nachbar öffnet, doch bevor er »Guten Tag« sagen kann, schreit ihn unser Mann an: »Behalten Sie Ihren Hammer für sich, Sie Rüpel!«

Für Paul Watzlawick ist die Wirklichkeit nur das, was wir aus ihr machen.

Wenn du selbst deinem Unterbewusstsein keine Anweisungen gibst, dann wird es jemand anderes tun, so einfach ist das! Gib daher deinem Unterbewusstsein jeden Tag die notwendigen Instruktionen. Übernimm selbst das Steuer.
Bitte bedenke: Dein Mitarbeiter wird manche Anweisungen mit Freuden ausführen, manche nur halbherzig, und bei manchen Instruktionen stößt du auf Widerstand. Aber du bist der Boss. Also wiederhole deine Anweisungen so lange, bis du die gewünschten Ergebnisse siehst. Auch bezüglich dieses speziellen Mitarbeiters gilt die Kraft der Gewohnheit. Auch im realen Leben haben Chefs, die plötzlich bestehende Gewohnheiten ändern wollen, nicht immer sofort den gewünschten Erfolg. Übernimm aktiv deine Führungsrolle, fordere ein, was du einfordern möchtest.

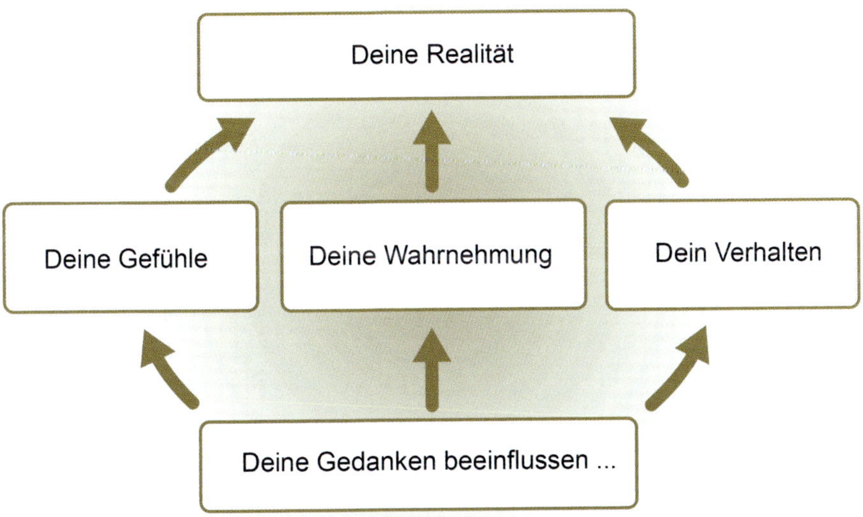

» Die Macht der Gedanken

Die Macht der Gedanken, die unser Handeln beeinflussen und wesentliche Bereiche unseres Lebens steuern können, kann man gar nicht oft genug betonen – es ist einer der effektivsten Zugänge zur Psyche und einer der wichtigsten Ansätze in der praktischen Sportpsychologie und im Sport-Mentalcoaching.

Entscheidend für Sieg oder Niederlage – die Kontrolle des inneren Dialogs

Unsere Gedanken bestimmen unser Handeln und unser Tun, unser Handeln und unser Tun bestimmen unser Verhalten, und unser Verhalten gestaltet unser Leben und unsere Umwelt.

Überzeugungen, Gedanken, Meinungen, Glaubenssätze und Konzepte äußern sich in der Regel als ständige Selbstgespräche. Also innere Stimmen, die dem Verhalten, dem Tun vorausgehen, es begleiten bzw. als Folge des Verhaltens auftreten.

Negative Gedanken lassen sich nicht vermeiden. Sie können nicht ausgeschaltet, unterdrückt oder verdrängt werden, aber der Mensch kann seine passive und negative Einstellung aufgeben und diese mit diszipliniertem Üben durch eine aktive und positive Einstellung ersetzen. Dies erreicht der Mensch durch die Umwandlung negativer Gedanken in positive Gedanken, sogenannte Affirmationen (Selbstgespräche), mit denen negative Gedanken, Gefühle, Vorstellungen durch positive ersetzt werden.

Vergegenwärtige dir einmal deinen geistig-emotionalen Zustand, wenn du gerade in deinem Sport sehr erfolgreich bist. Formulierungen wie »Ich spiele wie im Rausch!«, »Ich habe einen Lauf!« oder »Alles läuft wie von selbst!« fallen in diesem Zusammenhang. In solchen Phasen steht das Denken still – der innere Dialog ist sozusagen vorübergehend außer Betrieb. In ausführlichen Studien hat sich gezeigt, dass den dauerhaft erfolgreichen Sportler im Bereich des inneren Dialoges auszeichnet, dass das Selbstgespräch konstruktiv, anspornend und handlungsorientiert verläuft. Jeder weiß, dass man sich selbst wieder aus diesem genialen Zustand erweckt, und zwar ab dem Moment, in dem man beginnt, wieder nachzudenken.

Bei Misserfolgen berichten Sportler oft, dass ein vorhergehendes negatives Selbstgespräch bereits die Weichen in Richtung des unerwünschten Verlaufs des Turniers vorprogrammiert hat.

Beispiele

Hier mal ein paar Beispiele aus der Praxis für Negativbotschaften: »Heute geht auch gar nichts!«, »Warum habe ich nur soviel Pech mit …?«, »Ich lerne das nie«, »Dieses Turnier ist wichtig, hoffentlich geht nichts daneben! Und was ist, wenn's schiefgeht?«, »Hier habe ich noch nie gewonnen«, »Ich kann mich einfach nicht konzentrieren«, »Ich kann das nicht«, »Warum bin ich eigentlich hier?«, »Das ist hoffnungslos.«, »Es war schon immer so – es wird auch dieses Mal so sein«, »Ich kann das einfach nie – wieder typisch für mich – ich schaffe das nicht«, »Ich bin mir nicht sicher, ob ich genug trainiert habe«, »Ich werde müde! Was ist, wenn ich jetzt schlapp mache?«, »Ich habe kein Selbstvertrauen«, »Der Trainer berät uns schlecht«.

Skiläufer: »Die Skier wurden falsch gewachst, der Trainer wird es mir nicht glauben. Ich werde wieder keinen guten Lauf zeigen können!«

Volleyballer: »Die Erkältung und der Husten haben mir geschadet. Ich fühle, dass die Erkältung mir noch in den Knochen steckt!«

Diese Gedanken führen zu Stress, Angst, Verspannung, Unsicherheit und Unzufriedenheit, das Selbstbewusstsein wird geschwächt, und tatsächlich zeigst du

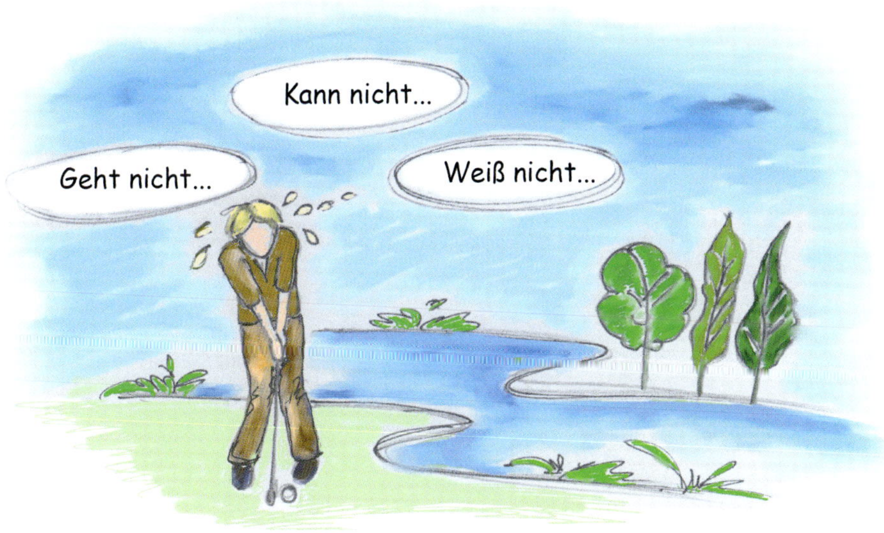

» Typische Denkfehler, die ich häufig in meiner Arbeit antreffe

- **Perfektionismus:**
  Der Glaube, dass du perfekt sein musst und dass Fehler inakzeptabel sind.
- **Katastrophisieren:**
  Einen kleinen Fehler in ein großes negatives Ereignis verwandeln; aus einer Mücke einen Elefanten machen.
- **Alles-oder-nichts-Denken:**
  Keinen Raum für einen Mittelweg lassen. Die Dinge sind entweder ›ganz schlecht‹ oder ›ganz gut‹.
- **Personalisierung:**
  Der Glaube, dass das, was andere sagen und tun, irgendwie mit einem selbst zusammenhängt.
- **Der Fairness-Täuschung auf den Leim gehen:**
  Der Glaube, dass der Sport immer fair und gleich sein muss.
- **Schuldzuweisung:**
  Andere Menschen für die eigenen Gefühle verantwortlich machen.
- **Verallgemeinerung:**
  Auf der Grundlage eines einzigen Ereignisses oder Ergebnisses eine Schlussfolgerung ziehen.
- **Gedankenlesen (v.a. bei Selbstwertproblematik):**
  Glauben, dass man weiß, was passieren wird. Denken, als ob man ein Wahrsager wäre.
  »Ich weiß genau, was er von mir hält.«
  »So wie die mich ansehen, denkt das Team bestimmt, dass ich schuld bin.«
- **Emotionale Beweisführung:** (Weil ich so fühle, muss es wahr sein).
  »Wenn meine Gedanken nicht stimmen würden, dann würde ich mich doch nicht so fühlen.«
  »Wenn ich mich so fühle, weiß ich schon, dass das nichts wird.«

Übung Gedankenprotokoll:
Suche drei negative und drei positive Situationen im Training oder Wettkampf. Ein positive Situation zeichnet sich durch exakte Ausführung von Bewegungen, Teamgeist oder Spaß aus. Negative Situationen sind solche, in denen du schlecht performt hast.

Mein Selbstgesprächsprotokoll Tag:

Positive Situation	Positive Gedanken	Effekt auf Training oder Wettkampf
1.		
2.		
3.		

Negative Situationen	Negative Gedanken	Effekt auf Training oder Wettkampf
1.		
2.		
3.		

Auswertung:
Sind deine Selbstgespräche hinderlich, blockierend, schädlich oder unterstützend und hilfreich?

eine schwache Leistung. Ratlosigkeit macht sich breit. Negative Selbstgespräche (ent-)nerven uns und machen uns schwach, sie dienen einzig und allein dazu, uns von unseren Zielen abzubringen, sowohl beim Sport als auch im normalen Leben: Kurz gesagt: Sie fördern eine Abwärtstendenz. Um wieder eine Aufwärtstendenz zu bekommen, nutze eine positive Sprache und positive Wörter, die unsere Leistungen bestärken und die dafür sorgen, dass du dich wohl fühlst in deiner Haut. Wer sich wohlfühlt, ist leistungsfähiger.

Übung Gedankenprotokoll
(aus: Antje Heimsoeth. Chefsache Kopf. Mit mentaler und emotionaler Stärke zu mehr Führungskompetenz, 2015, S. 41)

»Es ändert sich nichts in unserem Leben, solange unsere alten negativen Denkmuster und Gewohnheiten dominieren. Wie sieht dein innerer Dialog aus? Ärgerlich? Wütend? Schädlich? Ängstlich? Oder positiv? Förderlich? Liebevoll? Freundlich? Glücklich? Motivierend? Anleitend? Hast du dir schon einmal aufmerksam selbst zugehört? Weißt du, wie du mit dir redest? Wie gehst du mit dir selbst um? Was denkst du über dich und andere? Was denkst du über das, was gerade ist? Was lösen deine Gedanken in dir aus?

Beobachte deine Gedanken. Während du eine leicht stressbesetzte Aufgabe, eine schwierige Aufgabe oder eine aussichtslos scheinende Aufgabe erledigst oder dich in einer typischen Angst- oder Konfliktsituation oder Situation mit maximaler Belastung befindest, sprichst du alles, was dir durch den Kopf geht, was du denkst und wie sich das für dich anfühlt, laut aus und zeichnest dies mit dem Smartphone oder Diktiergerät auf (vgl. Eberspächer, 2007). Beobachte vor, während und nach Wettkämpfen, was dir durch den Kopf geht, und ab wann genau sich deine Gedanken verändern? Erinnere dich an deinen letzten erfolgreichen Wettkampf etc. Was hast du dir vor Beginn, währenddessen und danach gesagt?

Fertige eine schriftliche Dokumentation an und sortiere deine Selbstgespräche (Gedanken) in unterstützende und einschränkende, bremsende, negative Gedanken. Was stellst du fest? Leite deine Konsequenzen auf deine Leistung daraus ab. Welche Worte können dich am besten beruhigen oder entspannen, welche Worte können dich am ehesten aktivieren?
Halte positive Bekräftigungen und Formeln fest, die du zu dir selbst vor, in und nach jeder Präsentation, jedem Gespräch oder Projekt während einer leichten oder schwierigen Aufgabe/Wettkampf unterstützend sagen wirst, und stelle fest, wann und wie genau du dich während der Situation an diese positiven Formeln erinnern wirst.

Gerade wenn Menschen in einem Stimmungsloch sitzen, ist es hilfreich, die Gedanken zu analysieren, die Einstellung zu sich und zum Leben zu reflektieren. Bin ich gerade wieder dabei, mich abzuwerten und den inneren Kritiker sehr laut zu stellen? Wie gestalte ich mein Gedankengut? Wenn du dich selbst verurteilst, dann bist du auf dem besten Weg, mittels der Abwärtsspirale zu einem negativen Selbstbild zu gelangen.«
Ein entscheidender Schlüssel, der zur Erreichung dieses »Idealen Leistungszustand« (ILZ) beiträgt, ist die Kontrolle des inneren Dialogs.

Konzentriere dich auf den Prozess und die Gegenwart

Den optimalen Leistungszustand werden wir nur erreichen, wenn wir unsere Gedanken ganz auf den Moment fokussieren – auf die momentane Handlung. Meistens aber sind unsere Gedanken ergebnisorientiert, entweder im Rückblick auf vergangene Trainings und Wettkämpfe, oder wir denken an zukünftige Konsequenzen unseres Tuns.
Wenn sich deine Gedanken auf ein Ergebnis konzentrieren, erzeugt dein Selbstgespräch meist Druck oder Angst, weil das Ergebnis selbst kaum beeinflussbar ist.

»Ich schaffe es« – das positive Selbstgespräch

Dieser vom bekannten Buchautor Hannes Lindemann geprägte Satz begleitete ihn bei seinen beiden Atlantiküberquerungen mit einem Serienfaltboot. Er erkannte den Zusammenhang zwischen inneren Gedanken und der Leistungsfähigkeit seines Körpers und Handelns. Er war der Meinung, dass erfolglose Handlungen (z. B. eine Aufgabe bei seinen Überquerungen) ihren Ursprung in negativen Selbstgesprächen haben. Lindemann hat es folgendermaßen formuliert: »Ein Schiffbrüchiger gibt zuerst seelisch auf, dann erst folgen die Muskeln, und als letztes überlebt das Rettungsboot!«

Das Wort Affirmation beinhaltet das lateinische Verb »firmare«, was so viel bedeutet wie »festigen, verankern«. Unter einer »Affirmation« versteht man einen selbstkräftigenden, autosuggestiven Satz, der einen erwünschten Zustand zum Ausdruck bringt, der jedoch zu diesem Zeitpunkt noch nicht verwirklicht ist. Eine Affirmation (Bekräftigung, Bejahung) ist eine Behauptung, die, wenn man sie oft genug laut oder innerlich in der gleichen Art wiederholt, Gedanken und Überzeugungen verändert. Affirmationen haben eine große Wirkung.

Erfolgreiche Sportler lernen, ihre Selbstgespräche so zu kontrollieren, dass sie ihre Leistung verbessern. Positive Selbstgespräche wirken der Tendenz des Verstandes, negativ zu sein, entgegen. Positive Selbstgespräche helfen Sportlern, Leistungssituationen zu bewältigen, und geben ihnen die Kontrolle.

Innerer Dialog

motivierend	anleitend
»Ich schaffe es.«	»Konzentriere dich!«
»Mein Selbstwertgefühl ist groß.«	»Bleib entspannt.«
»Ich achte mich.«	»Kopf hoch, Haltung bewahren!«
»Ich verdiene es, Erfolg zu haben.«	»ENERGIE«
»Ich bin wertvoll.«	»Bleib ruhig und gelassen.«
»Ich mag mich, weil ...«	»Spüre deinen Körper.«
»Ich freue mich auf ...«	»Ganz ruhig atmen!«
»Ich bin dankbar für meine Erfolge.«	

Wie sollten Gedanken optimalerweise formuliert sein? – Erstellungsregeln

- Immer positive bejahende Formulierungen wählen.
  ›Fokussiert‹ statt ›nicht nervös‹.
- Kurze, klar und prägnant formulierte Sätze bilden – einfach, eingängig, leicht auszusprechen und leicht zu wiederholen.
- Rhythmisch formulieren (ggf. auch lustig oder originell)
  Die kurze Formulierung kann sich reimen, damit du sie dir besser merken kannst bzw. du den Humor besser ansprichst und beim Vorsprechen leichter dem Rhythmus unterliegst.
- Die Affirmation muss konkret sein.
  ›Gleichmäßig schwingen‹ statt ›gutes Golf spielen‹.
- Ausschließlich in der Gegenwartsform formulieren.
- Ohrwurm (mit wiederholendem Charakter)
- Ich-Bezug
  Affirmationen sollten als »Ich bin« formuliert werden.
  Alle Aussagen und Feststellungen beziehen sich auf die eigene Person. Allgemein gültige Affirmationen sind weniger wirkungsvoll als solche, die du dir individuell für dich formuliert hast.
- Schriftliche Formulierungen
  Es kommt darauf an, die positiven Formulierungen oft zu wiederholen und sie damit zur Grundlage einer neuen, positiven Überzeugung zu machen. Es hat sich bewährt, die Affirmationen schriftlich zu formulieren und häufig zu lesen.
- Schreibe jede Formulierung auf jeweils ein eigenes Kärtchen.
- Trage ein oder mehrere dieser Kärtchen eine Zeit lang mit dir herum und lies diese Texte immer wieder. (»Steter Tropfen höhlt den Stein!«)
- Symbolgehalt
  Affirmationen können auch positive Symbole beinhalten. Das Symbol sollte stets vom Sportler selbst gewählt werden.
  Beispiel: »Ich stehe wie ein Fels.«

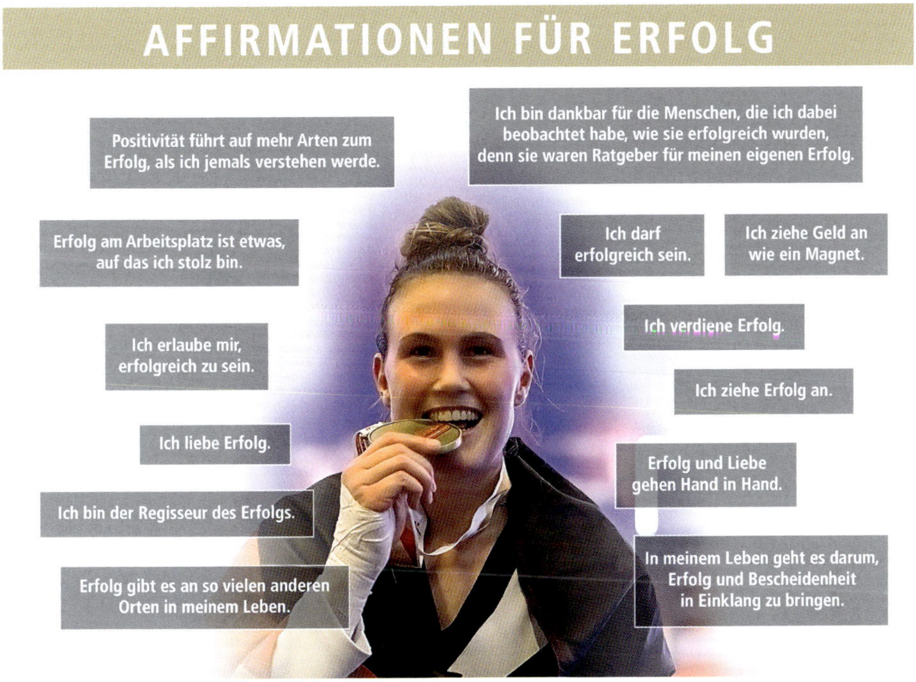

» Affirmation »Ich liebe, glaube, vertraue, bin dankbar und mutig.«

Ich liebe … mich selbst, meinen Partner, meine Eltern, die Menschen um mich herum, meinen Sport, meinen Beruf, die Aufgabe, die mir gestellt werden … Wenn ich mich nicht liebe, wer dann? Wir wollen geliebt werden, aber viele lieben sich selbst nicht. Und wundern sich dann, wenn sie nicht geliebt werden.

… glaube … an mich, an meinen Trainer, an meinen Partner, an die Fähigkeiten, Stärken und Talente, die ich habe …. Wenn ich nicht an mich glaube, wie sollten die Sportler, die ich als Trainer betreue, an mich glauben? Wenn ich nicht an den Sportler und seine Karriere glaube, spürt dieser das.

… vertraue … mir, meinem Trainer, meinem Partner, auf Ethik und Werte … Wenn ich mir nicht vertraue, wie sollen andere mir ihr Vertrauen schenken?

… bin dankbar … für das Leben, den Sport, mich, meine Möglichkeiten, für all das, was ich (schon) erreicht habe, für all das, was ich noch erreichen werde, für das bevorstehende Training/Turnier, leckere Pizzeria um die Ecke, spielende Kinder, Vogelgezwitscher, problemlose Anreise, ein gutes Glas Wein, Blumen am Feldwegrand, Sonne, die Reinigungskraft in der Umkleidekabine oder im Büro, für den Trainer oder Freund, der sich mit deinen Sorgen beschäftigt …

Eine der neueren Erkenntnisse ist: Dankbarkeit, ja, Dankbarkeit macht glücklich.
Überlege in jeder Situation, wofür du gerade dankbar sein kannst. Um dankbar sein zu können, musst du wahrnehmen, was um dich herum passiert.
Ergänze Beispiele für alle Bereiche deines Lebens!

… und mutig!
Nichts im Leben ist selbstverständlich.

» Im Wettkampf

- Fokus auf Lösung und nicht auf das Problem richten.
- Keinen Gedanken an das Ergebnis/Endresultat verschwenden.
- Taktische Entscheidungen vor dem Start treffen.
- Nicht an mögliche Auswirkungen und Konsequenzen von Ergebnissen denken.
- Nur noch das Bewegungsgefühl genießen.
- Nur noch das Gelernte automatisch ablaufen lassen.

- Formuliere deine Affirmation so, dass du an sie glauben kannst.
- Für den Erfolg einer Affirmation ist es entscheidend, dass sie dich emotional berührt.

Vermeide:

- Negative Formulierungen, Selbstbeschimpfungen, Verneinungen (wie »nicht«, »nie« oder »kein«).
- Formulierungen, die du vor, während oder nach misslungenen Turnieren zu dir selbst gesagt hast und die dir nicht weitergeholfen haben.
- Konditionale Formulierungen: Würde, hätte, sollte, könnte, etc. gehören nicht zu den Affirmationen. Keine Möglichkeitsform.

Unterstützende/positive/aufgabenbezogene Gedanken und Bekräftigungen/ Affirmationen (positive Selbstgespräche)
Beispiele:

Ich bin in ausgezeichneter Form.
Ich bin die Ruhe selbst.
Ich bin in der Gegenwart.
Golfen ist Spaß und Entspannung für mich.
Ich liebe den Golfsport.
Ich bin ein Gewinner, und das spornt mich an, mein Bestes zu geben.
Ich bin ein ausgezeichneter Golfer.
Ich vertraue meinen Fähigkeiten.
Ich besitze die Fertigkeiten, die ich brauche, um eine optimale Leistung zu bringen.
Ich kann unter Druck konzentriert bleiben.
Ich steuere auf mein langfristiges Ziel zu.
Auf schwierigen Turnieren bringe ich eine optimale Leistung.
Ich fühle mich mental stark.
Ich liebe die Herausforderungen eines Turniers.
Ich behalte während des Turniers meine positive Einstellung.
Ich kann mich jeder Situation anpassen.
Ich bin im Fluss.
Ich denke und spreche positive Worte und Gedanken, wenn ich golfe.
Ich bin voller Selbstvertrauen und Freude.
Ganz ruhig!
Ich fühle mich wie damals, als ich gewonnen habe!
Ich bin nicht Favorit – ich kann nur gewinnen – und genau das ist mein Vorteil!
Mein Selbstwertgefühl ist groß.
Ich achte mich.
Ich verdiene es, Erfolg zu haben.
Ich bin wertvoll.
Ich mag mich, weil ...
Ich freue mich auf ...
Ich bin dankbar für meine Erfolge.

Deine persönlichen Affirmationen / deine Sätze / positive Gedanken (Bekräftigungen)	Zeitpunkt

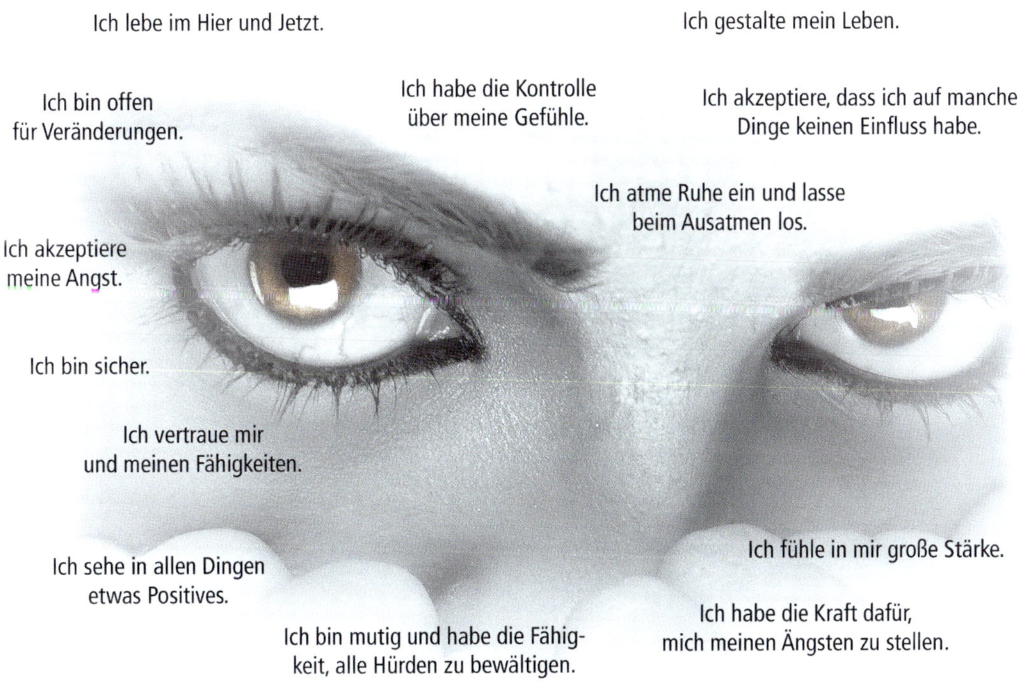

Affirmationen gegen Ängste

- »Ich kann«, »Ich werde« oder »Ich werde es versuchen« – ermöglicht dir einen Ausweg.
- Formulierungen mit »Ich will«. Ansonsten erklärt dein Unterbewusstsein das Wollen selbst zum Ziel und du wirst weiter und weiter wollen, ohne es jemals zu erreichen.

Codewort

Nutze alternativ oder ergänzend ein Codewort. Ein Codewort ist ein positives Wort, das immer wieder wiederholt wird. Codewörter können bei der Anwendung vieler mentaler Fähigkeiten, wie z. B. Konzentration und Entspannung, helfen.
Ein Codewort ist ein von dir gewähltes Wort, das dich an etwas erinnert, auf das du dich konzentrieren willst. Wenn du dich auf das Codewort konzentrierst, analysiert der Verstand die Leistung nicht und stört dich nicht. Der Verstand denkt immer nur an eine Sache, und das Codewort beschäftigt ihn.

Beispiel: Ein 400-Meter-Läufer wird am Ende eines Rennens langsamer. Die Verwendung eines Codeworts wie ›stark‹ und die ständige Wiederholung des Codeworts auf den letzten 100 Metern des Rennens hält den Läufer davon ab, sich auf den Schmerz zu konzentrieren.

Beispiele für Codewörter: Fokus, Ruhe, Relax, Okay, Do it, Kontrolle, Selbstvertrauen, schnell, Kraft, Schwingen, Power, Zieh, Explodiere, Drücke!, Fang!, Spring!

Beachte:

Positives Denken bedeutet jedoch nicht, dass du alles erreichst, was du dir zum Ziel gesetzt hast. Auch dem positiven Denken sind Grenzen durch die objektiven Leistungsbedingungen des Sportlers gesetzt. (vgl. Baumann, 1993, S. 282)

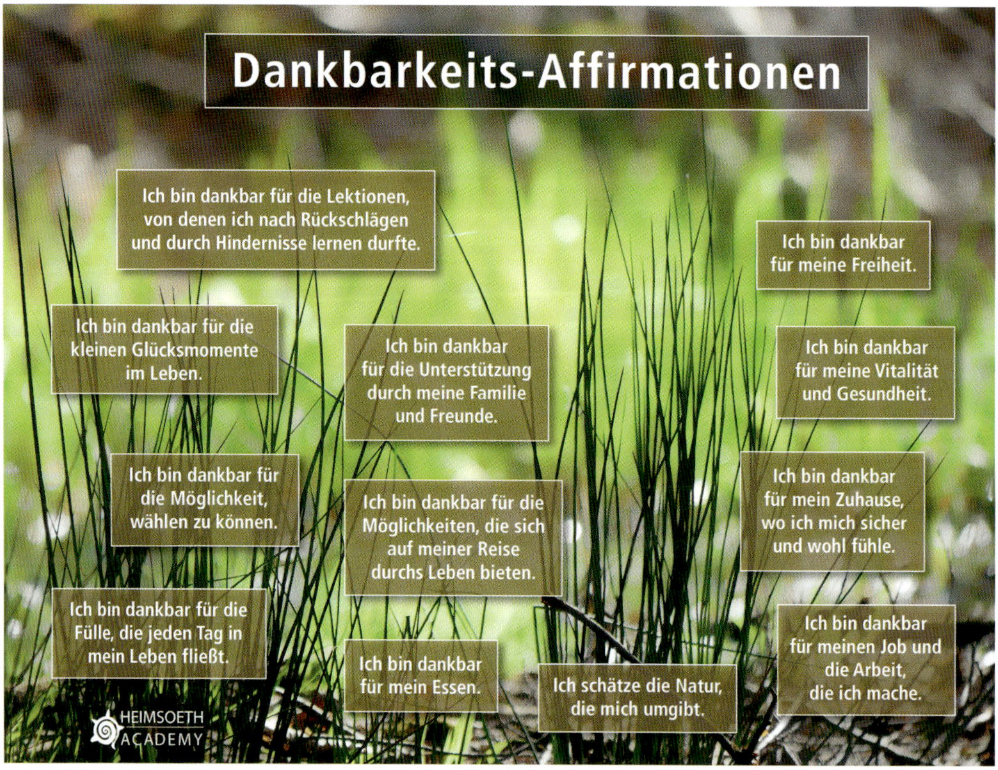
Dankbarkeits-Affirmationen
Ich bin dankbar für die Lektionen, von denen ich nach Rückschlägen und durch Hindernisse lernen durfte.
Ich bin dankbar für meine Freiheit.
Ich bin dankbar für die kleinen Glücksmomente im Leben.
Ich bin dankbar für die Unterstützung durch meine Familie und Freunde.
Ich bin dankbar für meine Vitalität und Gesundheit.
Ich bin dankbar für die Möglichkeit, wählen zu können.
Ich bin dankbar für die Möglichkeiten, die sich auf meiner Reise durchs Leben bieten.
Ich bin dankbar für mein Zuhause, wo ich mich sicher und wohl fühle.
Ich bin dankbar für die Fülle, die jeden Tag in mein Leben fließt.
Ich bin dankbar für mein Essen.
Ich schätze die Natur, die mich umgibt.
Ich bin dankbar für meinen Job und die Arbeit, die ich mache.
HEIMSOETH ACADEMY

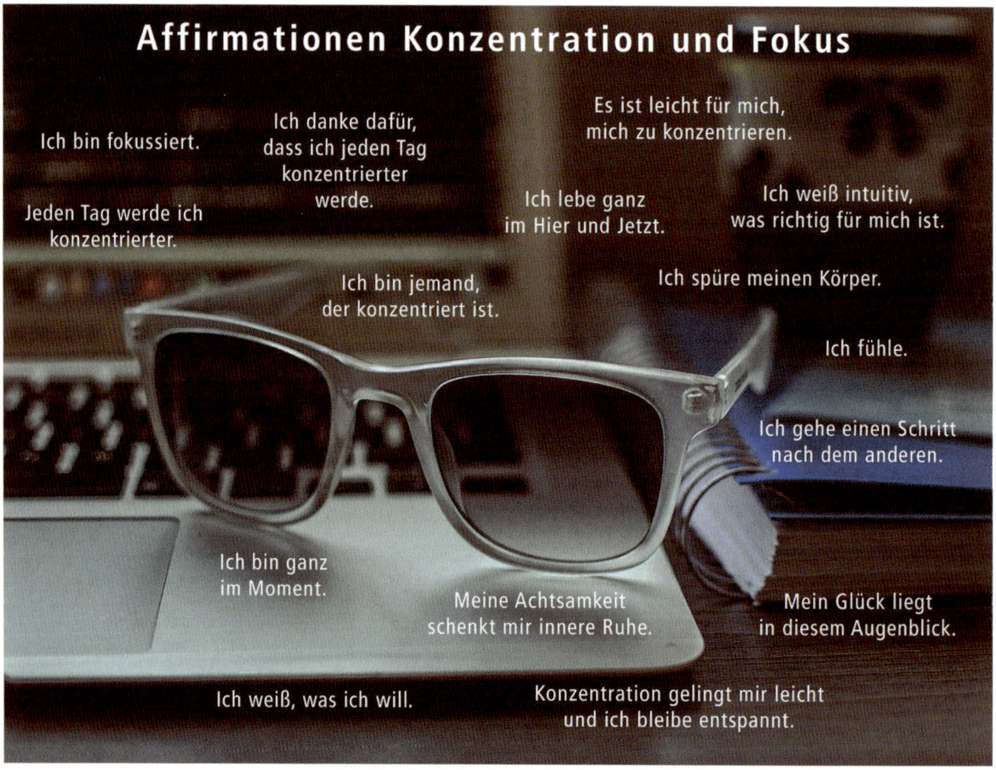
Affirmationen Konzentration und Fokus
Ich bin fokussiert.
Ich danke dafür, dass ich jeden Tag konzentrierter werde.
Es ist leicht für mich, mich zu konzentrieren.
Jeden Tag werde ich konzentrierter.
Ich lebe ganz im Hier und Jetzt.
Ich weiß intuitiv, was richtig für mich ist.
Ich bin jemand, der konzentriert ist.
Ich spüre meinen Körper.
Ich fühle.
Ich gehe einen Schritt nach dem anderen.
Ich bin ganz im Moment.
Meine Achtsamkeit schenkt mir innere Ruhe.
Mein Glück liegt in diesem Augenblick.
Ich weiß, was ich will.
Konzentration gelingt mir leicht und ich bleibe entspannt.

» Selbstgespräche regulieren lernen

Negative Gedanken werden in 6 Schritten in Affirmationen umgewandelt

1. Selbstbeobachtung
2. Negative Gedanken formulieren
3. Erwünschtes Verhalten ausdrücken
4. Entspannen
5. Umwandlung in positive Sätze
6. Anwenden

Negative Gedanken → Affirmationen

(aus Sigurd Baumann (2011), Psyche in Form. Sportpsychologie auf einen Blick. Meyer & Meyer Verlag, S. 93)

Es geht »nicht darum, irgendwelche unrealistischen Ziele per Selbstgespräch herbeizuzaubern, sondern die eigenen realistischen Leistungsmöglichkeiten ausspielen zu können, wenn es darauf ankommt«. (aus Eberspächer, 2007, S. 26)

Halte nun positive, für dich nützliche Affirmationen fest und stelle fest, wann genau du dich während eines Turniers oder eines Trainings an diese erinnern willst.

Anleitung

Je öfter die Affirmationen wiederholt werden, desto deutlicher ist die gewünschte Wirkung. Wenn du die Affirmation über einen längeren Zeitraum anwendest und in dein mentales Training einbeziehst, ruft dein Kopf bei der Wiederholung der Affirmation das Bild auf, das es deinem Körper ermöglicht, eine super Leistung zu erbringen. Die unterstützenden Sätze werden bewusst und regelmäßig in Trainings- und Turniersituationen, beim täglichen Zähneputzen, nach dem Aufstehen oder vor dem Schlafengehen laut ausgesprochen und so eingeübt und integriert. Weitere Schritte:

1. Die Wirkung von Affirmationen wird entscheidend verstärkt, wenn du dich in einem entspannten Zustand befindest.
2. Du musst, wenn du Erfolg haben möchtest, deine Affirmationen kontinuierlich wiederholen – meine Empfehlung: täglich! Am besten kurz vor dem Einschlafen und kurz nach dem Aufwachen.
3. Feile an der perfekten Formulierung deiner Affirmationen.
4. Schreibe deine Affirmationen auf Zettel oder Postkarten und hänge diese im Bad an den Spiegel oder an die Kühlschranktür, damit du sie ständig vor Augen hast. Ich habe auch immer eine Postkarte mit Affirmationen in meiner Handtasche und im Bag.
5. Ändere deine Affirmationen parallel zu deiner Veränderung.
6. Trainiere deine Affirmationen auch in optimalen Leistungsphasen.
7. Nimm eine Sprachmemo mit deinen Affirmationen auf. Höre diese mindestens dreimal pro Woche. Attackieren dich Selbstzweifel, höre deine Affirmationen an.

Eine Frage der Einstellung

Negative Einstellungen beinhalten häufig eine Schutzfunktion. Wenn man den Erfolg nicht erwartet, ist man im Falle der Niederlage auch nicht so enttäuscht.

Gehe gegen diese negativen Gedanken an, indem du bewusst eine positive Denkstrategie entwickelst. Negative Haltungen und positive Gedanken stehen in einem unvereinbaren Gegensatz. Positive Gedanken wirken wie ein Keil, der sich zwischen negative Programme und Ausführungen schiebt. Konsequentes

» Wie gehen meine Interviewpartner mit negativen Gedanken um?

Wolfgang Mader: »Indem ich positive Gedanken aktiviere. Es gibt keine negativen Gedanken, die man nicht durch den Ersatz von positiven Gedanken verdrängen kann. Sich vorzunehmen, die negativen Gedanken nicht aufkommen zu lassen, funktioniert nicht. NICHT an etwas zu denken, geht nicht. Ich kann die negativen Gedanken aber durch positive ersetzen und damit verdrängen.«

Oliver Kahn: »Natürlich geht es trotzdem darum, bestimmte Gedankenmuster, die immer wieder auftauchen, für sich selbst zu analysieren. Und wenn man merkt, dass diese Gedanken schaden, zu versuchen, sie zu ersetzen. Das erfordert natürlich immer viel Energie, ständig an diesen Gedankenwelten zu arbeiten. Dann kommen sie doch irgendwann wieder zurück. Meiner Erfahrung nach muss man letztlich lernen, diesen Gedanken nicht so viel Beachtung zu schenken. Ich glaube, das ist eher die Kunst, als zu versuchen, sie zu ersetzen, weil das sonst permanentes Arbeiten erfordert.«

Oliver Kahn: »Ich bin ein Mensch, der sehr viel mit negativen Gedanken konfrontiert war. Genauso der Gedankengang: Was passiert, wenn ...? Ich habe aus diesen Ängsten sehr viel Energie geschöpft. Das heißt, ich habe nicht versucht, sie zu verdrängen, sondern ich habe immer zu mir gesagt: Super, das gibt mir Energie, das schärft meine Gedanken, das lässt mich hoch konzentrieren. Dann wusste ich ganz genau: Ich bin bestens vorbereitet. Ich habe mich auf den Gegner eingestellt, ich habe die Woche sehr gut gearbeitet, alles ist perfekt, alles habe ich schon mehrfach erlebt. Es kann mir im Grunde nichts passieren. Die negativen Gedanken sind für mich unerheblich. Aber es ist viel Arbeit, in den Bereich zu kommen, dass es einen nicht mehr tangiert.«

Paul Eckert: »Ich hatte unter anderem das Problem, gedanklich zu sehr abzuschweifen, beispielsweise stand ich am Start, hatte noch einen Läufer vor mir. Wir haben ein Startintervall von ungefähr einer Minute, ich war schon startfertig – Brille unten, Helm zu und Skischuhe zu. Es gab

Training positiver Gedanken lässt den Keil immer tiefer eindringen, um die Wirkung der negativen instellung langsam auszuschalten.

Unser Gehirn braucht präzise Anweisungen

Wenn du deinem Gehirn nicht genaue Anweisungen gibst, was es zu tun hat, wird es zwar aktiv und arbeitet, doch es ergänzt die fehlenden Angaben »selbstständig« und das ist oft die Ursache für »unerklärliche« Fehler. Sei daher während deines Sports möglichst aufgabenbezogen, exakt und präzise in deinen Gedankengängen.

Mentale Stärke ist eine Lebenseinstellung!

Trainiere dich, deine negativen Gedanken in ein nützliches, positives Selbstgespräch umzuformulieren. Du kannst dein Selbstgespräch kontrollieren, indem du dir in die eine Hosentasche fünf bis zehn Murmeln packst oder fünf bis zehn Streichhölzer und in die andere Hosentasche ebenso. Die positiven Gedanken sind in der rechten Hosentasche und die Murmeln für die negativen Gedanken in der linken Hosentasche. Und bei jedem positiven Gedanken tust du eine Murmel von der linken (negativen) in die rechte (positive) Hosentasche. Und andersherum.

nur noch eine Minute für mich, um mich vor dem Rennen mit mir selbst zu beschäftigen. Das große Problem war, dass dann meine Gedanken abschweiften und negative Gedanken kamen. Mit den negativen Gedanken konnte ich zu dem Zeitpunkt einfach noch nicht umgehen. Die Gedanken kann man nicht verhindern, wenn sie kommen. Wenn man darüber nachdenkt, ist es eh schon zu spät. Mir gelingt es jetzt immer besser, dass ich die negativen Gedanken einfach in einer Schublade einsortiere und zu mir sage, diese Gedanken gehören dazu, aber sie beeinflussen mich nicht weiter.
Ich habe mir am Anfang gedacht, die Gedanken haben hier nichts verloren. Sie beeinflussen mich nur negativ. Ich habe dann, umso mehr ich mich mit dem Thema beschäftigt habe, noch mehr Unruhe reingebracht. Jetzt am Ende der Saison gehe ich lächelnd mit folgender Erkenntnis aus der Saison: Die negativen Gedanken gehören genauso dazu. Ich habe jetzt eine andere Betrachtungsweise.
Wenn ein negativer Gedanke kommt, beeinflusst der Gedanke mich nicht mehr. Es ist ein bisschen schwierig für mich, das zu erklären. Ich habe ein ganz gutes Beispiel: Beim ersten Rennen der Saison, das war im Dezember in Kanada, war dieser Moment am Start, wo in mir die Angst kam: Hoffentlich machst du das jetzt nicht falsch. Was passiert, wenn's dich schmeißt? Und genauso ist es gekommen. Und genau denselben Gedankengang hatte ich in dieser Saison bei meinem allerletzten Rennen im großen Finale, wo es um den Sieg ging. Vielleicht 20 Sekunden vor dem Start kam wieder der Gedanke: Was passiert, wenn du jetzt einen Fehler machst? Ich habe zu dem Zeitpunkt gewusst: Diesen Gedanken kennst du, und du kannst ihn einsortieren.«

Benjamin Mazatis: »Wenn du im Auto sitzt, darfst du nur über die nächste Kurve nachdenken. Ansonsten hat man schon verloren. Wenn man in der vorherigen Kurve einen Fehler gemacht hat, vergiss es. Sollte sich der Gedanke eines Sieges oder einer guten Runde aufdrängen, schiebe ihn beiseite.«

Ziel der Übung ist es, am Abend alle Murmeln in der rechten (positiven) Hosentasche zu haben. Zumindest solltest du mehr Murmeln in der rechten als in der linken Hosentasche haben.

Entwickle eine neue Gewohnheit, eine neue Einstellung. Mentale Stärke ist eine Lebenseinstellung! Es wird dir nur dann im Wettkampf gelingen, positive Gedanken zu nutzen, wenn du auch in anderen Lebensbereichen auf eine positive Mentalhygiene achtest.

Gedankenstopp

Die folgende Technik wird der Verhaltenstherapie zugeordnet und ist bereits seit den 1950er-Jahren empirisch gut untersucht.
Die Technik des Gedankenstopps dient dazu, aufkommende negative, unerwünschte, immer wiederkehrende, grüblerische, einschränkende oder unpräzise formulierte Gedanken, Gefühle und Verhaltensweisen zu stoppen. Die Konzentration wird damit wiederhergestellt und die Stress-Spirale unterbrochen.

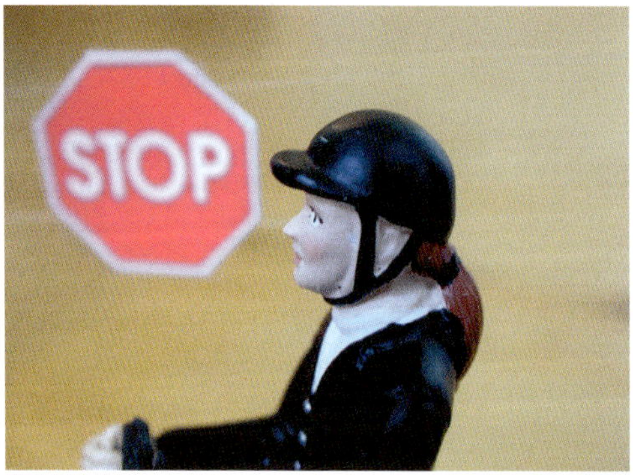

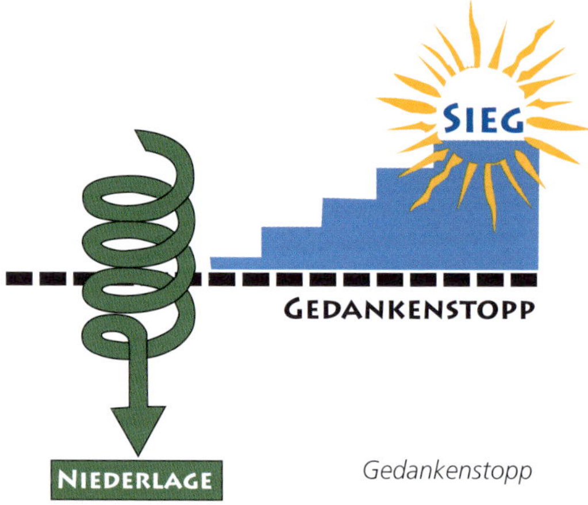

Gedankenstopp

Gedankenstopp setzt die Wahrnehmung und Selbstbeobachtung der negativen und einschränkenden Gedanken, das Erkennen der negativen Gedankenspirale voraus. Der beginnende Selbstbemitleidungsprozess zum Beispiel nach einem schlechten Schlag, der deine Stimmung weiter nach unten schraubt, nimmt negative Ergebnisse und Bilder bereits vorweg und ruft Gefühle der Schwäche und der Unsicherheit hervor. Sobald negatives Denken und eine selbsterfüllende Prophezeiung aufkommt, hole das Stoppschild oder ein ähnliches Symbol aus deiner Hosentasche, schaue es an und sage **»STOPP«** (leise, wenn möglich laut). Sage »Stopp!« so oft wie nötig, um die Anzahl der negativen Gedanken in deinem Kopf zu reduzieren. Oder du stellst dir ein rotes Stoppschild vor dem inneren Auge vor. Du kannst zusätzlich noch mit einer Hand auf deinen Schenkel klopfen oder am Ohrläppchen zupfen. Was besser zu dir passt. Atme dabei ruhig ein und aus. Wenn es dich unterstützt, kannst du dir beim Ein- und Ausatmen vorstellen, wie sich dieser Gedanke in Luft auflöst.

Negative Denkgewohnheiten, die sich von Gehirnzelle zu Gehirnzelle fressen, müssen unterbrochen werden, bevor sie sich auf dein Gesamtbefinden und Stimmung erstrecken.

Nach dem **STOPP**-Signal richtest du deinen Blick wieder auf die anstehende Aufgabe, suchst nach einer Lösung für deine Aufgabe bzw. konzentrierst dich auf das Gewünschte. Dies unterstützt du mit einem positiv formulierten, präzisen und unterstützenden Gedanken, z. B. der Erinnerung an etwas Angenehmes, oder alternativen Verhaltensprogrammen, damit du nicht wieder in das alte belastende Muster verfällst! Es kann sein, dass es dir anfangs »komisch« vorkommt oder es dir seltsam erscheint, sich immer die gleichen Sätze vorzusprechen – aber genau das ist die Sprache, auf die dein Gehirn reagiert. Auf diese Art programmierst du dich auf Erfolg.

Lasse dieses Stopp-Verfahren zur Gewohnheit werden. Das dauert erfahrungsgemäß etwas. Setze Affirmationen und den Gedankenstopp in stressfreien Situationen ein, damit du diese dann auch an Tagen der »schlechten Befindlichkeit« und im Wettkampf wirkungsvoll einsetzen kannst.

Am besten fragst du ab jetzt für die nächsten ca. sechs Wochen jedes Mal nach dem Training und nach Turnieren: »Habe ich unerwünschte Gedanken sofort gestoppt?« Wenn du dich unter Stress befindest, neigst du dazu, gewohnte Verhaltensweisen oder

Selbstvertrauen und Selbstgespräch
Negative durch positive Selbstgespräche ersetzen.

Negativer Gedanke, negative Aussage	Positive Aussage
Vor dem Spiel fühle ich mich schwach!	Ich fühle mich stark und topfit!
Ich verliere die Kontrolle.	Ich weiß immer, was ich tue.
»Ich schaffe das nicht mehr. Das hat sowieso keinen Zweck.«	»Ich kämpfe bis zum Schluss!«
Ich verkrampfe.	Ich bin locker.
Ich bin nicht gut genug.	Ich vertraue mir und den Trainern.
Ich habe Angst vor Kritik.	Ich übernehme die Verantwortung für mein Spiel/Verhalten, welche Kritik auch immer kommen mag.

Stereotypen durchzuführen, ob diese nun der Situation angemessen sind oder nicht. Das heißt: Verhaltensweisen, die kaum trainiert sind, sind unter Druck und Stress nicht abrufbar.

Negative Gedanken umformulieren

Erster Schritt: Sammeln deiner negativen Sätze (siehe Übung Gedankenprotokoll).

Zweiter Schritt: Formuliere deine negativen Gedanken in positive um, und zwar so, dass sie erwünschtes, angestrebtes Verhalten ausdrücken bzw. ausdrücken, wie du sein möchtest. Wenn du dich nicht selbst bremsen würdest, sondern jedes Sportler-Selbstbild haben könntest, das du dir wünscht, wie würde es aussehen? Ein selbstsicherer, leistungsstarker, begeisterter, glücklicher, konzentrierter und erfolgreicher Golfer statt ein nervöser und unkonzentrierter? Wie würdest du dich in einer schwierigen Situation gerne verhalten?

Vermeide Formulierungen wie »Ich versuche«, »ich könnte«, »muss«, »sollte« etc.

Gedanken widersprechen

Wenn du dich dabei ertappst, dass du etwas Negatives sagst oder einen bestimmten Gedanken, den du immer wieder hast, bemerkst, musst du diesem mit einem rationaleren und logischeren Gedanken kontern. Dein negativer Gedanke könnte»zum Beispiel lauten: »Ich werde es nie in den Kader schaffen.« Du kannst diesem negativen Gedanken Folgendes entgegensetzen: Was lässt mich glauben, dass ich es nie in den Kader schaffen werde? Wo ist der Beweis dafür, dass ich es nie in den Kader schaffen werde?

Wenn du dich dabei erwischt, dass du negativ denkst, kannst du den Gedanken durch sachliche Fragen widerlegen. Dann wird der negative Gedanke weniger stark und verliert seine Macht über deine Gefühle und Handeln.

Reframing

Mit Hilfe des Reframings hast du die Option, deine Perspektive zu ändern und einen neuen Rahmen für etwas zu setzen. Du kannst die Situationen und

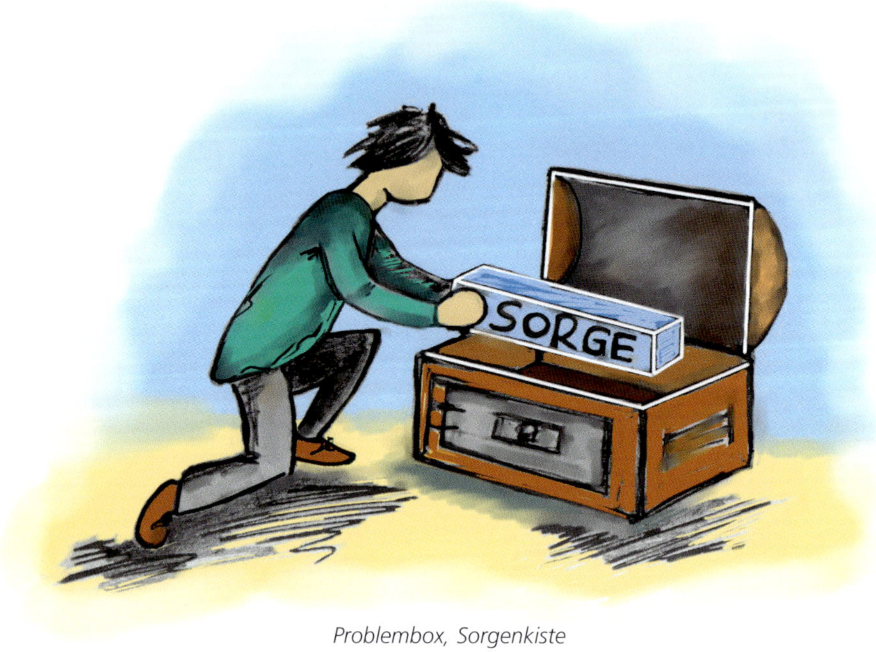

Problembox, Sorgenkiste

Verhaltensweisen nicht ändern, aber du kannst eine Situation aus einer anderen, positiveren Perspektive betrachten.
Reframing bietet die Möglichkeit zur Umdeutung und kann einen Leistungsabfall verhindern.

Nehmen wir zum Beispiel an, du hast Probleme, deinen ersten Aufschlag in einem Tennismatch zu treffen. Dein negatives Selbstgespräch könnte lauten: »Ich werde das nie schaffen. Ich habe es immer wieder versucht, aber nie gelingt mir der erste Aufschlag. Ich schaffe es einfach nicht!« Du kannst die Situation so umdeuten: »Ich treffe meinen Aufschlag noch nicht, aber ich kann besser werden.«

Sei dein eigener Coach

Du bist dein eigener Coach. Nach einem Fehler, verschossenen Tor, schlechten Golfschlag, verlorenen Punkt im Tennis schlüpfst du in die Rolle deines Coaches, analysierst möglichst sachlich deinen Fehler, deinen Schlag, die Stärken und Schwächen deines Verhaltens, korrigierst dich selbst und feuerst dich mit einem aufbauenden Selbstgespräch an, so als ob du dein eigener Trainer wärst. Deine Anweisungen an dich sollten kurz und positiv sein.

Problembox
Übungsanleitung
Jedes Mal, wenn du an etwas denkst, um das du dir Sorgen machst, was dich belastet und frustriert, was du nach dem Training machen musst, schreibe es auf ein Stück Papier und stecke dieses in eine leere Keksdose (o.Ä.) – deine Sorgendose, -truhe, deine Gedankenkiste. Durch die Bewusstmachung verhinderst du, dass negative Gedanken während des folgenden Trainings oder Wettkampfes plötzlich wie ein Blitz bei dir einschlagen

Nach dem Training bzw. Wettkampf nimmst du dir Zeit und widmest dich ausschließlich dem Sich-Sorgen-Machen.
Wenn die Sorgen in der Keksdose nicht länger angebracht sind, z. B. weil die befürchtete Situation sich nicht verwirklicht hat, knülle das Papier genüsslich zusammen und wirf es in einen Mülleimer, während du dankbar bist, für diese Sorge keine Energie ver-

Glaubenssätze

Ich habe kein Talent zum Reiten.

Ich bin nicht gut genug.

Ich werde es nie schaffen, ein guter Reiter zu sein.

Ich habe es nicht verdient, erfolgreich zu sein.

Ich werde es nie schaffen ...

Ich bin nur etwas wert, wenn ich Erfolg habe.

Ich habe immer Pech.

Ich bin einfach nicht so mental stark wie andere Reiter*innen.

Fehler und Misserfolge sind schlecht und sollten um jeden Preis vermieden werden.

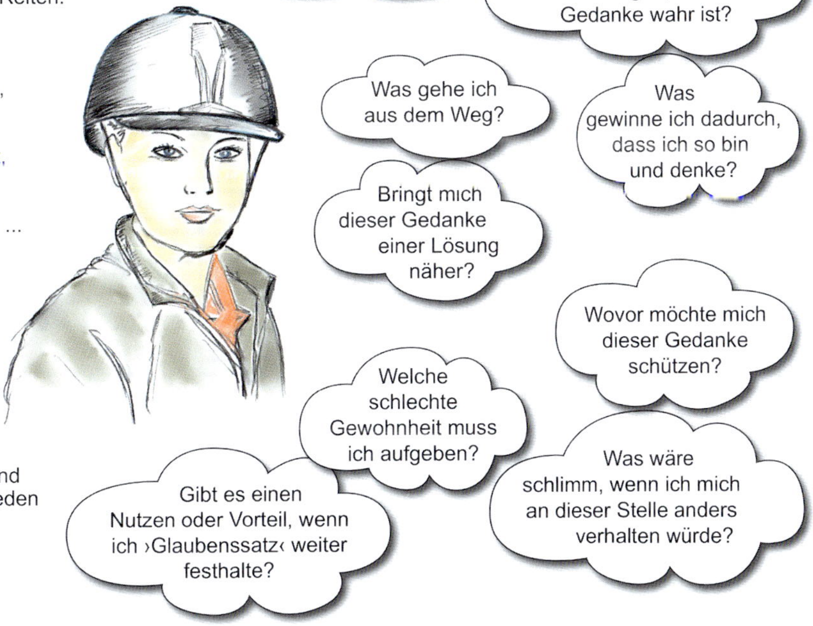

schwendet zu haben. Jede berechtigte Sorge lege beiseite. Mit der Lösung der wenigen verbliebenen Sorgen beschäftigest du dich den Rest der Zeit.

Weitere Möglichkeiten für den Umgang mit negativen Gedanken

- Ich nehme die negativen Gedanken kurz an, rede mit ihnen und sage, dass ich mich später um diese kümmern werde.
- Die Frage: Kann ich mit hundertprozentiger Sicherheit sagen, dass der Gedanke wahr ist? Ist dieser Gedanke jetzt wichtig für mich? Brauche ich ihn? Bei JA: Annehmen! Was soll mir der Gedanke sagen? Und eine Lösung finden.
- Musik hilft fast immer, wenn du den Gedanken vorübergehend wegschieben willst. Kann sein, dass der Gedanke dann in der Nacht wieder kommt, weil du ihn nicht beachtet hast.
- Mit einem Freund bzw. einer Freundin telefonieren.
- Gedanken AUSSPRECHEN … LOSLASSEN.
- Gedanken in die Schranken weisen – Gedanken einfach mal auf später verschieben.

Ich halte es da nach Vera Birkenbihl (sie war eine geniale Frau und Trainerin) und sage mir, jetzt habe ich keine Zeit dafür, aber um z.B. 18:43 Uhr. Um 18:43 denke ich dann gar nicht mehr daran.

Growth Mindset

»Your view of yourself can determine everything.«
– Carol Dweck

Gehen wir ursprünglich davon aus, dass unsere Mentalität etwas Festgeschriebenes ist, gibt es seit der Definition der US-amerikanischen Psychologin Carol Susan Dweck beim Mindset zwei Formen: das Growth Mindset (›Wachstumsdenken‹, ›dynamisches

Selbstbild‹) und das Fixed Mindset (›statisches Denken‹, ›statisches Selbstbild‹) – allerdings geht sie davon aus, dass auch Menschen mit einem ursprünglichen Fixed Mindset sich Strategien aneignen können, wachstumsorientiert zu denken und bei veränderten Umständen lernbereit zu sein. Natürlich fällt das jemanden mit einem Growth Mindset grundsätzlich leichter, aber machbar ist es. Und während Menschen mit einem Fixed Mindset glauben, dass man eben einfach Talent braucht (sonst lohnt es sich gar nicht erst anzufangen), vertrauen Menschen mit einem Growth Mindset darauf, dass Talent zwar sehr hilfreich ist, man es aber auch ohne, dafür mit diszipliniertem Training, sehr weit bringen kann. Talent allein macht eben noch lange keinen Weltmeister, wenn es nicht entsprechend aufgebaut wird. Umgekehrt hat es manch einer ohne Talent geschafft, weil er nur fest genug an sein Ziel geglaubt hat, fleißig war und bereit war, hart für seinen Traum zu kämpfen.

Im Folgenden einige Hauptmerkmale von Fixed bzw. Growth Mindsets.

Athleten mit Fixed Mindset glauben:

- Herausforderungen sollten vermieden werden
- Menschen werden mit Fähigkeiten geboren
- Ausdauer hilft nicht, sich zu verbessern
- Herausforderungen zu meistern, kann einen Mangel an Geschick zeigen
- Wenn es zu Fehlern kommt, ist es die Schuld von jemand anderem

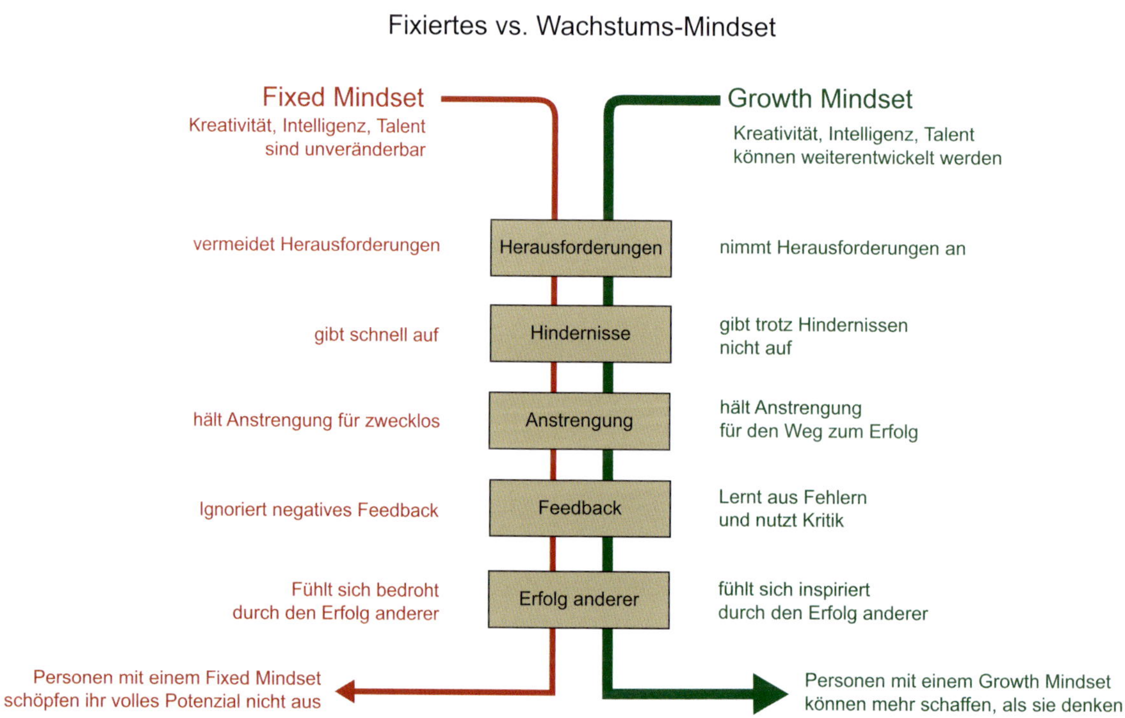

Grafik angelehnt an N. Holmes, basierend auf Fixed and Growth Mindset (Carol S. Dareck, 2006)

- Negatives Feedback ist etwas, das man ignoriert
- Anstrengung wird als zwecklos gehalten

Aufgrund dieser Überzeugungen werden Athleten mit einem Fixed Mindset oft emotional und vergleichen sich häufig mit Konkurrenten. Sie treten auf der Stelle und erreichen möglicherweise nicht ihr volles Potenzial.

Athleten mit einem Growth Mindset:

- Nehmen Herausforderungen an
- Glauben, dass Rückschläge Lernmöglichkeiten bieten und ein Weckruf sein können
- Beharrlichkeit angesichts von Rückschlägen
- Sehen Anstrengung als Weg zur Meisterschaft
- Lernen aus Kritik und Feedback
- Finden Inspiration im Erfolg anderer
- Glauben, dass Sportler ihre Fähigkeiten verbessern können

Infolgedessen erreichen sie immer höhere Leistungsniveaus.

Sehen wir uns einige Schritte an, um ein Growth Mindset aufzubauen:

1 Beantworte zunächst die folgenden Fragen:
Wie oft schiebst du Dinge auf?
Wie oft ertappst du dich dabei, dass du die Variationen der folgenden Sätze sagen? »Ich bin nicht gut in …«, »Ich kann nicht«, »Jetzt ist nicht der richtige Zeitpunkt«, »Ich habe nicht genug Erfahrung«.
Wie oft bist du bereit, dich neuen Aufgaben und Herausforderungen zu stellen?
Wie oft ertappst du dich dabei, dass du Variationen der folgenden Sätze sagst? »Ich verbessere mich in …«, »Ich arbeite hart, um besser zu werden«, »Wie kann ich mich verbessern?«

2 Unvollkommenheiten und Schwächen akzeptieren: Erkenne, dass Unvollkommenheiten und Schwächen Teil der Reise sind. Nimm sie an und lerne von ihnen.

3 Kontinuierliches Lernen: Sei wissbegierig. Growth Mindset lebt von kontinuierlichem Lernen und drängt dich dazu, nach neuen Wegen und Fähigkeiten zu suchen.

4 Nimm Herausforderungen an: Herausforderungen sind ein Segen im Unglück. Nimm sie als Sprungbrett an, um zu wachsen und dich zu entwickeln.

5 Akzeptiere Kritik: Kritik ist ein Geschenk und ein Weg, um sich verbessern zu können. Nimm Feedback mit einem offenen Geist an und nutze es als Werkzeug für Wachstum.

6 Aus Fehlern lernen: Fehler sind keine Rückschläge, sondern Sprungbretter. Lerne von ihnen und nutze jede Erfahrung, um sich weiterzuentwickeln. Mehr dazu im Kapitel ›Der Umgang mit Fehlern und Niederlagen‹.

7 Zielorientiert: Setze dir positive Ziele und arbeite darauf hin. Growth Mindset lebt von der Verfolgung von Zielen und Etappenzielen.

8 Geduld und Konsequenz: Rom wurde nicht an einem Tag erbaut. Sei geduldig und konsequent in deinen Bemühungen, denn du weißt, dass wahres Wachstum Zeit braucht.

Jemand mit einem Growth Mindset weiß, dass jeder das Potenzial hat, in verschiedenen Bereichen zu lernen, sich zu entwickeln und erfolgreich zu sein, unabhängig von seinen vorhandenen Talenten.

SELBSTVERTRAUEN

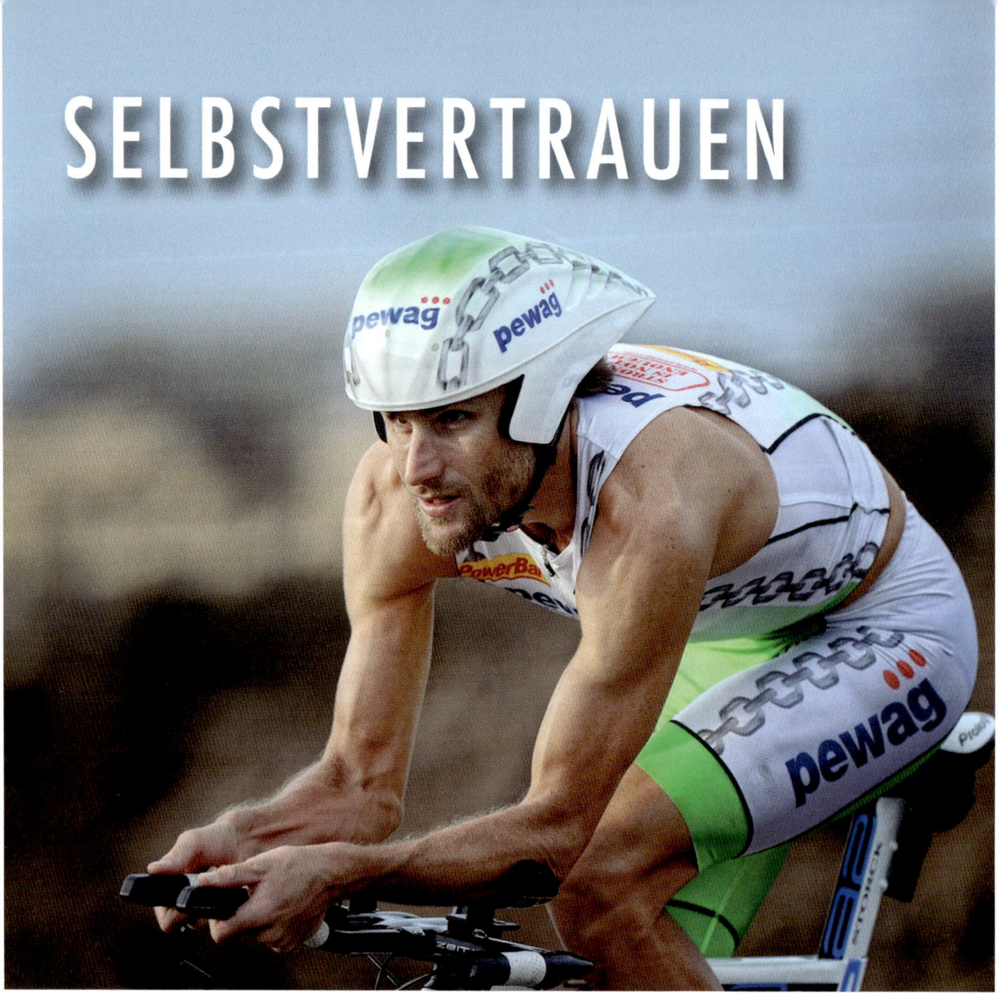

Wie steht es um dein Selbstvertrauen und deinen Selbstwert? Wie gut kennst du dich selbst (Selbstbewusstsein)? Kennst du deine Stärken und Talente? Weißt du, was du kannst? Glaubst du fest an dich und deine Möglichkeiten? Glaubst du daran, dass du die Herausforderungen des Sports bewältigen kannst? Vertraust du dir und deinen Fähigkeiten? Wie siehst du dich selbst als Sportler (Selbstbild)? Kannst du dich in deinem Kopfkino als Sieger sehen? Kannst du Fehler akzeptieren? Bekommst du dein Temperament in den Griff? Machst du, was du willst? Traust du dich, dein Ding zu machen?

Selbstvertrauen ist die Voraussetzung für sportliche Erfolge

Eine positive Selbstachtung und Selbstvertrauen beeinflussen deine Handlungen in großem Maße, und das in allen Lebensbereichen; sie sind die wichtigsten Grundlagen dafür, dass du eine stabile psychische Grundhaltung und Verfassung erlangst, die es dir erlaubt, auch unter Druck und Stress gelassen und ruhig zu bleiben und mit Fehlern, falschen Entscheidungen, Niederlagen und Ablehnung durch andere gut umgehen zu können. Selbstvertrauen gibt Zuversicht, Probleme zu lösen, und nimmt in Bezug auf deine sportlichen Erfolge eine Schlüsselrolle ein. Du kannst dich leichter auf anstehende Aufgaben konzentrieren. Technik und Strategien werden verbessert. Du musst niemanden mehr beeindrucken, denn du weißt, was du kannst. Du kannst die Stärken und Schwächen deiner Mitspieler und Sportkameraden besser akzeptieren. Athleten mit Selbstvertrauen glauben daran, dass sie ihre Grenzen verschieben und ihre Ziele erreichen können.

ANZEICHEN FÜR WENIG SELBSTVERTRAUEN

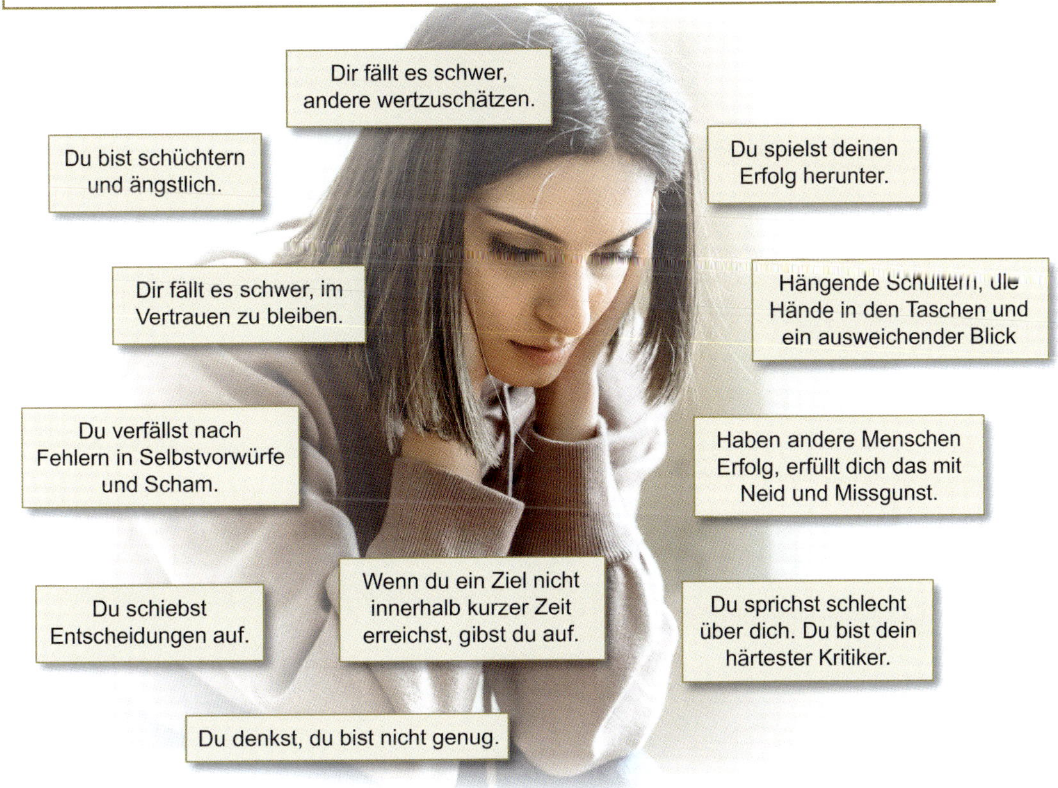

Aus welchen Gründen Sportler ihr Selbstvertrauen verlieren

Situationen, die das Selbstvertrauen von Spielern und Trainern gefährden:
Formverlust, technische Pannen, unrealistische Erwartungen, übertriebene/zu hohe Erwartungen an sich selbst, zu hohe Ansprüche, Perfektionismus, zu kritisches Urteilen über seine Leistung, taktische Fehler, Mangel an Erfahrung, Mangel an bestimmten Fertigkeiten und Fähigkeiten, ein schlechtes Training, ein schlechtes Wettkampfergebnis, Verletzung, lange Verletzungspause, Sturz, Herunterfallen von einem Sportgerät, Niederlage, blamables Versagen, persönliche Probleme, familiäre Probleme, Ausfall von mehreren Leistungsträgern, Aufmerksamkeit der Medien, Team in der Krise, nicht aufgestellt werden, Meinungsverschiedenheiten hinsichtlich der Mannschaftsaufstellung, Mangel an Stabilität, Trainer mit wenig Selbstvertrauen, Trainer mit negativer Einstellung, Trainerwechsel, Verlust von Anerkennung als Folge einer Niederlage, schlechtes Setup/schlechte Ausrüstung, Taktikwechsel, keine ausreichende Vorbereitung.

Arbeite pausenlos an deinem Selbstvertrauen, deiner mentalen Stärke, deiner Stressresistenz und deinen Einstellungen. Mindestens genauso viel, wie du an deiner Technik arbeitest!

Denn Körper, Geist und Seele wirken zusammen, auch wenn es Menschen gibt, die sich Körper, Geist und Seele getrennt voneinander vorstellen.

Sportler, Spieler		
Einstellung	selbstsicher	mangelndes Selbstvertrauen
Gefühle	begeistert, kraftvoll	ängstlich frustriert
Energie	positiv	negativ
Potenzielle Leistung	erfolgreich	nicht erfolgreich

Ich werde in den Seminaren immer wieder gefragt, ob zu viel Selbstvertrauen nicht schnell in Arroganz umschlägt. Es gibt kein Zuviel an Selbstvertrauen. Ich hatte in meinen vielen Berufsjahren noch keinen solchen Klienten. Die meisten Menschen, die ich als Mental Coach begleite, haben eher zu wenig Selbstvertrauen.

Und dann reagierst du unter Druck natürlich ganz anders. Bilder von Turnieren, Wettkämpfen oder Situationen, in den du versagt hast, tauchen in deinem Kopf auf. Du hältst dich nicht mehr an Routinen und Rituale. Wenn wir unser Selbstvertrauen verlieren, machen wir auch gerne andere für unsere Fehler verantwortlich, anstatt aus den Fehlern zu lernen. Geringes Selbstvertrauen untergräbt die Leistungsfähigkeit und andere mentale Faktoren. Fußballer spielen ohne Risikobereitschaft. Sportler mit wenig Selbstvertrauen bringen oft im Training sehr gute Leistungen, in der Belastung des Wettkampfes fallen die Leistungen ab (**»Trainingsweltmeister«**). Resignation und Pessimismus sind die Folge. Sie denken und reden negativ: »Das kann ich nicht.«, »Ich bin schlecht in Form.« Die Motivation zum Training sinkt, die Nervosität vor Wettkämpfen steigt. Diese Unsicherheit führt zu körperlichem Unwohlsein und Verspannungen.

Diese beiden Bilder zeigen die Zusammenhänge von Selbstvertrauen, Leistung und Selbstbild.

Hier ist das Selbstvertrauen kein Problem (vgl. Terry, 1990, S. 80)

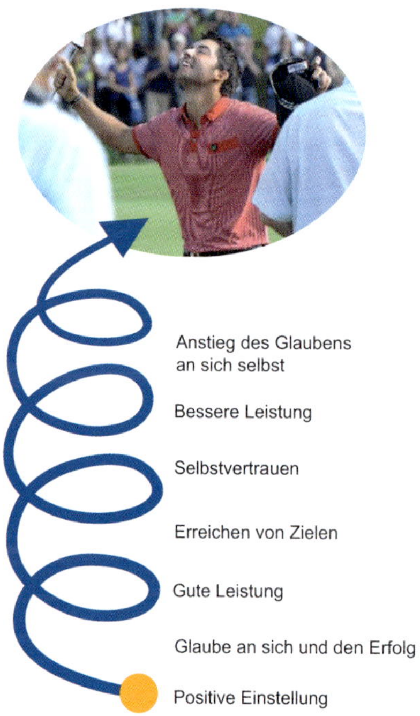

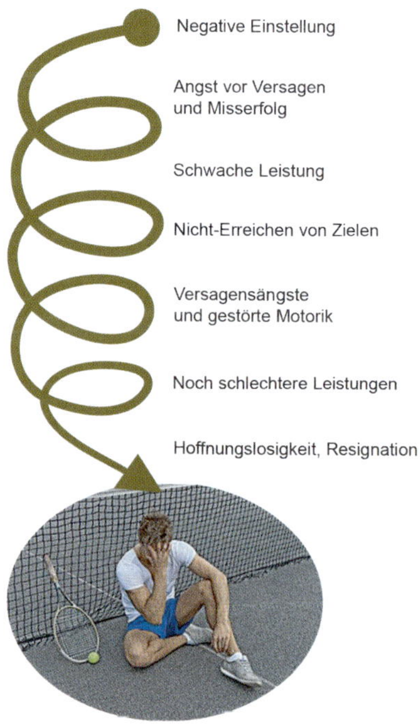

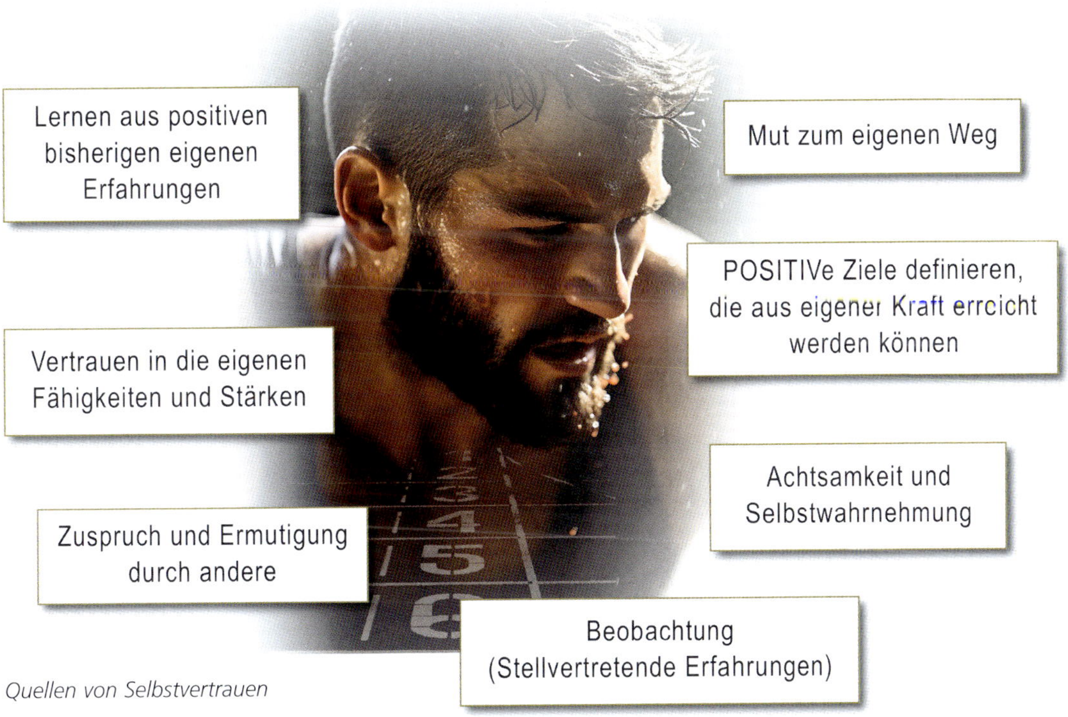

Quellen von Selbstvertrauen

Mannschaften mit wenig Selbstvertrauen agieren ängstlich, vorsichtig oder behäbig, trauen sich nichts zu und schöpfen ihr Potenzial nicht aus.

Zusammenhang zwischen Selbstvertrauen und Energie

(vgl. Bill Beswick, 2011, S. 47)

Tiger Woods, ein US-amerikanischer Profigolfer und einer der erfolgreichsten Golfspieler der Sportgeschichte, steht für mich für Selbstvertrauen. Sein Selbstvertrauen hat trotz der Skandale, Verletzungen und Schwungumstellungen kaum gelitten.

Der Ursprung des Selbstvertrauens liegt unter anderem in folgenden Bereichen:

- frühe positive Erfahrungen in der Kindheit
- Bezug zum Erfolg anderer (wenn der das kann, kann ich das auch)
- positive Erfahrungen in bestimmten späteren Lebensbereichen.

1. Ein stabiles Selbstvertrauen hat seine Wurzeln vor allem in der frühen Kindheit. Viel Zuwendung, Zärtlichkeit, wohlwollendes Verhalten der Erwachsenen und Zutrauen führen zum Aufbau eines gesunden Urvertrauens, die Basis für ein späteres hohes Selbstvertrauen.

2. Sportler und Trainer mit einem hohen Selbstvertrauen sind in der Lage, zwischen Person und Leistung zu trennen. Wer sein Selbstvertrauen von der Leistung abhängig macht, macht sein Selbstvertrauen von äußeren Umständen abhängig. Ziel muss es jedoch sein, sein Selbstvertrauen unabhängig von Ergebnissen zu machen, um eine stabile innere Gestimmtheit zu erreichen.
(vgl. Baumann, 2011, S. 86)

Vergleiche dich nicht mit anderen.

Nutze positive Affirmationen.

Schreibe eine Liste mit mindestens 10 Sätzen »Ich mag an mir …« bzw. »Ich schätze an mir …«

Feiere deine Erfolge.

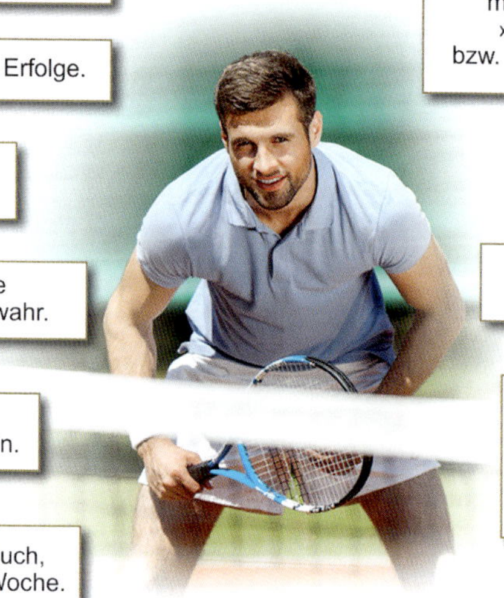

Brich deine Ziele in Etappenziele herunter.

Praktiziere Dankbarkeit.

Nimm deine Einzigartigkeit wahr.

Suche dir Förderer und Unterstützer.

Stelle dich deinen Ängsten und Selbstzweifeln.

Mache dir bewusst, über welchen Schatz an Fähigkeiten, Begabungen, Talenten und positiven Eigenschaften du verfügst.

Führe ein Erfolgstagebuch, mindestens einmal pro Woche.

Meide toxische Menschen.

Mache dir selbst Komplimente.

Achte auf deine Körpersprache: Kopf gerade, Blickkontakt, Schultern zurücknehmen.

Quellen und Erwerb von Selbstvertrauen

- Vorstellungstraining: Visualisierung erfolgreich gemeisterter Situationen, Erfahrungen und Erlebnisse (Spitzenleistungen, Augenblick der Höchstleistung, auch im Wettkampf) in der Vergangenheit über alle Sinne (Bilder, Geräusche, Gefühle, Gerüche, Geschmack)
- Beobachten früherer Erfolge, positiver Szenen und Siege in allen Einzelheiten (Videoaufnahmen, Videoanalyse)
- die tiefgreifende Überzeugung, dass wir zu einer bestimmten Sache selbst fähig sind
- sich selbst die optimale Leistung zum geforderten Zeitpunkt zuzutrauen und auch zu erbringen
- Spüren von Emotionen wie Freude, Stolz und Zufriedenheit, die Kontrolle negativer Emotionen wie Angst
- positiv geprägtes Selbstbild.
- auf selbstsichere Körpersprache achten. Beispiel: Stolz aufgerichtet wie ein Matador die Arena betreten. Erhobener Kopf.
- Rollenspiele: den Selbstsicheren, den Starken spielen
- sprachliche Überzeugung: »Ich bin überzeugt …«
- Kontrolle des inneren Dialogs. Selbstüberzeugung: »Ich habe sehr gut trainiert!«, »Ich weiß, was ich kann«, »Ich bin körperlich und mental top vorbereitet«, »Ich schaffe das«, »Ich kann das!«.
- Affirmationen (positive Selbstgespräche führen – siehe Kapitel Gedanken)
- Schlagworte verwenden
- im Wettkampf intuitiv spielen statt zu denken
- körperliche Erregung empfinden und kontrollieren
- körperliche Form und Fitness: Spüren des Fitnessfortschritts, Abwechslung im Fitnesstraining

Die Stärke,
die wir zu schätzen
gelernt haben

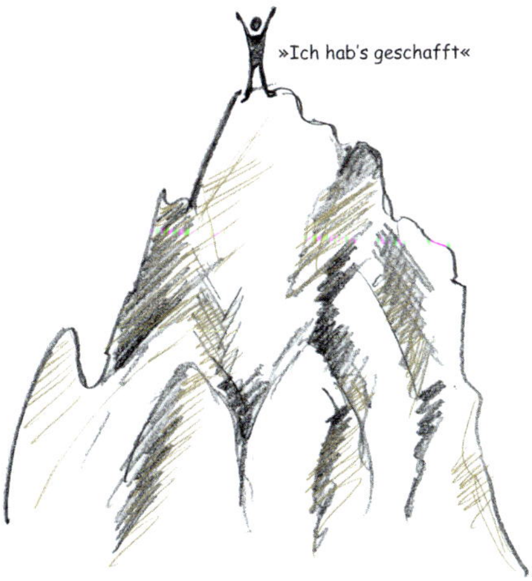

Die Stärke,
die wir auch
schätzen dürfen

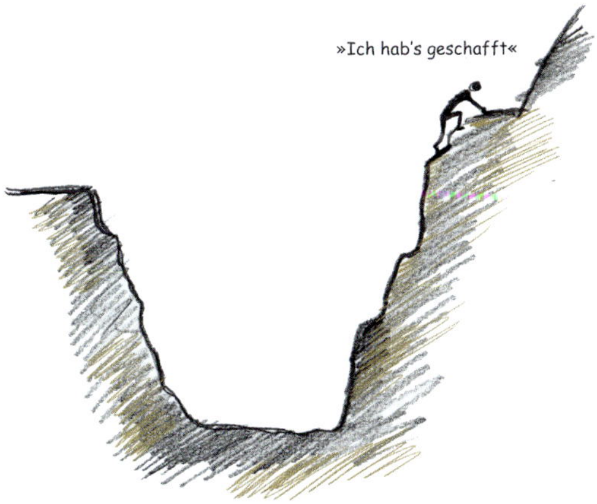

- von geeigneten Vorbildern lernen (z. B. – aus dem Fernsehen – bekannten Sportlern, Trainern, Sportkameraden, Trainingskollegen, Mitschülern) Stärke(n) modellieren: Beobachtung verschiedener Personen (selbst & andere)
- Schmerzen unter Kontrolle halten
- Gespräche über die eigenen Stärken und Fähigkeiten im Team und mit Vertrauenspersonen (Trainer, Eltern, Mitspieler, Freunde)
- Positive Einstellung zum eigenen Körper haben und den eigenen Körper spüren (»attraktiv«, »sportlich«).
- positive Einstellung zum sportlichen Umfeld (z. B. »super Golfplatz«, »tolles Stadion«)
- Liebe, was du tust.
- Aus guter Vorbereitung erwächst Selbstvertrauen. Für den 200- und 400-Meter-Goldmedaillengewinner der Olympischen Spiele 1996, Michael Johnson, hängt Selbstvertrauen mit dem Glauben an Vorbereitung und Engagement zusammen. »Mein Selbstvertrauen ist es zu wissen, dass ich wahrscheinlich härter trainiert habe als jeder, gegen den ich laufen werde ... Daraus entsteht der Glaube, dass ich, wenn ich in einem Rennen bin, siegen werde« (1996).
  (Bill Beswick, 2011, S. 48)
- an Routinen und den üblichen Ritualen vor dem/im Wettkampf festhalten
- alle Ablenkungen und Störfaktoren während des Wettkampfs ausblenden
- sozialer Rückhalt und moralische Unterstützung durch Freunde, Partner, Sportclub, Trainer, Familie.
  »Es ist einfacher, an sich selbst zu glauben, wenn andere es tun!« (Railo, W., Storck, M., 1986)
  Positive Rückmeldungen von Trainingspartnern; Freunde, die dir verzeihen, dass du wenig Zeit für sie hast; Arbeitskollegen, die Verständnis haben dafür, dass du flexiblere Arbeitszeiten brauchst.
  Ein paar bewusst gewählte Worte; ein Schulterklopfen oder eine Umarmung von deinem Trainer oder einem Familienmitglied können dir deine

Mein Stärkenbaum

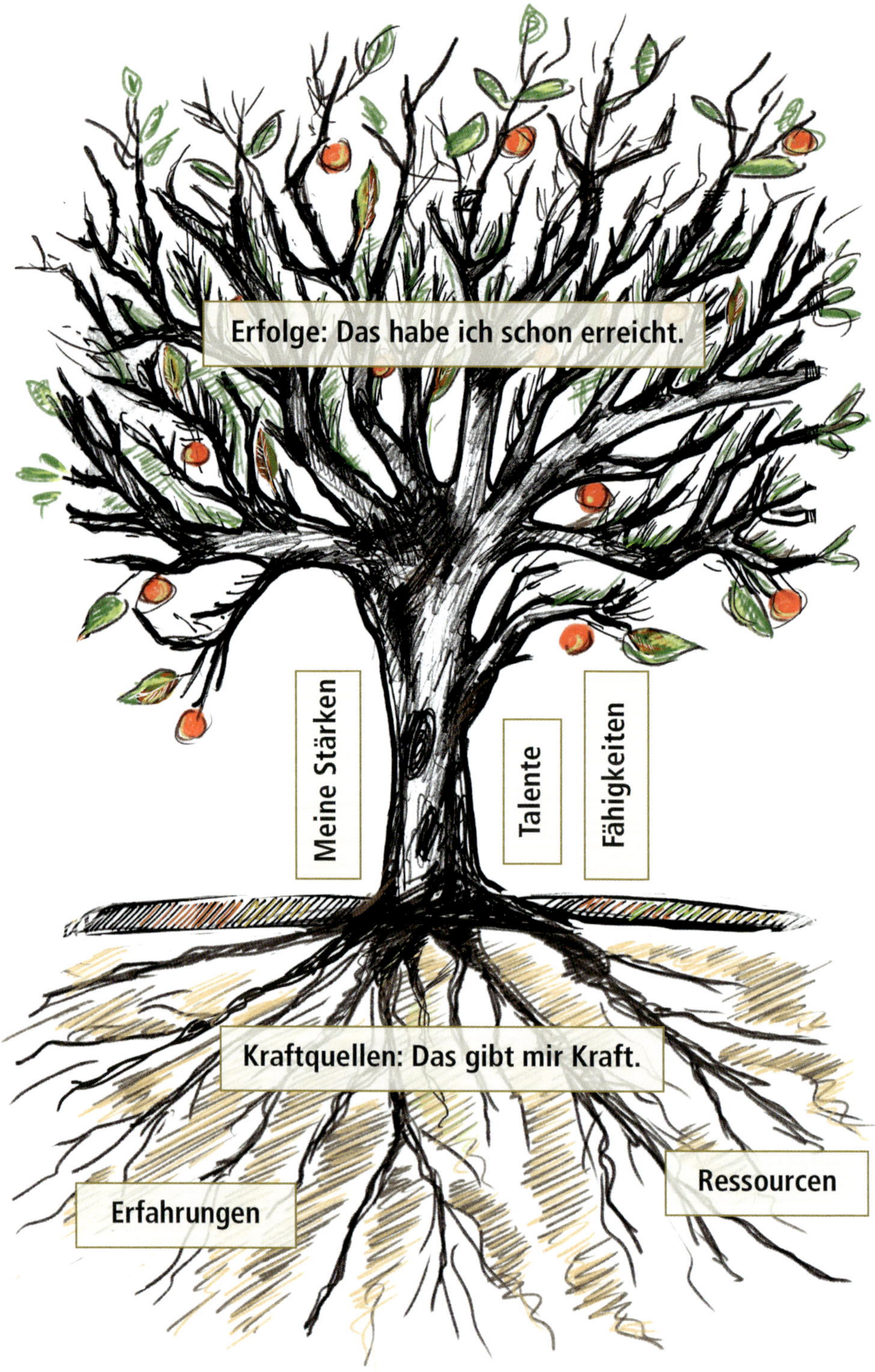

Angst vor einem Wettkampf nehmen.
Solch emotionale Unterstützung ist für weibliche Sportlerinnen besonders wichtig, so meine Erfahrung.
Eltern können Teil des Problems oder Teil der Lösung sein. Sportler, die liebevolle Unterstützung von ihren Eltern erhalten, werden viel eher die sportlichen Herausforderungen meistern und Ziele erreichen als jene, die versuchen müssen, die elterlichen Träume zu erfüllen.
Der amerikanische Football-Quarterback Dan Marino hatte das Glück, dass sein Vater ihm immer kleine Zettelchen schrieb, auf denen stand: »Ich liebe dich – bei Sieg und Niederlage.« (Bill Beswick, 2011, S. 51)

- Führe ein Erfolgstagebuch und/oder ein Dankbarkeitstagebuch.
- gute Beziehungen zum Trainer, Co-Trainer und Heimtrainer pflegen
- in der Kommunikation Trainer – Eltern – Sportler auf die positive Sprache achten
- bei Leistungsrückmeldungen darauf achten, dass diese tendenziell mehr positive Aspekte als sachliche Fehlerinformationen enthalten
- auf Vergleiche verzichten
- als Trainer die Sportler das Training mitgestalten lassen, zum Beispiel indem Sportler Übungen auswählen dürfen
- Komplimente, Anerkennung, Wertschätzung, Ermunterung und Lob als sozialer Verstärker zum Beispiel durch den Trainer und die Eltern. Beispiel: »Das hast du super gemacht!«
- bei Feedback/Kritik: Erst loben, dann Kritik, mit Lob Gespräch beenden.
  Konstruktive Kritik statt destruktive Kritik.
- Sport in einem positiven, motivierenden Trainingsumfeld mit einer freudvollen Atmosphäre. Anmerkung: So manche Umkleidekabine oder manches Trainingsheim ist alles andere als motivierend und positiv gestaltet.
- Trainer als Führungspersönlichkeit erkennen und sehen
- Anforderungen erfolgreich meistern – im Training und im Wettkampf
- Selbstvertrauen wettkampfnah trainieren, Einbau von Druckbedingungen ins Training, Prognosetraining
- einer der wichtigsten Bausteine für Selbstbewusstsein: durch Erfolgserlebnisse Selbstvertrauen gewinnen; sich über Erfolge freuen
- Auseinandersetzung mit Extremsituationen (Training bei Kälte, Regen, hohen Wellen, Kollisionen, Gegenwind, Berge, Pannen, Laufen mit müden Beinen, mit Blasen und erschöpft)
- Teambuildingmaßnahmen
- Humor, Lächeln
- Verantwortung für sein Handeln übernehmen
- Trainern empfehle ich, dafür zu sorgen, die Möglichkeiten negativer Einmischung, z. B. durch die Eltern, gering zu halten.
  In einer Feldhockeymannschaft, die ich als Mentalcoach begleitete, gab es die Regel, dass die Eltern mit dem Betreten der Wettkampfstätte keinen Kontakt mehr zu ihren Jugendlichen haben durften bis nach dem Wettkampfspiel, um demotivierende Worte durch die Eltern in letzter Sekunde kurz vor Beginn des Spiels zu vermeiden.
  Ich habe auch schon manchen Elternteil, der sich während des Trainings immer wieder einmischte bzw. die Erklärungen des Trainers meinte ergänzen zu müssen, weggeschickt, damit die Jugendlichen ungestört ohne ergänzende Kommentare durch den Elternteil trainieren konnten.
  Bundes- und Landestrainer äußern immer mal wieder den Wunsch, ohne Eltern auf eine Meisterschaft fahren zu können, weil es dann besser und ruhiger ablaufen würde.

Stärken stärken

Ich erlebe oft, dass sich Menschen, unabhängig vom Kontext, häufig nur auf ihre Schwächen, Fehler und Defizite konzentrieren und auf Abläufe und Bewe-

Abschätzend	Erfindungsreich	Konsequent	Scharfsinnig
Achtsam	Engpässe erkennend	Kontaktfreudig	Schlichtend
Adrett	Ermutigend	Konzentriert	Selbstbewusst
Akkurat	Ethisch	Kooperativ	Selbstmotivierend
Aktiv	Experimentierfreudig	Kreativ	Selbstsicher
Alternativen erkennend	Fähig	Kritikfähig	Selbstständig
Analytisch	Fantasievoll	Künstlerisch	Sensibel
Anleitend	Fleißig	Leistungsbereit	Seriös
Anpassungsfähig	Flexibel	Lernbereit	Sorgt für gutes Gruppenklima
Aufgeschlossen	Fortschrittlich	Liebenswürdig	Sozial
Aufgeweckt	Freundlich	Logisch denkend	Spezialisiert
Aufmerksam	Führungsstark	Loyal	Spontan
Aufrichtig	Fürsorglich	Lustig	Sportlich
Ausdauernd	Geduldig	Mächtig	Stabilisierend
Ausgeglichen	Geistesgegenwärtig	Moralisch	Tatkräftig
Ausgleichend	Gelehrig	Motivierend	Tolerant
Autoritär	Gemeinschaftlich	Musikalisch	Überzeugend
Begeisternd	Genau	Nachdenklich	Umsichtig
Begeisterungsfähig	Genießerisch	Neugierig	Umsorgend
Beharrlich	Geschäftsorientiert	Nüchtern	Unabhängig
Bilingual	Gewissenhaft	Offen	Unterhaltsam
Belastbar	Glaubwürdig	Optimistisch	Verantwortungsbewusst
Besonnen	Großzügig	Organisiert	Verantwortungsvoll
Beständig	Handwerklich geschickt	Philanthropisch	Verbissen
Bringt Dinge zu Ende	Hart arbeitend	Positiv	Verbindet Menschen
Darstellend	Hartnäckig	Praktisch	Verlässlich
Detailorientiert	Hilfsbereit	Präsent	Verständnisvoll
Diplomatisch	Höflich	Präzise	Vertrauensvoll
Durchsetzungsfähig	Humorvoll	Produktiv	Vielseitig
Effizient	Initiativ	Professionell	Visionär
Ehrgeizig	Innovativ	Pünktlich	Vorausschauend
Ehrlich	Intelligent	Qualifiziert	Vorsichtig
Einfallsreich	Interessiert	Rational	Wandlungsfähig
Einfühlsam	Introspektiv	Reaktionsschnell	Willensstark
Einsatzbereit	Intuitiv	Realistisch	Wohltätig
Energetisch	Klug	Reisefreudig	Zielstrebig
Engagiert	Kollegial	Respektvoll	Zusammenhänge erkennend
Enthusiastisch	Kommunikativ	Risikobereit	Zuverlässig
Entschlossen	Kompetent	Rücksichtsvoll	Zuversichtlich
Entschlussfreudig	Konfliktfähig	Ruhig	

gungen, die noch nicht so recht klappen. Das demotiviert und frustet. So kommst du aber nicht weiter. Die Konzentration auf Schwächen und Defizite kostet viel Kraft und Energie. Und man wertet sich dabei selbst ab. Konzentriere dich vielmehr auf deine Stärken, Fähigkeiten, Fertigkeiten, positiven Eigenschaften, Talente und Ressourcen und baue diese aus. Ich behaupte sogar, dass eine konstante Verbesserung deiner Leistungen nur möglich sein wird, wenn du dich auf deine Stärken konzentrierst.
Viele Trainer beklagen sich über demotivierte Sportler. Für mich ist das auch eine Konsequenz des In-den-Vordergrund-Stellens von Schwächen, Defiziten und Misserfolgen – ob seitens des Trainers oder durch den Sportler selbst.

Was hast du schon alles in deinem Sportlerleben erreicht? Welche (kleinen und großen) Erfolge hast du schon feiern können? Und welche Fähigkeiten, Eigenschaften, Stärken haben dir dabei geholfen? Schreibe alles auf, das dir einfällt.

Wofür wirst und wurdest du gelobt? Worum beneiden dich andere? Bei welcher Tätigkeit vergisst du die Zeit? Was begeistert dich? Was machst du sehr gerne? Was liegt dir ganz stark am Herzen? Und wel-

» Übung zur Einführung ins Thema

Bestandsaufnahme

Beantworte folgende Fragen:
Welches Selbstbild hast du von dir?
Wie schätzt du auf einer Skala von 1–10 (1 = kein Selbstvertrauen, 10 = absolutes Selbstvertrauen) dein derzeitiges Selbstvertrauen ein? Wohin willst du (Soll-Wert)?
Nachdem du regelmäßig mentale Übungen in dein Training eingebaut hast, wiederhole diese »Skalierung« nach einigen Wochen. Was hat sich verändert?
Welche Rückschläge, Misserfolge musstest du in den letzten Wochen einstecken?
Was hast du aus diesen gelernt?

che deiner (positiven) Eigenschaften kann man dahinter erkennen?
Was kannst du sehr gut? Wofür hast du ein besonderes Händchen? Denk dabei auch an deine anderen Hobbys und Freizeitbeschäftigungen. Was macht dir Spaß und Freude? Frage auch deinen Partner, Familie, Trainer, Lehrer, Freunde …, was du für Stärken hast. Welche Charaktereigenschaften und Stärken schätzen andere an dir besonders? Teilst du diese Einschätzung? Was findest du toll an dir? Inwiefern bist du stolz auf dich?
Über Techniken, wie ich mein Selbstvertrauen zurückgewinne, könnte ich ein eigenes Buch schreiben. Beschränken möchte ich mich an dieser Stelle auf eine Stärkenanalyse. Andere Aspekte und Übungen in diesem Buch werden auch noch auf Dein Selbstvertrauenskonto einzahlen.

Ressourcen- und Stärkenarbeit …

- steigert dein subjektives Wohlbefinden.
- steigert deinen Erfolg.
- versetzt dich in einen Zustand optimaler Leistungsfähigkeit.
- ermöglicht dir eine effektive Verfolgung deiner persönlichen Ziele und eine erfolgreiche Erreichung deiner Ziele.

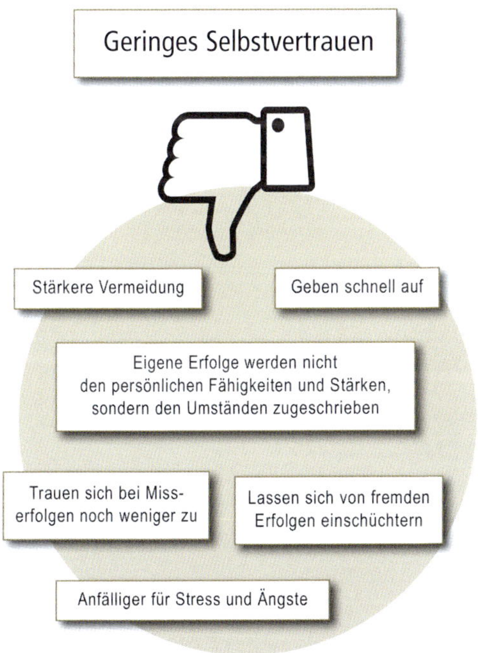

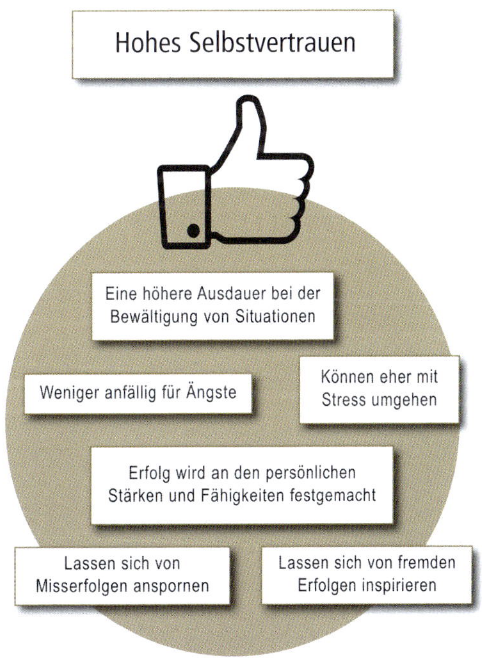

- lässt dich Selbstvertrauen gewinnen
- bringt dich in Kontakt mit deinen Fähigkeiten und Stärken.
- erleichtert die Bewältigung von Herausforderungen.

Übung

Mache dir nun deine besonderen Eigenschaften, Stärken, Fähigkeitenund Talente bewusst. Finde mindestens 15 Stärken und positive Eigenschaften.

1) Sammle nun deine Stärken, Fähigkeiten und Ressourcen im Stärkenstrauß (Seite 111).

2) Rufe dir dann mindestens eine Situation (z. B. schöner Abend mit Freunden nach dem Training) aus deiner Vergangenheit in Erinnerung, in der du Stärken (z. B. Ausgelassenheit, Kontaktfreude, Genussfähigkeit) intensiv oder besonders schön erlebt und gespürt hast. Die Situation und die inneren Bilder und Gefühle dazu brauchen wir später, nämlich dann, wenn du diese Stärke zukünftig auch in einem Moment, wo du zum Beispiel gerade an dir zweifelst, gezielt einsetzen möchtest.

3) Skalierung: Zu wie viel Prozent lebst du in der letzten Zeit deine Stärke X? Was ist dein Wunsch-Wert?

Du kannst es natürlich auch anders herum machen und dich an eine besonders schöne Situation in deiner jüngsten Vergangenheit oder an deinen größten Erfolg erinnern und dann überlegen, welche Fähigkeiten und Fertigkeiten du in dieser Situation genutzt hast bzw. welche zum Erreichen des größten Erfolgs nötig waren und eingesetzt wurden.

Lass dich von anfänglichen Schwierigkeiten beim Entdecken deiner Stärken und Ressourcen nicht abhalten. Du wirst erleben, diese Aufgabe motiviert dich und steigert dein Selbstwertgefühl und Selbstvertrauen.

» Beispiel aus der Praxis

Welche Talente, Stärken, positive Eigenschaften zeichnen Marinus Kraus aus?

»Die größte Stärke von mir ist die Ehrlichkeit, meine Fehler ganz klar ohne Umschweife zu erkennen, zu akzeptieren und zu sehen, was ich besser machen kann. Die hundertprozentige Ehrlichkeit zu mir selbst ist mir sehr wichtig, sodass man die Tatsachen nicht schön färbt und die Verantwortung für das eigene Tun und Handeln übernimmt. Darüber hinaus sind es meine Zielstrebigkeit, meine Hartnäckigkeit, wie ich etwas angehe, und meine Disziplin. Ich bin ein fröhlicher Mensch – ich habe fast immer Freude, egal, was ich tue, egal, ob im Sport oder Beruf. Ich bin ein Teamplayer. Und es gehört eine große Dankbarkeit meinerseits dazu. Egal, ob ich da im Auto bin und ins Training fahre oder irgendetwas anderes mache, einfach dankbar zu sein, dass ich hier bin und dass ich mein Hobby zum Beruf machen darf.«

Wichtig: Begnüge dich nicht damit, irgendwelche allgemeinen Stärken auswendig zu lernen, sondern schreibe deine eigene Stärken-Definition mit dazu. Denn nur so kannst du konkret sagen, was du meinst, wenn du dich z. B. als ›zuverlässig‹ beschreibst. Außerdem fallen dir vielleicht noch andere Begriffe ein, die vielleicht noch besser zu dir passen bzw. die auch noch zu dir gehören und quasi weitere Qualitäten von dir zeigen.

Schreibe deine Stärken zusätzlich auf Karten oder Zettel.

Auf der Grundlage der Skalierung deiner Stärken lassen sich als weiterer Schritt Strategien für deine Zukunft erarbeiten:

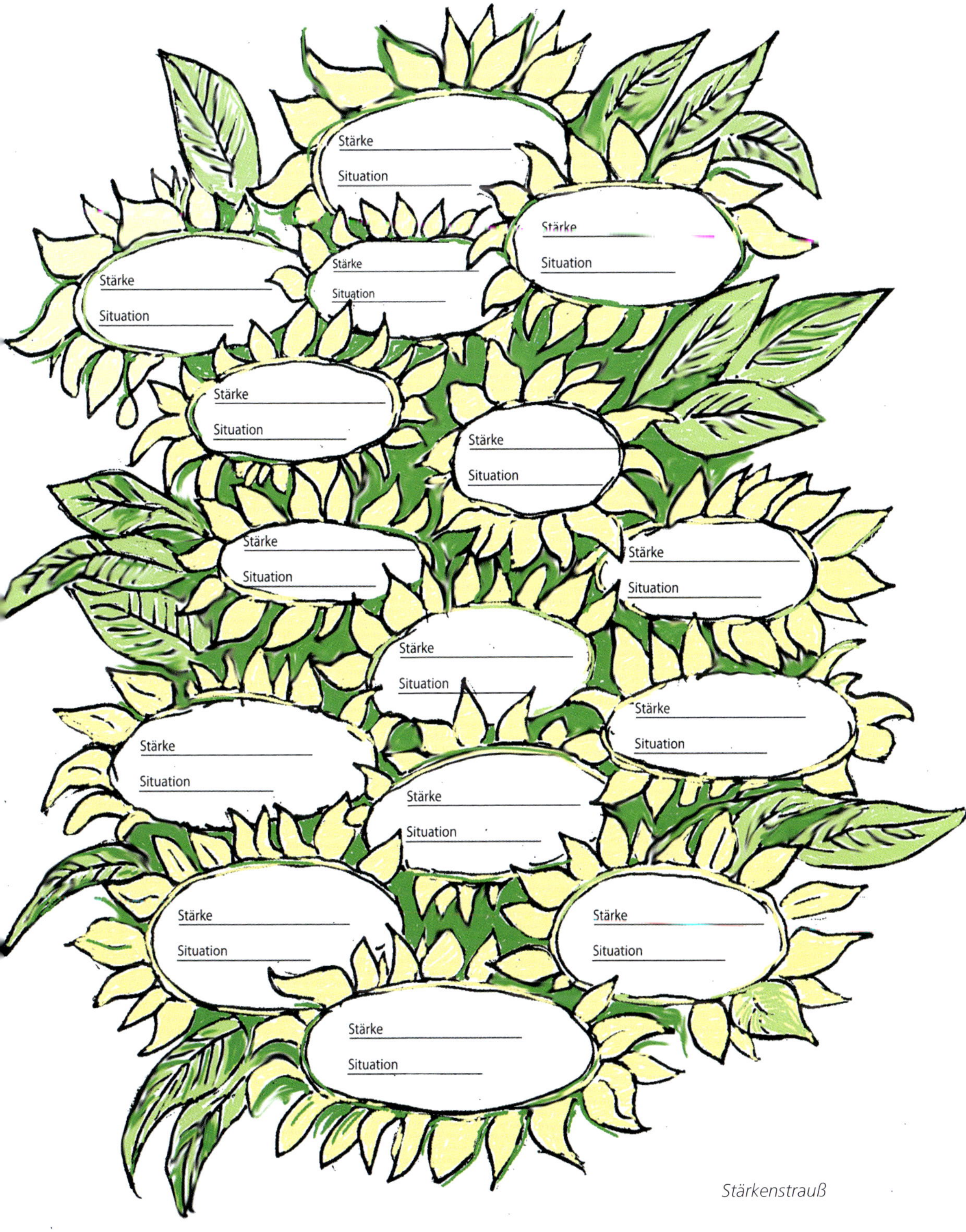

Stärkenstrauß

Fragen bei hoher Bewertung:
»Wodurch wurde der hohe Wert der Stärke bewirkt? Was wirst du zukünftig tun, damit der Wert deiner Stärke auf dieser Höhe bleibt oder sogar noch steigt?« Denn deine Stärken gilt es zu erhalten und zu verstärken.

Fragen bei niedriger Bewertung:
»Was wäre für dich eine Verbesserung, also ein Wert auf der Skala, wo du sagst »Der Wert dieser Stärke ist in Ordnung so.«?«
»Was genau müsste geschehen, damit du diesen Wert erreichst?«
»Was wirst du zukünftig tun, damit du dich deinem Wunschwert annäherst?«

Umsetzung der Stärken: Wie kannst du deine Stärken im Sport (oder Alltag) konkret umsetzen? Geht das in deinem aktuellen Umfeld? Wie müsstest du dein Umfeld (privat, Arbeit, Sport usw.) gestalten, damit du deine Stärken umsetzen kannst? Wie könntest du eventuell dein Umfeld anpassen?

Die **schriftliche** Dokumentation dieser Arbeit unterstützt deinen Prozess nachhaltig. Eine abschließende Vereinbarung über das, was du ändern kannst und wirst und was du tun wirst, kannst du zum einen mit dir selbst treffen (Selbstkontrakt), zum anderen beispielsweise mit deinem Trainer.

Überlege, was konkret dein Selbstvertrauen einschränkt und was Gegenmaßnahmen sind. (vgl. Terry. S. 90, 91)

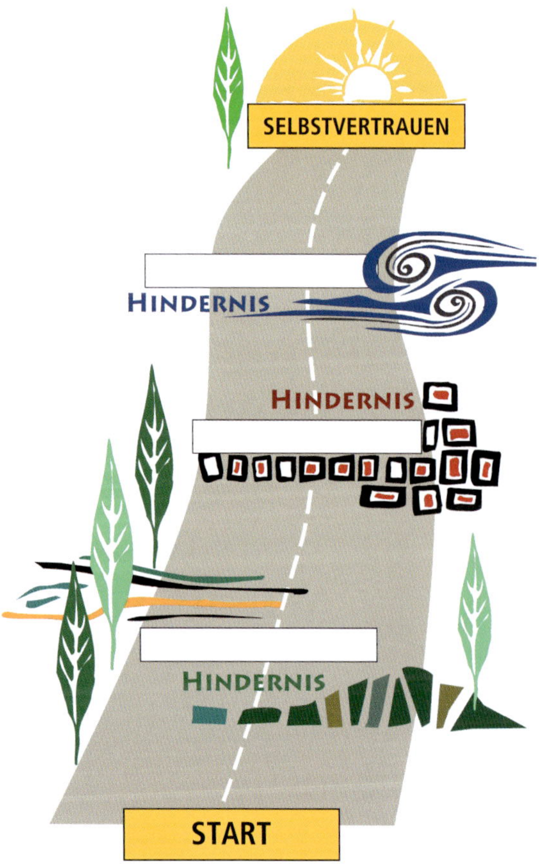

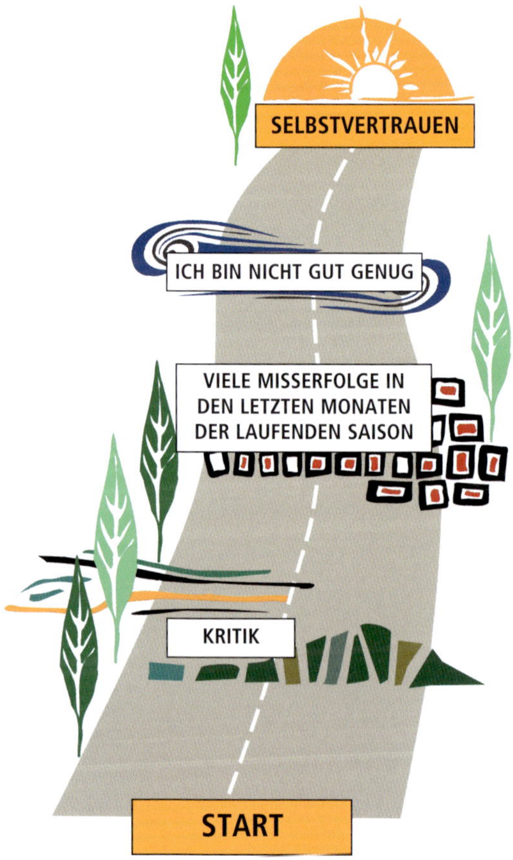

Eigenschaft, Stärke, Talent	Assoziationen zu dieser Stärke	Wann und wo kannst du diese einsetzen?
Klarheit	blauer Himmel ohne Wolken	Gespräch mit Trainer
Ausdauer	Husky	Rennen, RAAM
Emotionalität	Baby	Mannschaftsbesprechung
Ordnung	Schrank mit Schubladen	Trainer-Büro
Balance	Waage	Alltag

Persönliche Bilder zum Selbstvertrauen

Finde spontan eigene Bilder und Assoziationen von Selbstbewusstsein, indem du den Namen irgendeines Tieres, Objektes oder Gegenstandes – z. B. Bullterrier, Bär, Berg, Eiche, Carl Lewis, Tiger, Husky, durchdringender Blick, grinsendes Gesicht ... – aufschreibst. Du musst dich niemandem gegenüber rechtfertigen, wieso du gewählt hast, was du gewählt hast. Dann wähle das beste Bild aus und beschreibe es genauer. Welche Qualitäten, Eigenschaften und Stärken hat er/sie oder es, welche für dich Selbstbewusstsein ausdrücken. Nimm dir für diese Übung ausreichend Zeit.

Eigenschaften, Talente und Stärken einsetzen

(vgl. Müssig, 2010, S. 61)

Trage deine Eigenschaften, Talente und Stärken in eine Tabelle (siehe Abb. oben) ein. Notiere in der nächsten Spalte, was dir spontan an Assoziationen zu diesen Begriffen einfällt. Denke darüber nach, wann und wo du deine Eigenschaften einsetzen könntest und möchtest.

Arbeiten mit dem Namen des Sportlers/Trainers

(in Anlehnung an Birkenbihl, Caby/Caby und Dreesen, 1999)

Besonders geeignet bei ängstlichen und wenig selbstbewussten Kindern, Erwachsenen mit wenig Selbstwert und Jugendlichen auf der Suche nach ihrer eigenen Identität/Persönlichkeit.

Der Name des Sportlers/Trainers wird mit Ressourcen und besonderen Fähigkeiten verknüpft.

Eine Übung, die Kindern wie Erwachsenen viel Freude bereitet.

Anleitung

Schreibe/male deinen eigenen Namen in großen Buchstaben (z.B. mit einem dicken Filzstift) mittig auf ein großes Blatt (DIN A3 oder 4). Finde zu jedem Buchstaben eine oder mehrere Stärke(n) und positive Assoziationen.

Zur Erleichterung dürfen sich die Buchstaben des Namens auch in der Mitte des Eigenschaftswortes befinden.

Beispiel:

F – fleißig, flexibel, freundlich, furchtlos

I – interessiert, intelligent, ideenreich

O – ordentlich, originell, offen

N – naturverbunden, nachdenklich, neugierig

A – ausdauernd, abenteuerlustig

Eventuell noch den Nachnamen hinzunehmen.

Alternative: Mit dem Vornamen der Eltern arbeiten.

Alternative: Schreibe die Buchstaben deines Lieblingshobbys oder eines, das du gerne ausüben würdest, untereinander.

Du kannst auch Freunde, Eltern oder den Trainer bitten, dass sie diese Übung für dich machen. Ich mache das manchmal in Seminargruppen. Die Seminargruppe gestaltet dann für jeden Teilnehmer Flipcharts mit ihren Assoziationen und Stärken, die ihnen zum entsprechenden Teilnehmer einfallen. Ich erfahre von Teilnehmern, dass diese Flipcharts lange als Erinnerung an dieses »Geschenk« zuhause, z. B. im Flur oder Hobbyraum, hängen.

Was andere über den Sportler/Trainer denken

Diese Übung kannst du nur mit einer Mannschaft/ einem Team durchführen.

Jeder bekommt mit Klebeband ein DIN-A4-Blatt auf dem Rücken fixiert. Dann schreiben sich alle mit einem Farbstift, der nicht durchdrückt, Komplimente, wohltuende Bemerkungen, »Was ich an dir schätze«, »Was finde ich toll an dir?« und Stärken auf den Rücken. Jeder nimmt dieses ›Geschenk‹, den Zettel mit nach Hause und hängt diesen z. B. über das eigene Bett oder am Schreibtisch auf. An meinem Board über meinem Schreibtisch hängen immer wieder solche »Werke«.

Stärkendusche

Um sich selbst oder einen Teamkollegen in einen optimalen Zustand für die Zielerreichung zu bringen, ist diese Übung sehr hilfreich. Auf den Seiten 65 und 66 ist sie beschrieben.

Ressourcen raten

Eignet sich für Sportmannschaften.
Auf Karteikärtchen o.Ä. notieren die Sportler gut lesbar eine (oder mehrere) ihrer persönlichen besonderen Fähigkeiten oder Stärken. Die Spieler dürfen die Karten der anderen erst noch nicht sehen. Alle Karten werden dann vermischt und umgekehrt auf den Boden oder Tisch, in eine Schachtel oder Korb gelegt. Jeder zieht eine Karte, zeigt sie und beschreibt der Runde, was er unter dieser Stärke versteht und ob er sie auch bei sich feststellt. Evtl. findet er Beispiele, wann die Stärke sinnvoll sein kann, wie er diese erweitern könnte.

Im nächsten Schritt überlegen alle, welche Karte von wem sein könnte, zu wem die Ressource passen könnte. Die Spieler können sich auch dazu äußern, z. B. ob sie sich diese Ressource ggf. auch für sich wünschen.

UMFELDMANAGEMENT

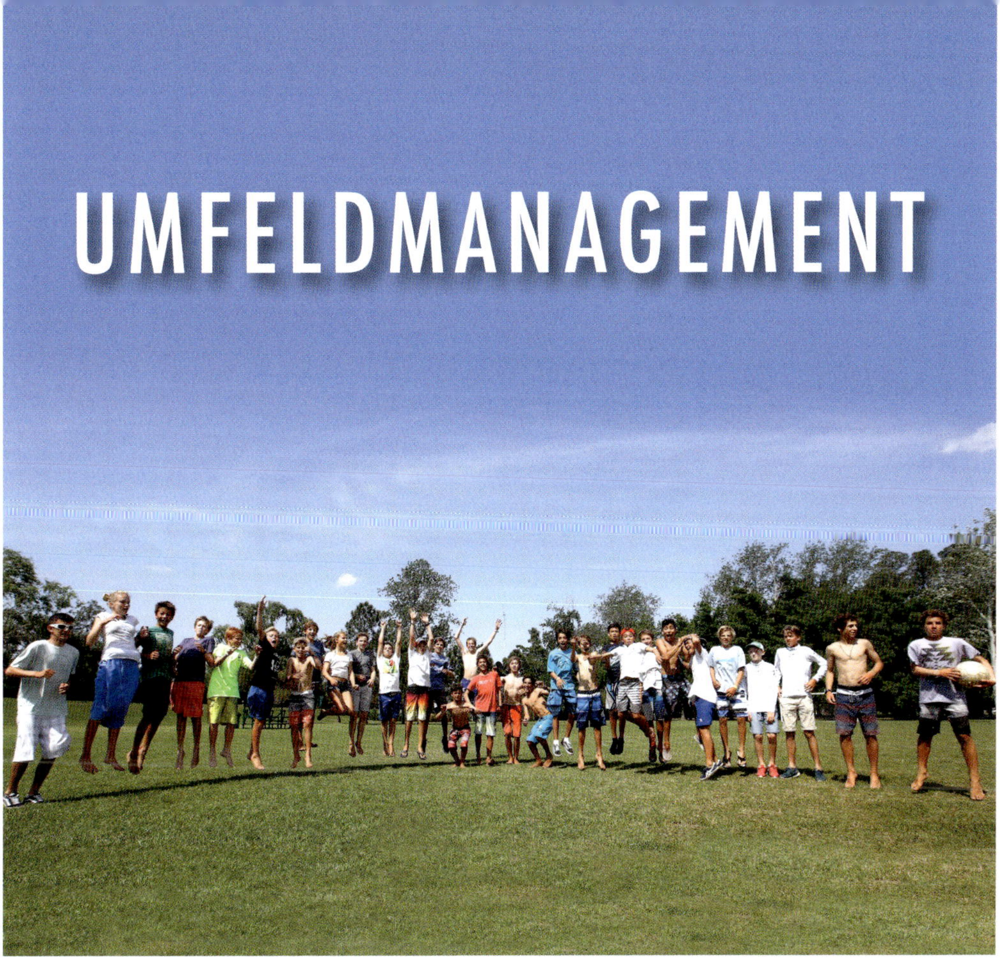

Teilnehmer der Optiworlds 2015 in San Isidro, Argentinien. Unter ihnen auch Valentin Müller.

Dein Umfeld beeinflusst dein Denken, Fühlen, Handeln und Verhalten. Kurz gesagt: Die Umwelt formt den Menschen. Dein Umfeld hat also eine große Bedeutung für deine Persönlichkeit, auch als Sportler. Zum Umfeld eines Sportlers zählen viele: Vereins- und Mannschaftskameraden, Trainer und Co-Trainer, Physiotherapeuten, Ärzte, Athletiktrainer … Hinzu kommt das private Umfeld mit Partner, Familie, Freunden und Bekannten. Und oft auch noch das berufliche Umfeld mit Arbeitskollegen, Vorgesetzten, Kunden und Geschäftspartnern. Daraus ergibt sich eine stattliche Summe an Einflüssen, Erwartungen, Ansprüchen, Forderungen und Rückmeldungen.

Die Unterstützung seines Umfelds ist für jeden Menschen sehr wichtig. Das Wissen darum trägt ihn, spendet ihm Kraft, spornt ihn an. Funktioniert ein Team gut, wird das sportliche oder berufliche Umfeld gelegentlich auch Teil des privaten Umfelds. Skicrosser Paul Eckert sagt: »Mit der Mannschaft habe ich das Glück, dass wir ein echt cooles Team sind und uns alle extrem gut verstehen. Wir sind nicht nur eine Mannschaft und im Rennen Konkurrenten, sondern alle sehr eng miteinander befreundet. Wir gestalten meistens auch unsere Freizeit miteinander.« Um erfolgreich zu sein, brauchen wir ein intaktes Umfeld, in dem wir uns wohl fühlen – das gilt für Sport wie Beruf. Dabei kommt dem privaten Umfeld eine entscheidende Rolle zu. Bei den Spitzensportlern, mit denen ich für dieses Buch gesprochen habe, stand das private Umfeld an erster Stelle. Gerät hier etwas in Schieflage, beeinflusst das auch die sportliche Zielerreichung. Der ehemalige Radextremsportler Wolfgang Mader kennt den Zusammenhang von

Umfeld und Erfolg genau: »Das private Umfeld ist der absolute Hauptfaktor für alle meine Erfolge in meinem bisherigen Leben; egal ob sportlich, in der Ausbildung, im Beruf oder sonstwo. Steht die Familie nicht zu 100 % hinter dir, gehst du mit einem derart starken negativen Energie- und Ablenkungsfaktor ins Rennen um den Erfolg, der kaum bewältigbar ist. Es leidet dann meist entweder das Erreichen des Zieles oder die Familie oder die Gesundheit. Erfolg ist immer ein ideales Zusammenspiel aller dich begleitenden und damit beeinflussenden Faktoren auf dem Weg zum Erfolg.« Und was für Spitzensportler gilt, macht auch vor Trainern nicht Halt. Der ehemalige Hockeynationaltrainer Bernhard Peters sagt: »Meine emotionale Ausstrahlungskraft, meine Überzeugungskraft als Trainer und Führungsfigur hängt ganz entscheidend von der emotionalen Lage zu Hause ab. Meine Spieler haben mir das immer wieder bestätigt.« (Peters et al., 2012, S. 209).

Für Karl Angerer, ehemaliger Bobpilot »war ganz entscheidend die Familie, das engere Umfeld. Wenn dort Probleme herrschen, war es schon so, dass es mich berührt. Das sind Störfaktoren für eine Zielvorgabe«.

Der ehemalige Nationaltorhüter Oliver Kahn ist überzeugt: »Das Schlimmste für einen Sportler ist definitiv, wenn das private Umfeld nicht stimmt. Ich habe es auch im geschäftlichen Bereich bei Menschen erlebt. Klar, manche können das sehr gut überspielen, und man merkt es nicht. Aber unterm Strich glaube ich, dass man in einer Phase, in der das Privatleben aus den Fugen ist, nicht erfolgreich sein wird. Dann kann man nicht erfolgreich sein.« Oliver Kahn hat selbst erlebt, wie sich private Probleme auf die eigene Leistungsfähigkeit auswirken können: »Da stehst du im Spiel und sagst: Brauchst eigentlich gar nicht anfangen. Ich habe erstens keine Lust, zweitens sehe ich hier keinen Sinn mehr drin, drittens bin ich so schlecht, dass ich überhaupt nicht fokussiert auf etwas sein kann, sondern nur mit diesem ganzen Kram im Unterbewusstsein beschäftigt bin.«

Auch der Triathlet Faris Al-Sultan sagt: »Kein Stress ist schlimmer als familiärer, Ruhe an dieser Front ist wichtig. Wobei viele Menschen Triathlon als Fluchtmöglichkeit nutzen.« Doch vor Problemen kann man nicht ständig davonlaufen. Auch wenn wir versuchen, widrige Umstände zu verdrängen, holen sie uns immer wieder ein, weil sie einen Teil unseres Denkens und Fühlens bestimmen – und damit unseres Handelns und Verhaltens. Deshalb gilt es, sich seines Umfelds genau bewusst zu sein.

Die richtige Besetzung fürs Dream-Team

Geeignete Unterstützer in seinem direkten Umfeld zu finden, mag nicht immer leicht sein. Hinzu kommt, dass Menschen, die gut für uns und unsere Zielerreichung sind, nicht immer leicht für uns zu ertragen sind. Denn in der Regel sind dies Menschen, die uns fordern und gelegentlich unbequem sind. Menschen, die uns mit unseren Defiziten konfrontieren und uns zwingen, Dinge anzuschauen, die wir selbst nicht sehen können oder möchten. Kurzum, solche Unterstützer sind herausfordernd, aber für unsere Weiterentwicklung extrem wichtig. Zu deinem persönlichen Dream-Team können neben Partner und Kindern auch gute Freunde, Trainingskameraden, ein sportlicher Förderer oder der Physiotherapeut zählen.

Fehlt uns ein unterstützendes Umfeld, kann uns das schwächen, zurückhalten, abhalten oder gar stoppen. Wenn ich die Denkweise meines Umfelds in

» Das Umfeld

Aus der Gehirnforschung ist bekannt, dass es drei wichtige Säulen im Leben gibt: Spaß, Selbstvertrauen und soziale Kontakte, mit anderen Worten: das Umfeld.

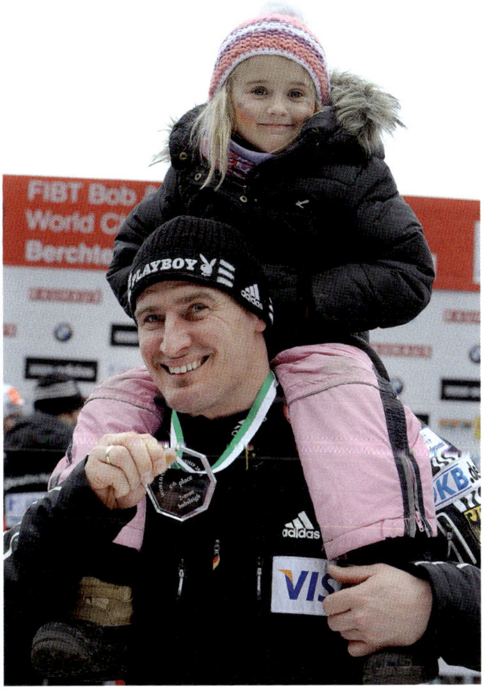

Karl Angerer mit seiner Tochter.

Frage stelle, nicht länger übernehme, ist die Gefahr groß, ausgeschlossen zu werden. Auch wenn es wehtut: Manchmal muss man das Umfeld wechseln. Ein schlechtes Gewissen und Schuldgefühle gehen damit oft einher. Doch wenn ich ein klares Ziel vor Augen habe, muss ich das riskieren. Wenn du dich verändern möchtest, dann gilt es vielleicht auch, dein Umfeld zu verändern. Hält man am früheren Umfeld fest, kann es sein, dass man scheitert. Regel Nr. 1 fürs gewinnbringende Umfeldmanagement: Schaffe dir ein positives Umfeld! (vgl. Heimsoeth, Chefsache Kopf. 2015).

Warum ist ein intaktes privates Umfeld wichtig für einen Sportler?

Weil es Ruhe und Stabilität schenkt, Sicherheit und Verlässlichkeit bietet – und das ist gerade bei Wettkämpfen, wo nur ein Teil der Bedingungen in unserem Einflussbereich liegt, ein haltgebendes Fixum. Und zudem eines, das – wie im Fall von Karl Angerer – für Bodenständigkeit sorgt: »Wenn ich meiner zweijährigen Tochter damals erzählt habe, dass ein Rennen bei mir schlecht war oder dass ich Vizeweltmeister geworden bin, dann war ihr nur wichtig, der Papa war da, der spielt jetzt mit mir. Das sind

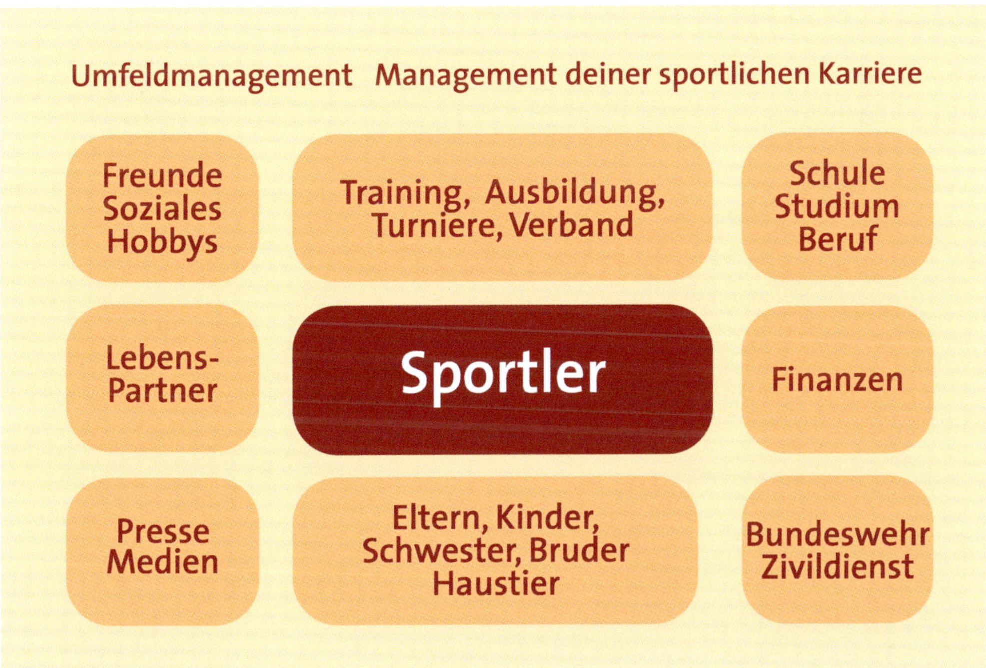

schon Sachen, die einen gar nicht erst groß abheben lassen. Das war mit Sicherheit ein Grundstein dafür, dass man sich auf gewisse Dinge besinnt. Es geht nicht nur um das Siegen. Sicher ist es schön, wenn man ein Rennen gewinnt, aber ich denke, es ist aus meiner Sicht zumindest wichtiger, dass ich weiß, ich habe zwei gesunde Kinder, ich habe ein Frau, ich habe meine Eltern da. Ich bin zufrieden. Die Zufriedenheit, die bekomme ich eigentlich von meinem Umfeld. Ohne die Zufriedenheit, denke ich, wäre auch diese Leistung nicht unbedingt möglich gewesen.«

Für Skicrosser Paul Eckert ist sein privates Umfeld auch ein willkommenes Pendant zum Leistungssport: »Mir sind meine Freunde zu Hause wichtig. Meine Freunde verfolgen meinen Sport im Fernsehen, wissen aber nicht genau, was wir leisten und welche Hürden wir meistern müssen. Das ist für mich ein Kontrastprogramm. Sie denken anders, und diese anderen Sichtweisen sind für mich immer ziemlich erfrischend.« Auch für Skispringer Marinus Kraus ist das private Umfeld ein wichtiger Ankerpunkt: »Mein Umfeld ist mir sehr, sehr wichtig. Das fängt bei meiner Freundin an. Bei ihr kann ich super viel Kraft tanken, und das geht mit meiner Familie und mit meinen Freunden weiter. Das ist wirklich ein Ankerpunkt. Die stehen alle hinter mir, meinem Sport und meinem Beruf. Es ist schön, ein starkes Umfeld, welches mir den Rücken stärkt, um sich zu haben. So fühle ich mich geborgen und kann sehr viel Kraft daraus schöpfen.«

Gleichzeitig hast du für deine Vertrauenspersonen im privaten Umfeld einen Stellenwert, der – anders als beim sportlichen und/oder beruflichen Umfeld – völlig unabhängig von deiner sportlichen Leistung ist. Gerade nach Niederlagen findest du hier Zuspruch und Bestätigung. Die Erwartungen deines privaten Umfelds an deine sportlichen Leistungen sind anders als die deines sportlichen Umfelds.

Niemand wird erfolgreich ohne ein entsprechendes Unterstützer-Umfeld (Netzwerk). Das ist im Spitzensport oft zu sehen. Es fängt bei Trainingsgemeinschaften an und hört bei Wettkämpfen nicht auf. Die deutsche Fußball-Nationalelf wäre nicht Weltmeister geworden ohne das Team aus Physiotherapeuten, Ärzten, Athletiktrainern bis hin zu den Lebenspartnern im Hintergrund. Wolfgang Mader hätte ohne sein Team nicht das »Race Across America« finishen können, Extremsportler Joey Kelly hatte seinen Freund, der Arzt ist, bei vielen Läufen dabei (Heimsoeth, Chefsache Kopf, 2015). Gerade bei herausfordernden Situationen wie bei bevorstehenden Wettkämpfen ist ein unterstützendes Umfeld enorm hilfreich.

Der ehemalige Eishockeyspieler Michael Pohl hat als junger Sportler erlebt, wie die Unterstützung seines Umfelds aus einer ausweglos geglaubten Situation ein kleines ›Wunder‹ werden ließ. Zwei Wochen vor der Europameisterschaft zog sich Pohl einen Bänderriss zu – und lief dennoch bei der EM auf. »Der Schlüssel dazu war mein damaliger Trainer Hans Zach. Ich bin mit den Krücken zum Stadion gegangen, um meinen Kabinenplatz leer zu machen, und ich traf Hans. Ich sagte ihm: »Die Europameisterschaft kann ich mir abschminken – mit oder ohne OP dauert es fünf bis sechs Wochen, bis ich wieder einsatzbereit bin«, erzählt Michael Pohl. »Der Hans hat mich nur angeschaut und gefragt, ob ich spielen möchte. Im ersten Moment sagte ich: ›Danke, Hans, verarschen kann ich mich selbst.‹ Er sagte: ›Nein, nein, ich meine das ernst.‹ Ich: ›Ja, klar, was kann ich tun?‹ Hans ist dann mit mir am selben Tag nach Bad Tölz zu einem Arzt gefahren, der mir eine spezielle Flüssigkeit punktuell in den Knöchel spritzte, um den Stoffwechsel anzuregen, damit die Abla-gerungen besser abfließen konnten. Der Knöchel war ja extrem dick. Dann sagte Hans zu mir: ›Das ist das eine, was ich für dich machen kann. Was du tun musst, ist deinen Fuß entgegen jeder Logik belasten. Das heißt,

» Danke sagen

»Keine Schuld ist dringender, als die, Dank zu sagen.« Cicero

Ein Unterstützer-Umfeld will gepflegt werden, sonst verkümmert es. Jeder von uns braucht soziale Anerkennung. Danke zu sagen, ist eine Form der Anerkennung, die Beziehungen am Leben hält. Würdige den Einsatz deiner Unterstützer, Förderer und Eltern mit dankbaren Gesten, z. B. durch:

- eine nette Nachricht
- eine kleine persönliche Aufmerksamkeit
- das Zeigen echten Interesses am anderen (offene persönliche Fragen stellen und aktiv zuhören)
- Zeit, die du dir für den anderen nimmst
- Unterstützung, die du dem anderen gibst, wenn er sie braucht
- ein Anruf aus der Ferne.

tue die Krücken weg und gehe spazieren‹.« Das tat Michael Pohl, jeden Tag stundenlang, mit Tränen in den Augen. Die Mühe lohnte sich: Zu Beginn der EM konnte Pohl den Knöchel so weit belasten, dass es für ihn erträglich war. Er spielte tatsächlich zwei Wochen nach dem Bänderriss bei der EM mit. Pohl: »Das hat mir gezeigt: Wenn du etwas unbedingt willst und wichtige Unterstützung hast von Leuten, die dir sagen, dass es geht und nicht sagen: ›Keine Chance, das geht nicht!‹, dann kannst du unglaublich viel erreichen.«

Das Umfeld im Nachwuchsbereich

Für Kinder und Jugendliche spielt das Umfeld eine besondere Rolle, denn hier erfahren sie jene notwendige Unterstützung, die sie nicht aus eigenen Ressourcen generieren können – sei es der Transfer zu entfernten Wettkampforten oder zum Training, das Beschaffen der notwendigen Ausrüstung, aber auch der Ansporn beim Formtief. Die heutige Gold-Rodlerin Natalie Geisenberger wurde über viele Jahre hinweg von ihren Eltern fünfmal in der Woche von Miesbach zum Königsseer Eiskanal gefahren. Die einfache Strecke beträgt rund 130 Kilometer. »Wenn ihre Eltern das nicht auf sich genommen hätten, dann gäbe es heute keine Olympiasiegerin namens Natalie«, sagt Thomas Schwab, Generalsekretär des Bob- und Schlittenverbands für Deutschland (BSD), zum Erfolg von Natalie Geisenberger (OVB, »Die Königin des Eiskanals«, 12.2.2014). Die Funktion des Umfelds geht weit über logistische und finanzielle Leistungen hinaus. »Trainer, Übungsleiter, Eltern haben im Nachwuchssport eine wichtige Funktion in

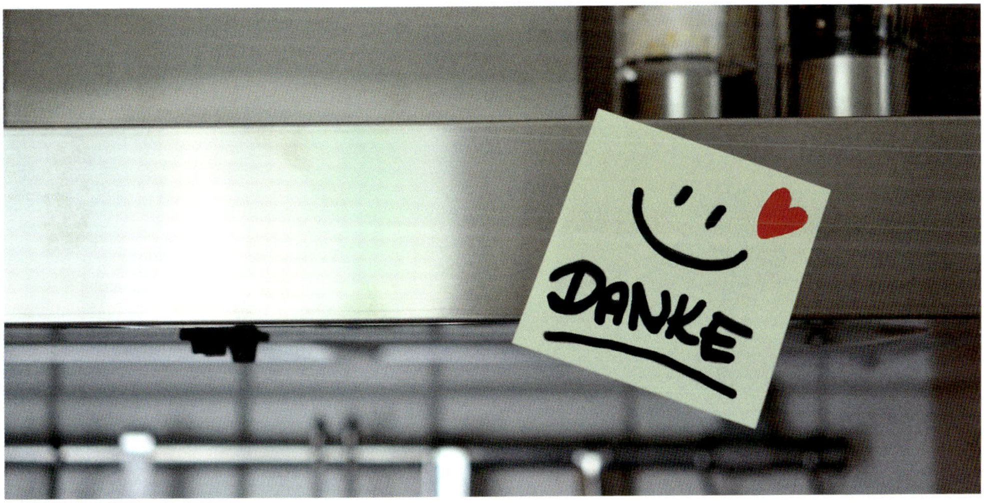

der Betreuung von Jugendlichen. Sie geben ihnen den notwendigen sozialen und psychischen Rückhalt auf dem oft angestrebten Weg zum Spitzensportler, der sich, wie aus der Erfahrung bekannt, für viele als belastend, hürdenreich und letztlich vielleicht erfolglos erweisen kann.« (Frester & Wörz, 2003) Der Einfluss von Eltern und Nachwuchsbetreuern auf zukünftige Erfolge und Misserfolge der Kinder sei groß, sagt der Psychologe Thomas Wörz. »Als Grundregel gilt daher, beruhigend, positiv verstärkend und unterstützend einzuwirken, um ein günstiges, langfristig motiviertes Verhalten der Kinder zu fördern.« (Wörz, 2011)

Wie groß der Druck sein kann, den Eltern auf ihre Kinder bezüglich deren sportlicher Leistung ausüben, hat Eishockeytrainer Michael Pohl oft genug selbst erlebt. Pohl: »Kinder wollen zunächst einmal den Eltern immer gefallen, das ist ein Urtrieb. Eltern schaffen es immer wieder, enormen Druck auf die Kinder auszuüben und hier eine Erwartungshaltung aufzubauen, denen die Kinder oft überhaupt nicht gerecht werden können. Die Eltern träumen für ihre Kinder schon die Profikarriere herbei. Durch diesen großen Druck verlieren viele Kinder den Spaß oder rebellieren aus Protest dagegen und sind damit nicht mehr in der Lage, ihr volles Leistungspotenzial abzurufen.« Und so wird aus dem so sehnlichst angestrebten Erfolg schnell ein selbstgeschaffener Misserfolg – eben weil das Umfeld eine so einflussreiche Rolle hat. »Manche Eltern beschimpfen ihre Kinder auf dem Eis aufs Übelste und lassen das auch an den Coaches aus, wo sie sich darüber beklagen, wenn ihr Kind auf der Bank sitzen muss.«, so Pohl weiter. »Ab einem gewissen Alter haben wir als Coaches auch den Auftrag, die Kinder einer Konkurrenzsituation auszusetzen. Wenn Eltern dann ihre Kinder in Schutz nehmen wollen, liefern sie ihnen eine Alibi-Haltung für deren schlechte Leistung statt sie damit zu konfrontieren und zu sagen: ›Hey, da musst du einfach mehr tun, dann kommst du auch

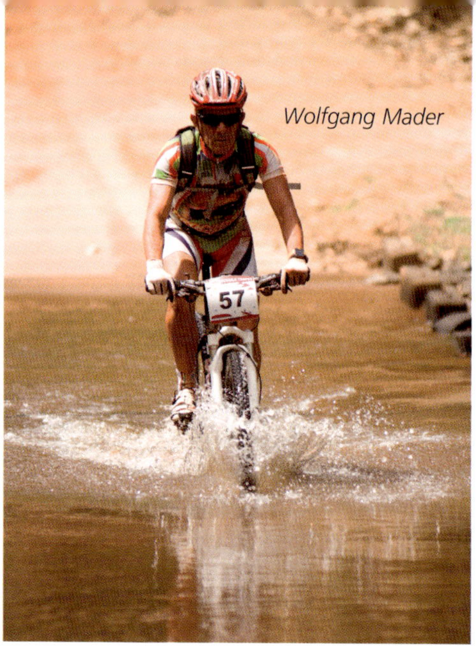

Wolfgang Mader

» Kommunikations-Tipps

... für Trainer, Betreuer und Eltern

- Beruhige dich selbst nach einem Wettkampf, bringe dich in einen entspannten Zustand. Erst dann solltest du dich zum Wettkampfverlauf äußern, damit das Feedback-, Analyse-Gespräch nicht zu gefühlsbetont verläuft. Gefühlsausbrüche wie Wut oder Enttäuschung, aber auch übersteigerte Freude verhindern eine sachliche und vernünftige Argumentation.
- Schaffe eine vertrauensvolle Gesprächsebene.
- Hebe positive Aspekte und Details, auch nach sportlichen Niederlagen und Fehlern, hervor.

wieder zum Einsatz.‹ Der unprofessionelle Einfluss des privaten Umfelds kann gerade beim Nachwuchs erheblich kontraproduktiv sein.«

Im gesamten Nachwuchsbereich sei das Umfeld ein ganz entscheidender Faktor, sagt Thomas Braun vom Deutschen Skiverband (DSV), weil die jungen Sportler ohne ihre Eltern und den leistungsorientierten Verein überhaupt keine Chance hätten weiterzukommen. Braun: »Eins von beiden muss auf jeden Fall zu 100 Prozent stimmen – am besten ist natürlich, wenn beide stimmen. Wenn der Nachwuchs dann in das Alter von 14, 15 oder 16 Jahren kommt, ist es aus unserer Sicht nur möglich, wenn der Athlet an einen unserer Stützpunkte und Sportinternate geht, damit die Schule geregelt und damit auch der Trainingsbetrieb optimal ist. Das heißt, dass sie zu einem sehr hohen Prozentanteil begleitetes Training haben.« Voraussetzung dafür sei, dass die Eltern voll dahinterstünden und keine Ängste um den Nachwuchs hätten, z. B. was die spätere berufliche Ausbildung anginge. Der DSV bemühe sich, dass die jungen Athleten zumindest die Schulausbildung bis zum individuell höchstmöglichen Abschluss bekämen. Braun: »Aber die Eltern müssen einfach den Mut haben, die Kinder an die Stützpunkte zu schicken und letztendlich loszulassen.«

Vorbilder

Vorbilder zeigen, dass sie sich für ein bestimmtes Ziel engagieren und bereit sind, die notwendige Zeit, Training und Mühe zu investieren, um erfolgreich zu sein. Sie geben nicht so leicht auf und bleiben hartnäckig, wenn sie mit Hindernissen konfrontiert werden. Vorbilder können Orientierung, Inspiration und Hoffnung bieten. Ein Vorbild ist der Beweis dafür, dass es möglich ist, unsere Träume zu verwirklichen. Sie inspirieren uns, die beste Version von uns selbst zu werden. Ihre Leidenschaft für den Erfolg spornt an, die eigenen Ziele durchzuziehen und zu erreichen. Das Lernen von Vorbildern erfolgt durch Beobachtung und Reflexion. Sich ein Vorbild zu suchen und sich dann dementsprechend zu verhalten, ist ein sehr mächtiges Instrument zur Verhaltens- und Einstellungsänderung, weil es sich auf das Selbstbild auswirkt. Die Art, wie wir uns innerlich sehen, beeinflusst unser Verhalten. Wenn wir uns also als Profi sehen, wird unser Verhalten wie von selbst professioneller werden. Je nachdem, welche Werte, Haltung und Fähigkeiten du gern verkörpern und besitzen möchtest, kannst du dir ein entsprechendes Vorbild dafür suchen. Bei der Wahl deines Vorbilds frage dich Folgendes:

- Welche positiven Eigenschaften und Stärken gefallen mir an ihm/ihr besonders?
- Was könnte ich tun, um diese Eigenschaften bei mir zu verstärken?
- Was kann ich von ihm/ihr lernen?
- Was tut er/sie, das mich, wenn ich es täte, ebenso erfolgreich machen würde?
- Wie hat er/sie es dorthin geschafft?

Mögliche Vorbilder können Menschen aus deinem direkten Umfeld sein, aber auch erfolgreiche Spitzensportler oder andere bekannte Persönlichkeiten, deren Haltung und Handeln dich positiv inspirieren. Es geht stets um einen Aspekt – Strategien, Ressourcen, Techniken oder spezielle Fähigkeiten – beim Vorbild, den du für dich noch dazugewinnen möchtest. Welchem Vorbild möchtest du nacheifern?

Der junge Motorsportler Benjamin Mazatis sagt: »Ich habe viele sportliche Vorbilder, die nicht nur aus dem Motorsport kommen. Aus dem Motorsport sind das: Jaques Villeneuve, Michael Schumacher, Fernando Alonso und Andre Lotterer. Ansonsten noch Oliver Kahn, Stefan Edberg, Rafael Nadal und Roger Federer. Jaques Villeneuve habe ich dafür bewundert, dass er gleich in seinem ersten Rennen auf Pole fuhr und in seiner Debütsaison nur ganz knapp den Weltmeistertitel verpasste, den er sich dann aber gleich in seiner zweiten Saison sichern konnte. Stefan Edberg habe ich immer für seine Fairness bewundert.«

Auch Wolfgang Mader hat Vorbilder, darunter ein Tier, nämlich den Wolf. Unter den Menschen bewundert Mader die verstorbene US-amerikanische Leichtathletin und Olympiasiegerin Wilma Rudolph, auch bekannt als ›die Schwarze Gazelle‹. Rudolph galt 1960 als schnellste Frau der Welt. Als Kind hatte sie an Kinderlähmung gelitten und im Rollstuhl gesessen.

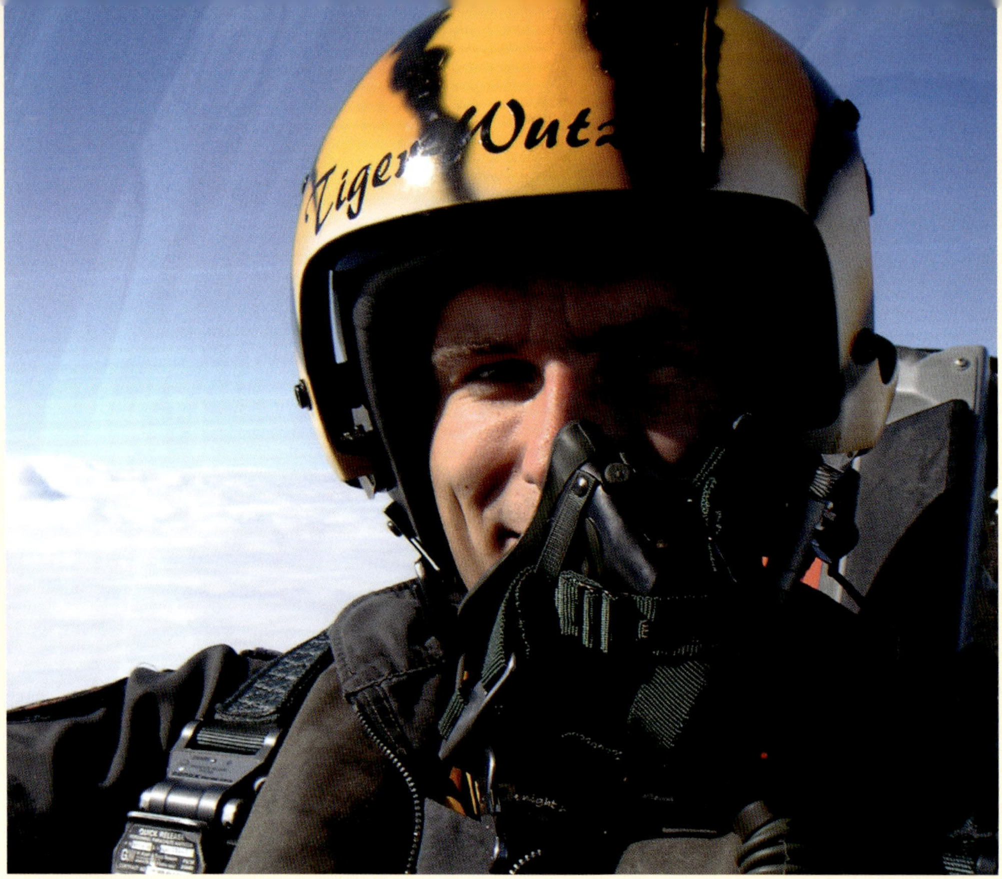

Interview mit Christian Wydra: »Seit meinem 15. Lebensjahr halte ich meine Jahresziele schriftlich fest und kann jeden nur darin bestärken, dies auch zu tun. Mit einer gespenstischen Quote von nahezu 100 % sind meine Ziele, Wünsche und Träume bislang in Erfüllung gegangen.«

Was reizt dich an deiner Sportart?
Der Golfsport, den ich seit meinem 12. Lebensjahr begeistert betreibe, steht nach meinem Empfinden für mehrere zentrale Elemente des Lebens. Durch die ausgeprägte koordinative Komplexität, aber auch die physischen, mentalen und taktischen Herausforderungen, spiegelt er unseren Charakter und unsere Werte wider. Wir sind bei jedem Schlag gefordert, »im Hier und Jetzt« zu sein, Erleben unzählige Male den Wechsel zwischen Anspannung und Entspannung, wir sind gefordert Rückschläge und Schwächephasen zu überbrücken. Ohne emotionale Kontrolle, Konzentration, Durchhaltevermögen und somit mentale Souveränität, sind individuelle Bestleistungen nicht möglich. Eine Runde Golf fühlt sich für mich wie Leistungssport und Meditation zugleich an. Dabei haben wir mit jedem Schlag die fantastische Chance uns persönlich – sportlich wie charakterlich – weiterzuentwickeln.

Welchen geschätzten prozentualen Anteil hat mentale und emotionale Stärke an Deinen sportlichen/beruflichen Erfolgen?
Definitiv um die 90 %, denn es gilt gerade dann ›liefern zu können, wenn es um die Wurst geht‹, egal ob im Beruf oder im Sport. Wenn wir bei Herausforderungen im Job oder auf dem Golfplatz Einbußen in unserer Leistungsfähigkeit erfahren, sind die Konsequenzen selten ultimativ gravierend. In einem Kampfjet kann jeder falsche Handgriff, jede

noch so kleine Fehlentscheidung sehr schnell tödliche Konsequenzen für dich und andere haben. Aus diesem Grund sind emotionale Kontrolle in Extremsituationen sowie mentale Stärke überlebenswichtig gewesen, um die in uns ruhende Lösung umzusetzen.

Wie bekamst/bekommst du (Kopf-)Probleme in den Griff?
In unserer fliegerischen Ausbildung wurden wir, neben den theoretischen Grundlagen, vor allem darauf akribisch geschult, Extremsituationen emotional gelassen und fachlich professionell zu meistern. Hierfür haben wir den gezielten Einsatz von Entspannungs- oder Atemtechniken gelernt. Eine unserer wesentlichen mentalen Visualisierungsübungen war das sog. ›Chairflying‹. Dabei haben wir zunächst, auf einem Stuhl sitzend, mit geschlossenen Augen das gesamte Jet Cockpit vor unserem inneren Auge aufgerufen. Dann wurde jeder Handgriff, jede Bewegung, jede Informationsaufnahme von unseren Instrumenten, v.a. für motorisch komplexe Manöver, bis ins kleinste Detail einstudiert.

Was waren/sind Höchstleistungs- und Stresssituationen für Dich?
In der Fliegerei waren dies z. B. Luftnotlagen nach technischen Problemen, Luftkampf, oder komplexe taktische Szenarien, speziell im Nachtflug.
Im beruflichen Kontext waren dies wirtschaftspolitische Entwicklungen und deren teils gravierende Einflüsse auf unsere Firma oder längere Belastungsphasen.

Wie motivierst du dich zu Höchstleistungen? Was treibt dich an?
In meiner beruflichen Laufbahn hatte ich stets das Glück, meinen Leidenschaften folgen zu dürfen. Aus diesem Grund hat mich stets ein hohes Maß an intrinsischer Motivation angetrieben. Jegliches Lernen und Leisten war daher gedanklich nahezu immer mit einem ›ich darf und ich kann‹, statt mit einem ›ich muss‹ verbunden.

Wie schaffst du es, die richtige Konzentration aufzubauen?
In der Militärfliegerei haben wir es durch extrem standardisierte Abläufe geschafft »in den Tunnel« zu gelangen. Angefangen bei der Mission Planning (Flugvorbereitung), über die eigentliche Mission (den Einsatzflug), bis hin zum sogenannten De-Briefing (Flugnachbereitung und Fehleranalyse), gab es exakte Leitfäden, Checklisten und Prozeduren. Aufgrund der hohen Komplexität war das Ziel dieser festen Abläufe, Gefahren und Eventualitäten zu minimieren und für alle außerplanmäßigen Entwicklungen, die immer vorkamen (!), die eigene maximale Kapazität nutzen zu können.
Auf dem Golfplatz ist dies mit der Pre- und Postshot Routine zu vergleichen.

Welche Rituale hast du im Sport?
Ich habe eine sog. »Fighter Coin«, um meinen Ball auf dem Grün zu markieren. Das ist eine große Münze aus meiner fliegerischen Einheit mit individueller Prägung – eine jahrzehntelange Tradition unter Jet-Piloten.

In welchen Bereichen und in welcher Weise wirkt sich Mentaltraining auch über den Sport hinaus bei dir aus?
Mein Papa war auch schon Jetpilot, daher war ich schon lange vor meiner eigenen Ausbildung mit diesem Thema und diversen Mentaltechniken vertraut. Diese kamen mir daher in nahezu allen herausfordernden Lebenssituationen, auch im privaten Bereich, zugute.

Wie gehst du mit Druck um?
Neben den mir bereits bekannten Techniken bin ich vor kurzem mit dem Thema Achtsamkeit in Berührung gekommen. Es ist wissenschaftlich erwiesen, dass sich psychische Drucksituationen auch körperlich äußern. Ein »bewusstes Hinhören und Hineinspüren« an die Stelle im Körper, die in diesem Moment zu fühlen ist (z. B. Herzrasen, Kloß im Hals, etc.) trägt sehr schnell zu einer ›Auflösung‹ bei. Dies ist mit etwas Training schnell umsetzbar. Gleichzeitig versuche ich, möglichst im Vorfeld einer potenziellen Drucksituation, meine Leistungsfähigkeit realistisch zu beurteilen, um das Druckpotenzial gering zu halten.

Woher schöpfst du Kraft?
Meine Kraftquellen sind meine Familie, Partner-

schaft und Freunde, positiv denkende und lebensbejahende Menschen, Sonne und Natur, lange Saunagänge, Indoor Cycling und der Golfsport.

Wie gehst du mit Niederlagen/ Scheitern um?
In meiner bisherigen Ausbildung und Laufbahn gab es selbstverständlich viele Rückschläge. Dies muss dann erst mal eine gewisse Zeit sacken, bis ich mich zu einer sachlichen Analyse und neuen Anläufen aufraffen kann. An ein richtiges Scheitern, im Sinne des Aufgebens kann ich mich nicht erinnern – wenn, dann waren es neue Wege.
Im Hinblick auf (sportliche) Niederlagen, denke ich sagen zu können, stets ein fairer Verlierer zu sein – meine weitestgehend verinnerlichte ›Überfluss-, statt Mangelmentalität‹ macht dies möglich.

Woraus besteht Siegermentalität?
Ich bin ein Fan der Bücher von Dr. Stephen R. Covey – Bezug nehmend auf das Thema Siegermentalität zitiert er einen Autor, dessen lebenslange Recherchen in diesem Bereich ergaben, dass es die Begeisterung und Leidenschaft für die eigenen Ziele ist, die über Erfolg oder Misserfolg entscheiden – diese Überzeugung teile ich.

Hast du ein Motto?
»It's all about attitude«
In der Fliegerei steht ›attitude‹ für die Lage des Flugzeugs in der Luft.
In Bezug auf unsere Persönlichkeit bedeutet es übersetzt ›Einstellung/Haltung‹ zu unserem Leben und unserer Umwelt. Aus meiner Erfahrung entscheidet die richtige ›Einstellung/Haltung‹ zu den Entwicklungen in unserem Leben konkret, ob wir es positiv oder negativ empfinden.

Was ist dein Leitsatz für Menschen, die Erfolg anstreben?
Arbeite erst einmal intensiv daran, dir über deine Leidenschaften klar zu werden, dann mach dir einen groben Plan und lege mutig los!

Hast du Ziele, machst du dir einen schriftlichen Plan?
Seit meinem 15. Lebensjahr halte ich meine Jahresziele schriftlich fest und kann jeden nur darin bestärken, dies auch zu tun. Mit einer gespenstischen Quote von nahezu 100 % sind meine Ziele, Wünsche und Träume bislang in Erfüllung gegangen. Klarheit über deine eigenen Ziele (schriftlich!) setzt ungeahnte Kräfte und Entwicklungen frei.

Sind Krisen eine Chance?
ABSOLUT – so wie im Chinesischen ein Wort für beide Bedeutungen steht! Erst durch richtige Rückschläge werden unsere Potenziale auf die Probe gestellt, oder wir werden wachgerüttelt, unseren aktuellen Weg zu hinterfragen. Die Liebe meiner Familie, Demut und Dankbarkeit sind mein Fundament in Krisensituationen. Mein (hart erarbeitetes) Selbstvertrauen, meine Intuition und meine über Jahre entwickelte, mentale Stärke sind die tragenden Säulen.

Wenn du das Geheimnis von Erfolg in 5 Tipps formulieren müsstest, wie lauten deine Regeln für Erfolg?
1. Ziel- und Werteklarheit: Definiere, was Erfolg für dich bedeutet und in welchem Umfeld du diesen erleben möchtest, denn erst dann können sämtliche Energien in die richtige Richtung gelenkt werden.

2. Selbstvertrauen durch viele kleine Schritte erarbeiten (z. B. durch ein Erfolgs- und Dankbarkeitstagebuch).

3. Planen, hart arbeiten und nie aufgeben, denn auch Umwege können zum Ziel führen.

4. Entwickle Netzwerke nach dem Prinzip der Überflussmentalität, denn nur gemeinsam, synergetisch sind wir wirklich stark und haben Freude bei dem, was wir im Leben bewegen.

5. Die individuelle Balance zwischen Konzentration und Erholung halten, denn selbst die Leistung eines Jettriebwerks lässt nach, wenn es dauerhaft auf Maximalschub läuft.

Vielen Dank für das Interview!

VORSTELLUNGSKRAFT

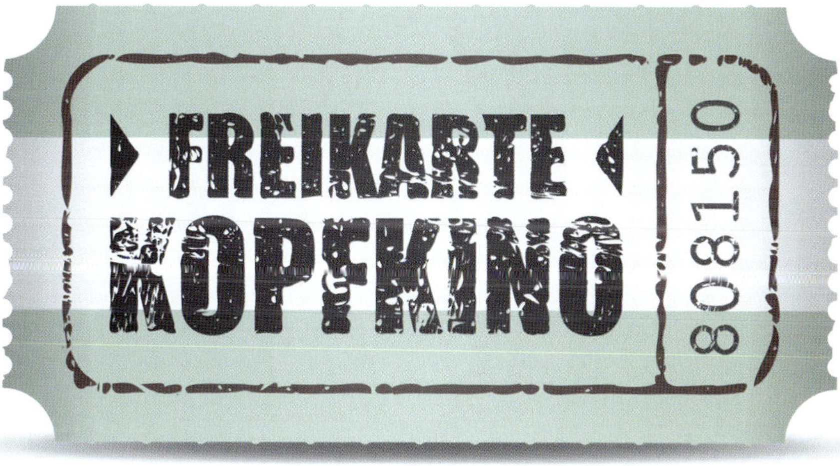

Die Kraft der inneren Bilder

Denkst du manchmal am Abend vor einem Spiel oder Wettkampf an deine Leistung? Siehst du dich selbst, wie du in den letzten Minuten des Spiels den siegbringenden Schuss abgibst? Wenn ja, dann nutzt du bereits Visualisierung (unbewusst). Die Vorstellungskraft ist ein mächtiges, sehr wirksames Instrument zur Steigerung der Leistung im Training und im Wettkampf. Leider wird es viel zu wenig bewusst eingesetzt.

Wir können unser »Kopfkino« nutzen, um Ziele anzuvisieren, um uns in Situationen hineinzudenken oder um uns positive Erlebnisse in Erinnerung zu rufen. deine geistigen Vorstellungen beruhen in der Regel auf Erfahrungen, Erinnerungen, Emotionen und Gedanken. Die Visualisierung bildet hinsichtlich deines Leistungsvermögens eine Brücke zwischen Geist und Körper. Wenn du positive Vorstellungsbilder programmierst, sie sozusagen Teil deiner mentalen Software werden lässt, können diese Bilder dich beim Erreichen deiner Ziele unterstützen. Die Imagination wirkt strukturbildend im Gehirn. Regelmäßiges Visualisierungstraining kann helfen, Ängste und Nervosität zu reduzieren, die Kreativität zu steigern und die Konzentration zu schärfen. Durch Visualisierung von optimalen Bewegungsabläufen, also das gedankliche Durchführen der Bewegungen im Kopf, kann die tatsächliche Bewegung optimiert werden (mentales Techniktraining). Es können aber auch andere Dinge wie Erfolge, Ruhebilder, Aktivierungsbilder oder körperliche Regeneration visualisiert werden. Somit können Vorstellungen die Motivation erhöhen, das Selbstvertrauen stärken, das Gefühl für eine korrekte Technik verankern, die technischen, taktischen und wettkampfspezifischen Fertigkeiten verbessern und zur Entspannung beitragen. Schließlich unterstützt einen das Vorstellungsvermögen, Schmerzen im Training und im Wettkampf zu bewältigen.

Im Golfsport verdanken etliche Spitzengolfer ihre Erfolge u. a. ihren täglichen Visualisierungsübungen. Der berühmte Golfspieler Jack Nicklaus sagt: »»Ich schlage nie einen Ball, selbst nicht beim Training, ohne ein sehr scharfes und klares Bild von dem Schlag in meinem Kopf zu haben. Es ist wie ein

» Die Visualisierung ...

... dient:
- der Optimierung der Bewegungsvorstellung,
- der Motivation durch das Abrufen eines Erfolgserlebnisses (»moment of excellence«),
- der Psychoregulation, z. B. durch das Abrufen eines Ruhebildes zur Blitzentspannung.

Farbfilm. Erst ›sehe‹ ich den Ball am gewünschten Landeort, dann wechselt die Szene schnell und ich ›sehe‹ den Ball, wie er dorthin fliegt; dann wird ausgeblendet, und die nächste Szene zeigt mir, wie ich den Schwung ausführe, der die vorausgegangenen Bilder in die Wirklichkeit umsetzt.«

Die Reihenfolge der beschriebenen Ereignisse ist wichtig, denn das letzte, was er gerade vor dem Ausführen des Schlags visualisiert, ist der Schwung selbst. Das bewirkt, dass er den Bewegungsablauf frisch in Erinnerung behält. Andere Golfspieler versuchen, die Essenz des erforderlichen Schwungs einzufangen, indem sie sich einen Lichtbogen auf der Linie vorstellen, dem der Schlägerkopf folgt. Wenn der Ball dann tatsächlich gespielt wird, kann sich der Spieler alleine darauf konzentrieren, wie er den Schlägerkopf entlang dieser illuminierten Linie zurückführt. Diese Visualisierungstechnik kann einer ganzen Reihe anderer Fertigkeiten sehr leicht angepasst werden.« (Peter Terry, 1990, S. 67–68).

Skifahrer z. B. halten vor dem Start die Augen geschlossen und bewegen sich nach links und rechts. Sie gehen vor ihrem geistigen Auge die Rennstrecke durch. Die ehemalige Skirennläuferin Regina Häusl-Leins sagt: »Bis zum Wettkampf versuchte ich, mir die Strecke mit allen Geländegegebenheiten und natürlich den Kurs auf den Zentimeter genau einzuprägen und in meiner Vorstellung auch den Wettkampf zu fahren mit allen dazugehörenden Bewegungen, Muskelspannungen und Emotionen.«

Skicross-Fahrer Paul Eckert beschreibt seine Visualisierungstechnik so: »Ich zerlege meinen Lauf in den ca. 30–40 Meter langen Startbereich, der recht technisch ist mit seinen verschiedenen Elementen aus Wellen und Sprüngen, und in den restlichen Lauf mit Sprüngen, Wellen und Steilwandkurven. Das sind bewusst diese zwei Teile, weil der Start elementar wichtig ist und man da meiner Meinung nach mehr Fokus drauf legen muss. Mir ist es wichtig, den Lauf als zwei Teile zu betrachten, da ich den ersten Teil im Geiste öfters durchgehe als den zweiten Teil. Ich lasse die Visualisierung im Kopf immer wie einen Film ablaufen. Für mich wirkt das immer so wie ein Kopfkino mit Helmkamera.«

Der ehemalige Nationalmannschaftsschwimmer Christian Tröger stellte sich in der Trainings- und auch in der Wettkampfsituation vor, wie er z. B. den Wechsel beim Staffelwettkampf macht. »Anders als beispielsweise Skifahrer sind wir jedoch nicht mit extremen Kurven, Sprüngen oder externen Störfaktoren (Wind, Schneefall, Wechsel von Licht und Schatten) konfrontiert«, sagt Tröger. »Vielmehr sprechen wir von verschiedenen Streckenlängen, Wendesituationen und Renneinteilungen der Konkurrenz, auf die es zu reagieren gilt. Das gesamte Rennen wird selbstverständlich soweit wie möglich durchgespielt und mögliche Handlungsstränge antizipiert.«

Auch im Motorsport setzen Rennfahrer Visualisierung ein, um sich auf unterschiedliche Streckenanforderungen und Teilabschnitte eines Rennens vorzubereiten. Dann werden z. B. nur das Qualifying, der Start, Überholmanöver oder das Fahren bei Regen visuell trainiert. Doch egal, was Rennfahrer visualisieren, sie starten stets langsam. Ziel ihrer Visualisierungen ist gerade zu Beginn, wenn sie noch nicht erfahren darin sind, die Fehlerfreiheit. Sie ist viel entscheidender als die Renngeschwindigkeit. Das Einhalten des vereinbarten Fahrplans bis ins kleinste Detail, wie den Druck aufs Bremspedal, ist oberstes Gebot. Mit der Zeit dürfen die Fahrer beim Visualisieren das Tempo zwar steigern, doch nie so schnell werden, dass sie Fehler riskieren. Schaffen sie keine komplette Runde, konzentrieren sie sich zunächst auf die Kurven und nehmen später erst die Längen hinzu.

Oliver Kahn hat als Torhüter der Fußballnationalmannschaft ebenfalls mit Visualisierung gearbeitet: »Vor den Spielen lag ich dann in meinem Hotelzimmer, habe mich in bestimmten Situationen gesehen, so wie ich mich sehen wollte: Oliver Kahn, der sicher die Bälle fängt, der selbstbewusst im Tor steht. Ich habe aber auch versucht, Situationen vorwegzunehmen: Wie reagiere ich heute, wenn ich ein Tor bekommen sollte? Wie ist meine Reaktion auf die Fans auswärts? Ich zeige keine Schwäche, im Gegenteil, ich mache meine Mannschaft stark. Oder bei Eckbällen, das lässt sich gut veranschaulichen: Der Eckball nähert sich, man kommt aus dem Tor, steigt hoch, hält den Ball fest und bringt ihn sofort wieder ins Spiel. All das kann man visualisieren.« Fußballtrainer Ottmar Hitzfeld hat bereits zu Amateurzeiten seine geistige Vorstellungskraft fürs Spiel genutzt: »Es macht Sinn, sich künftige Bewegungsabläufe vorzustellen. Zuerst als Amateur, später im Profibereich, übte ich gedanklich Spielsituationen … das Dribbling am Gegner vorbei, den Fallrückzieher – auch das Timing für den Sprung zum Kopfball können Spieler bestens im Kopf trainieren und visualisieren.« (aus Müller, 2004, S. 84).

Was bedeutet Visualisierung?

Auf wikipedia.de findet sich folgende Definition: »Visualisierung ist eine Übung, in der bestimmte Vorstellungsbilder konzentrativ und imaginativ hervorgerufen werden.«

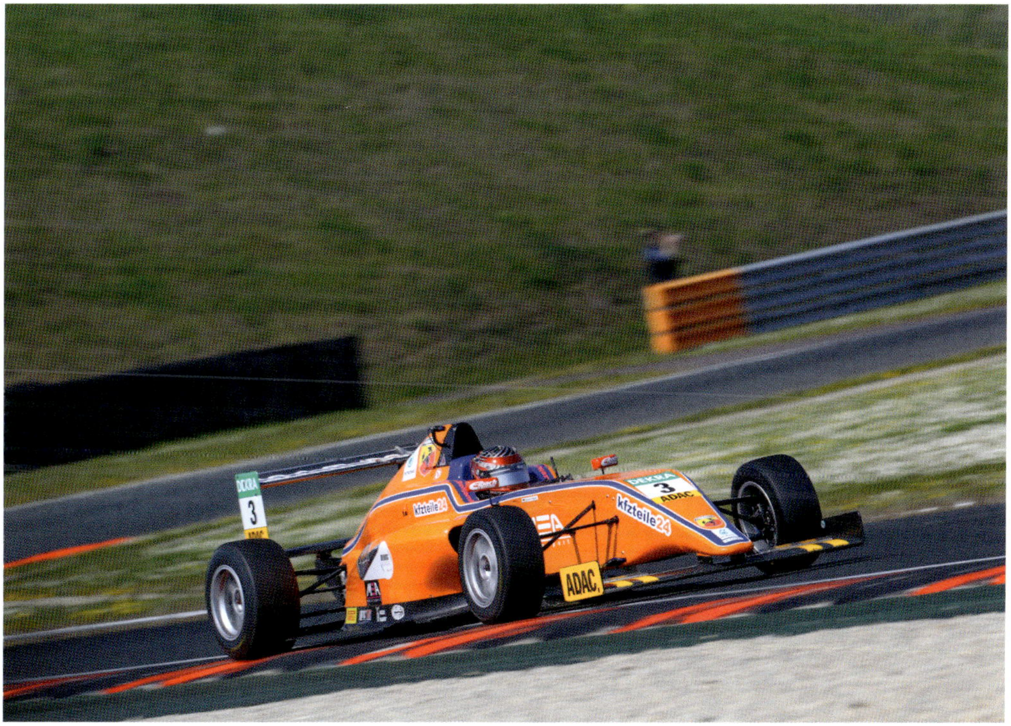

Der Sportpsychologe Jim Loehr sagt: »Visualisieren ist nichts anderes als das systematische Trainieren, starke, positive geistige Bilder in sich hervorzurufen und zu verstärken. (…) Visualisieren ist der Vorgang, im Geiste Bilder zu erzeugen. (…) Es ist ganz einfach die Anwendung der Fantasie, der Vorstellungskraft, man sieht mit dem geistigen Auge. Es ist die Re-Kreation, die Wiedererschaffung eines vergangenen Erlebnisses durch geistige Vorstellungsbilder.« (Loehr, 1991, S. 109–110).

Visualisieren ist

- Kopfkino
- Denken in Bildern anstatt in Worten, also das Vorstellen in Bildern eines Bewegungs-, Handlungsablaufs, eines Auftrittes oder eines Ziels. Es ist ein selbst geschaffenes gedankliches Vorstellungsbild.
- das »Programmieren« von positiven Vorstellungsbildern
- die Anwendung der Vorstellungskraft – du »siehst« mit dem »inneren Auge«
- die geistige Rekonstruktion einer Erfahrung durch geistige Vorstellungsbilder. Es bedeutet, dass wir auch die Gefühle, Sinneswahrnehmungen und Emotionen wecken.
- Vorstellungsbilder ähneln realen Sinneserfahrungen (Sehen, Fühlen, Hören), wobei sich die gesamte Erfahrung im Kopf abspielt. Unser Verstand kann sich Ereignisse vorstellen, die noch nicht stattgefunden haben.
- Die mentale Probe ist eine Vorschau auf den bevorstehenden Wettkampf. Du stellst dir den bevorstehenden Wettkampf so detailliert wie möglich vor. Du hast die Kontrolle, während du deine Gedanken lenkst. Sei positiv gestimmt und sieh dich selbst als erfolgreich. Visualisiere verschiedene Situationen.

Nutzen und Anwendungsfelder

- Bei Mängeln im Bewegungsablauf. Diese Fehler treten immer mal wieder auf, vor allem dann, wenn du unter Druck gerätst.
- Wiederherstellung des emotionalen Gleichge-

Beispiel aus dem Reitsport: Stell dir dich vor, wie du sehr gut reitest (rechte Abbildung).

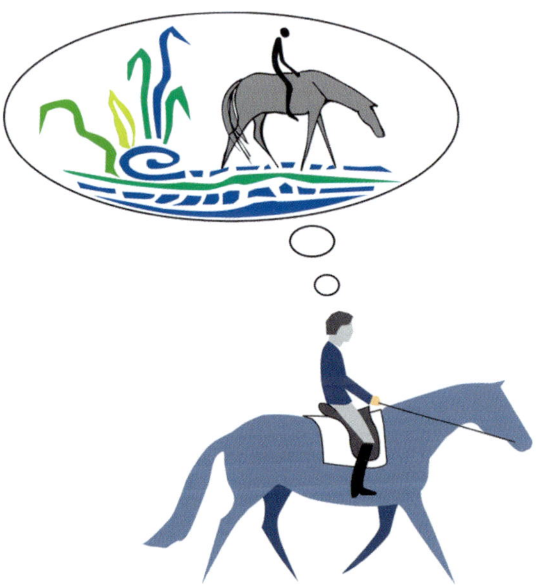

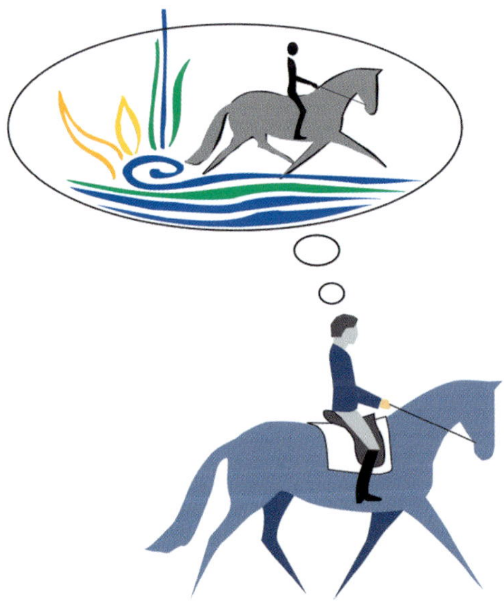

wichts nach verpatzten Bewegungsabläufen z. B. durch das Denken an Erfolge in der Vergangenheit.

- Sich selbst als Sieger sehen
- Sich selbst gut spielen sehen
- Leistungsverbesserungen
- Ausschalten von Ablenkungen, um sich besser konzentrieren zu können
- Heranwagen an neue und schwierigere Rennstrecken, Hindernisse, Schanzen etc.
- Einprägen von Schwierigkeiten bei bestimmten Parcours u. Ä.
- Erlernen von neuen (komplexen) Bewegungsabläufen und Fähigkeiten
- Einprägen von möglichst wichtigen Details eines Bewegungsablaufes
  Je mehr langatmige Erklärungen beim Lernen durch Bilder ersetzt werden, umso einfacher und effektiver kannst du den gewünschten Bewegungsablauf umsetzen und desto schneller geht der Lernprozess voran.
- Verbesserung der Entspannung
- Visualisierung lässt sich gut in »übungstoten« Zeiten (Ferien, Reisen, Flüge …) einbauen, da du immer und überall visualisieren kannst.
- Entwicklung taktischer Kenntnisse
- Training von Bewegungen und Fähigkeiten
- Mentales Aufwärmen (Proben des Spiels vor dem inneren Auge)
- Entwickle Bewältigungsstrategien durch Visualisierung. Visualisiere ein unerwartetes oder stressiges Ereignis und wie du damit umgehen kannst.
- Du siehst dich im Vorfeld eines Turniers bei schwierigen Bedingungen wie zum Beispiel großen Zuschauermengen, nicht optimalen Verhältnissen (Regen, Wind, schwerer Belag etc.) oder anderen überraschenden Situationen Erfolge erzielen.
- Das Bild z. B. einer Glaskugel zum Schutz vor allen störenden Einflüssen: »Nur ich unter der Glaskugel!«
- Freude und Spaß am Sport zurückgewinnen
- Erholung von Verletzungen
- Visualisierung fördert den Erhalt von Fähigkeiten während der Rehabilitation.

Die meisten Topathleten und Leistungssportler vieler Disziplinen in aller Welt trainieren das Visualisieren regelmäßig und wissen um den Wert dieser Strategie, was sich in ihrer Leistung niederschlägt. Was sie gelernt haben, kannst auch du lernen. Unsere bewussten und unbewussten Vorstellungen haben erhebliche Konsequenzen für unser Verhalten, unser Selbstvertrauen, unsere Gefühle und unsere gesamte Körperchemie. Vorstellungen können stärker sein als »tatsächliche« Erlebnisse.

Gehörst du zu den Menschen, die glauben, sie könnten sich nichts vorstellen? Bedenke, wir machen uns ständig innere Bilder. Visualisiere beispielsweise die Haustür deiner Wohnung, öffne diese und betritt den Flur oder gehe in Gedanken durch dein Wohnzimmer. Setz dich und schau dir an, was um dich herum ist. Welche Bilder hängen an der Wand, was liegt auf dem Boden, was steht im Regal? Streiche gedanklich mit der Hand über dein Sofa. Was fühlst du? Anfangs siehst du vielleicht verschwommene Bilder, das ist okay. Durch die Herkunft des Wortes »Visualisierung« (von lat.: videre = sehen) ist jeder zunächst geneigt zu glauben, dass visualisieren gleichbedeutend ist mit sehen. Da wir Menschen glücklicherweise alle verschieden »ticken«, setzen wir auch unsere sinnesorganischen Fähigkeiten verschieden ein. Viele Menschen »spüren« oder »denken« ihre inneren Bilder. Während es dem einen sehr leicht fällt, Bilder mit seiner Vorstellungskraft herbeizuzaubern, kann ein anderer hingegen sich besser am Geruch oder Geschmack orientieren.

Folgende fünf Sinne stehen dir für innere Bilder und Filme als Möglichkeit zur Verfügung. Alle Sinne –

Sehen, Hören, Fühlen, Riechen und Schmecken – sind wichtig. Der kinästhetische Sinn ist für Sportler besonders wichtig, weil er das Gefühl für die Körperposition und die Bewegung einschließt.

V visuell – Sehen (Farben, Bilder, Details, Gegenstände, Ausrüstung)
A auditiv – Hören (Geräusche, Rauschen, wenn der Ball durch das Netz fliegt; Schnauben des Pferdes, Meeresrauschen,sanfte klassische Musik, Stimme des Trainers, klatschende Zuschauer)
K kinästhetisch – Fühlen (z. B. Gefühle, innere Spannungen, warme Sonne auf der Haut, Spüren der Muskeln bei der Ausführung)
O olfaktorisch – Riechen (z. B. Gerüche in der Luft)
G gustatorisch – Schmecken

Stelle dir folgende Fragen:
Visuell – Was siehst du? Wie sieht das aus? Welche Farben erkennst du?
Auditiv – Was hörst du? Was sagst du zu dir?
Kinästhetisch – Was fühlst du? Wie fühlt sich das an? Wo spürst du das?
Olfaktorisch – Was riechst du? Wie riecht das? Was ist das für ein Geruch?
Gustatorisch – Was schmeckst du? Wie schmeckt das? Was ist das für ein Geschmack?

Konkretes Beispiele aus dem Basketballsport
Schließe deine Augen und stelle dir so viele Details wie möglich vor.
Visuell: Stelle dir einen Basketball vor. Beachte die orange Farbe. Beachte seine runde Form.
Auditiv: Welche Geräusche hörst du, während du Basketball spielst?
Kinästhetisch: Stell dir vor, du hältst den Ball. Wie fühlt er sich an? Nimm seine Form und Rundheit wahr. Fühle, wie leicht sich der Ball anfühlt, wenn du ihn in deiner Hand drehst. Achte darauf, wie hart er sich anfühlt, wenn du ihn zusammendrückst. Stelle dir vor, du wärmst dich mit dem Ball auf. Spüre, was dein Körper während des Schusses tut. Spüre, wie sich die Muskeln in deinen Beinen bewegen, spüre die Muskeln in deinen Schultern und Armen.
Riechen: Rieche den Ball, das Spielfeld und die Halle. Rieche den Schweiß nach einem harten Training.
Schmecken: Schmecke das Salz des Schweißes auf deinen Lippen. Stell dir vor, du trinkst ein Glas Wasser.
Emotion: Erlebe das Selbstvertrauen, das du empfindest, wenn du das Spielfeld betrittst. Erlebe die Befriedigung, wenn du einen Treffer landest. Erlebe die Aufregung, Spieler eines erfolgreichen Teams zu sein.

Analyse der Visualisierung: Was waren die stärksten Bilder und Empfindungen? Welche Sinneswahrnehmungen musst du verbessern?

Wichtige Hinweise
Visualisieren gelingt am besten im Zustand der Entspannung und Erwartungslosigkeit. Kombiniere Visualisierung mit einem tiefen Entspannungszustand. Bei geschlossenen Augen ist es leichter, weil du nicht von deiner Umwelt abgelenkt wirst. Nega-

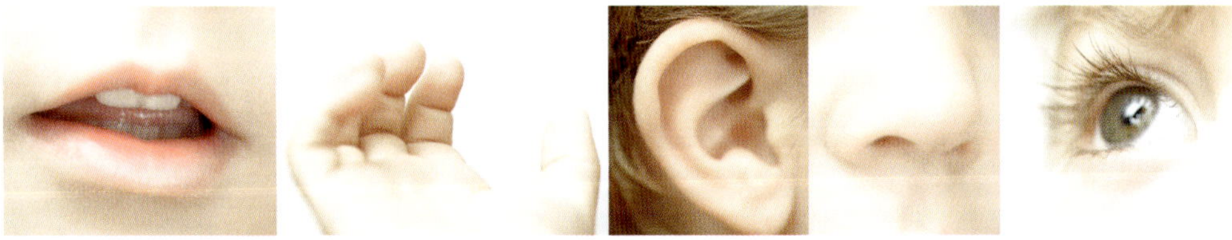

tive Gedanken, psychischer Druck, Erfolgserwartungen, Überlegungen wie »Was passiert, wenn?« müssen ausgeschaltet bleiben. Oliver Kahn weiß, wie wichtig der entspannte Zustand für eine Visualisierung ist: »Diese Technik ist wirklich anstrengend. Und manchmal war ich zu angespannt vor einem Wettkampf, um diese Technik zu praktizieren.«

Du solltest dich selbst sehen, wie du deine Bewegungen fehlerfrei ausführst. Ein Tennisspieler sollte sich zum Beispiel vorstellen, wie er einen kraftvollen Aufschlag macht und den Ball an seinem Gegner vorbeifliegen sieht, um ein Ass zu schlagen. Sieh nur das, was du erreichen willst: Erfolg!

Stelle dir Bewegungen, Ritte, Rennen oder Wettkämpfe in Echtzeit vor. Beginne mit der Zeitlupe (vor allem, wenn du eine neue Fähigkeit oder Bewegung erlernst, damit du das Bild der Bewegung in deinem Kopf perfektionieren kannst) und gehe dann zur Echtzeit über.

Unter welchen Bedingungen haben Visualisierungen die stärkste Wirkung?

- Wenn du dich an einem bequemen und ruhigen (Lieblings-)Ort, z. B. in einem gemütlichen Sessel oder im Hotelzimmer sitzend, befindest, ohne jegliche Ablenkung und Störung wie zum Beispiel durch ein Handy oder einen Fernseher.

Die Wirkung der Visualisierung auf Energie und Leistung eines Spielers. (Quelle: Bill Beswick. 2011, S. 105)

	Bilder der Spieler	Emotionaler Zustand	Energiezustand	Leistungszustand
A	Der Sieger	Aufregung	Hoch	Aktiviert
	Der Beste	Glückszustand	Positiv	Engagiert
	Unter Kontrolle			Selbstsicher
B	Nicht gehetzt	Zufrieden	Niedrig	Passiv
	Unbekümmert	Ruhig	Positiv	Unmotiviert
	Entspannt			Verletzlich
C	Erzürnt	Wut	Hoch	Destruktiv
	Frustriert	Aufregung	Negativ	Schädigend
	Rachsüchtig			Außer Kontrolle
D	Deprimiert	Furcht	Niedrig	Passiv
	Kraftlos	Traurigkeit	Negativ	Nicht bereit
	Müde			Opfer

- Wenn du Gefühle, Gedanken, Erwartungen, Wünsche oder Sehnsüchte beiseitelegen kannst, die keinen Bezug zu dem geistigen Vorstellungsbild haben. Die Bilder werden umso wirksamer, je detaillierter und emotionaler sie sind.
  Fülle deine innere Leinwand mit Farben, Berührungen, Tönen, Gerüchen, Gefühlen und Musik! Nutze alle fünf Sinne.
- Wenn du dir für Visualisierungsübungen eine ruhige Zeit aussuchst. Dunkelheit unterstützt.
- Wenn du ohne Druck übst! Solltest du anfangs Schwierigkeiten haben, Bilder »zu sehen«, mach dir keine weiteren Gedanken. Mit der Zeit fällt es dir immer leichter, innere Bilder zu sehen.
- Wenn du so viele Einzelheiten und Details (heißes und feuchtes Wetter, Schweißperlen auf der Stirn, Sonnenschein, Schatten, Blumen, Zuschauer, Rascheln des Laubs, Luftzug im Gesicht) wie möglich visualisierst.
- Wenn du deine Bilder regelmäßig wiederholst und übst.
- Je lebendiger ein Bild ist, umso besser.
- Ausgangspunkt jeder erfolgreichen Visualisierung ist ein entspannter Zustand. In diesem Zustand der Ruhe und Gelassenheit verschwinden alle äußeren Reize, deine Motorik kommt zur Ruhe und störende Gedanken werden ausgeschaltet.
- Beziehe Gefühle in die vorgestellte Situation mit ein. Wie fühlt sich dein Bild an? Emotionen spielen eine Schlüsselrolle beim Speichern und Abrufen von Erinnerungen. Jede Erinnerung wiederum aktiviert automatisch die daran gekoppelten Emotionen.
- Stelle dir die geistigen Bilder regelmäßig und über längere Zeit vor, damit die »Pläne« sich in deinem Gedächtnis verankern können und du wie bei einem Navigationssystem – dann, wenn es darauf ankommt – die verschiedenen »Landkarten« abrufen und du ihnen folgen kannst (vgl. Eberspächer, 2008).
- Tägliches Üben, das sich über Wochen hinzieht, wird dir große Erfolge bringen!
- Sei geduldig, denn es wird eine Weile dauern. Deine sportlichen Fähigkeiten hast du auch nicht über Nacht entwickelt, und das Gleiche gilt für deine Vorstellungskraft.
- Auch wenn du dir die Visualisierung sicherlich alleine aneignen kannst, beherrscht du die Technik vielleicht schneller, wenn du mit einem Sport Mental Coach oder einem Sportpsychologen zusammenarbeitest.

Prozess der Visualisierung

Die Abbildung auf der nächsten Seite stellt den allgemeinen Prozess der Visualisierung dar.
Beginne mit einfachen, statischen, also nicht bewegten Bildern und versuche dich erst später an komplexen Szenen.

Praxis-Beispiel: Visualisieren

Die Orangenübung

Wende diese Übung zur Vorbereitung deiner Visualisierungstechnik an. Setze alle Sinne ein.

1. Schritt: Nimm eine Orange in die Hand und führe folgende Instruktionen aus:
»Greif die Orange, die vor dir liegt. Nimm die Farbe wahr. Welche Farbe hat sie? Taste mit den Fingern die Oberfläche der Orange ab und beachte den Geruch. Beobachte, wie es spritzt, wenn du deine Fingernägel in die Orangenschale eingräbst. Nimm während des Schälens den Geruch der Orange wahr. Beachte die Geräusche, die während des Schälens und Trennens in die einzelnen Stücke entstehen. Spüre den klebrigen Saft auf deinen Fingern. Beiß und kau die einzelnen Stücke der Orange und nimm den Geschmack und das Gefühl der Orange in deinem Mund und auf deinen Zähnen wahr.« (Quelle: mobilesport.ch 11/ 2011, Psychologisches Training Übungen, S. 6)

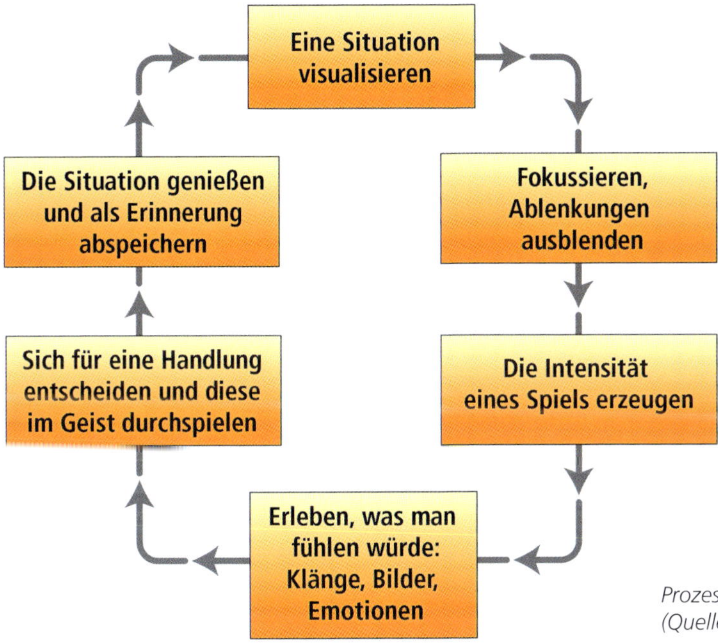

Prozess der Visualisierung. (Quelle: Bill Beswick, 2011, S. 99)

2. Schritt: Stelle dir die Orange vor (du visualisierst): Nimm eine bequeme Körperhaltung ein. Schließ die Augen. Entspann dich. Atme gleichmäßig durch die Nase ein und durch den leicht geöffneten Mund aus. Lass das Bild der Orange in deiner Vorstellung auftauchen. Solltest du kein Bild erhalten, stelle dir vor, welches Geräusch entsteht, wenn du in ein Orangenstück beißt, wenn deine Zähne das weiche Fruchtfleisch berühren, rieche die Orange. Und stelle dir vor, wie sie schmeckt und wie es sich anfühlt, wenn du die Orange berührst.

Welche Selbsterkenntnis hast du in der Übung gewonnen?

Hast du auch die folgenden zwei Dinge festgestellt?

1. Dein Mund hat vermehrt Speichel produziert und
2. du hast, wenn du dasselbe mit einer Zitrone machst, dein Gesicht verzogen.

Dieses kleine Experiment zeigt dir:

1. Deine Gedanken und Phantasien sind Kräfte, die deinen Körper veranlassen, zu reagieren. Dein Körper und deine Gesichtsmuskulatur haben so reagiert, als hättest du tatsächlich in die saure Orange gebissen. Du hast dich so gefühlt, als hättest du das getan, was du dir in Wahrheit nur vorgestellt hast.

» Merke

Jeder Gedanke, jedes Bild, jede Vorstellung, ob positiv oder negativ, hat einen Einfluss auf dein seelisches und körperliches Befinden. Du kannst dich darüber schwächen oder stärken.

2. Im Internet oft zu lesen, in Seminaren oft vermittelt: Das Unterbewusstsein – das letztendlich deine Handlungen bestimmt – macht keinen Unterschied zwischen echt (Realität) oder vorgestellt (Imagination). Das ist so falsch. Das Gehirn unterscheidet zwischen realer Wahrnehmung und Imagination. Dennoch sind bei lebhafter Imagination fast alle der ca. 30 visuellen Areale aktiv (nach Franz Hütter aus seinem Vortrag: »NLP mit Hirn«).

Welche Bedeutung hat diese Selbsterkenntnis für deinen Alltag?

Achte auf deine Gedanken und Vorstellungen. Überprüfe, ob deine Gedanken und Vorstellungen der

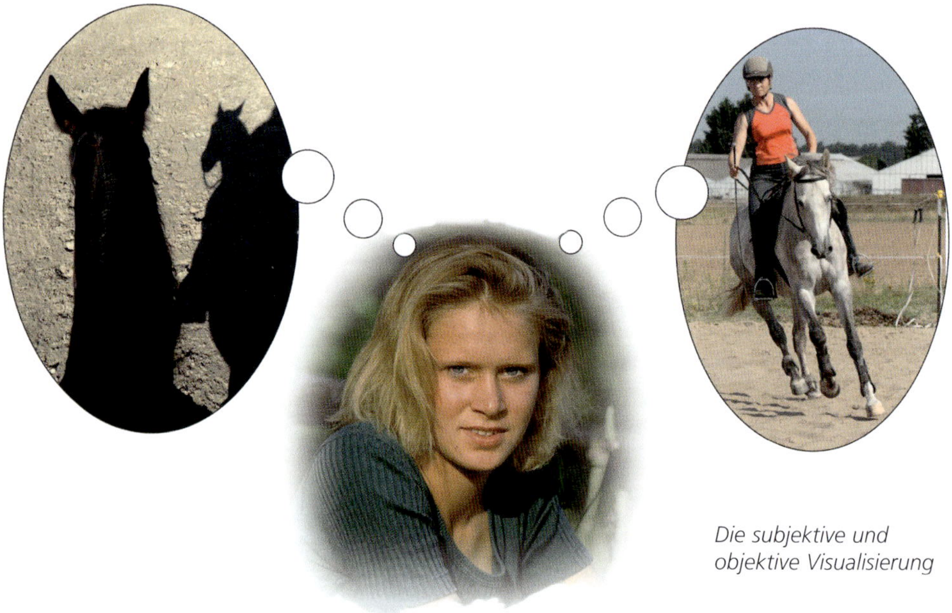

Die subjektive und objektive Visualisierung

Realität entsprechen. Du kannst nicht vermeiden, dass negative Gedanken in deinem Kopf kreisen, aber du kannst verhindern, dass sie sich bei dir einnisten und du dich dauerhaft mit negativen Emotionen belastest. Entweder du kontrollierst dein Denken und deine Gedanken, oder diese kontrollieren dich. Wenn du mit deiner Vorstellungskraft ein wenig herumexperimentierst, gelingt es dir bald, schnell und unkompliziert bekannte, aber auch unbekannte Bilder, vor deinem geistigen Auge entstehen zu lassen.

Fakt ist: Das Visualisieren hat nichts mit Zauberei zu tun und erspart auch nicht das intensive physische Training. Es ersetzt das TUN nicht! Es gibt keinen Ersatz für körperliches Training, doch damit gewinnt man den Kampf nur halb. Die andere Hälfte wird u. a. durch das Denken in positiven, dich stärkenden Bildern gewonnen!

Ich möchte dir eine weitere Möglichkeit vorstellen, wie du das Visualisieren üben kannst. Auf diese Möglichkeit bin ich zufällig im Stimmcoaching gestoßen, das ich als Rednerin immer wieder mal in Anspruch nehme. Ein großes Thema im Stimmcoaching ist die Emotionalisierung von Worten, Texten, Stories. Dazu durfte ich Texte lesen, u. a. »Die Mondnacht« und »Waldesgespräch« von Eichendorff. Einen solchen Text kann man nur emotional sprechen, wenn man sich dazu innere Bilder schafft. In »Waldesgespräch« geht es um eine Hexe und möglicherweise um einen Ritter. Wichtig dabei ist, sich genau zu überlegen: Wie schaut der Ritter aus, wie schaut die Hexe aus? Wie klingen ihre Stimmen? Dabei gilt es, eine eigene Wertung hineinzubringen, z. B. Befremden oder Sachlichkeit. Die Figuren sollten bis ins kleinste Detail vor deinem inneren Auge entstehen, so, als wolltest du einen Maler anweisen, was er auf die Leinwand bringen soll, oder einen Regisseur, was er drehen soll. Hat man diese inneren Bilder nicht, fällt es sehr schwer, einen Text zu emotionalisieren.

Zwei Vorgehensweisen der Visualisierung: Dissoziation und Assoziation

Es gibt zwei höchst unterschiedliche Zugänge zum Visualisieren, beide rufen sehr unterschiedliche Ergebnisse hervor.

» Praxis-Beispiel: Visualisierungssitzung zur Vorbereitung eines Marathonlaufs

»Sie sind wieder völlig entspannt und vergegenwärtigen sich folgende (oder eine andere für Sie zutreffende) Szene: Es ist Ihr dritter großer Wettkampf in diesem Jahr, und Sie haben gute Chancen, ganz weit vorne zu landen. Es kommt dabei aber sehr stark auf eine vernünftige zweite Rennhälfte an. Am Anfang dürfen Sie nicht zu schnell loslaufen. Über dem Startbereich liegt eine fast fühlbare Spannung. Ihre Fans feuern Sie an, aber auch Ihre Gegner bekommen lautstarke Unterstützung. Es ist ein faires Publikum. Es ist warm, ja heiß – Sie mögen diese Hitze.

Der Startschuss, Sie laufen los und suchen Ihren Konkurrenten im Feld. Nun könnte eine Vorentscheidung fallen, wenn Sie sich ausschließlich an Ihrem Konkurrenten orientieren und dabei vergessen, Ihr eigenes Rennen zu laufen. Das Tempo könnte anfangs zu hoch sein. Sie waren ein-, zweimal unkonzentriert, waren einen Tick zu schnell, das haben Sie mit der Uhr kontrollieren können, haben aber jetzt Ihren Fokus wiedergefunden. Sie haben nach einer kleineren Übermotivationsphase nun Ihren Rhythmus gefunden. Ihre Gegner sind heute ausgesprochen stark. Doch Sie lassen sich nicht irritieren.

Im Gegenteil: Gute Gegner fordern Sie geradezu heraus. Sie laufen zu Ihrer Bestform auf. Sie konzentrieren sich auf das Kontrollieren Ihres Tempos. Dabei beobachten Sie Ihre Füße, wie sie leicht den Asphalt berühren, und horchen tief in sich hinein, und Sie sind ganz ruhig. Beim nächsten Kilometerschild geht alles glatt. Die Zwischenzeiten stimmen wieder. Einer Ihrer Konkurrenten geht an Ihnen vorbei. Ein Raunen geht durch die Zuschauer am Rande der Kurve, alle sind bis aufs äußerste gespannt. Ein Zuschauer fordert Sie auf, sich zu beeilen. Gelassen schauen Sie auf die Uhr, Sie laufen Ihr Rennen. Bestimmt überzockt Ihr Gegner. Sie sagen sich: Warte ab, bei Kilometer 30 sehen wir uns wieder. Bei Kilometer 32 läuft alles wie erwartet, und Sie überholen Ihren Konkurrenten. Er sieht in der Tat sehr erschöpft aus. Offensichtlich ist er zu schnell losgelaufen. Wie gut, dass Sie Ihr Tempo von Anfang an kontrolliert haben«.
(Quelle: Stoll & Ziemainz, 2009, S. 32)

Assoziation: Die innere Perspektive oder »subjektive Visualisierung«

Das ist die häufigste Form der Vorstellungskraft. Wir nehmen bei der subjektiven Visualisierung unsere sportliche Tätigkeit aus der Perspektive der eigenen Augen bzw. aus unserer persönlichen Sicht und mit allen Sinnen wahr (vgl. Hörst, 2003, S. 36). Und zwar so, als würdest du jetzt tatsächlich tun, was du dir vorstellst. Du bist der Akteur. Dies bezeichnet Loehr als »subjektive Visualisierung« und Terry als »Ich-Form«-Visualisierung. Hierbei führst du körperlich die Bewegungen in deiner Vorstellung aus und »fühlst« geistig das Resultat. Der Film enthält so viele detaillierte Wahrnehmungen und Empfindungen wie möglich. Bei der subjektiven Visualisierung sind die gleichen Muskeln aktiviert in genau der gleichen Folge, wie dies bei einer tatsächlichen physischen Ausführung geschehen würde. Dies ist eine ausgezeichnete Methode, physische Fertigkeiten einzustudieren bzw. einen möglichst detaillierten mentalen Film eines zukünftigen Erfolgserlebnisses oder Siegergefühls zu konstruieren. Visualisiere aus der inneren Perspektive ausschließlich positive zukünftige Leistungen. Für die Visualisierung unerwünschter Ergebnisse sollte unbedingt in die äußere Perspektive gewechselt werden (Hörst, 2003, S. 37).

Dissoziation: Die äußere Perspektive oder »objektive Visualisierung«

Bei der objektiven Visualisierung betrachten wir uns

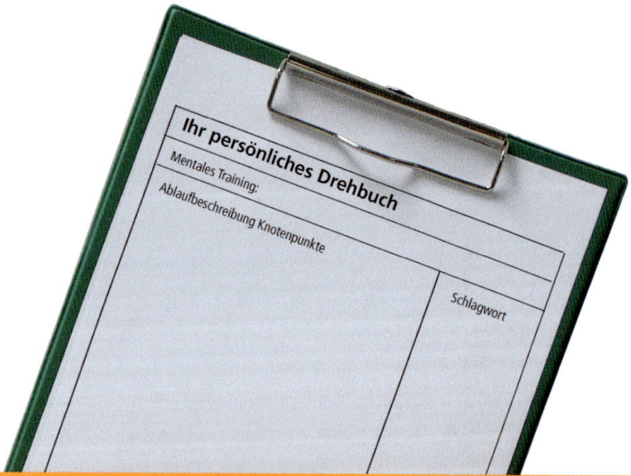

» Praxis-Beispiel: Drehbuch für den Skiabfahrtslauf

»Die Vorbereitungen für die Imagination und Entwicklung eines Drehbuchs für den Skiabfahrtslauf und insbesondere den Super-G (bei dem vorab nicht der eigentliche Lauf trainiert, sondern nur der Hang befahren werden kann und der daher besondere Anforderungen an das Einprägungsvermögen stellt) bei den Olympischen Spielen in Lillehammer 1994 begannen im Sommer 1993.

Ein wichtiges Element war es, ›rote Ampeln‹ zu vermeiden. Der Begriff ›rote Ampeln‹ ging darauf zurück, dass bei wichtigen Rennen diverse Funktionäre vom Pistenrand Botschaften an den Sportler funkten wie ›bei dem Eck musst du aufpassen‹, ›hier ist es heute gefährlich‹, ›das fährt sich anders als im Training‹ und damit durch das Aufstellen der ›roten Ampeln‹ provozierten, dass an diesen Stellen die Bremse angezogen wurde. Im Drehbuch sollten stattdessen möglichst konkrete Handlungsanweisungen stehen (›Tor möglichst hoch anfahren‹) und eher ›Ampeln auf Grün gesetzt‹ werden für Passagen, in denen man ›Gas geben kann‹.

Das Vorbereitungstraining fand in der Halle statt. In dieser wurde ein Parcours aufgebaut, der mit verschiedenen Aufgabenstellungen zu durchlaufen war. Zunächst war aus dem Laufen auf ein Skateboard zu springen und mit diesem dann Slalomstangen zu durchfahren. Es folgte ein Sprung in ein Miniramp, von dort auf einen Kasten, weiter auf den Schwebebalken. Danach ging es über eine umgedrehte Bank, wo in Längsrichtung von einem Bein auf das andere gesprungen werden musste. Dieser Parcours war auf Zeit zu bewältigen. Die Läufer besichtigten diesen Kurs zunächst und überlegten sich, was sie wo machen würden. Dann gingen sie aus der Halle und entwickelten das Drehbuch. Einige zeichneten sich den Parcours zunächst auf, andere gaben sich Stichwörter für die Elemente, die nach ihrer Vorstellung nicht automatisch zu durchlaufen waren. Für die Schlüsselstellen des Parcours wurden dann Regieanweisungen formuliert: mittig auf das Skateboard springen, ein Bein vor das andere (auf dem Schwebebalken) und für die unproblematischen Passagen einfach ein ›Go‹ oder ›Gas‹.

Danach wurde das Drehbuch mental trainiert, wobei man genau imaginierte, wie man die einzelnen Passagen laufen würde. Anschließend erfolgte in der Halle ein praktischer Durchlauf.

Das hier Trainierte wurde später analog für die Situation auf dem Schnee umgesetzt. Der besichtigte Kurs mit der zu fahrenden Linie wurde aufgezeichnet. Die Schlüsselstellen wurden herausgearbeitet und konkrete Anweisungen, genau wie im Sommer trainiert, formuliert. Anschließend folgte die Imagination des Laufs.«
(Quelle: Beckmann & Elbe, 2008, S. 86–87.)

beim Sport aus einer Zuschauerperspektive bzw. durch eine Filmkamera (TV-Perspektive: Wir betrachten uns im Fernsehen). Du erlebst deinen Einsatz wie eine Videoaufzeichnung. Die Visualisierungsmethode setzt voraus, dass du vorübergehend aus dir heraustrittst und zu deinem »Beobachter« wirst. Mit dieser Methode, auch »objektive Visualisierung« genannt, siehst du einen Film von dir selbst. Du siehst dich von außen auf einem Podium stehen, oder du siehst dich solche sportlichen Leistungen bewältigen, die du selbst als das Ziel deiner Träume bezeichnen würdest.

Nimm dein großes Ziel ins Visier und die Gedanken und Gefühle, die damit einhergehen.
Es ist wichtig, gedanklich immer wieder zum Endziel zu wandern – zu deiner persönlichen Goldmedaille. Vorstellungen, mit denen wir aus der Sicht von außen auf die eigenen Leistungen blicken, können als Gedächtnisstütze dienen, wohin wir uns sportlich entwickeln wollen und warum das tägliche Training so entscheidend ist. Ich hoffe, auch du hast große Ziele. Es lohnt sich, sich in schwierigen Augenblicken daran zu erinnern.

Die Selbstbetrachtung von außen kann dein Selbstvertrauen stärken, bevor du Herausforderungen angehst, über die du dir Sorgen machst. Diese Perspektive eignet sich am besten, um in der Vergangenheit liegende negative Erlebnisse, z. B. schlechte Leistungen, zu verarbeiten. Dabei geht es darum, aus einer nüchternen Zuschauerperspektive möglichst viele Informationen zu sammeln, die geeignet sind, unsere zukünftige Leistung zu verbessern.

Experimentiere und finde heraus, welche Sichtweise besser zu dir passt. Vielleicht passen ja auch beide, je nach Situation und Herausforderung. Bei ästhetischen Sportarten, die von einem Kampfgericht beurteilt werden, kann die objektive Visualisierung besonders nützlich sein.

Das kinästhetische (also auf die Muskelempfindungen bezogen) Vorstellen kann mit beiden Perspektiven kombiniert werden. Es kommt vor, dass Sportler während der Imagination die Perspektive wechseln.

In Eigenregie oder mit Anleitung

Entweder visualisierst du allein, für dich selbst, oder du lässt dich von deinem Trainer dazu anleiten. Egal, wofür du dich entscheidest – was dir oder euch auf jeden Fall hilft, ist ein sorgfältig ausgearbeitetes Drehbuch, das sämtliche Details des inneren Films beschreibt. Entwickle allein oder mit Hilfe deines Trainers konkrete Regieanweisungen, schreibe sie auf und lerne sie auswendig. Gerade für kritische Situationen kann dir ein solches Drehbuch helfen, Ruhe zu bewahren und nicht in Stress zu geraten.

Der imaginäre Schutzraum

Inwieweit beeinflussen dich andere? Und wie gehst du damit um?

Manchmal ist es so, dass wir etwas nicht konzentriert machen, da unsere Wahrnehmung und unsere Sinne von dem, was wir tun, abgelenkt sind. Z. B. wenn wir

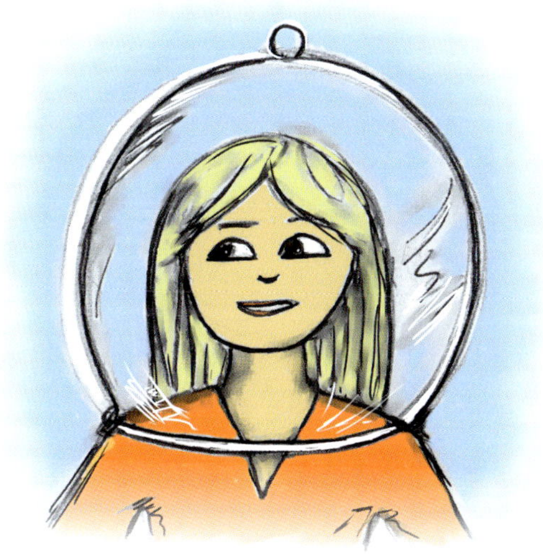

» Übung: Der imaginäre Raum

Gehe in einen Entspannungszustand.

Jetzt, da du hier sitzt, während du den Boden unter deinen Füßen spürst und bestimmte Erwartungen an das, was jetzt kommen mag, hast – oder dich vielleicht eher überraschen lassen möchtest, könntest du dich einfach noch mal zurechtrücken. Und während du die Veränderungen um dich herum wahrnimmst, fragst du dich vielleicht, woran du merken wirst, wie dir diese Anleitung ein Geschenk und Unterstützung sein kann und wird – ob du es an deinem veränderten Körperempfinden merken wirst – und wie du gerade die Spannung in deinen Schultern spürst und dich noch bequemer hinsetzen kannst.

Es ist nicht notwendig, dass du die Augen schließt ... aber viele genießen es mehr mit geschlossenen Augen ... und du wirst gespannt darauf sein, welches Mehr an Möglichkeiten auf dich wartet. Und da du das alles weißt, kannst du dir erlauben, die Augen zu schließen in dem angenehmen Wissen, dass du nichts tun musst, sondern dich einfach auf diese Erfahrung einlassen darfst – in dem Wissen, dass diese Erfahrung dich trägt … und dass der überwiegende Teil deiner Lebensfunktionen wie der Herzschlag, die Darmperistaltik, Erinnern und Vergessen, Lernen und Nichtlernen, deine Körpertemperatur, die du ständig wahrnimmst ... und auch nicht wahrnimmst ... völlig automatisch von deinem Unbewussten gesteuert wird.
Nimm wahr, wie sich dein Atemrhythmus verändert und du noch mehr loslassen kannst. Vielleicht kannst du auch jetzt schon feststellen, wie sich ein Gefühl von Behaglichkeit in dir ausbreitet … dich durchströmt …

Visualisiere einen für dich sicheren und schönen imaginären Raum. Mache dir ein inneres Bild z. B. eines unsichtbaren, dichten Schutzmantels, -anzugs, einer Blase, Hülle, Zwiebel oder Glocke um dich herum.

- Wenn der Raum eine Farbe hätte, welche Farbe hat er dann?
- Und wenn zur Farbe ein Licht passen würde, welches Licht passt dann dazu?
- Und wenn zu der Farbe und dem Licht ein Klang passen würde, wie klingt dann der Raum?
- Und wenn zu der Farbe, dem Licht und dem Klang ein Geruch passen würde, welcher Geruch passt dazu – und welcher Geschmack?
- Und wenn du dir die Farbe, das Licht, den Klang, den Geruch und Geschmack noch einmal ganz intensiv vergegenwärtigst, dann erlebst du auch ganz intensiv das Gefühl, das dazugehört.
- Ist dieses Gefühl im ganzen Körper gleichmäßig zu spüren, oder gibt es einen Bereich, wo es besonders intensiv ist. Wenn ja, berühre diesen Bereich und verankere das Gefühl auf diese Art und Weise.
- Lass deinen Körper und Raum ganz erfüllen und umhüllen von dem eben Erlebten.

Achte darauf, dass dieser Raum vollständig geschlossen ist. Dieser Raum muss nicht am Boden aufhören. Fülle diesen Raum mit der Atmosphäre, die für dich genau das symbolisiert, was du brauchst, um erfolgreich, erfahrbar, konzentriert und effektiv deinen Sport auszuüben.
Gestalte die Atmosphäre in deinem Raum so, dass nur die Informationen und Gefühle von außen, z. B. vom Trainer, Mannschaftskameraden, Freund/in bei dir ankommen, die du an dich herankommen lassen willst, und gleichzeitig alles ferngehalten wird, was draußen bleiben soll.

Nimm in Gedanken deinen »Schutzmantel«, deinen Ball oder Glocke voll und ganz wahr und höre die Stimmen von außen, spüre Gefühle und Informationen, die von außen auf dich einwirken. Spüre nach, was sich verändert hat. Treibe so deinen Sport im Kopf.

Future Pace:
Gehe in eine zukünftige Situation, z. B. an den Start mit Teamkameraden, die dir beim Start zusehen – eingehüllt in diesen Schutzmantel oder Schutzschild, diese Glocke, diesen Ball, diese Blase – und erlebe diese Situation.

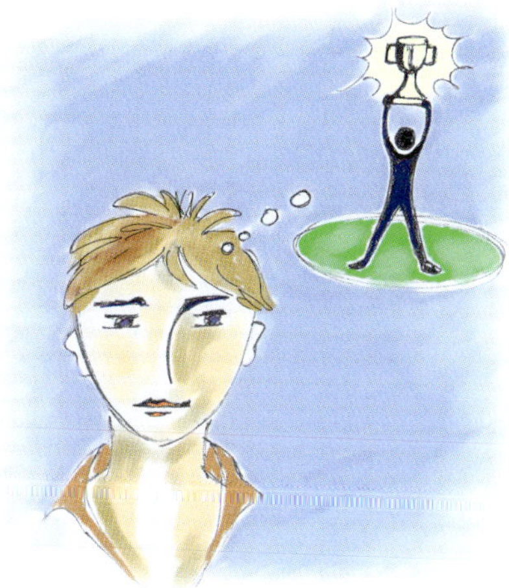

immer wieder vor unserem inneren Auge einen mit Angst besetzten Film ablaufen lassen, unser Körper »Stress« signalisiert oder wir gar unsere ganze Aufmerksamkeit auf Zuschauer und andere Sportler richten. Beim »Modellieren« einiger sehr guter Sportler habe ich herausgefunden, dass diese, wenn sie in Aktion treten, eine Art imaginären Schutzraum um sich herum visualisieren, in den keinerlei Ablenkung einfließen kann.

Dieser imaginäre Schutzraum kann dich vollständig abschirmen und dir als Abgrenzung dienen. Das ermöglicht dir ein konzentriertes und ungestörtes Handeln.

Beispiele: Bunter Ball, Blase, Käseglocke, Schutzmantel oder -anzug, Schutzschild, Glasscheibe oder Glocke.

In entsprechenden Situationen kann dieser imaginäre Raum mental modifiziert werden, um ein bestimmtes gewünschtes Ergebnis zu erreichen – je nachdem, was du für dich in dem Moment benötigst:

- Aufladen mit Energie,
- Herstellen von Ruhe und Sicherheit.

Erfolgsvisualisierung

Wenn du siehst, dass du etwas vermasselst oder verlierst, bereitest du deinen Kopf und Körper im Grunde auf ein Scheitern vor. Wenn du dir andererseits die Dinge genau so vorstellen kannst, wie du sie haben möchtest – mit perfekter Ausführung und Erfolg – erhöhst du die Wahrscheinlichkeit, dass diese Dinge auch eintreten.

Bei der Erfolgsvisualisierung siehst du dich auf dem Siegertreppchen stehen, liest in Gedanken die Zeitungsmeldung, die deinen Sieg verkündet, hältst eine Medaille in den Händen. Du kannst auch Erinnerungen an frühere Erfolge in die Visualisierung einfließen lassen. Vergangene Erfolgserlebnisse liefern dir Stoff für deinen aktuellen Blockbuster. Erinnere dich an an eine deiner besten Leistungen, die du je erbracht hast. Dabei stellst du dir so detailliert wie möglich einen Tag vor, an dem alles perfekt lief und du im Flow warst! Das versetzt dich in einen starken, positiven emotionalen Zustand.

Diese positive emotionale Stimmung ist genau das, was deinen Erfolgsfilm bestimmen sollte. Du hörst den Jubel der Zuschauer, die begeisterte Stimme des

» Sich an eine Top-Leistung erinnern

Denke an eine deiner besten Leistungen in deinem Leben. Das kann aus deinem Sport sein oder etwas anderes, wie Moderation eines Balls oder einen Vortrag halten. Erinnere dich so detailliert wie möglich.

Wo warst du?
Was hast du gemacht?
Wie hast du dich gefühlt?
Warum, glaubst du, hast du an diesem Tag so gut abgeschnitten?

Die erinnerte Aktivität sollte Freude oder positive Aufregung in dir aktivieren, wenn du dich daran erinnerst. Die Erinnerung an einen solchen Moment, auch wenn du ihn abseits des Sports erlebt hast, bringt dich in den ›Flow‹. Durch solche mentalen Bilder werden deine Chancen, in den Flow zu kommen, erheblich gesteigert.

Kommentators, nimmst Gratulationen von Sportkameraden entgegen. Du nimmst deutlich wahr, was du denkst und wie du dich fühlst.

Du allein entscheidest, welche Fähigkeiten du in diesem Film einsetzt, welcher Ressourcen du dich bedienst. Nimm dir die Zeit, deinen Film so zu entwickeln, dass du ganz zufrieden bist. Genieße deinen Erfolgsfilm, der stets ein Happy End hat – du erreichst, was du willst, und fühlst dich großartig beim Betrachten der letzten Szenen.

Solche Bilder können uns weit mehr motivieren, als Worte es schaffen würden. Oliver Kahn schuf sich ein Bild, wo er auf dem Münchner Marienplatz stand, mit dem Pokal in der Hand und mit den Fans feiernd. Kahn: »Dieses Bild habe ich immer vor Augen gehabt. Als ich Kapitän war und wir im DFB-Pokal gespielt haben, war das für die Mannschaft oft kein großer Reiz mehr. Das hat man den Jungs schon angemerkt. Da habe ich dann versucht, den Kollegen ein Bild vor Augen zu führen, indem ich gesagt habe: Versucht euch doch zu erinnern, an das Finale letztes Jahr in Berlin, wie genial das war, in das Stadion reinzukommen. Die 80.000 Leute im Publikum, auf der einen Seite unsere Bayernfans, auf der anderen Seite die gegnerischen Fans. Da haben wir doch immer viel Spaß gehabt, wenn wir das gewonnen haben. Damit hatten wir ein Bild in den Köpfen. Dieses Bild kann dazu führen, dass eine Mannschaft sagt: Auf, jetzt geben wir noch mal Gas!« Der Effekt dieser Bilder macht vor einem Trainer nicht Halt. Ottmar Hitzfeld sagt: »Ich stelle mir vor, wie ich auf der Bank hochspringe und jubele, wie ich mich mit den Spielern freue und sie nach dem Spiel beglückwünsche.« (aus: Müller, 2004, S. 84). Erfolgreiche Bilder beflügeln uns, sie motivieren uns, das »Vorerlebte« auch real erleben zu wollen – und treiben uns damit an, unser volles Potenzial auszuschöpfen.

Das ideomotorische Training

Die höchste Stufe des mentalen Trainings ist das ideomotorische Training (Eberspächer, 2004; Frester & Wörz, 1997). Es bedeutet das innere ganzheitliche Nachvollziehen einer Bewegung.

Fünf Schritte des ideomotorischen Trainings/mentalen Trainings

1. Instruktionen/Anleitungen,
2. Eigene Beschreibung des Bewegungs-/Handlungsablaufs (Drehbücher, Skript),
3. Internalisierung/Verinnerlichung,
4. Knotenpunkte festlegen,
5. Symbolisch markieren.

Da ich in diesem Buch nur eine bestimmte Anzahl an Seiten habe, habe ich mich entschieden, das ideomotorische Training hier zugunsten anderer Übungen und Aspekte nicht weiter auszuführen.

Eine genaue Beschreibung mit Beispielen findest du in meinem Buch »Golf mental: Erfolg durch Selbstmanagement«, Verlag pietsch.

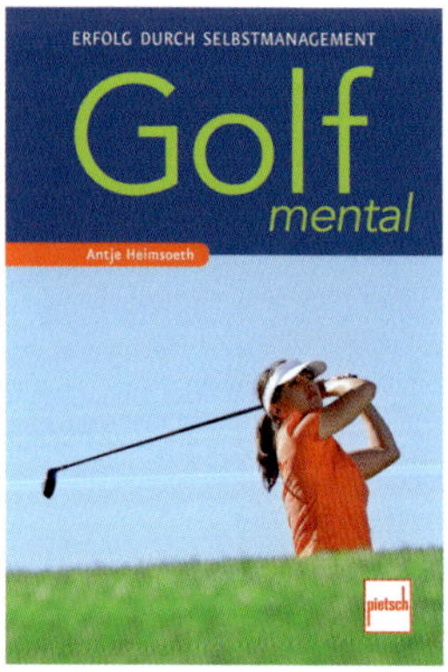

KONZENTRATION

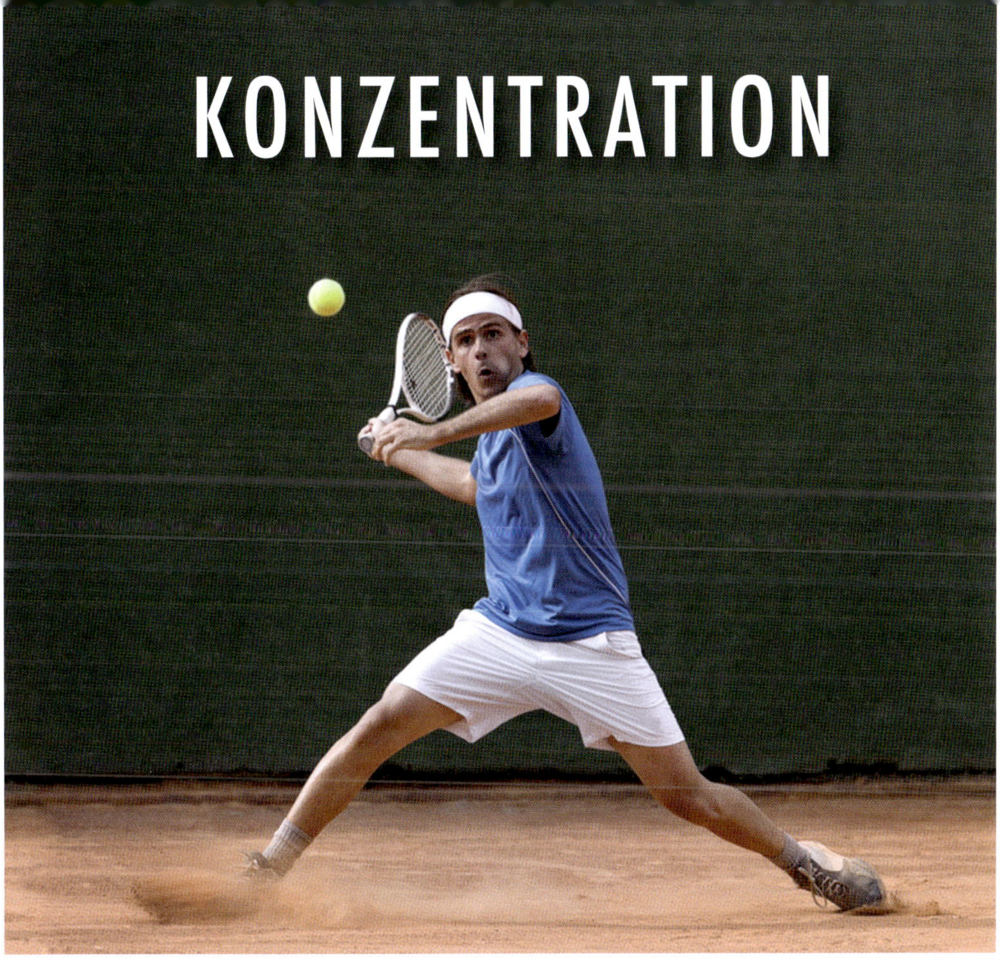

Aus der Praxis

Ein Fußballer legt sich den Ball am Elfmeterpunkt zurecht. Beim Zurücklaufen bemerkt er seine Mitspieler, die ihn anfeuern. Der Torwart der gegnerischen Mannschaft versucht ihn zudem abzulenken. Der Ball muss ins Tor, ansonsten geht das Champions-League-Finale verloren. Das Stadion ist bis auf den letzten Platz ausverkauft, ohrenbetäubender Lärm. Inmitten dieser Einflüsse versucht sich der Fußballer auf die Ausführung des Elfmeters zu konzentrieren.

Ironman

»Beim Ironman ist alles eine Frage der Konzentration. Jeder Athlet geht gut trainiert an den Start. Aber wer erfolgreich sein will, muss sich auch mental vorbereiten, um seine persönliche Grundstimmung für den Wettkampf zu finden. Ich muss zum Beispiel glücklich sein, um konzentriert zu bleiben. Manche Leute machen ein gutes Rennen, wenn sie der Welt die Zähne zeigen. Andere wiederum lässt der Traum vom Finishen motiviert und zielgerichtet sein.« Lisa Bentley (Jim Taylor & Terri Schneider, 2007, Seite 100)

Worauf konzentrierst du dich bei schwierigen Aufgaben bzw. unter Druck? Worauf solltest du dich fokussieren? Wie fokussiert bist du? Kannst du Zuschauer, Familie, Lärm und Umfeldfaktoren ausblenden? In welchen Situationen lässt du dich leicht ablenken? Wie kannst du deine Konzentrationsfähigkeit verbessern und deine Konzentration lenken?

In diesem Kapitel werfen wir einen Blick darauf, wie wichtig Konzentration ist, wie man Konzentration verbessern kann und den Fokus über einen längeren Zeitraum aufrechterhält.

»Wenn ich trainiere, versuche ich auch immer, meine Konzentrationsfähigkeit zu verbessern. Ich schlage niemals einen Ball einfach nur so. Ich entscheide vorher, wie ich ihn schlagen will und wo er landen soll.« (Ben Hogan)

Was ist Konzentration?

Im Sport verwenden Trainer und Sportler die Wörter Konzentration, Aufmerksamkeit und Fokus oft synonym. Um diese Tools effektiv nutzen zu können, kann es hilfreich sein, die Begriffe zu definieren. Vernacchia (2003) definierte Konzentration einfach als »die Fähigkeit, mit einem klaren und gegenwärtigen Fokus zu arbeiten« (S. 144). »Sich auf das Wesentliche zu richten, auf das Gegenwärtige und dabei bis auf die unterstützenden alle inneren und äußeren Einflüsse auszublenden – das ist Konzentration. Man ist auf das Ziel und die optimale Handlung gerichtet.« (Eberspächer 2008, S. 146)

Was ist Fokus? Der Fokus wurde als zentraler Punkt der eigenen Aufmerksamkeit definiert. Aufmerksamkeit bezieht sich auf etwas im Außen. Ein Objekt oder eine Person, dem beziehungsweise der du dich aufmerksam widmest.

Zusammenfassend lässt sich sagen, dass eine Person, die sich konzentriert, ihre Aufmerksamkeit augenblicklich auf die anstehende Aufgabe richtet. Für einen Sportler ist die Fähigkeit, seine Aufmerksamkeit zu kontrollieren, um sich auf die Anforde-

» Aus der Praxis

Oliver Kahn

»Meine Konzentration hing vom Druck ab. Je mehr Druck, je mehr Negativität, je mehr auf dem Spiel stand, desto konzentrierter war ich. Es ging so weit, dass ich teilweise Spiele hatte, wie das Champions-League-Finale 2001, in denen ich nichts mehr wahrgenommen habe. In diesem Finale 2001, beim Elfmeterschießen, wusste ich nicht mal, als der letzte Schütze geschossen hat, dass wir gewonnen haben, wenn ich den Ball halte. Das war mir nicht bewusst. Das heißt, ich war so sehr in meiner Konzentrationswelt, dass ich erst den letzten Elfmeter gehalten habe und dann in die Mitte schaute, wo meine ganzen Spieler standen. Und auf einmal rannten sie los. Da habe ich gedacht: ›Ah, jetzt müssen wir gewonnen haben!‹ Das ist diese Fähigkeit zur absoluten Konzentration.«

Nebengeräusche u. Ä. haben Oliver Kahn im Zweifel gar nicht gestört in seiner Konzentration »und wenn, dann habe ich sie eher routiniert empfunden. Es war ein Mechanismus. Wenn Fußballfans mit Bananen geworfen und mich ausgepfiffen haben – dann war das der Kick für mich, da war ich am stärksten. Wenn ich ins Stadion gekommen bin und alles hat mir zugejubelt, fand ich das total befremdlich. Wobei ich dann auch gelernt habe, mit dem Applaus, mit den großen Erwartungen und mit den Fans umzugehen. Das muss man als Sportler genauso lernen wie mit der negativen Seite zurechtzukommen. Mit beiden Facetten des Publikums muss ich natürlich umgehen.«

Paul Eckert

»Ich muss mich manchmal – hört sich blöd an – darauf konzentrieren, dass ich mich konzentrieren kann. Das stört definitiv. Äußere Einflüsse stören auch.

Ich unterteile das Ganze für mich selbst in beeinflussbare und nicht beeinflussbare Faktoren. Wenn ich das Nicht-Beeinflussbare gleich mal weglasse, auch bezüglich Konzentration, dann ist es meistens doch überschaubar. Dann ist der Berg vor einem nicht mehr so groß und ich bekomme es ganz gut unter Kontrolle.«

» Wann fällt dir Konzentration leicht?

Notiere Situation, in denen dir Konzentration leichtfällt.

____

____

____

____

____

____

____

» Was stört deine Konzentration?

Notiere Situation, in denen dir Konzentration schwerfällt. Wann begehst du mit größter Wahrscheinlichkeit Aufmerksamkeits- und Konzentrationsfehler?

____

____

____

____

____

____

____

rungen der Aufgabe zu konzentrieren, von entscheidender Bedeutung.
Zuschauer oder eigene Zweifel werden ausgeblendet.

Wovon hängt die Konzentration ab?

Konzentration ist keine Eigenschaft, die man einmal erwirbt und die immer und jederzeit vorhanden ist, sondern eine Fähigkeit, die man sich immer wieder bewusst machen muss und die in besonderem Maße von der Situation abhängt.

Konzentration hängt ab

- von meiner aktuellen Stimmung: Fühle ich mich heute wohl? Habe ich Sorgen und Ängste? Bin ich aufgekratzt?
- von der Sache: Ist die Sache für mich interessant oder eine langweilige Pflichtaufgabe?
- vom physischen Zustand,
- von meiner Ernährung und Trinkverhalten,
- von meiner psychischen Verfassung,
- von meinem Können: Habe ich Schwierigkeiten?
- von den Umgebungsbedingungen: Was passiert gerade um mich herum?
- von meinem persönlichen Interesse und meiner Motivation.

Die Konzentration wird immer von äußeren und inneren Rahmenbedingungen beeinflusst.
Die Konzentrationsfähigkeit betrifft die äußeren Sinne (Hören, Sehen, Tasten), die inneren Sinne (Tastsinn, Gleichgewichtssinn, Bewegungssinn) bzw. die Steuerung der eigenen negativen Gedanken, Gefühle (Ärger mit Flight-Partnern), Druck, äußeren Einflüsse, diverser Erwartungshaltungen, Anspannungen und Vorstellungen.

Was fördert die Konzentration?

Positive Einstellung; Neugier; dem Können angemessene Herausforderung; volle, ungeteilte Aufmerksamkeit; verändertes Zeitgefühl; Erkunden, Erfahren und Erleben von Neuem; Entdeckungen und Aha-Erlebnisse; aktiver Geist; anvisiertes Ziel; Kontrolle über innere Impulse; Kontrolle über äußere Impulse; starke innere und äußere Motivation; Selbstwahrnehmung; gezielte Selbststeuerung; Intuition; Achtsamkeit; hohe Frustrationstoleranz; Selbstliebe; Selbstdisziplin; optimale Lerntechniken; Befreiung von Projektionen; Rückhalt in der Familie; gutes Verhältnis zum Trainer, Ruhe und Entspannung.

Was erschwert die Konzentration?

Welche Faktoren bringen dich immer wieder aus der Fokussierung – wodurch lässt du dich ablenken? Wann ist es schwer, dich zu konzentrieren?

» Aus der Praxis

Marinus Kraus kann sich leichter konzentrieren, wenn es einfach gut läuft, wenn der Körper und die Einstellung stimmen. »Dann ist es für mich sehr leicht, es ist alles super und ich muss wenig Energie dafür aufbringen, dass ich mich auf etwas einstelle, weil es dann einfach stimmt. Wenn es mal nicht so läuft, ist es natürlich ein bisschen schwerer, loszulassen und sich zu motivieren. Mir gelingt es dann trotzdem oftmals gut, aber es ist natürlich ein bisschen schwerer, erfordert einfach mehr Energie als andersherum.«

Regina Häusl-Leins: »Das Wissen, optimal vorbereitet zu sein, ist für mich ein sehr wichtiger Faktor, um konzentriert, fokussiert und mit der richtigen inneren Gelassenheit arbeiten zu können.
Meine Konzentration stört der Gedanke, ungenügend vorbereitet zu sein. Das passiert mir deshalb sehr, sehr selten. Um mich auf eine Sache im Sport oder im Beruf (z. B. Abfahrtslauf, Diplomarbeit, Selbstgespräche u. Ä.) konzentrieren zu können, brauche ich möglichst ein ruhiges Umfeld. Das Umfeld durch Vorstellungen auszublenden, wie z. B. ›ich befinde mich in einem Tunnel‹, gelingt mir selten. Deshalb suche ich mir einen Rückzugsort, halte mir die Ohren zu oder schalte z. B. den Fernseher aus.«

Wolfgang Mader: »Negative Gedanken und Selbstzweifel, Unzufriedenheit und Unsicherheit stören Konzentration und fördern Ablenkung.«

Paul Eckert: »Es gibt Störfaktoren, mit denen ich mich mehr beschäftigen muss, damit ich sie für mich akzeptieren kann. Schlechtes Wetter oder Nebel beeinflussen mich beim Fahren definitiv. Wenn mir das aber vorher bewusst ist, dass die Sicht eben nicht ideal ist und dass dies nicht nur mir so geht, sondern dass das für alle gleich ist, dann kann ich den Störfaktor ›schlechte Sicht‹ für mich als unbeeinflussbar abhaken. Ich sage zu mir in einem solchen Fall: ›Okay, wenn es allen so geht, dann mach einfach das Beste daraus.‹ Viele Zuschauer oder eine Lärmkulisse, das stört mich überhaupt nicht.«

Äußere und innere Faktoren: Langeweile; kein Ziel verfolgen; Müssen statt Wollen; Wind; bestimmte Begleitpersonen; Licht; Trainer; negative Gefühle (Unruhe, Verärgerung, Verstimmtheit, Wut, Frustration, Verzweiflung, Nervosität, Angst); Tätigkeiten, z. B. Putten, und gleichzeitig zuhören, was Mitspieler erzählt (Ablenkung durch andere Mitspieler); immer wieder auftretende Gedanken (Aufgaben, die nach dem Training noch gemacht werden müssen); viel Betrieb um mich herum im Training/in der Halle; mangelhafte Selbstwahrnehmung/Selbststeuerung; blockierte Intuition; in die Vergangenheit springende Gedanken z. B. zum letzten schlechten Schlag, Wurf oder Elfmeter oder zu ungelösten Problemen im Büro; Schmerzen; Anspannung; Zerstreutheit; Sorgen; über das mögliche Abschneiden; Unaufmerksamkeit; körperliche Überlastung; Müdigkeit, schlechte Gesundheit, zu wenig trinken; negative Einstellung; im Wettkampf zu emotional sein – dein emotionales Erregungsniveau ist zu hoch.

Weitere Störfaktoren

(vgl. Frester & Wörz, 1997, S. 20 f.)
Solche Unterbrechungen der Aufmerksamkeit treten dann auf, wenn

- zu viele Anweisungen von außen auf mich treffen
- ich mich zu fragen beginne, ob ich meine Sache auch gut mache
- Zweifel auftreten

- die Anforderungen meine Fähigkeiten übersteigen
- ich mich im Moment des Abschlags frage, ob ich auch alles richtig mache
- ich mir Gedanken darüber mache, was die anderen von mir denken werden, wenn ich jetzt nicht einputte
- körperliche Anspannungen bei mir auftreten.

Die verschiedenen Arten von Aufmerksamkeit

Nideffer (1976), ein amerikanischer Sportpsychologe, definiert Konzentration als Gerichtete Aufmerksamkeit, was man sich wie den Lichtkegel einer Taschenlampe oder eines Bühnenscheinwerfers vorstellen kann: Entweder wir beleuchten einen kleinen Bereich oder Gegenstand sehr hell (Konzentration), während anderes drum herum im Dunklen bleibt, oder einen weiten, größeren Bereich bzw. die Umgebung eher schwach (Distribution). Darüber hinaus ist entscheidend, ob wir unsere Aufmerksamkeit auf ein Objekt außerhalb unseres Körpers und die Umwelt lenken (external oder außen) oder in unseren Körper hineinhorchen (internal oder innen) bzw. ich die Konzentration auf mich selbst und meine Gedanken richte, sodass sich vier verschiedene Konzentrationsarten ergeben:

Die 4 Formen der Aufmerksamkeit nach Nideffer

1. External-weit:

Die external-weite Aufmerksamkeitsform ermöglicht ein umfassendes, relativ undifferenziertes Bild von der Umgebung. Diese Aufmerksamkeitsausrichtung erlaubt es, viele Informationen im und aus dem Umfeld der Person aufzunehmen (vgl. Eberspächer, 2007, S. 41 ff.).

Beispiele:

- Kletterer vor Kletterpassage
- Spielmacher beim Fußball, der Spielzug einleiten will
- wichtig in der Vorbereitung auf einen Wettkampf
- Konzentration auf die Zuschauer oder den Wettkampfort, um sich einen Überblick zu verschaffen.

Formen der Aufmerksamkeit nach Nideffer

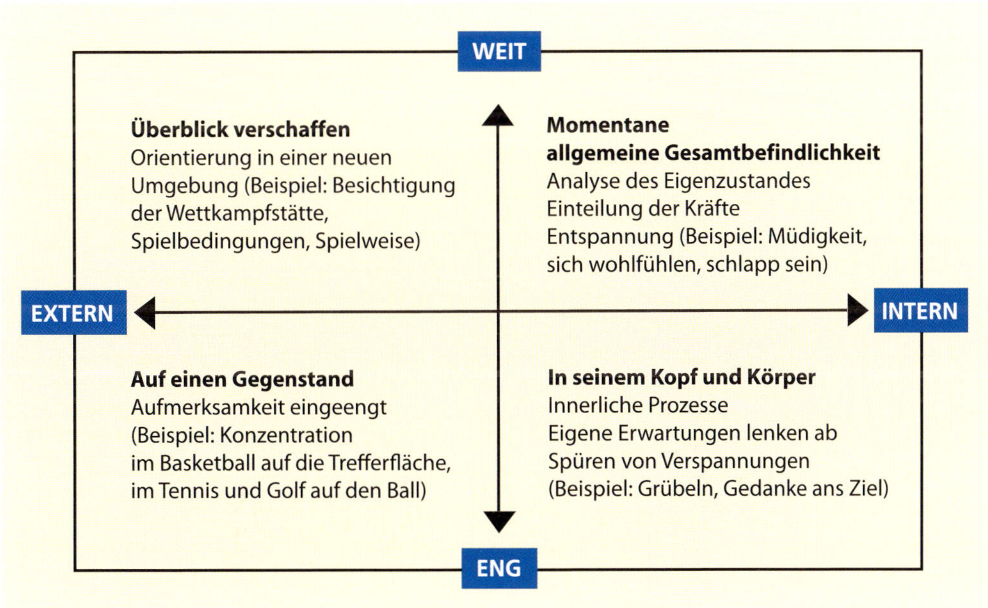

- Basketball: »Lesen« der Defense, Spielfeldübersicht.

2. External-eng:
Die external-enge Aufmerksamkeitsform wird benötigt, um bestimmte Sachverhalte sehr genau zu betrachten (vgl. Eberspächer, 2007, S. 42).
Beispiele:

- Tennisspieler: Fokussieren des Balles beim Schlagen
- Basketball: Konzentration auf den Ring beim Freiwurf, Fußstellung meines Gegenspielers
- Konzentration auf Gegner und seine Aktionen
- genauere Analyse der Strecke, z. B. Verpflegungspunkte.

3. Internal-weit:
Um sich ein umfassendes Bild von der allgemeinen momentanen Befindlichkeit zu machen, sollte die internal-weite Aufmerksamkeitsform gewählt werden (vgl. Eberspächer, 2007, S. 42).

Beispiele:

- »Ich fühle mich gut.«
- »Ich fühle mich schlapp/fit.«
- »Ich fühle mich müde und verspannt.«
- »Ich bin ausgeruht und locker.«
- »Ich fühle mich stark und konzentriert.«
- Analyse des Eigenzustands und Anpassung an die entsprechende Anforderungssituation.

4. Internal-eng:
Die internal-enge Aufmerksamkeitsform wird benötigt, um sich auf einen bestimmten Punkt oder Vorgang der eigenen körperlichen und psychischen Prozesse konzentrieren zu können (vgl. Eberspächer, 2007, S. 42).

Beispiele:

- Konzentration auf das Sprunggelenk nach OP, obwohl es medizinisch ohne Befund attestiert wurde
- Konzentration auf einzelne Bereiche im Körper »Die Schulter ist verspannt und der Rücken schmerzt«.

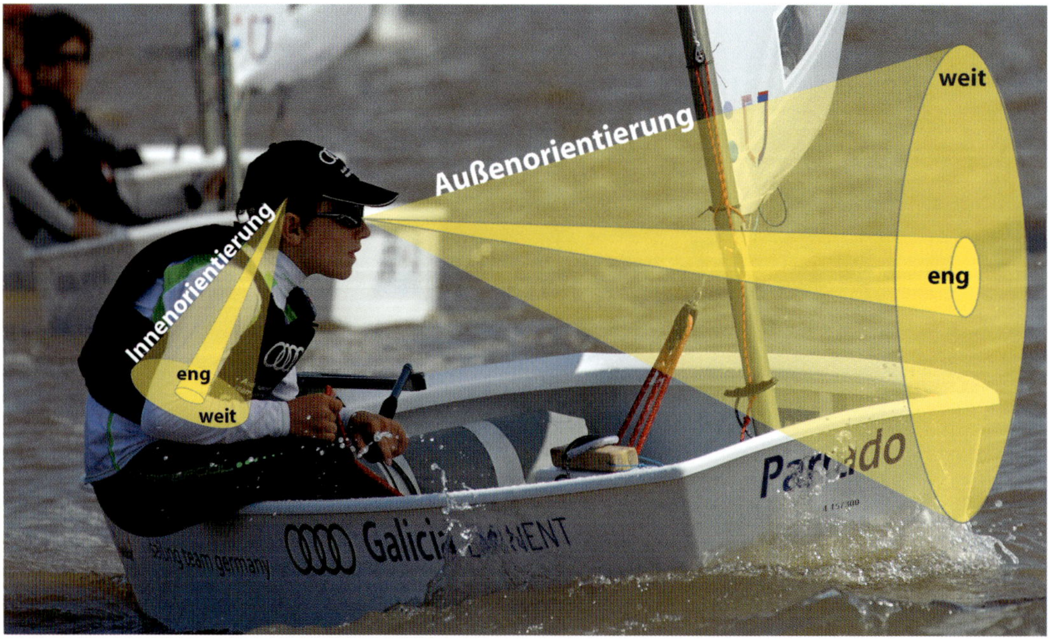

schwere Beine, schnelle Atmung, Muskeltonus

- Wie fühlt sich der Ball in den Händen an?
- In sich hineinhören (Innenleben) und sich zentrieren
- gedankliches Durchgehen bestimmter Situationen.

Lerne Umschaltfähigkeit: Ein Sportler muss seine Aufmerksamkeit je nach den situativen Anforderungen der Aufgabe, die er zu erfüllen hat, blitzschnell anpassen und verändern können (wie auch seine Taktik). Gerade im Anfängerbereich zeigt sich hier eine schnelle Überforderung, die erst mit zunehmender Übung und Automatisierung der Bewegungsabläufe und zunehmendem taktischen Verständnis abnimmt.

Es bedarf eines bewussten, sehr schnellen Wechsels der Konzentration von eng (z. B. Standfestigkeit, im Golf: Konzentration auf das Gefühl bei der Griffhaltung des Schlägers) auf weit (Analyse von Spiel- und Platzsituationen; Frage nach dem Aktivierungsniveau). Oder von innen nach außen.

Was passiert, wenn das Umschalten nicht gelingt? Zum Beispiel im Golf: »So kann der Golfer [...] viel zu lange auf einen Schwachpunkt, z. B. eine Verkrampfung im Oberarm, fixiert sein. Er verliert den Blick für eine sachliche Einschätzung der Beschaffenheit des Fairways und kann nur sehr oberflächlich seiner Strategie für den nächsten Schlag nachgehen.« (Wörz, 2003, S. 127)

» Aus der Praxis

Oliver Kahn hat früher Golf mit derselben mentalen Einstellung gespielt wie Fußball, also Konzentration von der ersten Minute an ohne Pause. Über 90 Minuten ist das schon sehr anstrengend. »Irgendwann habe ich festgestellt: Die Golfspieler entspannen sich ja, nachdem sie den Ball geschlagen haben. Ich war teilweise so kaputt nach dem Golfen, bis mir jemand sagte: Vielleicht solltest du dich, nachdem du den Ball geschlagen hast, mal entspannen. War eine gute Idee.«

Training der Konzentration

Sportler wissen, dass die Aufrechterhaltung der Konzentration entscheidend ist, um Höchstleistungen zu erbringen. Dennoch ist es nicht einfach, herauszufinden, worauf man sich konzentrieren und während der Leistung den richtigen Aufmerksamkeitsfokus aufrechterhalten muss.

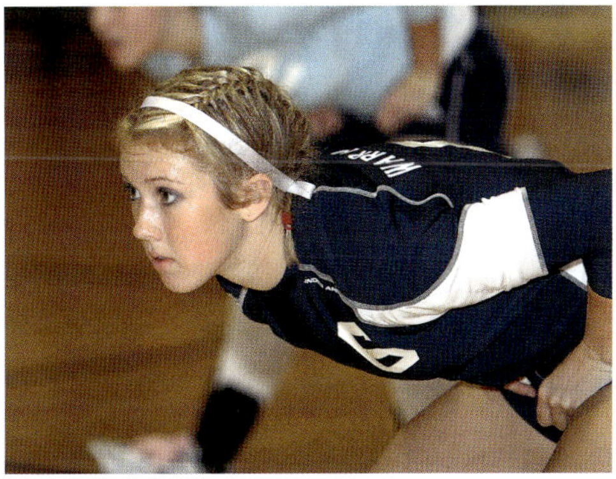

Konzentrationsfähigkeit kann gelernt werden! Konzentrationstraining soll dich unterstützen, deine Gedanken und Gefühle bewusst und aktiv zu steuern, zu beeinflussen und zu nutzen.
Konzentration ist mit Übung verbunden. Erarbeite dir deine Konzentrationsfähigkeit im Training. Das Training der Konzentrationsfähigkeit nimmt Zeit in Anspruch.

Es ist unmöglich, beim Golfen über die gesamte Spieldauer von etwa vier Stunden und mehr, beim Tennismatch über mehrere Stunden hinweg oder beim Thermikfliegen die Konzentration noch nach zwei bis drei Stunden aufrechtzuerhalten. Zumal Turniere über mehrere Tage gehen können. Es kommt zu ganz natürlichen Konzentrationsschwankungen.

Entwickle Rituale und Routinen

… und konzentriere dich auf diese in deiner Wettkampfvorbereitung. Schreibe deine Routine(n) auf. Mit diesen leitest du deine Konzentrationsphase ein und lenkst deine Konzentration immer auf dieselben, wichtigen Aspekte. Sie geben dir innere, mentale Sicherheit und Selbstvertrauen, deine Leistung wird stabiler, auch unter ungewohnten und ablenkenden Rahmenbedingungen. Verfeinere und verbessere deine Routine(n).

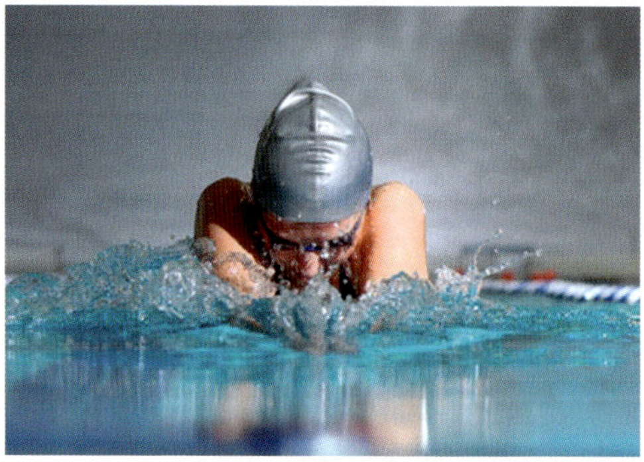

Im Hier und Jetzt sein und bleiben

Das Fokussieren ist die höchste Form der Konzentration. Fokussiere dich. Lebe/spiele im Hier und Jetzt, nicht in der Vergangenheit oder Zukunft. Wenn du einem verlorenen Ball, Satz oder Schuss nachtrauerst, über einen früheren Fehler grübelst, über »wenn« und »aber«, »was passiert, wenn« grübelst, an den möglichen Score, Gewinn des Satzes und des Turniers denkst, zu lange Erfolgserlebnissen nachhängst, an die Leute hinter dir, an einen Termin im Büro oder an Unerledigtes denkst, läufst du Gefahr, deine Konzentration zu verlieren, deine Potenziale zu blockieren, Fehler zu machen, im Turnier abzufallen und Schläge bzw. Punkte zu verlieren. Wenn du Angst hast, bist du gedanklich in der Zukunft, oder du befürchtest, dass deine Vergangenheit wieder zur Gegenwart werden könnte. Wenn es dir allerdings gelingt, im Hier und Jetzt zu bleiben, reduzieren sich deine »Horror«-Fantasien und deine Ängstlichkeit beträchtlich und du empfindest keine Angst, zum Beispiel vor Versagen, mehr.

Sobald du merkst, dass sich in deinem Kopf Unruhe ausbreitet, besteht die Herausforderung darin, sich wieder zurück ins »Hier und Jetzt« zu bringen. Der beste Weg dazu ist das bewusste Wahrnehmen der eigenen Atmung. Nimm dir sowohl vor dem Beginn einer anstehenden Aufgabe oder Bewegung und immer dann, wenn deine Konzentration nachlässt,

» Aus der Praxis

Wie haben Sie es geschafft, vor einer großen Kulisse mit vielen Zuschauern, Presse und dem ganzen Trubel die Konzentration für sich herzustellen?

»Es sind zwei Phasen: die Konzentration davor, die Ablenkung durch viele Leute, verschiedenste akustische und optische Wahrnehmungen. Diese Eindrücke lassen sich durchaus aktiv reduzieren, indem man sich beispielsweise physisch zurückzieht, d.h. tatsächlich einen anderen Ort aufsucht. Das ist die eine Phase.

Und die zweite ist sicherlich – Tunnel klingt immer so blöd –, dass man sich mental in eine Situation bringt, wo nicht nur Geräusche ein bisschen an einem vorbeirauschen. Wo man sagt: ›Okay, jetzt gilts!‹, die letzten Minuten vorm Start, uneingeschränkte Konzentration auf das Rennen. Ohne sich vorzustellen, wie viele Tausend oder gar Millionen Leute vor dem Fernsehbildschirm sitzen könnten und was passiert, wenn man zu früh reinspringt oder sonstige wirre Sachen.
Diese Szenarien muss man dann ausblenden. Das ist dann kein Thema mehr. In diesem Moment hat man sicherlich eine extrem selektive Wahrnehmung und fokussiert sich ausschließlich auf das, was unmittelbar ansteht und was wichtig ist.«

Christian Tröger

Tipps zur Konzentrationssteigerung

- Grundkonzentration stärken.
- Identifiziere negative, einschränkende Gedanken und formuliere diese um.
- Verbesserung der Konzentrationsfähigkeit durch Üben, Trainieren und Lernen.
- Entwickle Routinen!
  Start-Routine.
  Pausen-Routine.
  Pre-Shot-Routine im Golf.
- Erkenne, was deine Konzentration stört, was dich ablenkt.
- Verschiedene Formen der Meditation. Übe, ablenkende Gedanken und äußere Reize auszublenden.
- Fokus braucht ein Ziel. Setze dir ein oder zwei Prozessziele.
- Atemübungen helfen, die Konzentration zu steigern.
- Erfolgsvisualisierung über alle Sinne mit positiven Emotionen.
- Konzentration auf das ›Hier und Jetzt‹.
- Erinnerung an einen ›perfekten‹ Wettkampf, in dem du dich sehr gut gefühlt hast.
- Ausreichend Wasser trinken.
- Das ›Wandern‹ von Gedanken in eine unerwünschte Richtung verhindern.
  Wiederhole motivierende Affirmationen.
  Entwickle Signalworte wie ›Fokus‹.
  Gedankenstopp-Technik.
- Trainiere dein Gleichgewicht. Einbeinstand – mit geschlossenen Augen.
- Für ausreichend und guten Schlaf sorgen.

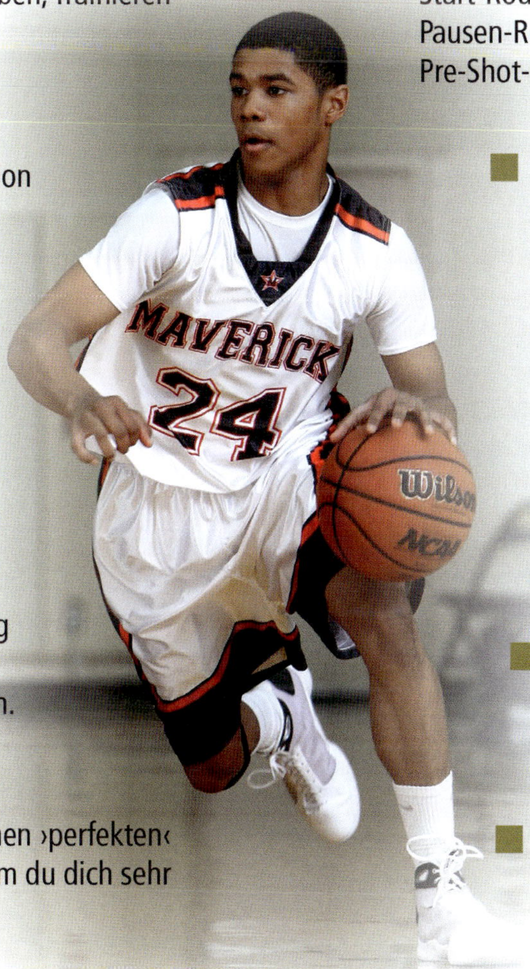

zwei oder drei Minuten Zeit und beobachte deine Atmung. Wichtig dabei: Verfolge bewusst, wie sich der Bauch beim Einatmen nach vorne wölbt und sich wieder senkt, wenn du ausatmest. Schon nach ein bis zwei Minuten merkst du, wie sich dein Geist beruhigt, du dich entspannst und deine Anspannung weniger wird.

Überkreuzbewegungen (aus der Kinesiologie)
Beginne mit den Überkreuzbewegungen, indem du einen Arm und das gegenüberliegende Bein langsam und bewusst gleichzeitig anhebst (marschieren) und dabei mit der Hand oder dem Ellenbogen das gegenüberliegende Knie berührst – anschließend die gleiche Übung mit dem anderen Arm und Bein (mind. zehnmal).

» Aus der Praxis

»Vor einigen Jahren begann ich, meine Hände über die Augen zu halten, während ich die Puttlinie studierte. Der Grund ist nicht, auf diese Weise mehr, sondern eher weniger zu sehen. Auf der amerikanischen Tour begleiten mich stets große Zuschauermengen, und entsprechend groß ist die Unruhe, was mich ablenkt. Wenn ich aber mit meinen Händen eine Art Tunnel bilde, kann ich mich viel besser auf meine Puttlinie konzentrieren.« (Woods, 2006, S. 57).

Wechsle dann zu »einseitigen« Bewegungen (Arm und Bein auf der gleichen Körperseite anheben), dies führe ebenfalls langsam und bewusst durch (mind. zehnmal).

Zwischen diesen beiden Bewegungsabläufen wechseln. Die gesamte Übung sechs- bis siebenmal ausführen.

Jede Gehirnhälfte kontrolliert die gegenüberliegende Körperseite. Durch das bewusste Bewegen eines Armes und des gegenüberliegende Beines aktivieren wir beide Gehirnhälften. Diese Übung stimuliert das ganze Gehirn. Danach wirst du bemerken, dass das Denken wieder viel leichter fällt.

Trainiere deine Konzentrationsfähigkeit
Schaue z. B. auf dem Golfplatz das Bag deines Flight-Partners an. Versuche, eine Minute lang nur an dieses Bag zu denken – an nichts anderes. Je mehr du in Übung bist, desto länger kannst du diese Übung machen. Das Ganze funktioniert natürlich auch mit dem Gehör. Stelle den Fernseher oder das Radio bei deiner Lieblingssendung (für zehn Minuten) ganz leise. Versuche, trotzdem jedes Wort zu verstehen, das gesprochen wird.

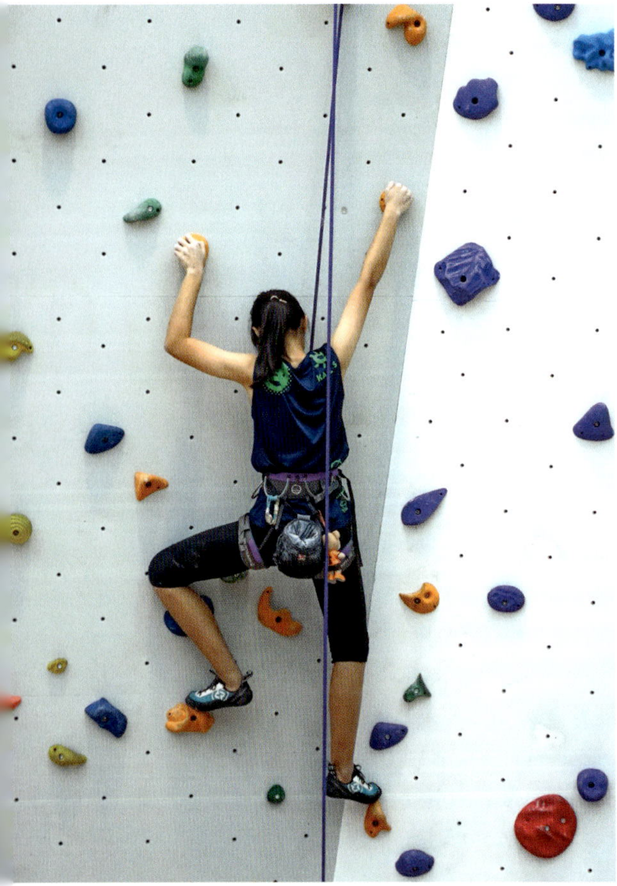

Ein zentraler Aspekt beim Klettern ist die Konzentration.

Visualisierung von Abschottungshilfen

Ich befinde mich beim Sport unter einer Glocke/Kugel/Kapsel aus Glas, in einer Seifenblase, in einer Telefonzelle, in einem Haus, auf einer Verkehrsinsel oder in einem Tunnel und lasse so nichts an mich heran, was nicht an mich heran soll (siehe auch Kapitel Visualisierung – Der imaginäre Schutzraum). Es ist auch möglich, die Kugel nur um den Kopf zu visualisieren. Gegen Lärm, Stimmen und Geräusche von außen kann ich mir imaginäre Kopfhörer aufsetzen oder imaginäre Ohrstöpsel ins Ohr stecken.

Die Ausrichtung der Konzentration trotz Störungen

Lerne, Druckbedingungen zu bewältigen (ablenkende Einflüsse von außen wie zum Beispiel Lärm, Überraschung, Hektik, Pause). Eine Ablenkung oder Störung bedeutet immer den Verlust oder die Verschlechterung deiner Konzentration. Trainiere den Umgang mit Störungen, indem du dich von einem Freund oder Mitspieler, am besten unvorhergesehen, durch tiefe Atemzüge, Klappern mit Gegenständen, Öffnen des Klettverschlusses eines Handschuhs, Klicken einer Kamera, direktes Ansprechen oder Flüstern stören lässt. Lass dich nicht ablenken und konzentriere dich darauf, deine Bewegung genau auszuführen.

Erweiterung der Übung: Bitte viele Trainingspartner, die mit dir trainieren, sich neben und hinter dich zu stellen, und führe konzentriert weiter deine Bewegungen aus.

Analysiere nach dieser Übung die gemachten Erfahrungen und Emotionen und erarbeite für dich, wie du dich beim nächsten Mal noch gezielter konzentrieren kannst.

Tiger Woods schreibt über die Methoden seines Vaters: »Mitten im Rückschwung ließ er mit lauten Getöse seine Tasche fallen, und wenn ich puttete, versuchte er mit allen möglichen Tricks, mich aus der Ruhe zu bringen.« (Woods, 2006, S. 269).

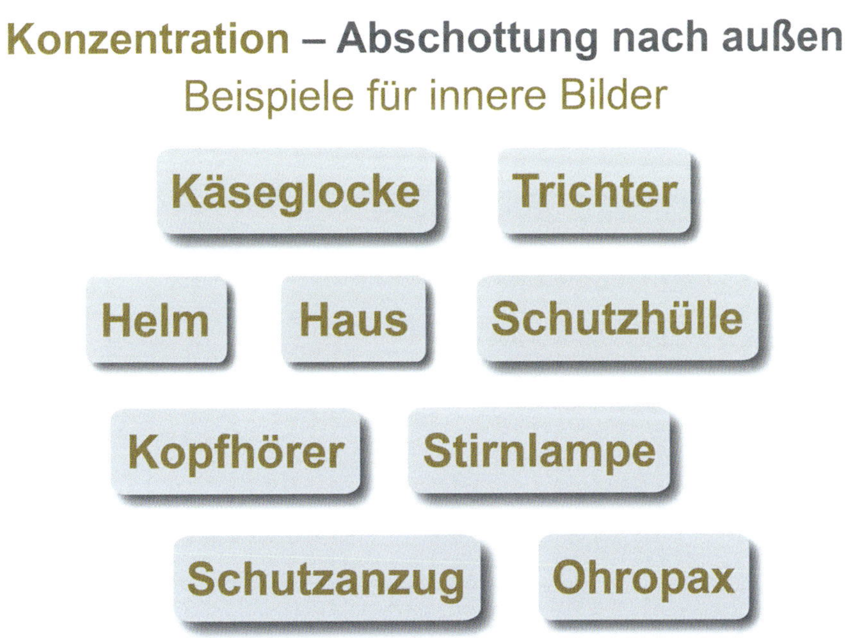

Steuerung durch Selbstgesprächsregulation, Selbstbefehle bzw. Selbstinstruktionen

Gedanken dürfen nicht zwischen Zuversicht und Zweifel hin- und herspringen. »Eine Person, der es schließlich gelingt, sich [mit Selbstgesprächen] dahingehend zu regulieren, dass sie erfolgszuversichtlich und leistungsbereit »durchhalten« kann, verfügt über die grundlegende Fertigkeit, psychische Beanspruchungssituationen zu bewältigen.« (Eberspächer, 2004, S. 25)

Überlege dir positive, aufmunternde, realistische (!), einfache, anschauliche, prägnante, kurze, aufgabenbezogene Sätze oder Kürzel bzw. Signal- oder Konzentrationsschlagworte wie zum Beispiel »Geh vor!«, »Fokus!«, »Locker durchschwingen!«, »Locker atmen!«, »Lange Schritte!« (Laufen), »Kopf hoch!« (beim Laufen), »Geduld!«, »Angriff!«, »Fließende Bewegungen!« (Schwimmen), »Tief atmen!«, »Zieh durch!«, »Entspannen!«, »Immer mit der Ruhe!«, »Ich freue mich darauf zu zeigen, was ich kann!«, »Ich bleibe offensiv und konzentriert!«, die du dir in kritischen Situationen, z. B. Müdigkeit und Schmerzen, oder vor dem Start sagen möchtest, und schreibe diese positiven Bekräftigungen auf. Nicht zu verwechseln mit einer gedanklichen Begleitung einer Bewegungsausführung, denn das würde deinen Rhythmus, dein automatisches Programm und deine Bewegung stören.

Statt Sätzen können es auch Bilder und Symbole sein, die dich positiv einstellen.
Du kannst dir auch eine externe mobile Erinnerungshilfe ausdenken, um dich gezielt konzentrieren zu können. Du kannst dazu Symbole wie zum Beispiel einen Smiley, Gummiband oder das Powerbalance-Armband, und Bilder, die du auf eine Plakette klebst und an deine Sporttasche hängst, verwenden oder Wörter/Sätze als optische Erinnerungshilfe auf deinen Handschuh, Sporttasche, Lenkrad oder Handrücken schreiben. Dieser Anker erinnert dich daran, dich immer wieder auf das Wesentliche zu konzentrieren.
Übe die Konzentration mittels Selbstinstruktion bzw. Signalwort im Training, bevor du es dann auch im Wettkampf anwendest.

Fokus auf Kontrollierbares

Konzentriere dich auf kontrollierbare und nicht kontrollierbare Dinge – erstelle zwei Listen. Eine Liste mit jenen Faktoren, an denen du etwas ändern kannst, etwa eine Reaktion auf einen Fehler oder ein schlechtes Spiel, und mit kontrollierbaren Faktoren wie deine Einstellung, deine Gedanken, deine Gefühle, deine innere Erregung, deine Technik, Taktik und Ernährung. Die andere Liste mit den unkontrollierbaren Faktoren, zum Beispiel die Reaktion des Publikums auf den Fehler des Athleten oder die Reaktion von Teammitgliedern auf mein Feedback.

Weitere Tipps zur Konzentrationssteigerung

- Bewusste, angemessene Pausengestaltung: Wann sind Pausen möglich? Wie kann die Pause zur Erholung genutzt werden? Wie kann man sich am Ende der Pause wieder aktivieren? – Hohen Energieverlust wieder ausgleichen und Konzentration erneuern.
- Handlungsplan für die Pausengestaltung schriftlich erstellen, überprüfen und ggf. optimieren.
- Entspannungsverfahren, -übungen (bis 15 Minuten vor dem Wettkampf): Autogenes Training, Progressive Muskelentspannung, Atemübungen und verschiedene Formen der Meditation helfen, die Konzentration zu steigern – aber auch gezielt zu reduzieren. Dabei denkst du: »Ich bin fit, bestmöglich vorbereitet, und ich freue mich auf den Wettkampf.«
  Besonders in kurzen Wettkampfpausen bietet diese Fähigkeit eine wichtige Möglichkeit der Regeneration. So kann der Sportler anschließend voller Energie und mit vollem Elan erneut in den

Wettkampf gehen.

- Erfolgsvisualisierung (siehe auch Seite 139)
- prozessorientierte Konzentration: Sich auf die nächste Handlung, Aktion, Technik, Tempo, Energienachschub, Schmerzbewältigung konzentrieren, nicht auf das gewünschte Ergebnis, bestimmte Platzierung, den Ausgang und die Folgen eines Wettkampfs. Die Frage »Was muss ich jetzt als Nächstes tun?« hilft dabei.
- Das chinesische Sprichwort »Tue, was du tust!« bringt es auf den Punkt.
- fordernde Trainings durchführen
- wissen, auf was man sich zu konzentrieren hat
- wissen, wann man die Konzentration senken kann
- sich Trainings- und Spielziele setzen
- Wahrnehmungsziele suchen
- Dosierung der Informationsmenge
- Energie sparen
- den Erregungszustand regulieren lernen
- kontinuierlich an der eigenen Fitness arbeiten
- Spieltempo variieren
- Korrekturen durch den Trainer sind von relativ geringer Informationsmenge
- Schaffen von Atmosphäre in der Kabine (z. B. durch Farbe an den Wänden, durch Musik)
- Nur wer motiviert ist, kann sich konzentrieren.
- Talismane oder Rituale als Konzentrationshilfe nutzen
- »Trigger« – zum Beispiel bestimmte Arm- oder Beinbewegungen, im Tennis das Auftippen des Balls auf dem Boden, sich in den Arm kneifen –

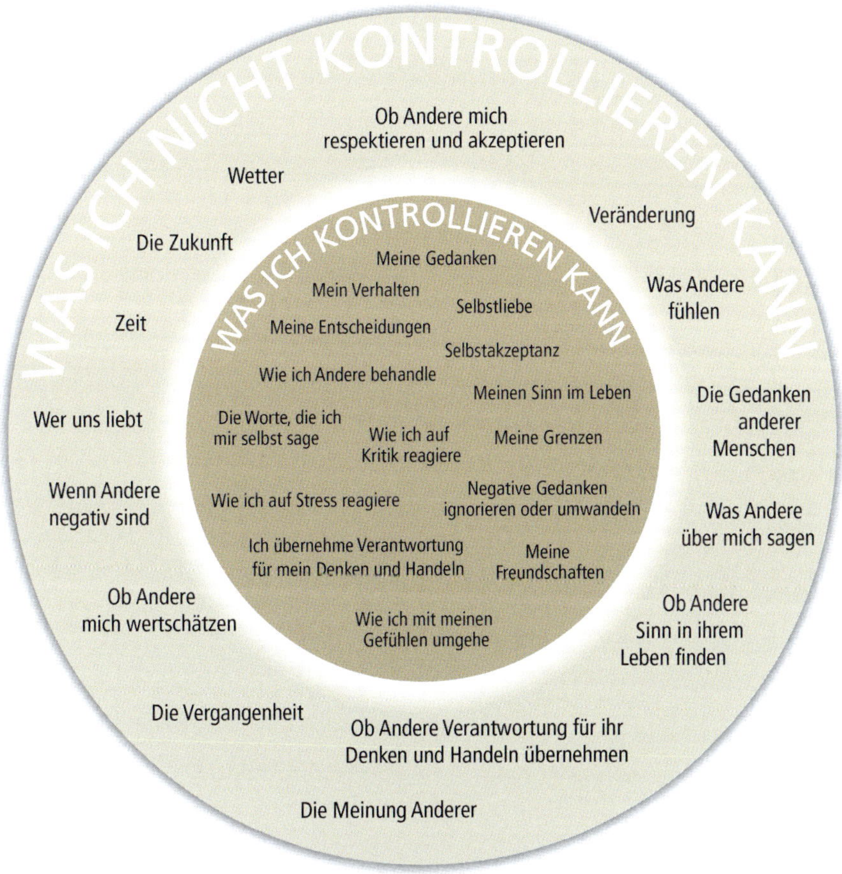

als Abrufsignal des gesamten Bewegungsprogramms nutzen
- Vermeiden negativer Situationen und Begegnungen
- Verzichte darauf, dich mit anderen zu vergleichen.
- trainieren, trainieren, trainieren, was ich bei vielen Sportlern nicht wahrnehme
- positives Denken, realistisch denken, offensiv an die Aufgabe herangehen
  »Ich greife an.«, »Ich blocke sicher.«,
  »Ich gehe rechts am Gegner vorbei.«
- Gedankenstopp (siehe Kapitel Gedanken)
- Gleichgewichtstraining:
  Übungen ohne Hilfsmittel: Einbeinstand erst mit offenen, dann mit geschlossenen Augen
  Übungen mit Hilfsmittel: Wackelbrett, Balance Pad, Schwebebalken ...
- Joggling: Verbindung aus Laufen (Jogging) und Jonglieren
- Reaktionstraining, Koordinationstraining
- Simulationstraining – versetze dich während des Trainings in ›reale‹ Szenarien, um mögliche Ablenkungen und zusätzliche Schwerpunktbereiche zu simulieren, die während eines Wettkampfs auftreten könnten.
- »Energie folgt den Gedanken. Jeder Gedanke, der nicht zur Erreichung des Zieles beiträgt, zieht Energie und Kraft ab. Deshalb muss man erlernen, diesen negativen Gedanken keine Chance zu geben, dann ist der Weg zur vollen Konzentration frei.« (Wolfgang Mader)

Es gäbe noch viele weitere Übungen, nur reicht der Platz hier nicht, um alle aufzuführen. Solltest du eine Übung haben, die in der nächsten Auflage unbedingt Erwähnung finden sollte, dann schreib mir doch bitte an info@antje-heimsoeth.de.

Flow

Wann hast du deinen besten Wettkampf gezeigt? Wann hast du zum letzten Mal alles um dich herum vergessen? Lief alles wie von selbst?

»Alles schien zur rechten Zeit zusammenzukommen.«, »Ich hatte mich aufgelöst und etwas anders übernahm die Kontrolle.«, »Ich spielte einfach aus dem Bauch heraus.«, lauten die Beschreibungen im Buch von Gallwey, 2003, S. 226.

» Aus der Praxis

Wolfgang Mader: »Flow ist, wenn meine 100 % Konzentration und mein unbedingter Wille auf das Erreichen des Zieles ausgerichtet sind sowie die Gesundheit ebenfalls mitspielt. Beispiel: elf Tage mit dem Rad 4.809 km und 58.000 Höhenmeter quer durch die USA!!«

Mihaly Csikszentmihalyi (sprich ›Tschick Sent Mihaji‹) entwickelte das Konzept des »Flow« Mitte der 1970er-Jahre und leistet mit weiteren Untersuchungen auf diesem Gebiet Pionierarbeit. Csikszentmihalyi & Jackson (2000, S. 13) schreiben in ›Flow im Sport‹: »Flow [ist] ein Bewusstseinszustand, in dem man völlig in dem aufgeht, was man gerade tut, ohne irgendwelche anderen Gedanken oder Emotionen zu haben.«

Voll und ganz vertieft sein, tief aus dem Tun selbst heraus motiviert sein und »aufgehen« in einer Tätigkeit, das lässt sich besonders gut bei fasziniert spielenden Kindern beobachten, die alles um sich herum vergessen, die Welt um sich kaum noch wahrnehmen und sich nur noch auf ihr Spiel konzentrieren. Kinder haben Spaß an ihrem Spiel und leben im Hier und Jetzt.

Der »ideale Leistungszustand« nach J. A. Loehr

Hohe Energie

angenehm – **unangenehm**

Hohe Energie / angenehm

wach
energiegeladen
lebhaft
angeregt
mühelos
stark
begeistert
hoher Teamgeist
voller Leistungswille
flüssiger Bewegungsablauf
Zustand innerer Gelassenheit
entspannte Muskeln
tiefe Atmung
Körperhaltung eines selbstbewussten Menschen
konzentriert, fokussiert

»Ich will es wirklich!«
»Ich kann es.«

beste Möglichkeit für eine gute Leistung

Hohe Energie / unangenehm

nervös
ängstlich
furchtsam
zornig
frustriert
aufgeregt
rachsüchtig
angespannte Muskeln, Verkrampfung
Zustand innerer Erregtheit
Tunnelblick (Gesichtsfeldeinengung)
sehr starre, unflexible Aufmerksamkeit

»Ich will es nicht wirklich.«
»Ich werde es nicht können.«

60 % der Leistungen im Sport werden so erbracht

zweitbeste Möglichkeit für eine gute Leistung

Geringe Energie / angenehm

müde
matt
erschöpft
ausgepumpt
entspannte Muskeln
Zustand innerer Gelassenheit
unkonzentriert, schlechte Konzentration
leicht ablenkbar, nahezu alles kann ablenken

»Ich will, aber so sehr auch wieder nicht.«

drittbeste Möglichkeit für eine gute Leistung

Geringe Energie / unangenehm

gelangweilt, desinteressiert
genervt, gereizt
irritiert
schlecht gelaunt
flache, ruhige Atmung
geringe bis mäßige Muskelspannung
unkonzentriert
leicht ablenkbar
Gesichtsfeldeinengung

»Ich würde lieber alles andere tun, als das.«
»Es langweilt mich.«

schlechteste Möglichkeit für eine gute Leistung; gute Leistung ist kaum zu erwarten

Geringe Energie

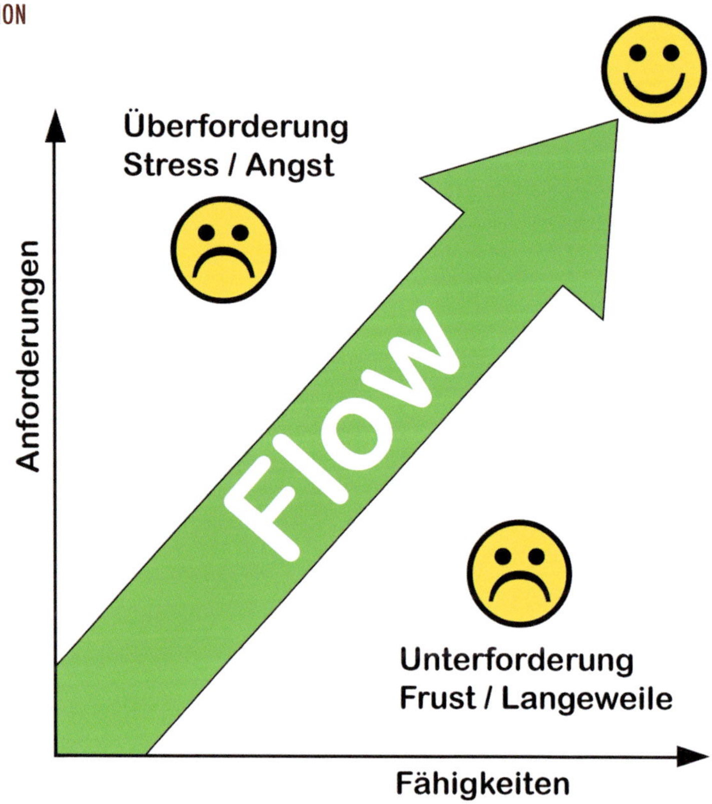

Für den Zustand von Flow bei Sportlern gibt es nach Csikszentmihalyi & Jackson (2000, S. 7) viele Bezeichnungen – »optimale Erfahrung, wie in Trance spielen, sich high fühlen und völlig konzentriert sein«.

Weitere Assoziationen zum Zustand des Flow: alles im Griff haben; nichts kann dich aufhalten; nichts kann schiefgehen; ich existiere nur noch für das eine; ich habe keine Angst, spüre keine Schmerzen; Schwebezustand; in Spitzenform; wie ferngesteuert; unschlagbar; stark. Die Gefühle, die sich dabei einstellen können, gehören zu den intensivsten im Leben.

Merkmale für Flow:

Konzentration, Selbstvergessenheit, Gefühl von Können, fokussierte Aufmerksamkeit, Abgeschirmt-Sein von Ablenkungen, völliges Aufgehen in einer Tätigkeit, Versunkensein, Abwesenheit von Selbstreflexion, von Selbst-Bewusstheit; wie in Zeitlupe.

Beispiele für Flow-Erlebnisse:

Für Marinus Kraus waren es »die Erlebnisse in Sotschi, der Einzelwettkampf auf der Großschanze und insbesondere der Teamwettkampf. Dort war ich in einem Flow. Die ganze Vorbereitung war fantastisch und die Stimmung war toll. Es hat Spaß gemacht. Dort war ich einfach in so einem Flow-Zustand, dass ich wirklich nichts steuern musste. Ich habe es einfach nur passieren lassen und war gut eingestellt. Ich habe mich so über den Wettkampf gefreut, das war einfach ein Erlebnis, das ich wirklich durch und durch positiv empfunden habe.«

»Flow-Erlebnisse« bleiben für immer im Gedächtnis und wecken den Wunsch, diese wieder zu erleben, diesen Zustand neu herbeizuführen.

Der Flow-Zustand kommt auf drei Ebenen zum Ausdruck, die der Spieler vor und im Turnier auch selbst regulieren kann (Frester & Wörz, 1997, S. 17 ff.):

1. der motorischen Ebene (Handlung/Verhalten)

2. der physiologischen Ebene (Spannungsniveau) »Der Wechsel von Anspannung und Entspannung stimmte.«
3. der subjektiv-kognitiven Ebene (handlungsunterstützende Gedanken/Bewertungen) »Ich kann mich gut an folgende Gedanken während des Wettbewerbs erinnern.«

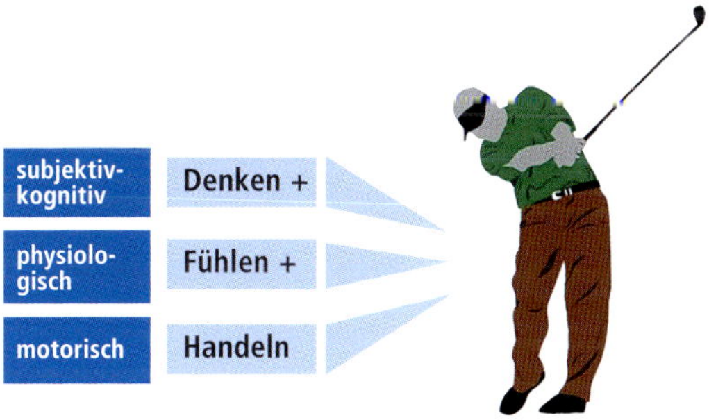

Anforderung und Können im Gleichgewicht

Nach Schiefele, 2001, Schiefele & Köhler, 2001 können »Flow-Zustände« nur dann entstehen, wenn Tätigkeiten allein um ihrer selbst willen (intrinsische Motivation) und nicht der Ergebnisse wegen (extrinsische Motivation) durchgeführt werden.

»Eine wichtige Voraussetzung für das Zustandekommen einer Flow-Erfahrung ist, dass die Anforderungen und Fähigkeiten im Gleichgewicht sind. Wenn eine Aufgabe zu schwierig wird, besteht andauernd die Gefahr von Fehlern.« Bei Überforderung beschäftigt man sich dann gedanklich mit dem Score und einem möglichen Misserfolg, und damit entsteht Angst vor Versagen oder Ärger, aber kein Flow. Im umgekehrten Fall, also bei einer Unterforderung durch eine zu leichte Aufgabe, »hat es sich ebenfalls schnell ausgeflowt. Interesse und Konzentration lassen nach, und es entsteht Langeweile« (Wirth, 2005, S. 1).

Das bedeutet: Flow entsteht, wenn Anforderung und die eigenen Fähigkeiten hoch und im Gleichgewicht sind; Unter- bzw. Überforderung erzeugen dagegen Langeweile bzw. Angst. Wenn Fähigkeiten und Anforderungen gering sind, kommt es zu keiner besonderen Erfahrung oder Emotion.

Wie erreiche ich den Flow-Zustand?

- Gute Vorbereitung
- Glaube an den Erfolg
- Lerne deine Ängste, z. B. vor Versagen, zu bewältigen.
- Erinnere dich an ein vergangenes Flow-Erlebnis und tu dann so, als ob du jetzt bereits im Flow wärst.
- Wandle Stress und ein Problem in eine Herausforderung um.
- Konzentriere dich auf deine Stärken, entwickle Selbstvertrauen.
- Steuere deinen Körper. Entspann dich und achte auf die Lockerheit deiner Bewegungen. Eine Optimierung des physiologischen Erregungsniveaus beeinflusst die Konzentration und umgekehrt.
- Visualisierung vor der Ausführung einer Bewegung, nicht während der Bewegung. Versetze dich innerlich in Zustände des Glücks, indem du dir erfolgreiche glückliche Momente wieder in Erinnerung rufst. Stell dir zum Beispiel vor, wie du damals das perfekte Turnier gespielt hast.
- Klar definierte und eindeutige **Zielsetzung**
- **Feedback,** Tipps und klare eindeutige Rückmeldungen aus deinem Umfeld und vom Trainer. Durch Feedback erhältst du Informationen über deine Leistung und hast dadurch die Möglichkeit, deine Ziele weiterzuverfolgen. Feedback, so Csikszentmihalyi & Jackson (2000, S. 30), ist von entscheidender Bedeutung für deine Leistung.
- **Konzentration auf die bevorstehende, gegenwärtige Aufgabe**
  Wende dich ganz dem zu, was du gerade tust. Verbanne unwichtige Gedanken aus deinem Bewusstsein. Lerne, verlorene Konzentration zurückzugewinnen. Es ist, so Csikszentmihalyi & Jackson (2000, S. 118) »als würde man auf den richtigen Kanal zurückschalten, sobald sich ablenkende Gedanken einstellen. Dabei besteht

der erste Schritt darin, sich bewusst zu werden, dass die Konzentration nachlässt«.

- Kontrolle
  Csikszentmihalyi & Jackson, 2000, S. 34 dazu: »Sie vertrauen auf Ihre Fertigkeiten und Sie wissen, die Aufgabe ist lösbar. Diese Überzeugung verleiht ein Gefühl von Macht, Selbstvertrauen und Gelassenheit.«
- Positive Mental-Hygiene
- Flow-Musik
- Sorge für ein motivierendes Umfeld, das dich fördert.
- Stelle realistische Erwartungen an deine Leistung.
- Keine Unterbrechungen durch innere Störungen, z. B. Beschäftigung mit einer Enttäuschung, einer Sorge oder der großen Liebe.
- Entwickle Spaß und Freude, lache viel, auch über dich selbst, habe Freude an deiner Leistung und der Leistung anderer – Erfolge der Anderen, hinter denen ja auch viel Training und Arbeit steckt, fair anerkennen und mitfeiern.

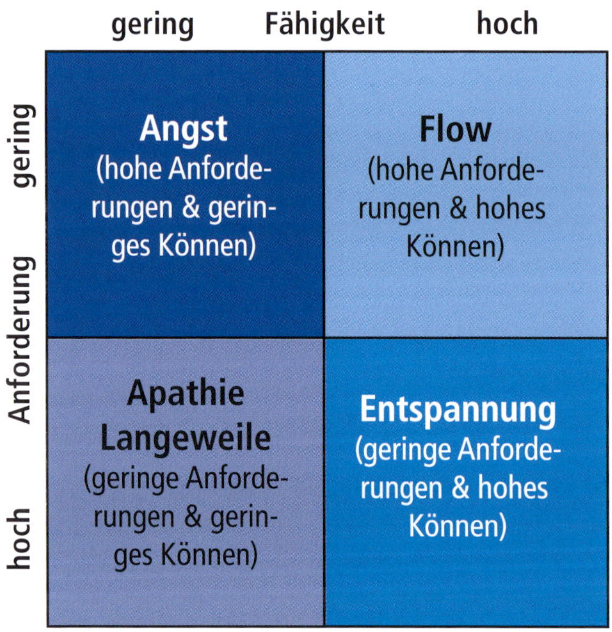

Das Quadrantenmodell des Flow-Erlebens (Csikszentmihalyi)

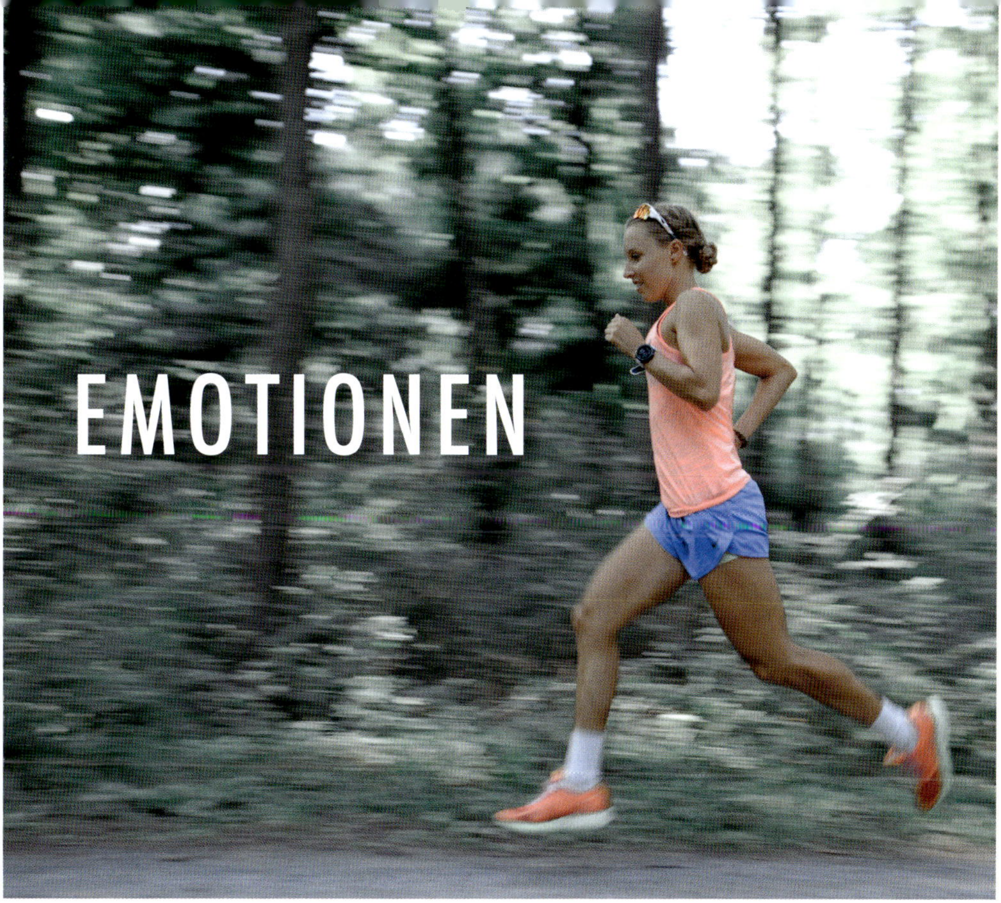

EMOTIONEN

Welche Funktionen haben Emotionen in unserem täglichen Leben? Welche Emotionen spürst du auf dem Platz? Und wodurch wurden diese ausgelöst? Wurden deine Emotionen durch Aspekte des Sports ausgelöst? Gehen dir Emotionen wie Stolz, Wut, Zorn, Niedergeschlagenheit und Nervosität unter die Haut? Kannst du deine Emotionen auf dem Platz und im Training kontrollieren und regulieren? Wie gelingt es dir, deine negativen Emotionen herunterzufahren? Wie kannst du schlechten Schlägen doch noch etwas Gutes abgewinnen? Wie können Emotionen kontrolliert und positiv – im Sinne von leistungsfördernd – umgesetzt werden?

Empirische Befunde verdeutlichen den Zusammenhang zwischen gedanklichen Prozessen, emotionalem und körperlichem Befinden sowie Verhalten auf der Handlungsebene. Gefühle und Verhalten beeinflussen sich gegenseitig.

Was ist eine Emotion?

Mir ist keine wissenschaftliche präzise Definition bekannt.

Der Begriff ›Emotion‹ kommt aus dem Lateinischen ›movere‹ = bewegen. Der Zusatz ›E‹ verändert die Bedeutung: ›emovere‹ = eigtl. ›hinausschaffen, etwas entfernen, herausbewegen‹.

›Emotio‹: Herausbewegung, das Fortbewegen; ex ›heraus‹ und motio ›Bewegung, Erregung‹.

Athleten fühlen alle Emotionen im Sport. Während der sportlichen Leistung erleben Sportler unterschiedliche Arten, Intensitäten und Dauer von Emotionen. Einige dieser Emotionen fühlen sich schlecht

» Emotionen ...

... sind das Zünglein an der Waage, wenn es darum geht, am Tag X deinen optimalen Leistungszustand abzurufen.

oder negativ an, wie das Gefühl, vor einem großen Wettbewerb ängstlich, nervös oder verängstigt zu sein. Andere Emotionen fühlen sich großartig an, wie das Gefühl des Glücks, ein Spiel zu gewinnen, oder das Gefühl des Stolzes, nachdem man zum ersten Mal eine neue Bewegung zeigen konnte. Die Emotionen, die Athleten im Sport empfinden, können manchmal hilfreich für die Leistung sein, aber manchmal können sie schwer zu bewältigen sein und können sie schlechter abschneiden lassen.

- Emotionen hat jeder. Sie beeinflussen deine Leistung.
- Emotionen können hemmen und blockieren, aber auch beflügeln und uns zu Spitzenleistungen antreiben.
- Emotionen sind komplexe Prozesse, die z. B. durch eine Situation ausgelöst werden und zu einem Erregungszustand führen.
- Bei Emotionen handelt es sich um Sinneswahrnehmungen, die über Erinnerungen und Erfahrungen geprägt werden.
- Gefühle zeigen dir den Weg, das Richtige zu tun.
- Sie werden ausgedrückt (durch Gestik, über Mimik, Worte, etc.).
- Emotionen können wir nicht immer kontrollieren.
- Emotionen bestimmen Einstellungen, Absichten und Verhalten.
- Gefühl ist das subjektive Erleben. Gefühle sind ansteckend.
- Negative Gefühle wie Angst und Wut breiten sich schneller aus als positive und lassen ein vernünftiges »Handeln« nicht zu!
- Emotionen haben immer einen Appell.
- Emotionen spüren wir in unserem Körper.
- Wirkung von positiven Emotionen: Verminderung

Was sind Emotionen? Eine phänomenologische Definition

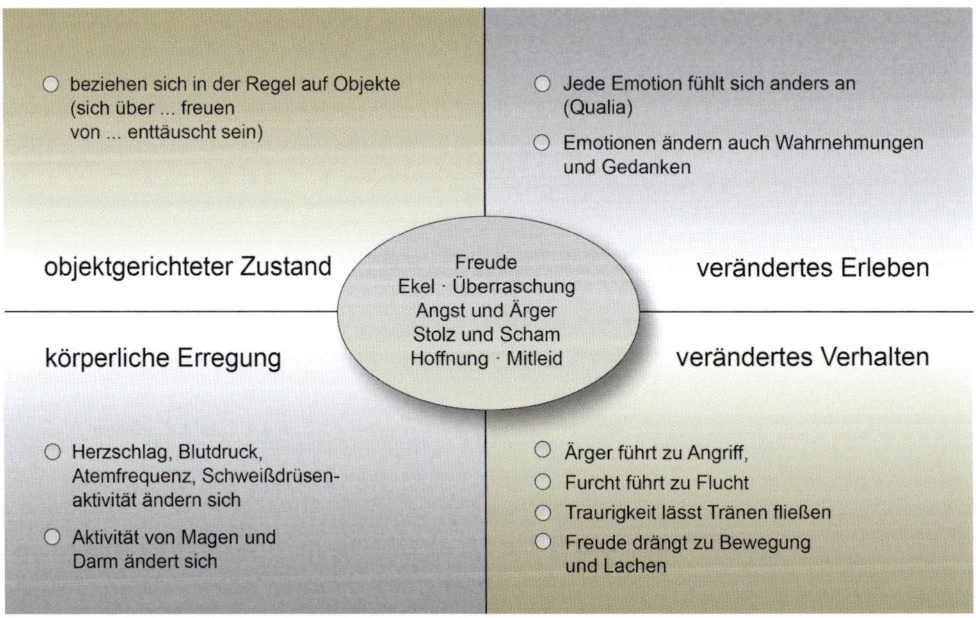

von Stress, Beschleunigung der Erholung, Optimierung der Informationsaufnahme, Beschleunigung des Lernens, Unterstützung von Lernprozessen, Förderung der Langlebigkeit, Erhöhung der Kreativität (nach Prof. Sigurd Baumann).

Emotionen entstehen aufgrund der individuellen und subjektiven Bewertung einer Situation und von früheren emotionalen Erfahrungen.

Diese Bewertung hängt ab von:

- der Einstellung, der Erwartungshaltung (»Jetzt muss es klappen.«)
- der momentanen Befindlichkeit (emotionaler Zustand), z. B. Stimmung, Müdigkeit
- dem gegenwärtigem Umfeld (Zuschauer, Trainingspartner, Partner)
- gemachten guten und schlechten Erfahrungen in ähnlichen Situationen (»Nicht schon wieder ...«)
- den zu erwartenden Konsequenzen.

Basisemotionen

Der US-amerikanische Psychologe Paul Ekman unterscheidet sieben (6+1) Basisemotionen, die in allen Kulturen anzutreffen sind:

- Wut (Angriff, Ärger)
- Trauer (Verlust, Enttäuschung)
- Freude
- Angst (Schutz, Flucht)
- Ekel
- Überraschung
- Verachtung

Auslöser für Emotionen

Emotionen im Sportbereich können durch viele unterschiedliche Aspekte ausgelöst werden, darunter

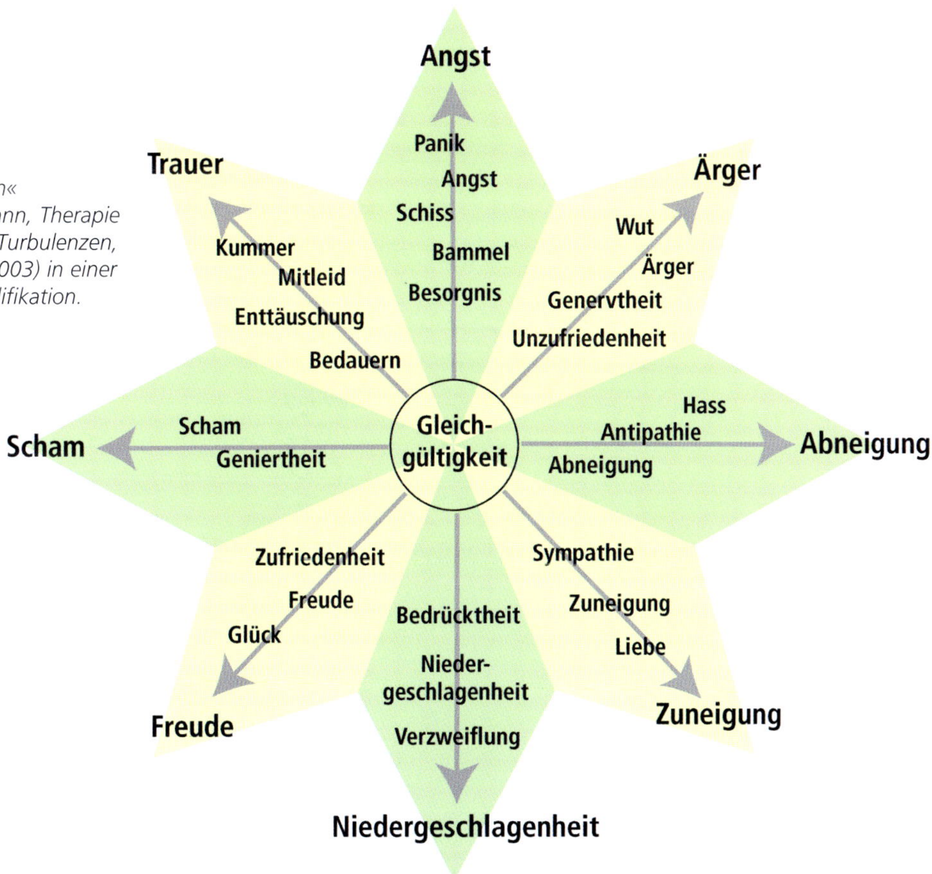

»Gefühlsstern« (vgl. Stavemann, Therapie emotionaler Turbulenzen, Weinheim, 2003) in einer leichten Modifikation.

Erinnerungen, Gespräche mit anderen Menschen, der Anblick des Wettkampfortes, die Einschätzung des Gegners, Lob als Wertschätzung, positive Erfüllung von Erwartungen, Zielerreichung, erfolgreiche Beendigung einer Runde, kleine und große Veränderungen.

Die negativen Erscheinungen/Reaktionen von Wut, Angst und anderen Emotionen:
Überforderung, Versagensangst, Selbstzweifel, Hilflosigkeit, Unlust, Unmotiviertheit, Ärger bis hin zu Wutausbrüchen, Unsicherheit, Verlust von Lockerheit und Konzentration, Minderung der Leistungsfähigkeit, Denkblockaden, keine Kontrolle mehr über die Technik und Taktik, Störung der Lebensführung und des gleichmäßigen Energieflusses im Körper.

Während eines Turniers erleben viele Sportler regelrechte emotionale Berg- und Talfahrten. Wer kennt nicht den bei einem Wettkampf aufkommenden Stress, wenn die eigene Leistung weit hinter der Trainingsleistung und vor allem hinter den eigenen Erwartungen zurückbleibt. Je höher deine Erwartungen und je größer die zu erwartenden Konsequenzen des Ausgangs des Wettkampfs, desto größer der emotionale Stress. Dies kann so weit führen, dass die Angst vor dem Versagen jegliche nur annähernd normale Leistung verhindert. Hier finden wir den Trainingsweltmeister!

Nach dem Turnier entsteht bei Niederlagen eine Situation, mit der nicht jeder so easy umgehen kann. Man ist mit sich selbst unzufrieden, ärgert sich, sucht Gründe für das Scheitern. Und dann noch die vielen Menschen, vor denen man sich rechtfertigen soll, warum man gerade heute, wo es doch so wichtig war, nicht sein Bestes gezeigt hat.

Emotionale Kontrolle ist im Sport eine Schlüsselqualifikation. Schließlich haben unsere Emotionen einen starken Einfluss darauf, wie wir mit anderen Menschen im Team und mit Ereignissen im Sport umgehen.

» Aus der Praxis

Mitch Pohl: »Natürlich erlebt man im Sport, speziell in den Playoffs, die volle Bandbreite an Emotionen. Mit zunehmender Erfahrung habe ich gelernt, damit umzugehen. In den wichtigen Phasen braucht ein Team einen starken Coach, der nicht die Fassung verliert!«

Es ist wichtig, sich bewusst zu machen, wann man aus dem seelischen und/oder körperlichen Gleichgewicht gekommen ist, um entsprechend darauf zu reagieren. Sind der physische sowie der emotionale und der mentale Bereich im Gleichgewicht, kannst du flexibler auf Stresssituationen welcher Art auch immer reagieren.

Emotionen als Treibstoff der mentalen Fähigkeiten

Bei allen lebensbestimmenden Prozessen sind aber nicht nur die rationalen Überlegungen ausschlaggebend, sondern bevor die Ratio anfängt zu arbeiten, ist schon eine lange Kette an Emotionen am Arbeiten. Schön, wenn es sich dabei um positive Gefühle handelt, einschränkend, wenn es negative sind. Dass wir hilflos unseren Gefühlen ausgeliefert sind, ist nur ein Trugschluss.

Emotionen sind nichts anderes als das Ergebnis von Hormonausschüttungen. Und weil sich Hormonausschüttungen nicht nur unbewusst ereignen, sondern auch ganz gezielt ausgelöst werden können, haben wir die Chance, unsere Emotionen bewusst zu steuern und ihre unbestreitbare Kraft positiv für uns zu nutzen.

Man kann sich das so vorstellen, dass bei jedem Menschen ein kleiner Barmixer im Kopf sitzt, der die

Körpersäfte je nach Anforderungen zusammenmixt. Dieser ist natürlich von allen Umweltreizen abhängig und natürlich auch manchmal von falschen oder unerwünschten Reizen beeinflusst. Mentaltraining hilft diesem Barmixer, den richtigen Mix der Körpersäfte in der jeweiligen Situation richtig zusammenzustellen und damit den gewünschten Zustand energetisch, rational und emotional herzustellen.

Die Wirkung von Emotionen

»Gefühle stellen für die meisten Menschen etwas Wichtiges dar, sie sind ein Teil unseres seelischen Lebens und es ist nicht möglich, unsere Gefühle abzutrennen oder dauerhaft zu verdrängen.« (Linz, 2004, Seite 160) Negative Emotionen können zu »Selbstläufern« werden.

Umgang mit Wut/Zorn

- Erlange Kontrolle über die ärgerauslösende Situation oder über deine Reaktionsweisen!
- »Erst wenn mir meine Wut bewusst ist, kann ich deren Ursachen erkennen und abstellen. Wenn ich die Wut wahrnehme, habe ich mich schon von ihr gelöst, denn ich bin nicht mehr die Wut, sondern ich beobachte sie. Statt mich zu identifizieren, nehme ich die Perspektive eines Beobachters ein. Jetzt kann ich mir Gedanken über die Ursachen machen.« (Heuler, 2002, S. 105)
- Erarbeite dir Handlungsalternativen für Situationen, die dich bisher geärgert haben. Spiele die Alternativen unter Entspannung mental vor deinem inneren Auge durch (Visualisierung).
- Friss Ärger nicht in dich hinein!! Anstatt mit

Die Ursachen von Wut

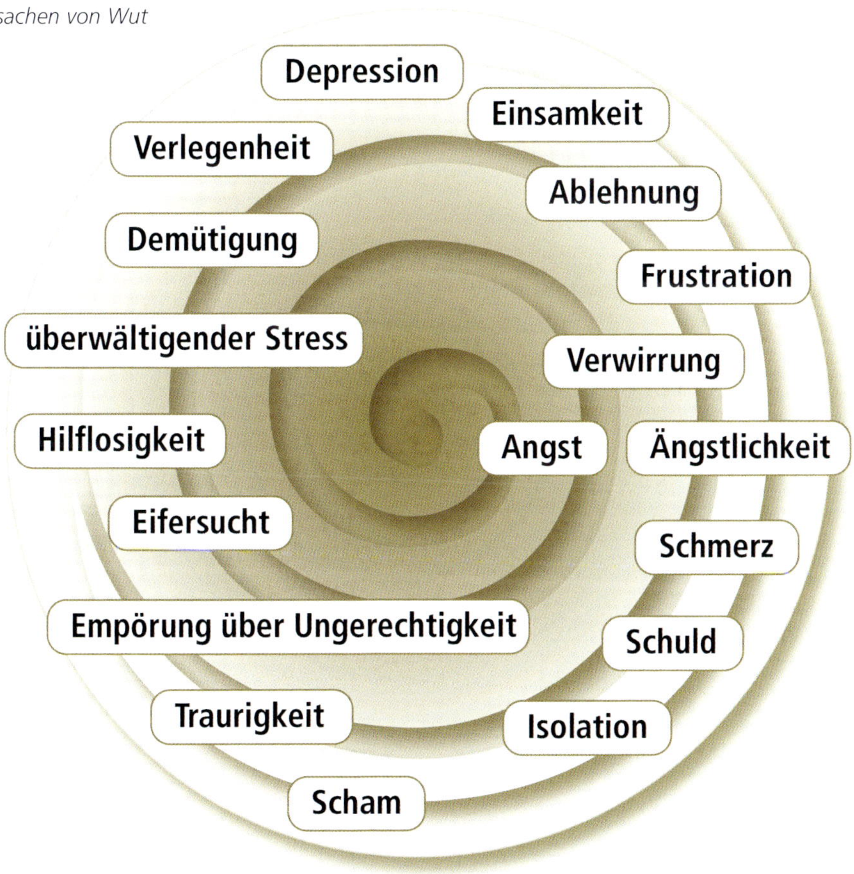

Ärger …

… ist ehrlich	… macht nachdenklich	… gibt Energie
… raubt Energie	… ist falsch	… ist eine Belastung

» Umgang mit negativen Emotionen wie Wut

Wie gehen Marinus Kraus und Karl Angerer mit negativen Emotionen wie Wut um?

Marinus Kraus: »Wenn ich beim Wettkampf richtig schlecht abgeschnitten habe und es mir nicht gelungen ist, gute Leistung zu bringen, dann ist erst mal der Ärger sehr, sehr groß bei mir. Die innere eigene Enttäuschung und die Wut sind dementsprechend sehr groß. Diese muss ich dann auch zulassen und rauslassen. Dies heißt, dass ich fünf bis zehn Minuten nach dem Wettkampf wirklich stinksauer bin und manchmal – als Beispiel – eine Tasche auf den Boden werfen muss. Ich muss die Aggressionen körperlich rauslassen, aber dann ist es auch nach den fünf bis zehn Minuten wieder gut. Danach kann ich mich wieder setzen und bin wieder ein anderer Mensch, analysiere, was schief gelaufen ist und wie ich es besser machen kann, wie ich mich auf den nächsten Wettkampf einstellen muss. Das geht relativ schnell bei mir, dass ich aus einer Niederlage und der entstehenden Wut den Selbstzweifel minimiere und nach vorne blicke.«

Karl Angerer: »Ich bin ein sehr emotionaler Mensch. Ich lasse das auch gleich immer raus. So bin ich eben. Das kommt nicht immer gut an. Ich lasse auch meinen Frust los, auch bei anderen Leuten, wo ich mich dann nachher entschuldigen muss. Aber ich denke, man muss in den Spiegel schauen können, und wenn irgendwo auch mal Fehlentscheidungen getroffen worden sind, dann bin ich in dem Moment auch wütend und sauer und schimpfe dann mal. Das ist dann fünf Minuten später wieder vergessen. Das war für mich eine Basis, die sehr gut ist, was als Trainer natürlich ein bisschen schwieriger ist, weil man diplomatischer sein muss.
[…] Ich finde das schön, wenn man seine Gefühle auch zeigen kann, den Menschen auch zeigt, was man denkt und was man fühlt.«

Meckern oder einem Wutausbruch reagiere mit einer Bewegung wie Aufstampfen und einer beruhigenden Selbstinstruktion/Affirmation bzw. einem Schlüsselwort, das du dir für genau diese Situation zurechtlegst. Sage dir z. B. »Ruhe bewahren«, auch wenn du gerade eine große Chance leichtfertig vergeben hast.
- Schnelles, flaches Atmen aus der Brust verstärkt die Angst. Tiefe Bauchatmung verringert die Angst und reduziert viele der ›beängstigenden Empfindungen‹ der Angst.
- Denke daran: Wenn wir so mit unseren Freunden umgehen würden, wie wir oft mit uns selbst innerlich umgehen, dann hätten wir keine Freunde mehr.
- Glück und Pech liegen nicht selten eng zusammen im Sport.
- Wenn du dich schon ärgerst, dann richtig. So nimmst du negativen Emotionen die Kraft.
  - Aufschreiben, worüber du dich ärgerst!
  - Sich selbst laut sagen, was dich ärgert!
  - Den Ärger anderen ruhig mitteilen (Gewaltfreie Kommunikation).
- Entspannungstechnik bzw. -übung zum Runterkommen anwenden, wenn du dich ärgerst.
- Nutze eine Affirmation. Ein hilfreiche Affirmation ist: »Lass los!« Bei der Einatmung spricht man in Gedanken »Lass«, bei der Ausamtung »los« aus. Die Wiederholung der Affirmation lenkt deinen Fokus von dem ab, was dich gerade nervt.

Angst

Angstgefühl entsteht, wenn wir eine Situation oder Person als gefährlich für uns einschätzen und glauben, die Situation nicht bewältigen zu können.
Angst macht im rechten Maß aufmerksam, führt zu einer erhöhten Erregung, führt aber im Übermaß zu Unsicherheit, Verkrampfungen und Hemmung und ist dann leistungsmindernd. (vgl. Linz, 2003, S. 161)

Emotionale Selbstkontrolle – negative Emotionen und Impulse in Schach halten

Gutes **Selbstmanagement** schont deine Nerven! Selbst in Phasen, in denen du üblicherweise von unliebsamen Emotionen mitgerissen wirst, kannst du mit ein paar wenigen Tricks Chef über dich selbst bleiben und entscheiden, wann du wie viele Gefühle erleben und zeigen willst.

Begib dich in die Natur. Bei sehr emotionalen Themen gehe ich mit meinen Klienten durchaus raus an den Fluss oder in den Wald. Die Bewegung in der Natur hilft. Sie beruhigt uns, lenkt den Fokus weg von der negativen Emotion. Wer in die Landschaft schaut,

» Lampenfieber

Wie schafft Kraus die ersten Minuten?
»Besonders bei Wettkämpfen wandelt sich das Lampenfieber irgendwann in Nervosität um, und das ist bei jedem Wettkampf so. Es wäre gelogen, wenn ich sage, dass es nicht so ist. Es ist eine positive Nervosität, aus der ich Kraft schöpfen kann und die sich in einem gesunden Bereich bewegt. Das Kribbeln vor dem Wettkampf, das muss da sein, damit ich wirklich Leistung bringen kann. Natürlich darf das Lampenfieber oder die Nervosität nicht so hoch sein, dass ich dadurch behindert werde. Das schaffe ich durch meine Rituale und durch meine Selbstkontrolle mit Selbstgesprächen.«

» Angst

Mader: »Angst machen mir lediglich die Unwissenheit, das Ungewisse und Gegner, die ich nicht kenne. Auf alles, was ich weiß, was ich kenne und was mir bekannt ist, kann ich mich einstellen und mich ihm stellen sowie es beeinflussen.«

Fight (Kampf)

Antwort: Angriff, Konfrontation, Dominieren
Emotion: Wut, Zorn, Irritation
Outcome: Beleidigungen, Beschuldigungen, Misshandlung

Face (der Angst begegnen)

Antwort: Herausforderung (Challenge)
Emotion: Ruhe, geerdet
Outcome: alarmiert, engagiert

Flight (Flucht)

Antwort: wegrennen, aufgeben
Emotion: Angst, Verweigerung
Outcome: Ausweichen, Sabotage

Freeze (Totstellen, Erstarren, Einfrieren)

Antwort: stehenbleiben, aufgeben
Emotion: Taubheit, Resignation
Outcome: erhöhte Aufmerksamkeit; Rechtfertigung, Rationalisieren, Bewegungslosigkeit, Starre
Reaktionen: Puls wird heruntergefahren, Denken und Schmerzempfinden werden kurzzeitig ausgeschaltet, Erinnerungen danach sind kaum oder gar nicht vorhanden.

sorgt für langsamere Hirnstromschwingungen. Stattdessen steigen die Stimmungshormone. Halte einen Moment inne, betrachte den Himmel oder das Spiel der Blätter in einem Baum und atme dabei lang und tief.

Innere Teamkonferenz

Halte eine innere Verhandlung ab. Alle Gefühle haben eine Existenzberechtigung, jedes Gefühl hat eine Stimme und eine Botschaft für dich. Würge diese Stimmen nicht einfach ab, sondern schenke ihnen Redezeit während der »inneren Konferenz«. Ziel der Verhandlung am inneren Konferenztisch ist eine Entscheidung. Wie im Außen, sollte auch gegenüber deinem inneren Team keine Diktatur herrschen.

Schaffe Distanz

Wenn du mit unangenehmen Situationen bzw. einer schwierigen Aufgabe konfrontiert bist, solltest du möglichst rasch Abstand gewinnen. Mache dich zum unbeteiligten Zuschauer, der unbehindert von starken Gefühlen beobachtet und analysiert. Atme tief durch, und tu so, als ob du einen Film im Fernsehen anschauen würdest.

Wie wir Emotionen verarbeiten können

Name der Emotion

- Ich fühle mich ____________________
- (Beispiele: wütend, zornig, traurig, ängstlich, besorgt, ungeduldig, frustriert, enttäuscht, …)
- …, weil ich ____________________ brauche. (Formulierung der Bedürfnisse, welche hinter den Gefühlen stehen)

Gefühle identifizieren

- Was ist passiert?
- Intensität des Gefühls (auf einer Skala von 0 – 10)
- Auslöser? (Wer? Was? Wann? Wo?)
- Körperwahrnehmung / körperliche Veränderung (Wo im Körper spüre ich die Emotion?)
- Körpersprache (Gestik, Mimik, Körperhaltung?)
- Handlungsimpuls (Was wollte ich tun / sagen?)
- Handlung (Was habe ich getan / gesagt?)
- Konsequenz der Emotion (Befinden, andere Gefühle, Verhalten, Gedanken, Körper, …)

Verhalten und Gedanken identifizieren

- Als ich ____________________ war, sagte / tat ich ____________________.
- Interpretation des Auslösers (erster Gedanke?)
- Folgende Gedanken gingen mir durch den Kopf: ____________________

Veränderung der Emotion

- War mein ____________________ (Emotion) der Situation angemessen?
- Kann ich die Umstände / Situation kontrollieren?
- Wenn diese sich meiner Kontrolle entzieht, kann ich dies dann akzeptieren und tolerieren? Wenn nicht, welche Grenze muss ich dann setzen?

Das fällt oft leichter, wenn man schriftlich das Problem festhält, mögliche Lösungen sowie die dazu benötigten Mittel und die erforderliche Zeit erarbeitet. Die schriftliche Aufarbeitung eines Problems bringt dich auf eine sachliche Ebene, von der aus es einfacher ist, einer Lösung näherzukommen.

Nimm das ›Happy End‹ vorweg

Erlebe innerlich das Problem im Rückblick, indem du eine Geschichte daraus machst, die sich vor etlichen Jahren zugetragen hat. Stell dir vor, dass du Bekannten davon erzählst – einschließlich der Lösung des damals so gewichtigen Problems. Durch dieses Manöver werden deine mit der Sache verbundenen Gefühle auf eine angemessene Temperatur »heruntergekühlt« – so wie man sich beim Gedanken an seine erste Liebe zwar noch an das damalige Herzklopfen erinnert, aber es nicht mehr fühlt.

Aus der Perspektive des Rückblicks erkennst du auch, dass sich für (fast) jedes Problem eine Lösung findet oder es sich selbst erledigt, was dir den nötigen Optimismus gibt, auf die gegenwärtige Situation sachlich und geschickt zu reagieren.

Wie du deine Gefühle durch Änderung deiner Stimme beeinflussen kannst

So führst du die Übung durch:
Überlege dir, welchen Satz oder welches Wort du benutzt, wenn du dich beschimpfst, wenn du also zu dir sagst: »du blöde Kuh«, »Versager« oder »Idiot«. Rufe dir jetzt noch mal in Erinnerung, in welchem

Wege, um Emotionen zu kontrollieren

- **Atmung**
  Nimm tiefe Atemzüge, um zu entspannen.
- **Visualisierung**
  positiver Ereignisse und von Bildern, die positive Emotionen auslösen, z. B. vergangene Siege und Erfolge.
- **Lernen von einem Vorbild und von Anderen**
  Was machen andere Sportler, um ihre Emotionen zu kontrollieren?
- **Musik**
  Höre Lieder, die dich in den richtigen Zustand versetzen.

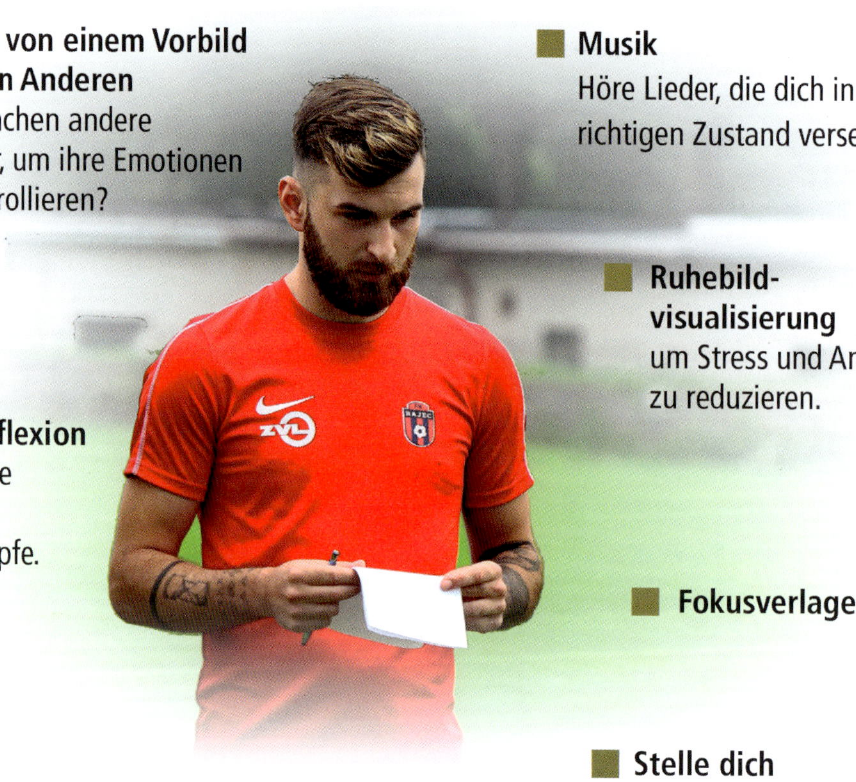

- **Ruhebild-visualisierung**
  um Stress und Angst zu reduzieren.
- **Selbstreflexion**
  Analysiere deine Wettkämpfe.
- **Fokusverlagerung**
- **Stelle dich deinen Ängsten.**
- **Entspanne deinen Körper**
  z. B. mit Hilfe der Progressiven Muskelentspannung.
- **Selbstgespräche richtig führen**
  Übernimm die Kontrolle darüber, wie du mit dir selbst sprichst. Selbstgespräche positiv formulieren, im Präsens und in der ›Ich-Form‹.
- **Umwandeln**
  Negative, einschränkende Gedanken in positive umwandeln.

Tonfall du diese Worte sagst. Meist ist es ein barscher, ärgerlicher Tonfall, oder?

Nun sprich diesen Satz oder dieses Wort einmal in folgenden Varianten aus:
gaaaaanz laaaangsam
ganz schnell
flüsternd
in schmeichlerischem oder verführerischem Tonfall
mit ganz hoher Stimme
mit ganz tiefer Stimme
singe das Wort oder den Satz.

Welche Selbsterkenntnis hast du gewonnen?
Wie hast du dich gefühlt, als du dich auf diese verschiedenen Arten beschimpft hast? Vermutlich musstest du lächeln oder lachen, du hast diese Beschimpfung nicht ernstgenommen, richtig?
D. h., durch eine Änderung deiner Stimmlage, mit der du etwas zu dir sagst, kannst du die negative Wirkung deiner Worte abschwächen oder zunichte machen und somit deren schädlichen Einfluss auf dein körperliches, emotionales und seelisches Befinden.

Welche Bedeutung hat diese Selbsterkenntnis für dich?
Deine Selbstgespräche entscheiden über deine Gefühle. Sprichst du schlecht von dir, beschimpfst du dich, redest du dir ein, keiner mag dich oder alle wollen dir nur schaden, dann fühlst du dich mies.
Wenn du dich das nächste Mal dabei ertappst, dass du schlecht über dich denkst, und du möchtest dich gut fühlen, dann beschimpfe dich doch einfach mal in einem verführerischen Tonfall. Und schon hast du die negative Energie deiner Beschimpfung neutralisiert und sie kann dir nichts mehr anhaben.

Atmung

Jede Emotion hat ihr eigenes Atemmuster. Oder andersherum ausgedrückt: Je nach Atemmuster empfinden wir eine andere Emotion. So findet z. B. bei Wut (dem oft hörbaren Wutschnauben) eine Verstärkung der Aus- und vor allem der Einatmung statt, kräftige Atemzüge folgen schneller aufeinander, die Atempause verschwindet, die Atmung wird etwas unregelmäßiger.
Bei Angst wird die Atmung sehr beschleunigt, die Pausen fehlen, der Ablauf wird chaotisch ungleichmäßig, und es wird insgesamt mehr eingeatmet als ausgeatmet.
Mehr dazu kannst du im Kapitel Stress nachlesen.

Entspannungstechniken

Zum Beispiel Autogenes Training oder Progressive Muskelentspannung (Jacobson, 1938), eine Technik, mit der man lernt, den Zustand der Muskelspannung zu überwachen und zu kontrollieren. Diese Interventionsmethode kann dich beruhigen. Du findest eine Anleitung auf Seite 190.

»Butterfly-Technik«

für Selbstcoaching (nach Cora Besser-Siegmund, 2004, S. 70–71):
Diese kannst du im Sitzen oder Liegen anwenden. Hierbei kreuzt du die Unterarme über dem Brustkorb, sodass deine Hände die beiden Schultern berühren können. Nun kannst du mit den beiden Handflächen die Schultern durch leichtes abwechselndes Klopfen – zwei Klopfer pro Sekunde – berühren und so den gewünschten neuronalen Stimulationseffekt erzielen. Auch Kinder und Jugendliche wenden diese Technik sehr gerne an.

wingwave®

Mit der wingwave®-Technik, die ich wegen der guten Resultate gezielt bei Sport-Coachings einsetze, durfte ich erfahren, dass durch eine Nachbearbeitung negativer bzw. angstauslösender Erlebnisse mit schnellen Augenbewegungen die emotionale Erinnerung verblasst, sich Unsicherheiten und Stress auflösen und die Einflüsse negativer Gedanken auf die

Muskulatur verschwinden. Wingwave® dient der Stressregulation, stärkt und stabilisiert die eigenen Ressourcen und die innere Balance. Unter anderem basiert die Methode auf Erkenntnissen der Gehirnforschung. Die Methode vereint drei Verfahren: die Stimulation beider Gehirnhälften durch wache REM-Phasen, d.h. schnelle Augenbewegungen, auch auditive oder taktile Links-rechts-Impulse durch Berühren; Neurolinguistisches Programmieren sowie den Myostatiktest.

Übersicht über weitere Techniken

- Analyse eines Trainings oder Wettkampfs mit Hilfe von Videoaufzeichnungen bezüglich gezeigter Emotionen und Körpersprache
- Ritual, um Fehler zu akzeptieren und negative emotionale Reaktionen abzustellen
- positive, aufbauende Selbstgespräche / Affirmationen (anderes Denken – anderes Fühlen)
- geduldig bleiben mit sich selbst (passion)
- eigene Einstellung zu Emotionen ändern: negative Emotionen wahrnehmen, verstehen, akzeptieren, respektieren, bei sich selbst und anderen
- Jegliche externe Faktoren, die außerhalb deiner Kontrolle im Wettkampf liegen, haben keinen Einfluss auf deine Leistung, wenn du aufgabenorientiert bleibst und die Kontrolle über dein eigenes Tun behältst.
- Wettkampfsimulation im Training
- Training mit nervigen Gegnern
- kleine Schritte loben
- visualisieren
- desensibilisieren
- Gedankenlenkung
- Musik
- Symboltraining
- lachen, lächeln
- Reframing (Umdeuten).

Im Kapitel »Stress« findest du weitere Methoden und Techniken, wie du mit negativen Emotionen umgehen kannst.

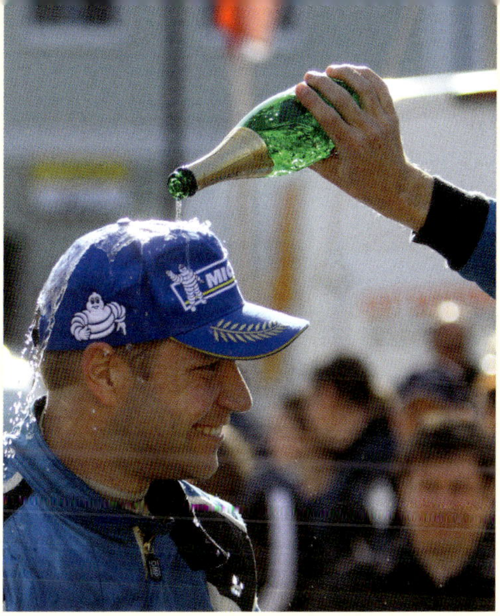

Interview mit Bernhard Ettel: »Let your faith be bigger than your fears.« (Lass deinen Glauben größer sein als deine Angst.)

Was reizt dich an deiner Sportart?
Das Teamplay zwischen Fahrer und Beifahrer ist auch einer der Hauptfaktoren für mich am Reiz des Rallyesports. Die Geschwindigkeiten, mit denen auf unterschiedlichen Strecken wie Asphalt, Schotter, Schnee oder Eis gefahren wird, machen die eigentliche Faszination des Rallyesports für mich aus. Es ist einfach eine höchst reizvolle Vielfalt, der sich Fahrer, Beifahrer und Fahrzeug auf höchstem Leistungslevel stellen müssen. Im Zusammenspiel zwischen Fahrer und Beifahrer versuchen beide, immer die richtigen Entscheidungen zu treffen und das unter höchstem Stress bzw. in Ausnahmesituationen und nicht zuletzt das damit trotz extrem hohem Sicherheitsstandard verbundene Risiko.

Welcher geschätzte prozentuale Anteil hat mentale und emotionale Stärke bei deinen beruflichen und sportlichen Erfolgen?
Ich denke, dass eine gute Leistung mindestens zu 50 % auf geistigen Fähigkeiten beruht.

Wie bekommst du Kopfprobleme oder Probleme in den Griff?
Ich versuche das Problem zu analysieren, um zu entscheiden, ob es wichtig ist oder nicht. Ich finde heraus, was mich persönlich motiviert (Anerkennung, Ruhm, Geld etc.). Ich motiviere mich durch Visualisierung, zum Beispiel durch positive Aspekte der Zielerreichung.

Was waren oder sind Höchstleistungen und Stresssituationen für dich?
Höchstleistung bedeutet für mich, im Wettbewerb während einer Sonderprüfung meinen Fahrer zuzüglich zu meinen Copilot-Aufgaben mental zu unterstützen und zu coachen und in der Vorbereitung erarbeitete Anker und Affirmationen in unserem Schrieb miteinzubringen.

Wie bereitest du dich auf Höchstleistungen wie die Europameisterschaft vor?
Ich bereite mich auf die Wettkämpfe durch gezieltes Krafttraining sowie intensives Konditionstraining auf dem Ergometer etc. vor – Kondition ist Konzentration! Fehleranalysen aus vergangen Jahren in Form von Videoanalysen wie zum Beispiel Onboard-Aufnahmen von Strecken und anderen Fahrern.
Zudem bereite ich mich dann zusammen mit dem Fahrer und meinem Mentalcoach gezielt auf jeden einzelnen Wettkampf vor.

Wie motivierst du dich zu Höchstleistungen? Was treibt dich an?
Ich motiviere mich damit, immer der Beste sein zu wollen. Weiterhin motiviert mich die Leidenschaft und Faszination für den Sport, der Spaß dabei. Ich möchte mich immer weiter steigern.

Wie schaffst du es, die richtige Konzentration aufzubauen?
Ich bringe mich vor Wettkämpfen mit positiven Erinnerungen in einen Flow-Zustand. Manchmal gelingt mir der Konzentrationsaufbau mit Hilfe von positiven Gedanken, aber auch Musik hilft mir dabei.

Welche Rituale hast du im Sport?
Vor dem Start der ersten Sonderprüfung mit der Faust die Thymusdrüse klopfen, mit einer positiven

Affirmation magst du sie genauer benennen? (z. B. »Ich bin ruhig und gelassen und gebe mein Bestes«) und Handshake mit dem Fahrer.

In welchen Bereichen und in welcher Weise wirkt sich Mentaltraining auch über den Sport hinaus bei dir aus?
Es sind keine einzelnen Bereiche, sondern betrifft meinen gesamten Alltag. Ich bin energievoller, ausgeglichener, zielorientierter im Handeln, gut organisiert, empfinde Arbeit als Herausforderung, habe ein besseres Gedächtnis.

Woher schöpfst du Kraft?
Viel Kraft schöpfe ich aus meinem Umfeld, vor allem Partnerschaft, Familie, Freunde, meinem Hund, Ausdauersport und Reisen.

Wie gehst du mit Niederlagen oder Scheitern um?
In unserer Sportart besteht die Möglichkeit, Niederlagen in Form von Onboardvideos, Videoaufnahmen von außen, allgemeine Daten mit Ingenieuren etc. zu analysieren und daraus zu lernen. Mentale Sachen arbeite ich mit meinem Mentalcoach situationsbedingt auf.

Woraus besteht Siegermentalität?
Siegermentalität besteht für mich darin, Niederlagen zu analysieren, Negatives daraus zu verarbeiten, Positives mitzunehmen, um sich aus beidem weiterzuentwickeln.

Hast du ein Motto?
»Let your faith be bigger than your fears.« (Lass deinen Glauben größer sein als deine Angst.)

Was ist dein Leitsatz für Menschen, die Erfolg anstreben?
Mein Leitsatz ist: Ich bin überzeugt, dass alle Menschen die Möglichkeit in sich tragen, ihre Fähigkeiten zu entdecken und zu entwickeln. Wer bereit ist zu lernen, sich selber zu verstehen und zu achten, kann die Energie entwickeln, die es braucht, um Hürden zu nehmen.

Hast du Ziele? Machst du dir einen schriftlichen Plan?
Ja, ich habe ein großes Ziel in Form von einer Zielcollage, (Sinn-Pick) Think Big (kann ein sehr großes Ziel sein oder eine Vision) für die Leser: Was ist das? Mit Zwischenzielen und allem, was ich auf dem Weg dorthin nicht vergessen und/oder aus dem Fokus verlieren darf.

Sind Krisen eine Chance?
Ja, auf jeden Fall. Jede Krise ist ein Bruch der Normalität. Im schlimmsten Fall eine existenzielle Weiche, an der unser Leben neu aufgestellt wird. Doch wie bei so vielem im Leben ist es Ansichtssache: Gelingt der Neuanfang, so wird der Bruch zum Durchbruch.

Als Mentalcoach für Spitzensport und Führungskräfte bin ich der Ansicht, dass Führungskräfte und deren Teams viel vom Spitzensport lernen können. Wo siehst du Parallelen?
Mentaltraining kann mit der gleichen Wirkung für den beruflichen und privaten Erfolg sowie verschiedene Ziele eingesetzt werden. Für viele Unternehmer oder Manager kommt das Privatleben zu kurz, beruflich sehr erfolgreich, aber für sich selbst, Familie und Beziehungen, bleibt wenig Zeit. Berufs- und Privatleben unter einen Hut zu bringen, kann ein sehr lohnendes Ziel sein. Es gibt sehr, sehr viele erfolgreiche Sportler, die eine gute Partnerschaft, eine starke Familie und ein ausgeglichenes Privatleben stärkt.

Wenn du das Geheimnis von Erfolg in fünf Tipps formulieren müsstest, wie lauten deine Regeln für Erfolg?
Setze dir ein Ziel, Think Big, folge deiner Leidenschaft, glaube an dich selbst, gib nie auf und gehe Risiken ein.

Danke für das Interview!

STRESS

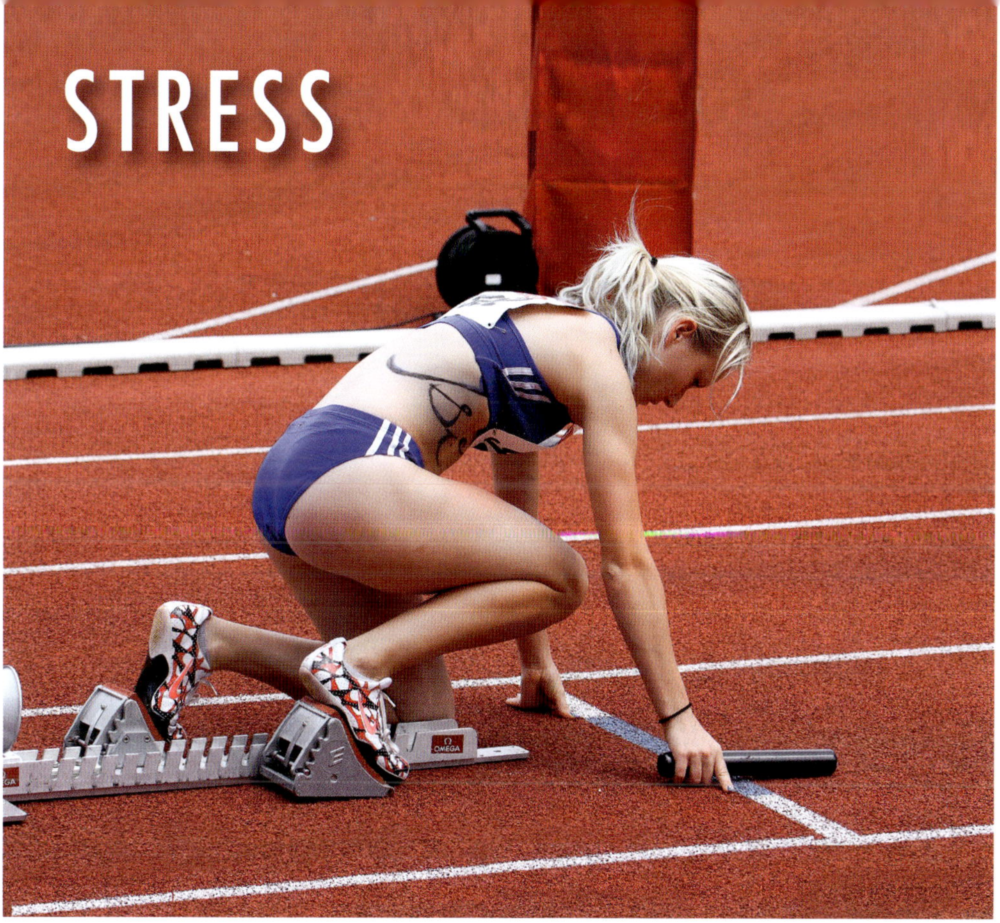

Was ist Stress? Was bewirkt Stress genau? Was macht Stress mit unserem Körper? Wofür brauchen wir Stress? Was genau sind die Stressoren und wie können Trainer und Athleten diese identifizieren, um sich anzupassen und letztendlich die negativen Auswirkungen zu begrenzen, die sie haben können? Was verbindest du mit dem Begriff Stress? Wie kann ich Stress reduzieren, abbauen oder gar nicht erst aufkommen lassen?

Stress ist ein unausweichlicher Teil des Sports im Spitzensport.
Stress kann hilfreich sein. Stress kann ein Zeichen dafür sein, dass du dich um deinen sportlichen Erfolg kümmerst und dich dazu bringst, härter zu trainieren. Stress kann Resilienz aufbauen.

Aber Stress kann auch schnell schädlich werden, indem es den Schlaf beeinträchtigt, uns zum Nachdenken und Gedankengeschwätz verleitet und insgesamt mehr Spannung verursacht. Schaue dir die Abbildung auf der Seite 175 an und mache dir bewusst, ob dein Stress dir hilft, Leistung zu erbringen, oder ob du einen Aspekt deines Lebens zurückschrauben musst, weil dein Stress zu schlechteren Leistungen führt.

Mit Stress verbinden wir häufig etwas Negatives, negative Erlebnisse der Angst, Erschöpfung, Belastung, Hilflosigkeit, Überforderung, Spannung, Ohnmacht, Aggression, Ruhelosigkeit, Angst, dem hohen Erwartungsdruck (von außen durch Mannschaft, Trainer, Eltern, Zuschauer, Medien, Öffentlichkeit oder eher von innen durch eigene große Erwartungen und ambitionierte Ziele) nicht standhalten zu können. Das wiederum ruft einen enormen Leidensdruck hervor. Und dieser ist eben meist selbst auferlegt. Der ehemalige Radextremsportler Wolfgang Mader sagt, konkrete Stress- und Drucksituationen entstünden für ihn, »wenn ich vor Problemen stehe, zu deren

Lösung ich nicht selbst aktiv oder nur sehr beschränkt aktiv beitragen kann, die aber für mich von entscheidender Bedeutung sind. Alle Situationen, die ich selbst zu einem überwiegenden Teil beeinflussen und steuern kann, stellen weder Stress noch Druck dar. Eine passive Zuschauerrolle und die lähmende Position eines abwartenden Betroffenen hingegen stressen mich und üben Druck auf mich aus.«

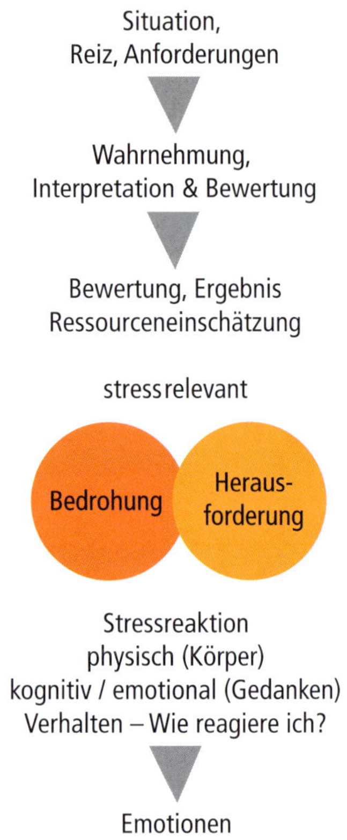

Stressmodell in Anlehnung an Lazarus.

Das Transaktionale Stressmodell von Lazarus

»Stress entsteht im Zusammenspiel zwischen situativen Anforderungen und individuellen Beurteilungen der eigenen Ressourcen und Fähigkeiten.« (Lazarus, 1966; Lazarus & Launier, 1981).

Der US-amerikanische Psychologe Richard Lazarus (1922–2002) entwickelte eine Theorie zur Stressbewältigung, die davon ausgeht, dass Stress sehr eng an die Bewertung und Beurteilung der Situation oder eines Ereignisses geknüpft ist. Nicht die eigentlichen objektiven Merkmale der Situation/Umwelt und die äußeren Geschehnisse wirken belastend und lösen den Stress aus, sondern deine Einschätzung des Problems, die Wahrnehmung der Umweltanforderung, deine negativen Gedanken, momentane Einstellung, Interpretationen, Gefühle und Überlegungen. Sobald eine Situation von dir als »Bedrohung« interpretiert wird und du diese nicht mehr mit deinen bestehenden Ressourcen und Fähigkeiten meistern kannst oder meinst, diese nicht mehr meistern zu können, reagiert der Körper mit der urzeitlichen Alarm- und Notfallreaktion.

Es drohen Grübelkreisläufe, die unweigerlich zu Selbstmitleid, Befürchtungen, Pessimismus, Zweifel an den eigenen Fähigkeiten und Resignation bzw. Unlust führen. Das Gefühl der Bedrohung resultiert aus der Unsicherheit und Angst, Erwartungen und Ansprüche nicht erfüllen zu können, und den möglichen negativen Konsequenzen, die dann eintreten könnten, wenn die Situation (z. B. Wettkampf) nicht bewältigt wird. Der Eishockeytrainer Michael Pohl sagt: »Stress habe ich früher als unerfahrener Coach nur im Umgang mit Eltern erlebt, ansonsten bereitet mir meine Arbeit keinen Stress, da ich diese viel zu gerne mache. Druck entsteht vor allem durch mich selbst, da ich den Drang habe, immer alles perfekt machen zu wollen.«

Je größer die Unsicherheit bzw. Angst (vor Fehlern, Wettkämpfen, Konkurrenzsituationen im Alltag und Sport) und je bedeutungsvoller die möglichen negativen Konsequenzen, desto größer wird das Gefühl der Bedrohung und damit auch der Stress. So sind für den ehemaligen Nationalschwimmer Christian Tröger öffentliche Auftritte zu schwer greifbaren Themen Stresssituationen, denn hier wirkt die

Tragweite der negativen Konsequenzen eines Fehlverhaltens besonders bedrohlich. Der ehemalige Nationaltorhüter Oliver Kahn sagt im Rückblick: »Was erzeugt Druck? Sind es die Medien? Sind es die äußeren Umstände, die Druck erzeugen? Bin ich es nicht eher selbst? Ich bin mittlerweile der Meinung, der Druck, den ich gespürt habe, kam zu 80 Prozent nur von mir selbst.« Um Stresssituationen zu entschärfen, half es Kahn, die Situation aus einem anderen Blickwinkel zu betrachten. »Oder mehr Distanzierung«, sagt Kahn. »Insgesamt führten solche Betrachtungen bei mir eher zu einer entspannteren Herangehensweise.«

Als Stressauslöser fungieren sowohl körperliche als auch psychisch-mentale Faktoren.

Der Sportpsychologe Jörg Knobloch benennt in seiner Abhandlung zum psychologischen Stress in der Vorwettkampfphase folgende Belastungsgrößen (Knobloch, 1979, S. 52):

Sportspezifische Belastungsfaktoren
Ablenkung und Irritation durch ungewohnte Bedingungen in Training und Wettkampf, Verletzungen, Favoritenrolle, Überdruss, Angstgegner, Konflikte mit dem Trainer, mit Funktionären oder Mannschaftsmitgliedern, schlechte Ergebnisse, Einstellungsprobleme.

Außersportliche Belastungsfaktoren
Probleme in Ausbildung und Beruf, Spannungen in

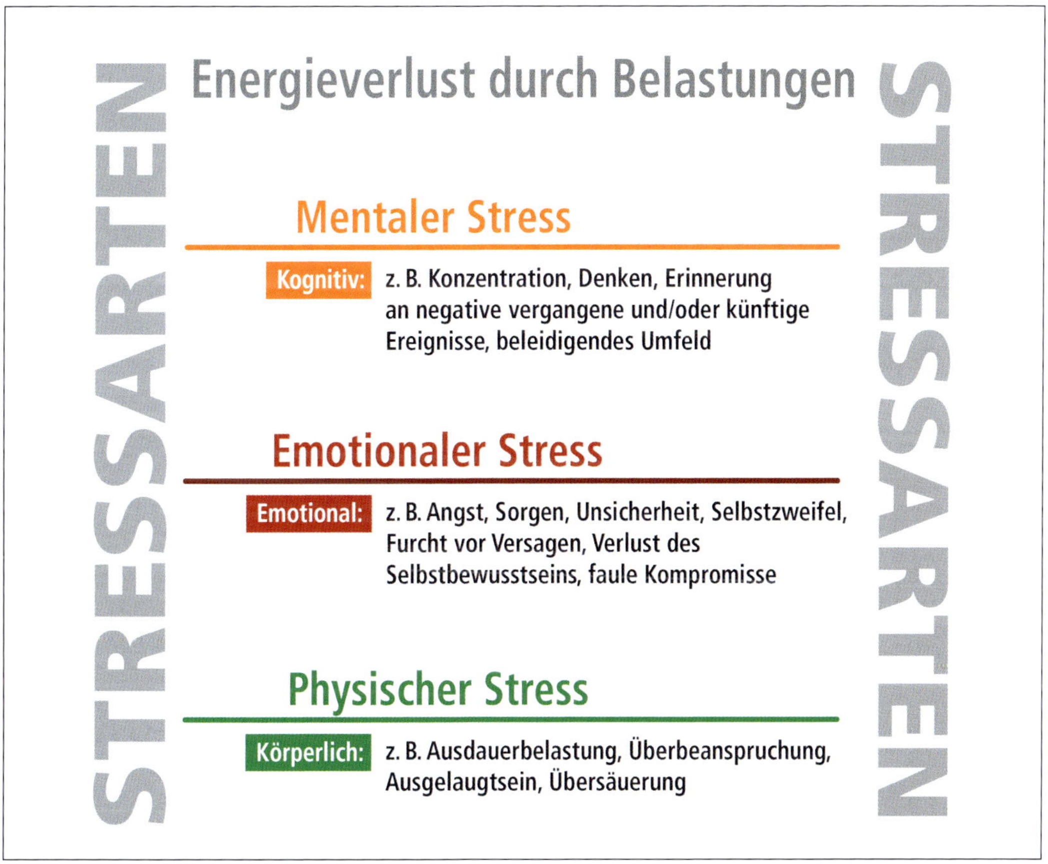

Aus Sigurd Baumann (2011), Psyche in Form. Sportpsychologie auf einen Blick, Meyer & Meyer Verlag, S. 117.

» Stressoren

(Die Liste der hier genannten Stressoren ist nicht vollständig.)

Physische Einflüsse wie Hitze und Kälte, Lärm, Licht/Dunkelheit, Veränderung der Luftfeuchtigkeit, Veränderung der Temperatur, Veränderung des Luftdrucks; chemische Einflüsse wie Nikotin, Koffein, Tabletten; Alltagsstress; Alkohol;
Krisen; Streit; Konflikte mit dem Partner; Äußerungen anderer Personen; Emotionen von Mitspielern; »ungeliebte« Mitspieler; Sportpartner, die einen runterziehen; krankhafter Ehrgeiz, Verbissenheit;
im Golf: miese Stimmung durch das Schummeln von Mitspielern; Stolz; zu starke Vorfreude auf einen greifbaren Sieg;
einschränkende Glaubenssätze, negative Gedanken, negatives Selbstgespräch; erlebte vergangene Wettkämpfe, Furcht vor weiteren Enttäuschungen;
Berufsarbeit, Doppelbelastung Beruf – Sport; wenig Schlaf; zu viele Gedanken um Technik; Zeitdruck/Hetze;
überhöhte Leistungsanforderungen, Überforderung; Unterforderung, Langeweile über einen längeren Zeitraum; Monotonie z. B. eines mehrwöchigen Trainingslagers; hohe Erwartungen (eigene oder von anderen); Misserfolg;
Konkurrenzsituationen; neue und unbekannte Situationen; Termindruck; Perfektionismus; komplizierte Aufgabenstellung; unklare Ziele; Sorgen; mangelndes Selbstbewusstsein; Nicht Neinsagen-Können; Informationsflut; Unterbrechungen des Wettkampfes; Wettkampfplatz; Kleidung; Uhrzeit; körperlicher Stress (Durst, Hunger, Erschöpfung, Müdigkeit, Infektionen),
körperliche Konstitution; Verantwortung.

» Wettbewerbsstressoren

- Verletzung
- Rückkehr nach Verletzung
- Druck bis zum Spieltag bzw. Wettkampf
- Druck, bei einer Meisterschaft an den Start zu gehen
- Die Gegner
- Wettbewerb um Startplätze
- Probleme mit Form und/oder Technik

Familie und Partnerbeziehungen, Konflikte zwischen Sport und außersportlichen Lebensbereichen.

Psychische Sättigung

Psychische Sättigung kann bei sich häufig wiederholenden gleichen oder ähnlichen Übungen entstehen. Der Begriff »bezeichnet einen Zustand des Überdrusses, der auftritt, wenn der Sportler über längere Zeiträume hinweg auf der Stelle tritt, wenn weder Lernfortschritte noch Erfolgserlebnisse erkennbar sind. Gereiztheit, Widerwillen und Gefühlsausbrüche deuten auf die emotionale Komponente hin.« (Sigurd Baumann, 2015, 286). Wenn eine sportliche Übung oder Unterrichts- oder Trainingsinhalte und -methoden subjektiv »nichts mehr bringen« und der Sportler diesen keine neuen Anreize mehr abgewinnen kann, wenn der Sportler das Gefühl hat, nicht mehr weiterzukommen, und der Trainer seine individuellen Fähigkeiten verkennt, kann eine psychische Sättigung auftreten. Hier ist der Trainer gefordert, sein Training und die Übungen zu ändern.

Stressreaktionen

Die genannten Stressoren führen dann zu einer Stressreaktion und äußern sich auf den Ebenen des Verhaltens, des Körpers, der Gedanken und der Gefühle.

Stress hat unterschiedlichste Ursachen und Auswirkungen, deren Vielfalt in der Wechselbeziehung von Person, Wahrnehmung und Umwelt begründet liegt. Stress ist für den ehemaligen Handballnationaltrainer Armin Emrich auch eine Frage der Dosierung von Belastungen. Emrich: »Stress darf nicht verwechselt werden mit der Überforderung in der Summe, weil ich mir ganz einfach zu viel auf meinen Karren auflade. Was im beruflichen Alltag oft der Fall ist und was man dort nicht sondieren kann: Was ist wirklich wichtig, was ist unwichtig, und wo habe ich im beruflichen Alltag meinen Freiraum, weil ich auch eine Regenerationsphase brauche? Im Leistungssport heißt das: Intervallbelastung, hohe Belastung, dann Pause. Es ist ein ständiges Wechselspiel. Im beruflichen Alltag vergessen wir das manchmal. Da muss man sondieren, was ist wichtig, was kann ich und was will ich nicht, und man muss lernen, NEIN zu sagen.«

Was wir messen und wahrnehmen können, ist weniger der Stress selbst als vielmehr die Reaktion unseres Körpers darauf. Vereinfacht gesagt, reagiert unser Körper auf Stress, wenn wir die Anforderungen, die an uns gestellt werden, als Überforderung bewerten. Das Sprichwort: »Stress hat man nicht, den macht man sich!« wird hier in gewisser Weise bestätigt.

Die Stressreaktionen sind ein sinnvoller biologischer Vorgang, der sich nur dann gegen den Menschen richtet, wenn ein gesundes Ausmaß überschritten wird. Die Stressreaktionen können dann zu einem Teufelskreis ausarten, der von gesundheitlichen Fehleinschätzungen bis zu psychosomatischen Problemen und einer psychischen Erkrankung führen kann.

Menschen können objektiv gleiche Belastungen subjektiv unterschiedlich empfinden. Was für den einen

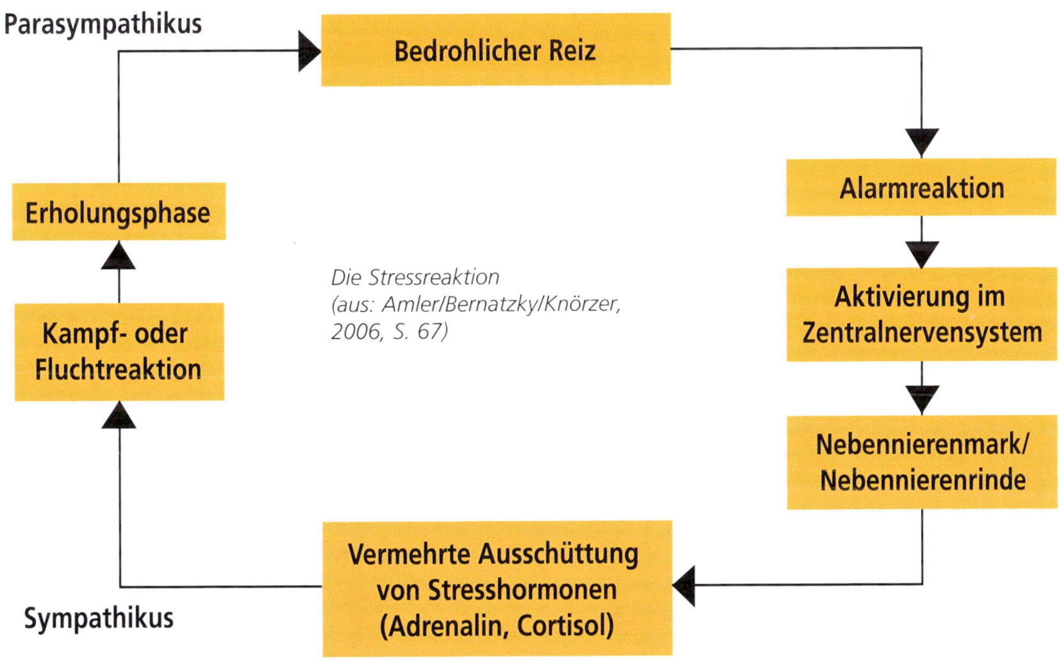

Die Stressreaktion (aus: Amler/Bernatzky/Knörzer, 2006, S. 67)

Stress und Verzweiflung bedeutet, ist für den anderen eine Herausforderung und ein Anreiz, um sein Potenzial zu entfalten. Der Triathlet und Ironman-Weltmeister Faris Al-Sultan weiß den Stress einer Wettkampfsituation durchaus zu schätzen: »Genießen wäre der falsche Ausdruck, aber ich schätze es, da es einen Ausbruch aus der Routine bedeutet. Ich mag das nicht ständig logischerweise, aber ab und zu ist das aufregend.« Es sind die zwei Seiten der Medaille: Stress kann vorantreiben oder überfordern, weshalb die Wissenschaft zwischen positivem »Eustress« und negativem »Distress« unterscheidet.

Diese Differenzierung berücksichtigt, dass nicht jede Form von Stress ungesund und unbedingt schlecht ist. Eustress ist wie ein Motor, der uns Kraft gibt und anspornt. Dieser Stress hilft uns, Neues zu lernen. Ein gewisses Maß an Druck und Herausforderung war und ist lebensnotwendig, steigert die Energie und Leistungsfähigkeit, fördert sogar den Spaß am Leben. Nur chronisch darf er nicht werden.

Armin Emrich sagt: »Wer im Spiel, im Sport Stress empfindet, ist da falsch. Es muss eine Herausforderung sein: Ich WILL auf diesen Gipfel! Es muss Eustress und nicht Distress sein. Habe ich Distress, habe ich negative Stresshormone und lähme mich selbst, ich würde ganz sicher keinen Fuß vor den anderen bringen. Es muss Eustress sein: Ich nehme die Herausforderung an, ob Sieg, ob Niederlage, und dann muss ich auch in der Lage sein, eine Niederlage zu verkraften.« Negative Stresserzeuger im Leistungssport sieht Armin Emrich vor allem in Form von Intrigen: »Nur die heimlichen Intrigen hintenrum, das ist dann Stress. Das sind Spielchen, die wir gar nicht mitkriegen oder erst zu spät mitkriegen, und dann müssen Sie Baustellen bearbeiten, die wahnsinnig viel Energie ziehen, der Sache natürlich abträglich sind, und diese Energie haben Sie nicht mehr dort, wo sie wirklich gebraucht wird.«

Auch Karl Angerer, der als ehemaliger Bobpilot heute selbst Trainer ist, sieht in den vereinspolitischen Forderungen den eigentlichen Stress: »Als Trainer zählt der Erfolg anderer. Das kann natürlich schon viel Stress und Druck verursachen, besonders verbandsintern. Wenn dort Politik gemacht wird, wo man sich für gewisse Dinge rechtfertigen muss, für die man selbst nicht viel kann, weil es nicht von einem selbst kommt. Das sind Probleme, wo es für mich relativ schwierig wird. Als Sportler war es so: Wenn man gut trainiert hat, wenn man gut war, dann war man erfolgreich. Als Trainer kann man versuchen, seine Arbeit bestmöglich zu machen. Wenn ein Sportler stolpert oder sonst irgendwas, dann ist der Erfolg trotzdem nicht da. Man kann selbst keinen Einfluss darauf nehmen. Das ist schon etwas, was viele unter Druck setzen kann. Man hat einen gewissen Erfolgsdruck, den man sich auch selbst auflegt. Man will ja zeigen, was man kann oder was man den Leuten beibringen kann. Das ist schon Druck und Stress, auch für meine Familie. Ich bin viel unterwegs, selbst wenn man zu Hause ist, klingelt das Telefon. Man kann selten Ruhe finden.«

Das Yerkes-Dodson-Gesetz

Das Yerkes-Dodson'sche Gesetz besagt, dass es für die Bewältigung jeder Anforderung ein optimales Aktivationsniveau gibt. Je nach Schwierigkeitsgrad der gestellten Aufgabe kommt es mit Zunahme der Aktivierung bis zu einem gewissen Punkt – dem Aktivitätsoptimum – zu einer Leistungssteigerung und Flow wird wahrscheinlich. Übersteigt die Aktivierung dieses personen- und sportartspezifische Niveau bzw. die Fähigkeiten des Sportlers, kommt es zu einem Leistungsabfall bzw. Abnahme der Leistungsbereitschaft. Die Leistungsbereitschaft eines Sportlers ist maximal, wenn eine Aufgabe als schwierig, aber nicht als Überforderung wahrgenommen wird. Die Leistungsbereitschaft sinkt bei einer Unterforderung. Über- und Unterforderung ist nicht nur

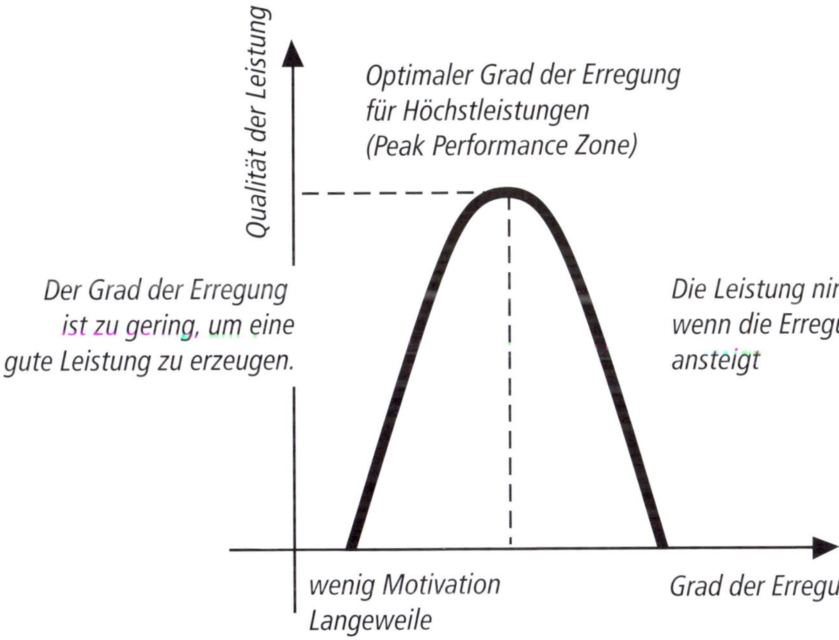

Die Kurve zeigt den umgekehrten V-Verlauf von Stress in Bezug auf Leistung.

auf der technischen Ebene gemeint, sondern auch in Bezug auf die mentale Herausforderung.

Beispiel aus der Praxis

Ich stehe am ersten Abschlag zu Beginn eines Golfturniers. Turnierleitung, Mitspieler, Zuschauer, Freunde usw. beobachten mich.

Ort, Zeitpunkt, Handlung: Golfclub, 10 Uhr, erster Abschlag

Gedanken, Bewertungen, Selbstgespräche: »Hoffentlich gelingt der erste Abschlag, damit ich einen guten Eindruck hinterlasse.« Ich habe Zweifel, was mich selbst betrifft. Erinnerungen an misslungene erste Abschläge tauchen vor meinem inneren Auge auf.

Gefühle: Versagensangst, Nervosität

Körperempfinden: Herzfrequenz, Muskeltonus und Blutdruck steigen an. Ich spüre, wie ich mich anspanne.

Eigenes Verhalten: Trotz meiner Bemühungen, ruhig zu bleiben, habe ich keinen Rhythmus beim Schlagen, da ich mich zu hastig bewege. Ich sage mir, es ginge ja um nichts.

Nachwirkungen der Situation: Ich spiele auf den ersten neun Löchern katastrophal und möchte am liebsten in der Halfway-Pause abbrechen.

Wie entsteht Stress bei Kindern und Jugendlichen?

Eishockeynachwuchstrainer Michael Pohl berichtet von seiner Arbeit und dem Stressfaktor Eltern: »Kinder wollen zunächst einmal den Eltern immer gefallen, das ist ein Urtrieb. Eltern schaffen es immer wieder, enormen Druck auf die Kinder auszuüben und hier eine Erwartungshaltung aufzubauen, der die Kinder oft überhaupt nicht gerecht werden können. Die Eltern träumen für ihre Kinder schon die Profikarriere herbei. Durch diesen großen Druck verlieren viele Kinder den Spaß oder rebellieren aus Protest dagegen und sind damit nicht mehr in der Lage, ihr volles Leistungspotenzial abzurufen.

Interessanterweise sind es auch immer Eltern, die diesen Sport selbst nie praktiziert haben. Kinder von Ex-Profis entwickeln sich völlig anders, weil ihre Eltern genau wissen, was es braucht, und weil sie wissen, dass die Wahrscheinlichkeit, dass das Kind ein Profi wird, äußerst gering ist. Es schaffen nur ganz wenige. Und viele sind nach eigenem Bekunden gar nicht wild darauf, dass ihre Kinder denselben Weg gehen, gerade weil sie wissen, was auf sie zukommt.

Manche Eltern beschimpfen ihre Kinder auf dem Eis aufs Übelste und lassen das auch an den Coaches aus, bei denen sie sich dann darüber beklagen, wenn ihr Kind auf der Bank sitzen muss. Ab einem gewissen Alter haben wir als Coaches auch den Auftrag, die Kinder einer Konkurrenzsituation auszusetzen. Wenn Eltern dann ihre Kinder in Schutz nehmen wollen, liefern sie ihnen eine Alibi-Haltung für deren schlechte Leistung statt sie damit zu konfrontieren und zu sagen: »Hey, da musst du einfach mehr tun, dann kommst du auch wieder zum Einsatz.«

Manchmal gibt es richtig schlimme Fälle, wo ein derartiger Druck auf die Kinder ausgeübt wird, dass man als Trainer sagen muss: ›Jetzt wird es mehr als grenzwertig.◊ Ich versuche dann, den Eltern im Gespräch zu erklären, was notwendig ist. Ich absolviere Elternabende, wo ich grundsätzlich aufzeige, was überhaupt wichtig ist, was Aufstellungskriterien sind usw. Die meisten haben ja schlichtweg keine Ahnung davon. Darüber hinaus gibt es noch die psychologische Komponente, nämlich dass Eltern, das, was sie selbst nicht erreicht haben, nun über die Kinder ausleben wollen. Da muss man einfach mit Fingerspitzengefühl rangehen, denn das kann man Vater oder Mutter nicht auf den Kopf zusagen. Da versuche ich im persönlichen Gespräch, die Eltern ein wenig zu sensibilisieren für ihr Kind. Auch ist es ein Ziel in solchen Gesprächen, den Eltern eine Einstellung zu vermitteln, die darauf abzielt, dass sie auf mich als

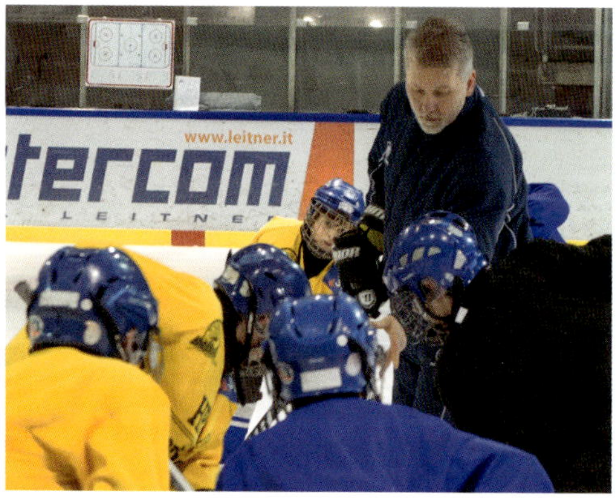

Trainer Michael Pohl

Trainer zugehen mit der Frage, was sie zusätzlich daheim tun könnten, um eine Leistungssteigerung zu unterstützen! Das klappt oftmals gut, zumal damit allen Beteiligten am meisten geholfen ist.

Aber es gibt auch Unbelehrbare. Da habe ich mittlerweile die Einstellung entwickelt, solche Fälle loszulassen. Würde ich mich permanent mit solch negativen Personen konfrontieren, wäre die Gefahr groß, dass ich davon heruntergezogen werde, und genau das lasse ich nicht mehr zu – ein weiterer positiver Aspekt meiner Mentalarbeit an mir selbst!

Ich hatte gerade aktuell bei der U14 einen Fall vor dem entscheidenden Final-4-Wochenende, wo vier Mannschaften um den Italien-Meistertitel spielten. In dieser Vorwoche, der wichtigsten Trainingswoche vorm Finale, ist ein Spieler einfach ins Fußballtraining gegangen. Welcher fokussierte Junge macht so etwas? Nachdem wir das als Trainer klar angesprochen und seine Einstellung kritisiert hatten, bekam ich von der Mutter eine beschimpfende SMS, die mir unterstellte, wir würden negativ und unverantwortlich mit den Kindern umgehen, und dass nun eine ehrliche Entschuldigung dem Kind gegenüber angebracht sei! Da frage ich mich als Trainer dann schon, in welchem Film ich gerade bin. Ich habe mir dann erlaubt, die SMS zu löschen und nicht mehr darauf zu antworten. Meinen Coaches habe ich gesagt: Davon lassen wir uns jetzt nicht die Laune verderben. Unbelehrbare muss man loslassen.«

Die Stressbewältigung

Stress entsteht zu einem erheblichen Teil im Kopf. Wie wir Situationen einschätzen und unsere eigenen Ressourcen bewerten, hat großen Einfluss darauf, ob es zu Stress kommt oder nicht.

Stress-Analyse

Die Grundlage eines gezielten Stressmanagements bildet eine umfassende Analyse der länger anhaltenden und aktuellen Belastungen sowie der eigenen Einstellung und möglicher Ressourcen.

1. Schritt:

Objektive Beschreibung der Situation, ohne jede Bewertung und Interpretation

2. Schritt:

Stelle dir beispielsweise die folgenden Fragen:

- Suche Erklärungen und Ursachen der Belastung.
- Sehe ich nur die Negativseiten der Situation?
- Verallgemeinere ich?
- Habe ich zu hohe/falsche Erwartungen? Wo habe ich überhöhte Anforderung an mich selbst?
- Was würde ein anderer zu meiner Einstellung sagen?

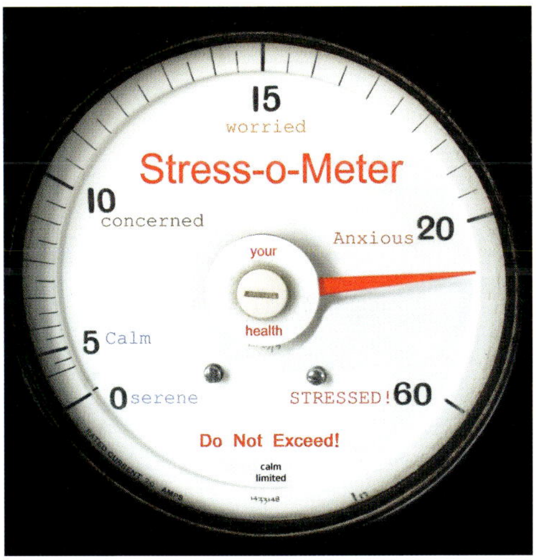

- Wie fügt sich der Sport in mein gesamtes Leben ein?
- Sehe ich nur die Belastung? Wie sehen andere die gleiche Situation?
- Habe ich die Möglichkeit, die Belastung zu bewältigen, und bin ich bereit, mich dafür zu verändern?
- Welche Stressgedanken stelle ich bei mir fest?
- Welche Gedanken laufen in belastenden (Stress-) Situationen automatisch ab? Was sage ich zu mir selbst?
- Welche negativen, abwertenden Sätze sage ich mir innerlich?
- Erwarte ich immer etwas Schlechtes, sehe ich immer schon im Voraus Probleme auf mich zukommen?

Was hilft im Umgang mit Stress?

Karl Angerer: »Es ist sehr, sehr schwierig, ›Nein‹ zu sagen bei den Athleten, vor allem auch ›Nein‹ zu sagen, ohne schlechtes Gewissen zu haben. Ich denke, das ist auch ein kleiner Lernprozess. Für mich war es so, dass ich mich ein bisschen besonnen habe, was ich leiste, und ich für mich herausgefunden habe, dass das viel ist, was ich leiste und dass es gut ist und dass ich mein Bestmögliches mache, und die Athleten auch respektieren müssen, dass auch irgendwann mal meine Zeit ist, dass ich eben nicht rund um die Uhr erreichbar bin. Ich denke, ich habe da klare Regeln aufgesetzt. Man muss sich einfach dazu überwinden und dann funktioniert das eigentlich auch.

Ansonsten Stressabbau: einfach viel Familie, dadurch dass ich zwei Kinder habe, zwei Töchter. Mit denen mache ich dann viel, auch mit meiner Frau, mit Familie und zu Hause in der Natur. Das ist das, was für mich gut ist. Ich nutze auch die Zeit, die ich dann habe. Ich weiß genau, die Wochenenden, die wir haben, sind gezählt. Wenn ich weiß, ich habe ein freies Wochenende, dann ist dieses Wochenende auch für mich oder für meine Familie oder was auch immer – da kommt dann nichts anderes rein. Da bin ziemlich strikt. Ich habe mit meinen Athleten vereinbart, dass ich am Sonntag an kein Telefon gehe. Die können da hundertmal anrufen, ich werde da nicht rangehen. Wenn es was Wichtiges ist, sollen sie mir eine SMS schreiben, dann weiß ich Bescheid, aber ansonsten ziehe ich diese Unerreichbarkeit auch durch.«

Marinus Kraus: »Ich schalte ab durch körperliche Erholung und Freizeit, beispielsweise kann ich in der Natur oder zuhause sehr gut abschalten.«

Michael Pohl: »Gerade hierbei hat mir das Mentaltraining sehr geholfen, um mich z. B. mit Musik, Natur oder Büchern auch mal von meiner Arbeit abgrenzen zu können. Damit wird auch der Kopf wieder frei für neue Ideen. Darüber hinaus gönne ich mir viel öfter als früher Dinge, die mein Wohlbefinden fördern, unabhängig vom Preis. Damit hat sich auch mein Selbstwert enorm gesteigert!«

Oliver Kahn: »Dem Druck in Stresssituationen bin ich mit extrem guter Vorbereitung begegnet. Allerdings kann extrem gute Vorbereitung zwanghaft werden. Das habe ich schon erlebt, dass z. B. Rituale zum Zwang werden. Man merkt ganz genau, dass man Angst hat vor der Herausforderung und versucht, sich immer mehr in die Vorbereitung hineinzuzwängen, die aber keinen Raum mehr für entspannende Phasen lässt.

Nach und nach habe ich gelernt, gut vorbereitet, aber auch entspannt zu sein. Das heißt, ich musste auch lernen, vor bestimmten Phasen eben nicht mehr

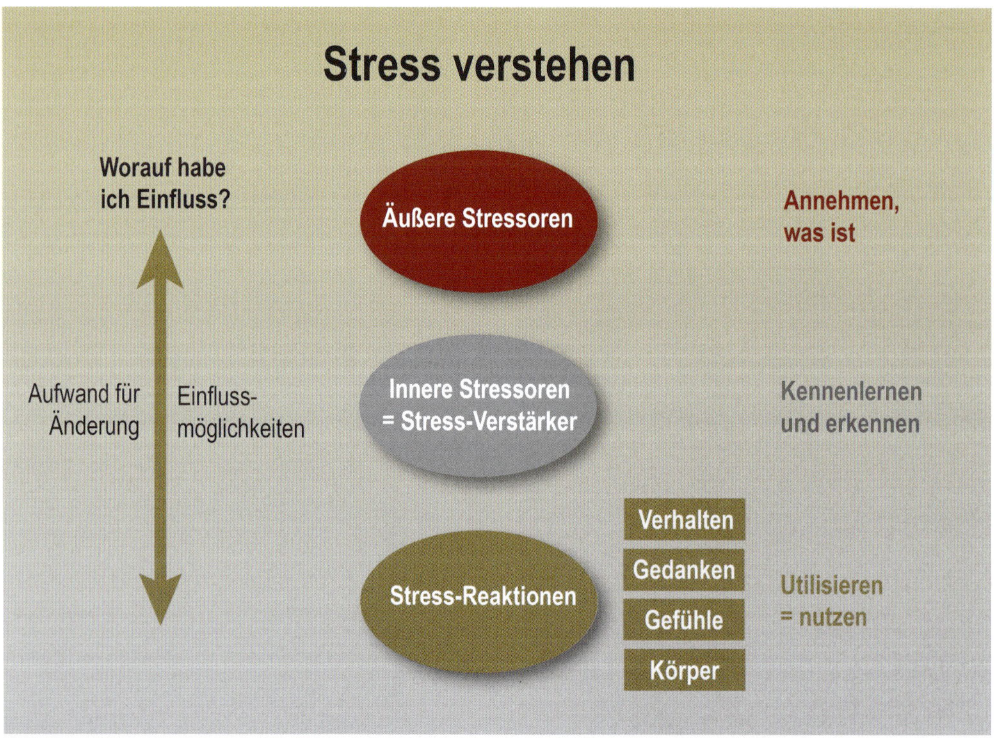

» Übersicht über Stressbewältigungsstrategien

Verhaltensebene	Bewegungsprogramme zur Wiederherstellung des Wohlbefindens
Körperebene	Entspannungstechniken jeder Art; Wiederherstellung des Gleichgewichts; verschiedene Arten der Körperentspannung; Erregungsabbau durch Bewegung
Mentale Ebene	Affirmationen (positive Selbstgespräche); Selbstsuggestion; mentale Formelsätze; Eliminierung oder Verminderung negativer Gedanken (Angst, Unsicherheit, geistige Vorwegnahme von Misserfolgskonsequenzen) und Unruhe; gedankliche Umbewertung bestimmter Situationen; Gedankenstopp
Emotionale Ebene	Einsatz von Motivationstechniken; Überlagerung durch positive Gefühle (Freude, Spaß)

bis zum Exzess zu trainieren, nicht mehr zu glauben, ich bin nur gut, wenn ich in der Woche alles maximal aus mir herausgeholt habe, sondern ich kann auch gut sein, wenn ich mir Pausen gönne. Im Gegenteil, dann bin ich vielleicht sogar noch ein Stück besser.

Es braucht gute Entspannungsphasen sowie gute Vorbereitung, um sich in eine positive Situation zu bringen. Und dann natürlich auch immer wieder das Reflektieren von alten Situationen: Wie hast du das damals gemacht? Hast du alles schon bewältigt? Das war ein wichtiger Teil der Vorbereitung, genauso wie die Visualisierung. Zur Motivation musste ich wenig machen, weil ich immer extrem grundmotiviert war. Ich musste eher gegen die Übermotivation angehen. Entspannung ging zunächst mal durch weniger Training. Wenn man älter wird, braucht man die Trainingsintensität nicht mehr. Man braucht nicht knüppeln wie wahnsinnig die ganze Woche über, sondern man teilt sich seine Zeit ein, um für das nächste Spiel entsprechend fit zu sein.«

Regina Häusl-Leins: »Bei Stress versuche ich, zusätzlichen Stressoren, z. B. bestimmten Personen, Trainern, aus dem Weg zu gehen und durch Selbstgespräche oder Affirmationen eine innere Gelassenheit zu erlangen. In der Aufgabe selbst konzentriere ich mich darauf, wichtige Punkte ›Schritt für Schritt‹ abzuarbeiten.

Übertragen auf den Skisport heißt das, ein Tor nach dem anderen wie in meiner Vorstellung abzuarbeiten. Je besser das Gefühl in der Vorstellung ist, desto leichter kann ich mit Druck umgehen.
Übertragen auf eine Situation nach einer Operation, als es um meine Krebserkrankung ging und ich mich nicht bewegen konnte, extreme Schmerzen hatte und mental wenig Kraft, versuchte ich, ›Schritt für Schritt‹ Minute um Minute zu ertragen, um nicht verrückt zu werden.«

Wolfgang Mader: »Ich orientiere mich an der Physik. Entsteht irgendwo physikalisch ein Druck, so muss man, will man diesen reduzieren oder gar beseitigen, eine Ausgleichsmöglichkeit (Ausgleichsventil) erzeugen. Beim Kochtopf ist es das Ventil am Deckel, bei einem Blutgerinselüberdruck im Kopf muss man ein Loch bohren, damit der Überdruck entweichen kann. Empfange ich Stress und Überdruck, schaffe ich mir sofort eine Ausgleichstätigkeit, um diesem Druck ein Entweichen zu ermöglichen. Das kann sein: Sport, Sauna, Musik etc. ... Stehe ich unter einem psychischen (geistigen) Druck, muss der Ausgleich ebenfalls psychischer (geistiger) Natur sein, und ich brauche keine körperliche Ruhe; stehe ich unter einem körperlichen Druck, muss der Ausgleich ein körperlicher sein (eben Ruhe, Entspannung).«

Und wie entspannt Wolfgang Mader? »90 % meiner Erholungs- und Ausgleichsaktivitäten waren die letzten Jahrzehnte Sport in jeder Hinsicht und Marathonsport im Speziellen sowie (nahezu ausnahmslos TÄGLICHE) Saunagänge bei mir zuhause. Ich habe seit mehr als zwölf Jahren eine schöne mittelgroße Sauna im Keller neben dem Weinkeller. In den ganzen zwölf Jahren habe ich noch NIE einen einzigen Gast zu mir in die Sauna eingeladen. Dieser Raum der Erholung und des Rückzuges gehört ausnahmslos meiner Familie und mir. Seit wenigen Monaten gehören zu meinen Erholungs- und Entspannungsfaktoren auch zwei sibirische Huskys!«

» Freude

Für Armin Emrich war es hilfreich, entscheidende Spiele als willkommene Herausforderung zu betrachten, als »Spaß«. Emrich: »Wir geben das Maximale und freuen uns darauf, d.h., das Wort Spaß beinhaltet die Freude auf die Herausforderung, und dann beginnt das Spiel endlich. Wir freuen uns auf diesen Gegner, und wenn wir in die Tinte greifen und heute schlecht sind ... okay, dann war's so. Dann sind Trainer und Mannschaft emotional zunächst niedergeschlagen. Dann heißt es aber aufstehen und wenn du siebenmal hinfällst, musst du achtmal aufstehen.« Der Umgang mit Stress wird entscheidend von deiner inneren Haltung sowie der Haltung von Trainer und Teamkameraden geprägt.

Fremd- und Selbstregulation von Stress

(vgl. Baumann, 2015, S. 291–303)

Ein wesentliches Merkmal der Methoden zum Stressabbau besteht in der Fremd- und Selbstregulation.

Selbstregulation: Sich selbst angemessen regulieren können. Der Sportler bzw. Trainer kann sich selbst beruhigen, selbst trösten (nach Misserfolgen) und sich selbst ermutigen. Er sucht nach Lösungen und beachtet die Konsequenzen. Dabei können Sportler und Trainer von einem Sportpsychologen oder Mentalcoach unterstützt werden.

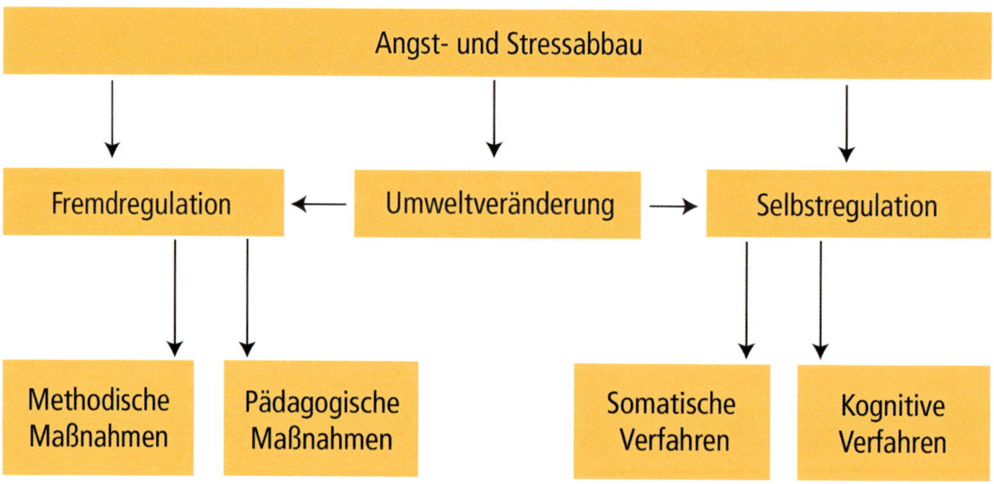

Aus Sigurd Baumann, 2015, Psychologie im Sport. Meyer & Meyer Verlag, S. 291

Fremdregulation: Betreuer, Trainer, Übungsleiter, Lehrer, Eltern, Bezugspersonen, Partner helfen durch Maßnahmen wie Blickkontakt, Berührung, Trost machern Mut und helfen, durch beruhigende und verständnisvolle Worte den Stress abzubauen.

Umweltveränderung: Verminderung der Bedeutung des Handlungsergebnisses

Hier sind vor allem Eltern gefordert. Daher setze ich gerne im Kadertraining neben Workshops für die Sportler und Trainer selbst auch Workshops für die Eltern an, um ihnen stressmindernde Maßnahmen an die Hand zu geben. Sehr wichtig ist auch, dass Eltern erkennen, dass Kinder und Jugendliche auf keinen Fall vermittelt bekommen dürfen, dass sie nur geliebt werden, wenn sie die erwartete Leistung (»nur der Sieg zählt«) auch gezeigt haben bzw. zeigen werden. Eltern, die zu große Anforderungen stellen, die ihre Träume durch ihre Kinder ausleben, erzeugen Stress. Die Möglichkeiten der Trainer und Betreuer, stressmindernd zu wirken, sind begrenzt (siehe Tabelle oben).

Eine Übersicht über Stressbewältigungsstrategien auf den verschiedenen Ebenen findest du auf der Seite 183.

Bei höchsten Erregungszuständen ist eine Kombination der Stressbewältigung auf den verschiedenen Ebenen sinnvoll. Der Eishockeytrainer Michael Pohl liefert mit seiner persönlichen Stressbewältigungsstrategie eine anschauliche Kombinationsmöglichkeit: »Ich habe für mich festgestellt, dass ich in der Natur in Verbindung mit Wasser die meiste Ruhe entwickele – ob ich jogge, spazierengehe oder einfach auf der Bank sitze. Wichtig ist, dass man weg von dem ganzen Trubel kommt. Wenn man tagtäglich mit 160 Kindern und Jugendlichen arbeitet, dabei permanent ein Spiel hat, brauchst du den Moment der Stille, sonst platzt der Kopf. Auch die Probleme, die das Geschäft mit sich bringt, muss man versuchen, zwischendurch auszuschalten. Natürlich arbeitet der Kopf permanent nach – man denkt über Aufstellungen nach, man denkt über Spiele nach. Aber da muss man raus aus dem Büro oder Stadion und Ruhe herstellen. Ich habe mich damit lange sehr schwergetan, aber mittlerweile funktioniert das ganz gut. Und wenn man dann noch ruhige Musik dabei hört, z. B. von Loreena McKennitt, ist das ein gutes Hilfsmittel, um runterzufahren und auf andere Gedanken zu kommen. Oder abends Trivialliteratur in Form eines Asterix-Comics lesen, wo man über Banales lachen kann. Aber das muss jeder für sich selbst herausfinden, was für ihn am besten ist.«

Die Bewertung von Stressoren ist entscheidend für unsere Stressreaktion

Jüngere Forschungen geben Lazarus (siehe Seite 174) nicht nur Recht, sondern weisen sogar nach: Eine veränderte Einstellung zu Stress kann uns gesünder machen. Denn eine veränderte Einstellung verändert auch die Reaktion des Körpers auf Stress. Eine US-amerikanische Studie aus dem Jahr 2012, die knapp 30.000 Erwachsene über einen Zeitraum von acht Jahren zu ihrem Stressempfinden und ihrer Haltung gegenüber Stress befragte, hat festgestellt, dass die Art und Weise, wie wir Stress betrachten und mit ihm umgehen, eine enorme Wirkung auf unsere körperliche Stressreaktion hat. So stellten die Wissenschaftler fest, dass Menschen, die viel Stress hatten und diesen als gesundheitsschädlich betrachteten, tatsächlich ein um 43 % höheres Sterberisiko hatten. Hingegen hatten Menschen mit viel Stress, die diesen nicht als schädlich ansahen, das niedrigste Sterberisiko der gesamten Studie, niedriger sogar als das jener Menschen, die vergleichsweise wenig Stress hatten.

Wie wir denken und handeln, beeinflusst unser Erleben von Stress. Wenn unser Herz in einer herausfordernden Situation schneller klopft und wir flacher atmen, können wir diese körperlichen Anzeichen negativ bewerten – als Angst oder Überforderung. Oder wir betrachten sie positiv: als Zeichen für einen Energieschub, der uns durch die Herausforderung

» Maßnahmen für Trainer und Betreuer

Methodische Maßnahmen	Vermittlung von Lerninhalten; Präsentation neuer Lernschritte, dabei Hinweis auf Erlerntes und Bekanntes; neue Bewegungen werden mit bekannten Bewegungen verbunden; Anstreben von Lernzielen; Einsatz von Lernaufgaben; Überwinden von Hindernissen Vermeide Angst. Beachte: Erfolgserlebnisse schaffen
Pädagogisch-psychologische Maßnahmen	Verzicht auf negative, persönliche Kritik; Ermunterung; Transparenz der Unterrichts- und Trainingseinheiten; Versagen ist erlaubt; Angst darf eingestanden werden; mit anderen zusammensein; Körperkontakt; Vertrauen schenken; Informationen geben; emotionale Wärme ausstrahlen; Trainingswettkämpfe; Ängstliche beobachten Nichtängstliche; klare Aufgabenstellungen
Somatische Verfahren	Körperliche Aktivität (Aufwärmen = Abkühlen); Kontrolle des Muskeltonus; Atmung; Biofeedbackverfahren; Progressive Muskelentspannung (PME) nach Jacobson; (Entspannungs-)Massage; warme Bäder; Schwebebäder; langsame Körperbewegungen; Feldenkrais; Blitzentspannung in 1 Minute; Elemente östlicher Bewegungskünste (Tai Chi, Qi Gong, Hatha-Yoga)
Kognitive Verfahren	Veränderung der Gedankeninhalte; gedankliche Umdeutung; positives, realistisches Denken; positive Selbstgespräche; Affirmationen; Codewörter; Gedankenstopp und weitere Techniken im Rahmen des mentalen Trainings und der emotionalen Regulation

hilft, weil unser Gehirn mit mehr Sauerstoff versorgt wird. Tatsächlich wiesen Forscher an der Harvard-Universität einen sogenannten ›Mindset-Effekt‹ nach: Die Bewertung eines Stressors – also eines inneren oder äußeren Reizes, der uns Stress bereitet – ist entscheidend für unsere körperliche Stressantwort. Unsere Gedanken wirken auf unseren Körper. Die Wissenschaftler in Harvard stellten fest, dass jene Probanden, die ihre Stressreaktion selbst als hilfreich einstuften, entspannt blieben. Die Art und Weise, wie ihr Herz schlug, entsprach eher solchen Momenten, in denen wir Freude erleben. Das bedeutet, wenn wir ein stressreiches Leben als Sportler oder Trainer haben, macht es einen gesundheitlichen Unterschied, ob wir diesen Stress als positive Herausforderung annehmen oder als negative Bedrohung betrachten. Denn die Art unserer Haltung entscheidet darüber, ob wir eher einen stressbedingten Herzinfarkt riskieren oder ein stressresistentes Herz besitzen.

Soforthilfen gegen Stresssymptome

➤**Gähne!** Je nach Situation mit vorgehaltener Hand oder aber, wenn du alleine bist, mit einem entspannenden Gähnton. **Energiegähnen** ist ein natürlicher Reflex, der die Körperatmung vertieft, den Kreislauf anregt und die Energiezufuhr im Gehirn verbessert. Zudem löst Gähnen Verspannungen im Kopf und Kiefer. Gerade die Kiefermuskeln können unter Stress die verspanntesten Muskeln sein. Und das Kiefergelenk ist eine der wesentlichen Verbindungsstellen zwischen Gehirn und Körper. Achte auch immer wieder im Tagesverlauf und beim Ausführen eines Schlags darauf, den Kiefer lockerzulassen. Besonders wenn du die Zähne zusammenbeißen musst, ist dies als Prophylaxe sehr hilfreich.

➤**Führe die Zunge an den Gaumen!** Ein Reflexpunkt, den schon die Griechen, Römer und auch die Inder kannten und nutzten, wird ausgelöst, wenn du die Zunge gegen den Gaumen legst; die Zungenspitze soll dabei ungefähr einen halben Zentimeter hinter den oberen Schneidezähnen liegen. Auch hierdurch wird ein tieferes Atmen ausgelöst, oftmals sogar ein Gähnen.

➤**Stirn-Hinterkopf-Halten:** Emotionale Stressreduktion. Ärger, Aufregung oder Angst bedeuten Stress für unseren Organismus. In diesem Zustand handeln wir reflexartig. Mit dieser Übung kann Stress schnell und wirksam abgebaut werden. Wir sind dann wieder in der Lage, klare Gedanken zu fassen.
So wird's gemacht: Nimm dir einige Minuten Zeit für dich. Lege eine Hand mit der Handinnenfläche leicht und sanft auf die Stirn und den Hinterkopf oder lasse jemand anderen sanft und leicht deine Stirn und deinen Hinterkopf halten. Atme entspannt. Und wenn du magst, schließe deine Augen.

Schaue im Geiste die stressbeladene/belastende Situation, die Situation, die dir Stress macht, bildhaft an – vielleicht auf einer Leinwand. Und mache um dieses Standbild oder Foto einen Rahmen herum.

Woraus ist dieser Rahmen gemacht? Welche Farbe hat der Rahmen? Ist er schlicht oder verziert? Glänzt der Rahmen? Aus welchem Material besteht der Rahmen? Ist der Rahmen eckig oder rund? Fällt dir noch etwas auf? Gibt es einen anderen Rahmen, der besser zum Bild/Foto passen würde? Wähle den schönsten Rahmen, den du dir vorstellen kannst, aus! Wenn es einen anderen Rahmen gibt: Und was wäre, wenn du die Form des Rahmens änderst? Muss er größer, kleiner, breiter, schmäler, schwerer sein? Verändere die Farbe des Rahmens! Verändere die Verzierungen! Lass den Rahmen nüchterner oder fantasievoller aussehen! Gibt es noch mehr Details am Rahmen, die dir wichtig sind?
Tief ein- und ausatmen. Öffne deine Augen und nimm deine Hände wieder herunter.
Die Situation verliert ihren Schrecken, der Stress wird abgebaut.

➤**Aktivieren der Thymusdrüse**
In der Kinesiologie gilt die Thymusdrüse als Steuerungszentrale für den Energiefluss in den Meridianen und als Bindeglied zwischen Körper und Geist. Durch die Klopftechnik soll bei dieser Übung der Energiefluss verbessert werden.

So geht's:
Schließe die rechte oder linke Hand locker zu einer Faust. Klopfe mit vier Fingern bzw. der flachen Hand etwa zwei bis fünf Zentimeter unterhalb der Stelle, an der du das Schlüsselbein ertastest (unterhalb des Halses), auf dein Brustbein. Klopfe die Thymusdrüse (griech. thymos = Lebensenergie) so lange und so stark, wie es dir angenehm ist (ca. 20-mal oder ca. eine Minute).
Zusätzlich kannst du deine Zunge hinter die oberen Zähne an den Gaumen legen und sie dort ca. eine Minute lang halten.
Vielleicht merkst du nach einigem Klopfen, dass du tief Luft holen musst. Das ist meist ein Zeichen für körperliche Entspannung. Stress wird abgebaut.
Du schüttest mit Hilfe dieser Klopfübung mutmachende Immunzellen aus, die Körper und Seele stärken. Diese einfache, praktische und hilfreiche Übung belebt deine Energie, verbessert deine Stimmung,

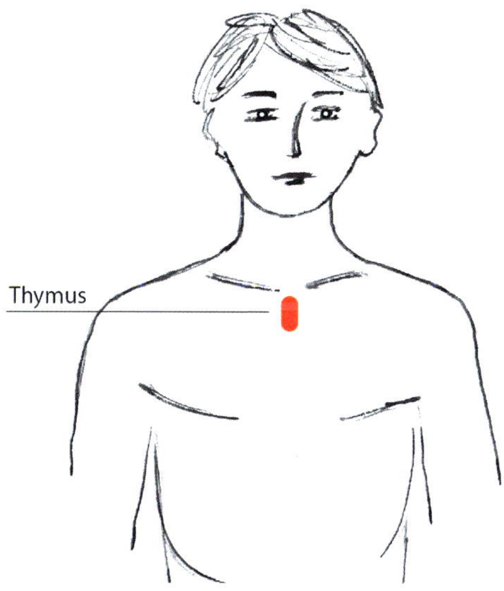

gibt dir Stärke, unterstützt deinen Willen und tut so richtig gut. Du kannst bedenkenlos zu jeder Tages- und Nachtzeit »klopfen«.

Die Klopfübung ist einfach durchzuführen und bringt so unglaublich viel. Du steigerst damit Lebensfreude, geistige Wachheit, Gesundheit, Energie, Leistungs- und Lernfähigkeit.

Ruhebild

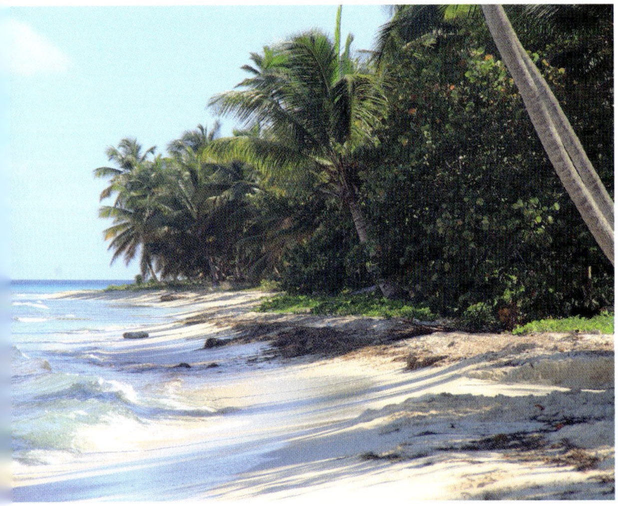

» Übung: Ruhebild

Nimm dir ein paar Minuten Zeit und entwirf ein entspannendes, positives, schönes geistiges Ruhebild. Das Bild soll Ruhe, Erholung und Wohlbefinden in dir erzeugen. Wenn du dir keinen entspannenden Ort vorstellen kannst, liste die Dinge auf, die dich entspannen, und kreiere daraus dein Ruhebild.

Schreibe dein Ruhebild auf.

Zeichne zur besseren Verinnerlichung dein Ruhebild.

Nimm dir jetzt Zeit, die Vorstellungsübung (mit oder ohne entspannende Musik) durchzuführen. Beginne die Visualisierung mit einigen tiefen Atemzügen.

➤Visualisierungsübung: das Ruhebild

Jeder Sportler, der mentales Training praktiziert, hat meist ein Ruhebild, mit dem er sich blitzschnell in hektischen Situationen auf ein niedrigeres Erregungsniveau »herunterholen« kann. Der ehemalige Bobpilot Karl Angerer hat sich im Wettkampf Bilder aus der Natur vor sein geistiges Auge geholt, um Ruhe zu finden. Angerer: »Bilder von zuhause, auch von der Familie, von Sachen, die mich glücklich machen, oder auch wieder ein bisschen auf den Boden holen.« Jeder Mensch hat in seiner Erinnerung reale Bilder, die ihn besonders entspannt haben, z. B. Bilder aus der Natur. Diese Orte werden immer wieder geistig aufgesucht.

Beispiele von Ruhebildern:

- ein besonders schöner Blick aufs Meer oder auf eine blühende Wiese
- auf der Terrasse in einem Liegestuhl sitzen, auf das Meer, einen Garten oder eine Berglandschaft blicken
- an einem warmen Sommertag am warmen Sandstrand liegen, den Sonnenuntergang beobachten und dem Rauschen der Wellen und dem Schreien der Möwen lauschen; das Salz auf der Haut schmecken
- ein gemütlicher Winterabend zu Hause am knisternden Kaminfeuer, mit einem heißen Getränk und einem guten Buch
- in einer Hängematte.

Beziehe möglichst viele Sinnesorgane mit ein. Wichtig dabei sind die emotionale Erinnerung und die kinästhetische Empfindung. Versuche dabei

- Farben zu sehen
- Geräusche (Knistern des Feuers im Kamin, Vogelgezwitscher, Meerrauschen) zu hören
- Gerüche (nasses Gras, Holz) wahrzunehmen
- zu fühlen (den Sand, die Baumrinde, den Felsen).

Das Ruhebild soll in der Erinnerung wirklichkeitsgetreu erlebt werden können.
Du kannst bei jeder Wahrnehmung von Stress und Zweifeln dein Ruhebild »einschalten«.

In der **Praxis** schaut das wie folgt aus:
Du merkst, dass du zu zweifeln beginnst. Du rufst dein Ruhebild ab, indem du tief durchatmest, dein Code-, Schlüsselwort (z. B. PAUSE), das die Situation zutreffend bezeichnet, sagst und dich mental an deinen Ort der Ruhe, Erholung und Geborgenheit versetzt. Du entfernst dich bewusst aus dem Hier und Jetzt und »beamst« dich sozusagen an einen Ort der Ruhe und somit in ein Gefühl der Ruhe, Erholung, Entspannung und Freiheit. Danach hast du wieder neue Energie.
Übe dieses Vorgehen gezielt in Problemsituationen.

Ruhewort

Das Ruhewort ist eine autosuggestive Kurzformel oder ein kurzer Satz, der Ruhe vermitteln soll. Das Ruhewort wird zunächst mit einem Entspannungstraining gekoppelt.
Beispielsätze: »Ich bin ganz ruhig. Ganz ruhig. Ruhig. Alles lockerlassen.«
Denke dir dein eigenes Ruhewort oder Ruheformel aus, das/die dir gefällt und auf dich beruhigend wirkt.

Entspannungstechniken

Entspannung ist ein wichtiger Faktor im Sport. Basis ist die Ent-Spannung, das Lösen von Spannung, das Loslassen von allem, was belastet. Entspannungstraining ist daher ein wichtiger Bestandteil eines umfassenden Mentaltrainings im Sport.

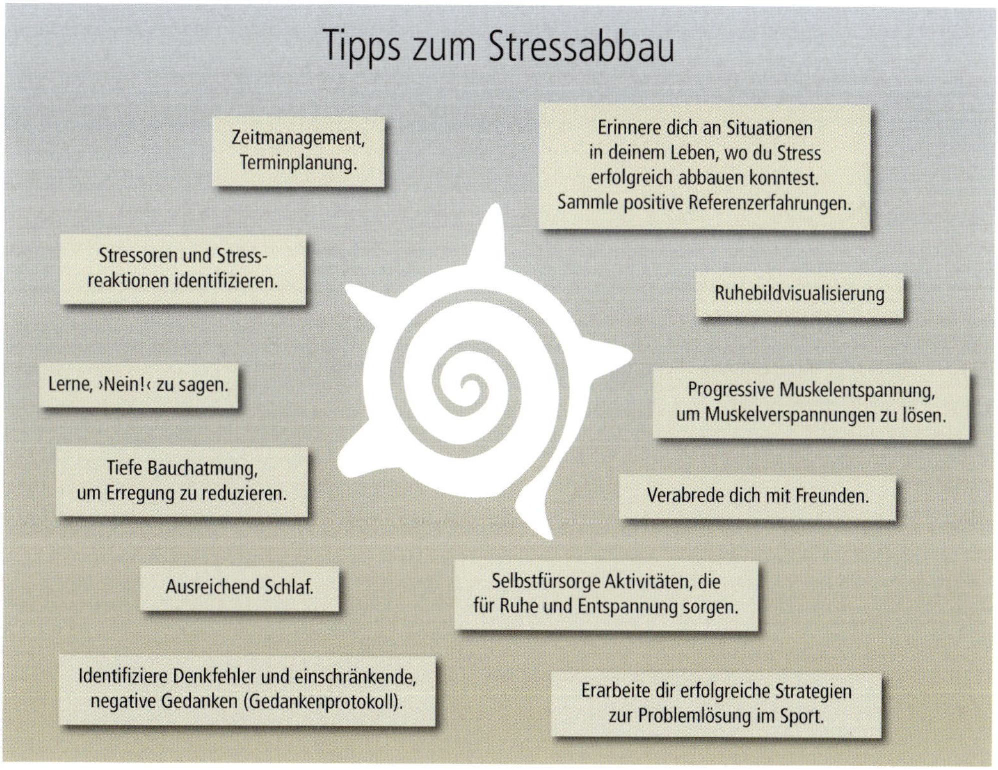

Entspannung hat viel mit der eigenen Körperwahrnehmung zu tun – genau das, was ein Sportler braucht, um im Training und im Turnier seine optimale Leistung abrufen zu können. Entspannung gibt dir neue Energie für mehr Leistung. Eine Entspannung der Muskeln hat auch Auswirkungen auf die Psyche: Es kommt zu einer Lockerung der Psyche. Nervosität und Entspannung schließen sich gegenseitig aus! Wenn du ein Entspannungsverfahren gelernt hast, kannst du Entspannung im Wettkampf abrufen und auf diese Art und Weise deine Nervosität »neutralisieren«.

Progressive Muskelentspannung (PME)

Stress führt zu einer erhöhten Anspannung der Muskulatur. Diese ist uns jedoch häufig nicht bewusst. Ziel der Progressiven Muskelentspannung ist es, eine bessere Wahrnehmung für Muskelspannung zu entwickeln, diese bewusst wieder zu lösen und die Entspannung einzelner Muskelgruppen auf den ganzen Körper übergehen zu lassen. Erreicht wird dies durch die Anspannung von Muskeln bzw. Muskelgruppen mit anschließendem Lockerlassen. Durch die vorherige Anspannung ist die folgende Entspannung vertieft.

Das Grundverfahren und Möglichkeiten der Anspannung von Muskelgruppen:

- dominante Hand und Unterarm
- dominanter Oberarm
- nichtdominante Hand und Unterarm
- nichtdominanter Oberarm
- Stirn
- obere Wangenpartie und Nase
- untere Wangenpartie und Nase
- Nacken und Hals
- Brust, Schultern und obere Rückenpartie
- Bauchmuskulatur
- dominanter Oberschenkel
- dominanter Unterschenkel
- dominanter Fuß
- nichtdominanter Oberschenkel
- nichtdominanter Unterschenkel
- nichtdominanter Fuß.

Das Jacobson-Training beinhaltet das wechselseitige Anspannen und Entspannen der Muskulatur mit der Absicht, sein Bewusstsein für den Unterschied zu entwickeln und zu schärfen. Die Methode ist, wie du feststellen wirst, recht einfach.

Durchführung

Wähle einen bequemen Stuhl, möglichst mit verstellbarer Rückenlehne, oder leg dich auf den Rücken, die Arme liegen dabei entspannt neben deinem Körper. Mach es dir richtig bequem. Achte zudem darauf, dass du nicht durch Kleidungsstücke, Brille, Uhr oder ähnliches eingeengt wirst und dass die Entspannungssitzung in einem angenehm temperierten und ruhigen Raum durchgeführt wird.

Die Übungen kannst du mit offenen oder geschlossenen Augen durchführen, die meisten Menschen können sich allerdings mit geschlossenen Augen besser entspannen. Atme gleichmäßig und tief durch, halte den Atem kurz an und atme nun ganz lange aus und fühle, wie du innerlich »loslässt«.

Richte deine Aufmerksamkeit auf deine dominante Hand und Unterarm. Beginne mit der dominanten Hand – balle sie zur Faust, beachte die Spannung (5–7 Sekunden), löse mit dem nächsten Ausatmen die Faust und nimm die Entspannung als Kontrast dazu wahr. Richte dann deine Aufmerksamkeit auf deine andere Hand und Unterarm. Balle deine andere Hand

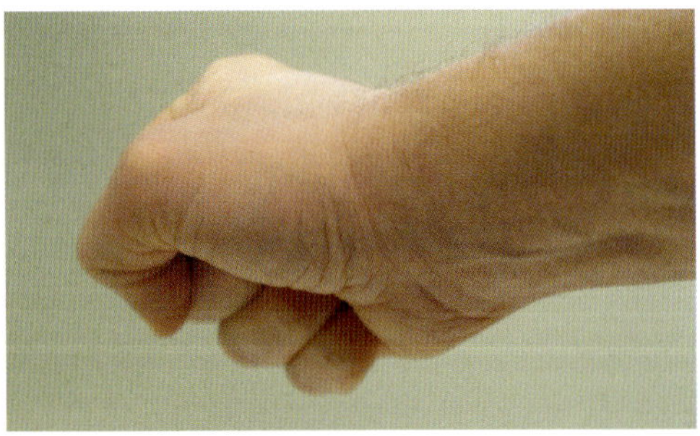

zur Faust, löse mit dem nächsten Ausatmen die Faust und entspanne dich.

Strecke beide Arme nach vorn und balle deine Hände zu Fäusten ... steigere langsam die Intensität der Anspannung, bis alle Muskeln in deinen Fingern und den beiden Händen maximal angespannt sind ... dann entspanne ... und lass die Arme einfach hinunterfallen. Achte auf den Unterschied zwischen dem Gefühl »angespannt« und »entspannt«.

Richte deine Aufmerksamkeit auf den Oberarm der dominanten Seite. Beuge den Arme mit geöffneter Hand und spanne die Muskulatur an ... halte die Spannung, werde dir des Gefühls bewusst ... nun entspanne ... und lass deine Arme einfach auf die Oberschenkel hinunterfallen.

Runzle und spanne deine Stirnmuskeln an, indem du die Stirn runzelst/in Falten legst ... Augenbrauen nach oben ziehen (»Stirnrunzeln«) ... halte die Spannung, spüre der Spannung deiner Kopfhaut nach ... nun entspanne ... und lass alle Muskeln deiner Stirn wieder glatter und weicher werden. Entspanne.

Augen – Kneife die Augenlider zusammen (»Zornesfalten«) ... halte die Spannung, werde dir des Gefühls bewusst ... nun entspanne ...

Nase – Nasenmuskeln anspannen durch Naserümpfen, -kräuseln (Augen geschlossen) ... halte die Spannung, werde dir des Gefühls bewusst ... nun entspanne ...

Mund – Lippen spitzen oder zusammenpressen (Kussmund) ... halte die Spannung, werde dir des Gefühls bewusst ... nun entspanne ...

Kiefermuskeln – Zähne aufeinanderdrücken ... halte die Spannung, werde dir des Gefühls bewusst ... nun entspanne ...

Spanne die Muskeln in deinem Gesicht an ... schneide eine Grimasse (lächle) ... halte die Spannung, werde dir des Gefühls bewusst ... und entspanne.

Spanne deine Hals- und Nackenmuskeln an ... zieh dazu die Schultern hoch und drücke das Kinn gegen das Brustbein ... halte die Spannung, werde dir des Gefühls bewusst ... und entspanne.

Spanne deine Schultermuskeln an, zieh dazu die Schultern nach hinten und oben ... jetzt ... halte die Spannung, werde dir des Gefühls bewusst ... und entspanne.

Spanne deine Rückenmuskeln an, zuerst im oberen und dann im unteren Bereich ... der Rücken wird dabei hohl ... halte die Spannung, werde dir des Gefühls bewusst ... und entspanne.

Spanne die Muskeln deines Brustkorbs an ... halte die Spannung, werde dir des Gefühls bewusst ... und entspanne.

Atme tief ein und halte die Luft an; atme langsam aus und nimm die Entspannung wahr.

Bauch – Spanne deine Bauchmuskeln an, mach deine Bauchdecke hart, so als ob du einem Druck auf deinem Bauch standhalten wolltest (wie ein Brett) ... halte die Spannung ... werde dir des Gefühls bewusst ... und entspanne.

Gesäß – beide Gesäßhälften anspannen, Pobacken zusammenkneifen ... halte die Spannung, werde dir des Gefühls bewusst ... und entspanne.

Lenke dein Bewusstsein auf deine Beine. Spanne den rechten Oberschenkelmuskel an ... Drück dazu den Fuß auf den Boden ... halte die Spannung, werde dir des Gefühls bewusst ... und entspanne.

Spanne die Muskeln rechts vom Knie abwärts an, und zwar alle Muskeln einschließlich des Knies und der Wade ... zieh dazu den Fuß hoch, Ferse bleibt auf dem Boden ... halte die Spannung, werde dir des Gefühls bewusst ... entspanne.

Spanne die Muskeln deines rechten Fußes und die rechten Zehen an ... krümme die Zehen dazu so, als ob du etwas greifen wolltest ...halte die Spannung, werde dir des Gefühls bewusst ... entspanne.

Spanne nun deinen linken Oberschenkelmuskel an ... drück dazu den Fuß auf den Boden ... halte die Spannung, werde dir des Gefühls bewusst ... und entspanne.

Nun wird das Ganze mit den Muskeln links vom Knie abwärts und den Muskeln deines linken Fußes und der linken Zehen wiederholt.
Nimm einen langsamen, tiefen Atemzug; zieh die Luft ein, indem du deinen Bauch nach außen drückst; atme langsam aus. Spüre die Folgen des Gelöst-Seins. Und das Gefühl vertieft sich mit jedem Atemzug. Spüre das Gelöst-Sein in deinen Fingern, Händen, Armen, Gesicht, Kopfhaut, Stirn, Auge, Nase, Mund und Kiefer. Schultern, Bauch, Rücken, Gesäß, Oberschenkel, Unterschenkel bis in die Füße und Zehenspitzen hinein sind angenehm entspannt.
Wiederhole dieses tiefe Atmen dreimal. Richte deine Aufmerksamkeit auf diesen Atemvorgang. Mit jedem Ausatmen vertieft sich die Entspannung … tiefer und tiefer …
Öffne deine Augen, dehne und strecke dich nach Herzenslust. Gähne! Richte dich nun langsam auf! Das Gefühl der Entspannung bleibt in deinem Gedächtnis gespeichert, und du fühlst dich nun frischer und erholter als zuvor …

Es gibt verschiedene Formen der PME:

- lange Form – 16 Muskelgruppen
- kurze Form – 7 Muskelgruppen
- kurze Form – 4 Muskelgruppen
- mental (nichts sichtbar).

Achtung: Schmerzende Muskelpartien sollten nicht angespannt werden, ebenso Muskeln, die beim Anspannen beginnen zu schmerzen. Diese Muskelgruppen werden entweder einfach ausgelassen oder man versucht, über eine »passive« Vorstellung zu arbeiten (z. B. … ich stelle mir vor, ich würde jetzt das linke Bein anspannen … und jetzt wieder lösen).
Heutzutage werden Kurse an Volkshochschulen sowie bei den gesetzlichen Krankenkassen angeboten, in denen man die Progressive Muskelentspannung erlernen kann. Es besteht jedoch auch die Möglichkeit der Selbstschulung mithilfe von Büchern und anderen Medien.

Zugänge zur Entspannung

Techniken, mit denen man seinen Körper »herunterkühlen« kann.

Atmungszentrierte Zugänge

Viele Probleme, Ängste und Unsicherheiten entstehen dadurch, dass die Atmung flach und schnell wird bzw. die Luft angehalten wird. Meist fällt es einem selbst nicht auf.

Physiologische Grundlagen der Atmung

Die wichtigste Aufgabe der Atmung ist die ausreichende Versorgung der Zellen mit frischem Sauerstoff und die Ausscheidung von Kohlendioxid. Sauerstoffmangel kann Müdigkeit, Kopfschmerzen, Energielosigkeit und Unkonzentriertheit zur Folge haben. Wir verkrampfen. Atmung ist ein wichtiges Steuerelement für Erregungszustände und kann Handlungen positiv unterstützen.

Achte genau auf deine Atmung und darauf, dass du nicht unter Stress die Schultern hochziehst, die Luft anhältst und flach und in der Brust atmest, also wenig effizient. Du atmest dann schneller, die Stresssymptome verstärken sich, die Herzfrequenz steigt, und der Teufelskreis beginnt. Nutze stattdessen Bauch- und Brustatmung als Vollatmung. Die Bauchatmung unterstützt deine Entspannung.

Atemübungen

Übe es gleich mal: Such dir bitte einen ruhigen Platz aus und stell dich hin oder setz dich aufrecht mit geradem Rücken hin oder leg dich auf den Rücken, die Beine ausgestreckt, etwa hüftgelenksbreit, die Füße locker nach außen fallen lassen, die Arme liegen neben dem Rumpf, mit den Handflächen nach oben. Dann schließ bitte die Augen und beginne, ruhig durch die Nase statt über den Mund einzuatmen (3 Sekunden). Durch den Mund ausatmen. Beim Einatmen liegt die Zunge hinter den oberen Schnei-

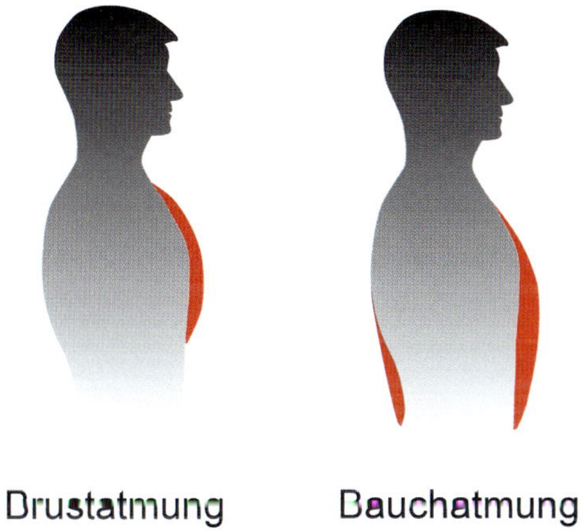

dezähnen. Beim Ausatmen Zunge wieder fallenlassen. Richte deine Aufmerksamkeit nur auf deinen Atem. Zähle die Länge deiner Atemzüge mit, das wird dir helfen, dich auf die Atmung zu konzentrieren.

Beginne nun damit, das Ausatmen zu verlängern, ohne dich dabei unter Druck zu setzen. Verlängere die Ausatmung mit jedem Atemzug ein Stück mehr, bis deine Ausatmung ungefähr doppelt so lang ist, wie deine Einatmung (6 Sekunden). Dabei stelle ich mir vor, dass ich beim Ausatmen alles Belastende, Negative ausatme. Das Ganze wiederhole ca. ein, zwei Minuten lang. Und fühle, wie du dich beim Ausatmen mehr und mehr entspannst. Im Liegen kannst du dir ein Buch auf den Bauch legen. Das Buch muss sich beim Einatmen heben, weil sich dein Bauch ausdehnt. Wenn du wieder durch den Mund ausatmest, fällt dein Bauch zusammen, und das Buch sinkt wieder herab.

Weitere Vorteile: Du atmest **hier und jetzt.** Du kannst weder morgen atmen, noch kannst du gestern atmen. Atmen musst du in diesem Augenblick! Wenn du deine Atmung beobachtest, werden negative Gedanken ausgeblendet. Und es ist unmöglich, gleichzeitig aufgeregt zu sein und dennoch ruhig und gleichmäßig zu atmen.

Nasenatmung: Lass die Atemluft über das rechte Nasenloch hinein- und über das linke Nasenloch wieder hinausströmen. Dann zum linken ein und zum rechten aus. Verschließe dabei mit Daumen bzw. Mittelfinger einer Hand abwechselnd dein rechtes bzw. linkes Nasenloch. Lege den Zeigefinger beweglich auf die Nasenwurzel zwischen den Augenbrauen. Beobachte dabei, wie die Luft durch die Nasenkanäle fließt.
Kontrolliere ab sofort, ob du genügend in den Bauch atmest oder fast ausschließlich in die Brust.
Ergänzend dazu kannst du ganz konkret deinen Stresslevel auf einer Skala von eins (neutral) bis zehn (maximaler Stress) einschätzen. Ab Stresslevel fünf solltest du ein Entspannungsverfahren, z. B. eine Atemübung, anwenden.

Hier sind weitere Tipps, um die Kraft des Atems als stressreduzierende Technik zu nutzen:

4–7–8-Technik:
Atme 4 Sekunden lang ein, halte sie 7 Sekunden lang und atme 8 Sekunden lang aus. Dieses Muster entspannt das Nervensystem.

Achtsames Atmen:
Konzentriere dich ausschließlich auf deinen Atem und beobachte das Heben und Senken deiner Brust oder deines Bauches. Es verankert dich in der Gegenwart.

Visualisierung des Atems
Stelle dir eine Welle am Ufer vor, während du atmest. Beim Einatmen steigt die Welle, und beim Ausatmen zieht sie sich zurück. Die Visualisierung kann die beruhigende Wirkung verstärken.

Star-Breathig (siehe Kasten Seite 195)

Box-Atmung
(siehe Kasten Seite 195)

5–4–3–2–1-Methode (siehe Kasten nächste Seite)

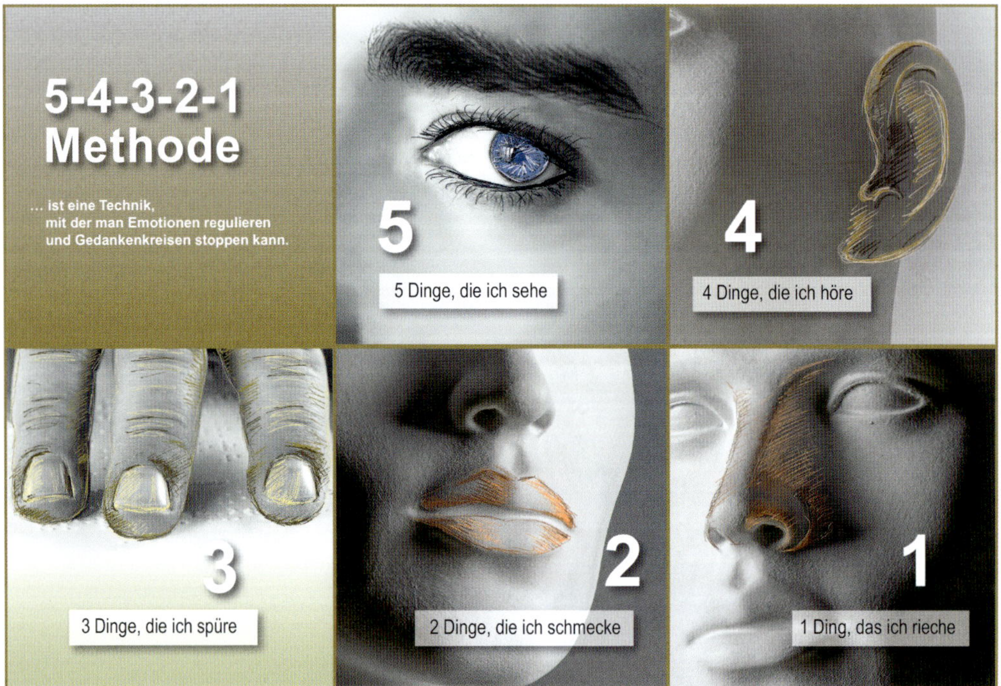

5–4–3–2–1-Atmung

Bevor du mit dieser Übung beginnst, achte auf Deine Atmung. Langsame, tiefe und lange Atemzüge können dir helfen, ein Gefühl der Ruhe zu bewahren oder zu einem ruhigeren Zustand zurückzukehren.

Gehe die folgenden Schritte durch:
5: Beschreibe FÜNF Dinge, die du um dich siehst.
4: Nimm VIER Dinge um dich herum wahr, die du berühren kannst. Das können deine Haare sein, ein Kissen oder der Boden unter deinen Füßen.
3: Nimm DREI Dinge wahr, die du hörst. Das kann jedes äußere Geräusch sein. Konzentriere dich auf Dinge, die du außerhalb deines Körpers hören kannst.
2: Nimm ZWEI Dinge wahr, die du riechen kannst. Vielleicht bist du in deinem Schlafzimmer und riechst dein Kissen.
1: Nimm EINE Sache wahr, die du schmecken kannst. Wonach schmeckt die Innenseite deines Mundes – nach Kaugummi, Kaffee oder dem Sandwich vom Mittagessen?

Musik

Entspannung lässt sich auch durch die Wirkung von ruhiger, getragener, entspannender Musik erzeugen. Passende Stücke finden sich häufig im Bereich der klassischen, aber auch in der modernen Musik. Wichtig ist, dass dir die ausgewählte Musik gefällt. Sie sollte keine besonders prägnanten Stellen haben, auf die du dann unbewusst wartest. Mit der heute zur Verfügung stehenden Technik ist es relativ einfach, von dem ausgewählten Musikstück ein ›Endlosband‹ herzustellen, beispielsweise eine Playlist, die jederzeit, auch während eines Turniers eingesetzt werden kann.

Schutzschild gegen Stress

1. Vergangene typische Stresssituationen erinnern. Stressoren nennen und ihren Auswirkungen auf den Körper nachspüren.

——— Separator ———

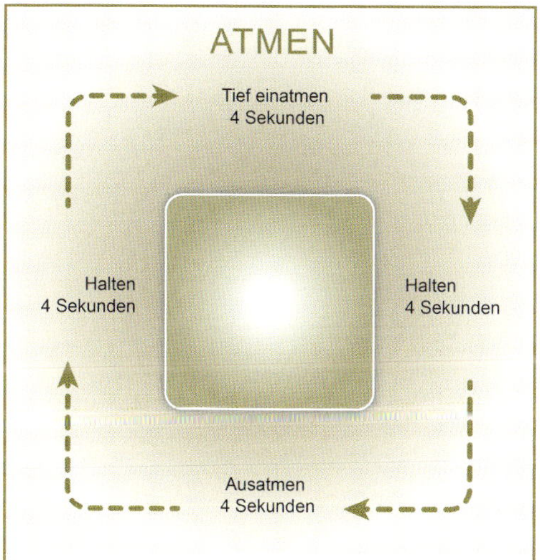

Box-Atmung
Beim Box Breathing wird die Atmung in vier gleich lange Phasen unterteilt: Einatmen, Atem anhalten, Ausatmen und erneut Atem anhalten, jeweils für 4 Sekunden. Grafisch dargestellt erzeugt dies eine quadratische Form, daher der Name Box Breathing.

Übung: Atme ein, halte an, atme aus und pausiere für die gleiche Anzahl (z. B. jeweils 4 Sekunden).

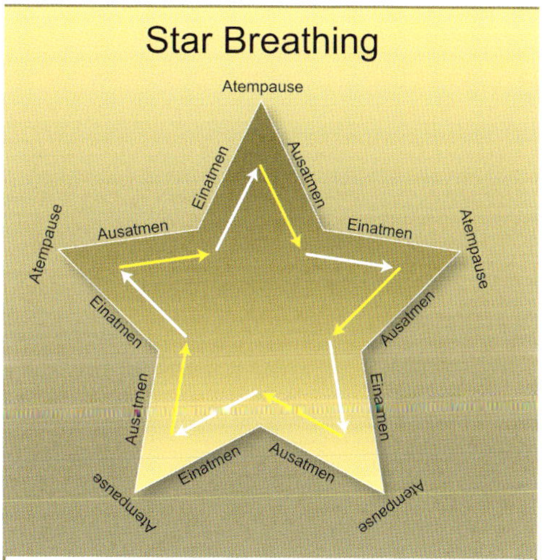

Star Breathing
Beginne mit dem Einatmen, halte dann eine Sekunde lang den Atem an, dann ausatmen, dann ein, halte eine Sekunde lang an und so weiter.

2. Über die tiefe Bauchatmung in einen Entspannungszustand kommen.

3. In diesem Entspannungszustand mental an einen schönen Ort oder in eine Situation, in der du völlig entspannt und zufrieden bist, gehen. Mach dir ein inneres Bild dieses Ortes oder dieses Raumes.
Wie hast du damals geatmet? War die Atmung eher flach oder eher tief? Wie war deine Körperhaltung? War sie eher aufrecht oder eher gebückt? Wo in deinem Körper spürst du das Gefühl der Entspannung und Zufriedenheit? Achte neben der Atmung und Körperhaltung auf deine Muskulatur. War sie eher angespannt oder entspannt?
Submodalitäten evtl. verändern (Farben – welche Farbe würdest du deinem fried- und kraftvollen Moment verleihen? – Helligkeit, Licht, Klänge, Töne, Lautstärke, Tempo, Dauer, Geruch, Geschmack, Körpergefühl, Intensität, Temperatur).

4. Den Körper die unter Punkt 3 erfragten Submodalitäten nachspüren lassen.

5. Den Körper mit Hilfe der Submodalitäten zusätzlich umhüllen, wie von einem unsichtbaren Schutzmantel, einer Blase oder einer Glocke, der/die offen ist für alles, was du an Informationen und Gefühlen an dich herankommen lassen willst, und der/die alles fernhält, was draußen bleiben soll, und dich optimal einhüllt.

6. Im ›Schutzmantel‹, in der Blase oder Glocke den Stressoren aus 1 und der veränderten Wahrnehmung nachspüren.

7. Future pace: in eine zukünftige Stresssituation gehen – eingehüllt in diesen Schutzmantel/Schutzschild – und diese Situation so erleben.

Brainstorming mit anderen zur Problemanalyse und -bewältigung

Niemand ist gezwungen, Probleme völlig allein zu lösen. Es ist sinnvoll, sich mit jemandem über Fragestellungen und Themen auszutauschen, um neue Impulse und Sichtweisen zu generieren. Ermutiger, Förderer und Vertrauenspersonen dienen uns als Ratgeber und Kraftspender, aber auch als Korrektiv und Feedbackgeber. Es ist daher förderlich, mit Freunden oder Trainingskollegen ein Brainstorming zu machen und gemeinsam Strategien zu entwickeln, wie sich eine Herausforderung gut bewältigen lässt und zu definieren, welche internen und externen Ressourcen dafür nötig sind. Daraus entsteht ein konkreter Plan, der uns hilft, schrittweise voranzukommen.

Der unterschätzte Faktor – Schlaf

Wer leistungsfähig und stressresistent bleiben will, braucht Regenerations- und Erholungsphasen. Das bedeutet ausreichend Schlaf. Viele Sportler schlafen zu wenig. Das liegt nicht nur am späten Ins-Bett-Gehen, sondern vor allem an Ein- und Durchschlafproblemen. Der Grund sind häufig Belastungen. Diese werden durch den Schlafmangel nicht geringer, im Gegenteil: Die Leistungs- und Konzentrationsfähigkeit lässt nach, das Risiko von Erkrankungen und Verlertzungen steigt hingegen. Ein fataler Teufelskreis.

Achte darauf, dass du bereits eine Stunde vor dem Schlafengehen auf Medienkonsum verzichtest. Verbanne Handy, Tablet oder Laptop aus dem Schlafzimmer. Nimm lieber in der letzten Stunde, bevor du das Licht ausmachst, ein Buch in die Hand oder höre entspannende Musik. ›Leere‹ vorm Einschlafen deinen Kopf und entspanne deinen Körper: Lege dich hin, die Arme neben deinem Körper, die Handflächen drehst du zur Decke, sodass sich auch die Schultern entspannen. Atme lang und

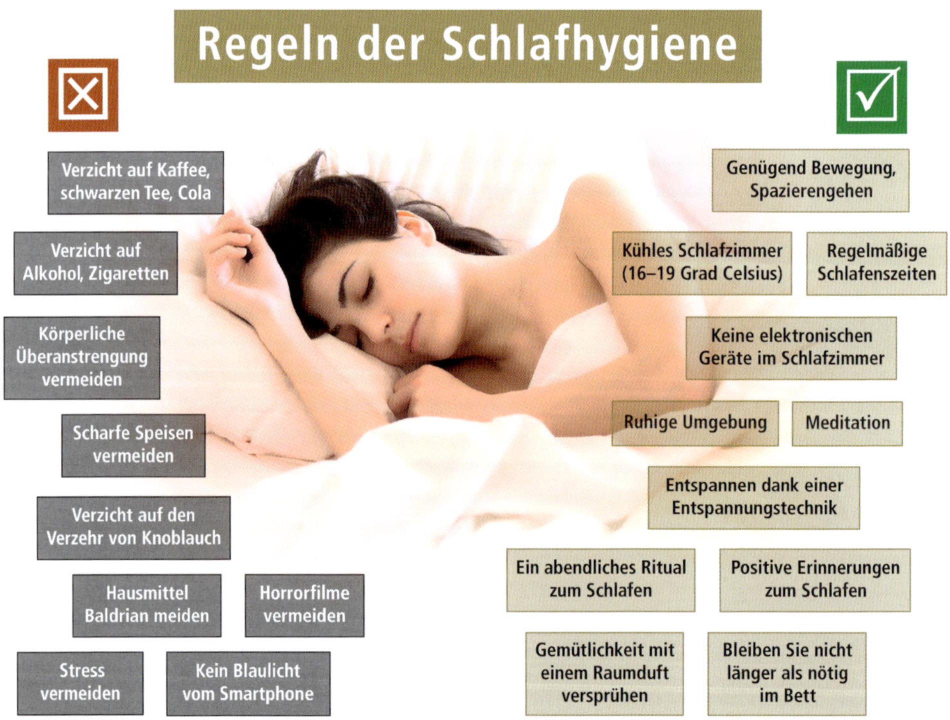

tief in den Bauch hinein und dann entspanne bewusst nacheinander alle Teile deines Körpers. Beginne e bei den Füßen bis hinauf zum Gesicht. Spüre in jede Körperregion und entspanne sie, so gut es dir möglich ist. Beim Kopf angekommen, reguliere deinen Atem nicht mehr, sondern lasse ihn einfach fließen. Die Gedanken, die dir nun noch durch den Kopf ziehen, schaust du dir nur kurz an und schickst sie weiter. Lass sie vorbeiziehen wie Wolken am Himmel. Schenke ihnen keine Beachtung mehr. Lass los. Lass dein Gewicht in die Matratze sinken und genieße das Gefühl der Entspannung. Mache diese Tiefenentspannung zu deinem abendlichen Ritual. Wem es gelingt, sich auszuruhen, der schöpft neue Kraft, gewinnt Energie, und das wirkt sich positiv auf die Psyche aus.

Weitere Maßnahmen

Cool-Down-Routine positiv abschließen; Analyse und Verarbeitung der Misserfolgserlebnisse; genügend Schlaf; Autogenes Training, Hypnose, Selbsthypnose, Progressive Muskelentspannung (PME); Musik (als Begleiter), Entspannungsmusik, entspannte, ruhige Musik; Selbstmassage; Faust ballen (Muskeln entspannen): Balle beide Hände zu Fäusten, balle die Fäuste immer noch ein wenig mehr, jetzt lasse sie los; Denkmütze (Massage); Lachtraining, Lach-Yoga; Gehirnbalance, Anti-Switching-Übung; Lachen, Lächeln – »Smiley« auf der Sporttasche und Material; Blitzentspannung, Tropho-Training®; Meditation, Zentrieren, Gedankenreise, Fantasiereise; Spazieren; Lesen; »Rückwärtszählen«; Farbe mit einer besonders ruhigen und angenehmen Wirkung, diese wie einen Mantel anziehen und Wärme und Ruhe am Körper spüren; katathymes Bilderleben; Duftkerzen, Aromen; schöne Erinnerungen (Urlaub, Konzert), Führen eines Glückstagebuchs; Humor-Ecken einrichten (Sammlung von Dingen, bei denen du schmunzeln oder lachen musst); singen, tanzen; Zeitmanagement; Ziele setzen; sich an eine Situation, in der man eine starke Belastung gut meistern konnte, erinnern; Veränderung des Blickwinkels, Augen nach oben bewegen, aufrecht gehen; Entscheidung treffen, was ich an mich heranlasse und was ich konsequent abblocke; Kompetenzen erweitern (Informationen, Fortbildung, Austausch mit Trainingskollegen und Vorbildern); Unterstützung suchen (Netzwerk aufbauen, etwas Positives sagen, andere verstehen, sich helfen lassen); eigene Leistungsgrenzen akzeptieren lernen; Schwierigkeiten als Herausforderung sehen.

Julian Nagelsmann, früherer Cheftrainer des Fußballvereins FC Bayern München, baut seine überschüssige Energie zum Beispiel regelmäßig durch Mountainbiking oder Joggen ab und nimmt sich mit einem Tag in den Bergen gezielt Auszeiten. »Dinge, die mich freizeitmäßig glücklich machen, versuche ich, dann mehr zu machen. Auch mal den freien Tag wirklich frei zu nutzen. Du hast schon immer den Drang, die ganze Zeit dein Handy zu haben, ständig dich mit Transfers zu beschäftigen. Dann auch bewusst dem Brazzo zu sagen, du bist einen Tag raus«, so Nagelsmann. Was ihm ebenfalls hilft: Er definiert sich nicht nur über den Beruf. »Wenn ich fünf Stunden Mountainbike in den Bergen fahre, bin ich auch ein glücklicher Mensch. Und nicht nur, wenn wir am Wochenende ein super Spiel machen«. (tz.de, 2022).

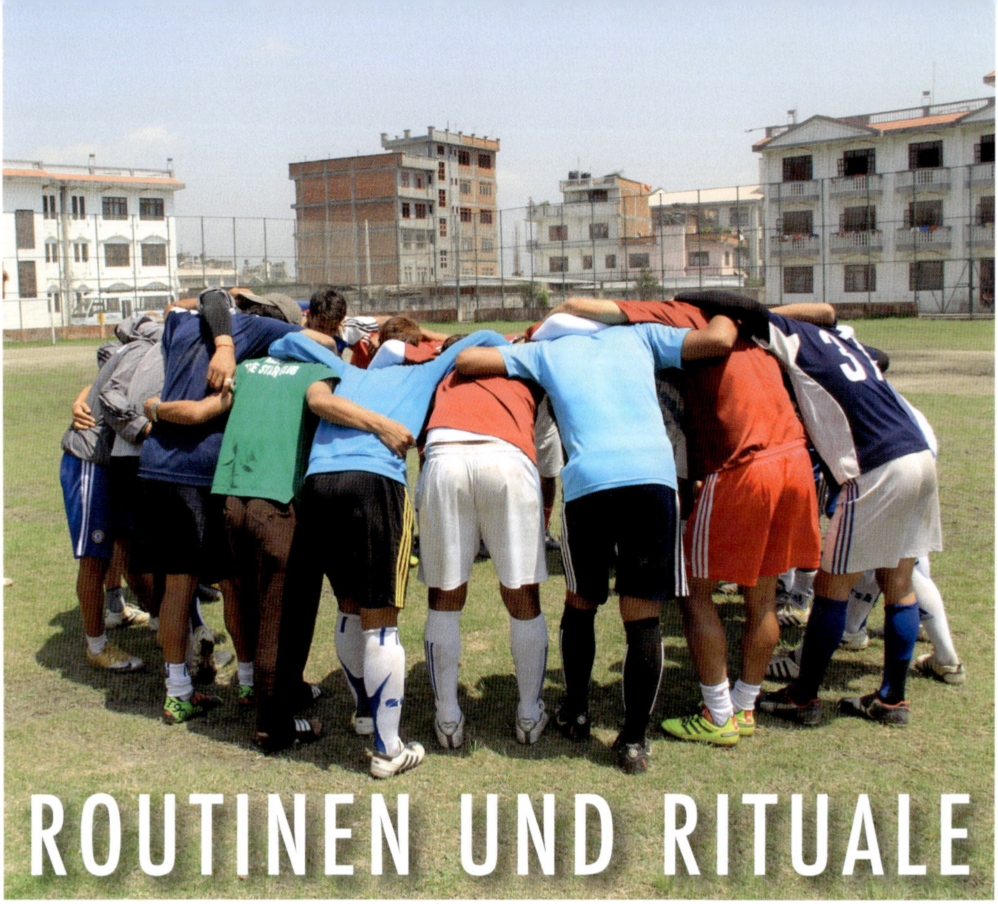

ROUTINEN UND RITUALE

Mentaltraining im Fußball in Kathmandu, Nepal, mit Antje Heimsoeth. Teamrituale fördern den Zusammenhalt.

Routinen begleiten unseren Alltag, nicht nur im Sport. Viele solcher wiederkehrenden Handlungsmuster erwerben wir unmerklich. Im Spitzensport kommt diesen Handlungen eine besondere Funktion zu: Gerade in Wettkampfsituationen profitieren Athleten von jenen Routinen, die sie sich im Training angeeignet haben. »Das regelmäßige Training von Routinen kann dabei entscheidend dazu beitragen, die Leistung von Sportlerinnen und Sportlern zu stabilisieren, und helfen, in kritischen Situationen (z. B. unter hohem Wettkampfdruck) die sportlichen Fertigkeiten konstant und auf hohem Niveau abzurufen« (Weigelt & Steggemann, 2014). Wer routiniert agiert, bewahrt sich also innere und äußere Stabilität. Je höher der Druck, je entscheidender die Situation, desto wichtiger können Routinen sein, z. B. wenn es im Golfsport bei einem letzten entscheidenden Putt um eine Siegprämie von einer Million US-Dollar geht. Sportler lassen sich mit dem Auftakt ihres Routineablaufs bei einem Wettkampf nicht mehr von äußeren Störfaktoren und Umständen ablenken. Sie sind ganz auf ihre Handlung fokussiert. Auf diese Weise verhindern sie, dass ablenkende Gedanken wie ein Störfeuer wirken). Routinen stellen sicher, dass du nichts im Handlungsablauf vergisst. Ihr zeitlicher Rahmen orientiert sich an deinen Bedürfnissen, schöpfe die verfügbare Zeit aus. Es sollte keine Zeit zum Grübeln übrig sein. Die Konstanz in Bezug auf die Dauer deiner Routine ist auch wichtig, um sie zu automatisieren und deine Handlungssicherheit zu gewährleisten.

Doch eine Routine kann auch lähmend wirken. Nämlich dann, wenn sie nicht hinterfragt, sondern dogmatisch praktiziert wird, ohne veränderte äußere Bedingungen oder individuelle Bedürfnisse zu berücksichtigen. Der ehemalige Radextremsportler Wolfgang Mader hat deshalb immer versucht, sich von keiner Routine leiten zu lassen. Mader: »Der größte Feind der Routine ist die Routine. Ich habe immer darauf geachtet, dass ich jedes Projekt so angehe, als wäre es mein erstes, mit allem Wissen und aller Erfahrung, die ich mir in den Jahren zuvor angeeignet habe. Jedes Vorhaben habe ich so vorbereitet, als wäre es mein einziges im Leben und nicht als eines von vielen, die ich schon oft erlebt habe. Denn unterscheidet sich ein Projekt von einem anderen (vermeintlich 1:1 gleichen) auch nur in einer einzigen Hinsicht und ich übersehe dies aufgrund der Routine, habe ich bereits viel an Erfolg hergeschenkt.« Eine Routine sollte so trainiert und verinnerlicht sein, dass du sie an wechselnde Rahmenbedingungen wie kürzere Aufwärmzeit, lautes Publikum oder Wetterwechsel anpassen kannst. Die Sportpsychologen Matthias Weigelt und Yvonne Steggemann sagen: »Am Ende sollte die gesamte Routine alle wesentlichen Schritte im Ablauf berücksichtigen und Verhaltensstrategien enthalten, die den Abruf der Zielhandlung entsprechend optimieren. Eine Routine kann ihre leistungsfördernde Wirkung nur entfalten, wenn die einzelnen Routineteile in einem direkten Bezug mit der zu erbringenden Leistung stehen.« (Weigelt & Steggemann, 2014).

Was kennzeichnet eine Routine – und was unterscheidet sie von einem Ritual?

Routinen sind nach festen Regeln ablaufende gleichbleibende Handlungen bzw. ein Vorgehen mit Symbolgehalt, mit klarem Anfang (ein bestimmtes Signal) und Ende. Routinen ordnen Abläufe, bereiten die optimale Ausführung einer Technik im Sport vor, erleichtern es uns, wiederkehrende Herausforderungen und Aufgaben zu bewältigen. Routinen sorgen in schwierigen Situationen für Orientierung und Halt, nehmen uns die Angst vor dem Unbekannten, weil sie uns vertraut sind, bieten uns Geborgenheit. Beinahe in jeder Sportart kannst du Routinen beobachten, z. B. beim Skispringen vor jedem Sprung, im Reitsport, in der Leichtathletik vor jedem Wettbewerb, beim Tennis vor dem Aufschlag, beim Fußball oder beim Basketball vor dem Freiwurf.

Erworbene Routinen laufen automatisch ab. Sie entsprechen Programmen, die wir zuvor in unser System eingespeist haben und die nun, beim Erbringen der Höchstleistung, abgerufen werden. »Die Psycho-Logik der Routine beruht darauf, dass sich Anforderungen deshalb schnell, sicher, leicht, wirksam und situationsgerecht bewältigen lassen, weil bewusstes Bewerten weitgehend entfällt und man auf lange eingeübte Programme zweckmäßiger Handlungsmuster zugreifen kann.« (Eberspächer, 2004, S. 11) Diese wiederkehrenden Handlungsmuster und -abläufe haben neben überwiegend stabilen Elementen auch variable Anteile, die uns je nach Anforderung der Situation ein flexibles Reagieren erlauben.

Darin unterscheidet sich die Routine vom Ritual, das keine abweichenden Elemente kennt. Ein weiterer Unterschied ist die Funktionalität. Während Routinen Fertigkeiten umfassen, die konkret der Lösung einer Aufgabe dienen, gleicht das Ritual einer Zeremonie, die auch auf Aberglauben basiert (vgl. Beckmann, 2008, S. 87). Die Wirksamkeit eines Rituals entspricht dem berühmten Placebo-Effekt. Im Gegensatz zu Routinen sind Rituale rigide Verhaltensmuster, die einem unveränderlichen Plan folgen. Während Sportler ihre Routinen kontrollieren, verhält es sich beim Ritual genau umgekehrt: Die Rituale kontrollieren meist den Sportler (vgl. Schack et al., 2005).

Ob es das Bekreuzigen vorm Betreten des Spielfelds, das Mitführen eines Maskottchens oder das Tragen eines Glücksbringers ist – in der Regel beschwören die Sportler eine höhere Macht, die sie beim Bewältigen der Herausforderung unterstützen soll. Der Sportpsychologe Prof. Dr. Sigurd Baumann sagt zu der Funktion solcher Rituale: »Vor allem unter

Stressbedingungen sucht der Sportler nach dem emotionalen Gleichgewicht.« Je weniger intellektuelle Bewältigungsstrategien vorhanden seien, je weniger die psychische Stabilität im Training entwickelt wurde, desto eher greife er auf frühere Formen der Bewältigung, eben ausgeübte Rituale, zurück (Baumann, 2015). Doch was geschieht, wenn der Sportler das Bekreuzigen vergisst oder seinen Glücksbringer verliert? Dann kann das fehlende Ritual für Verunsicherung sorgen. Rituale haben also einen Effekt, der in beide Richtungen geht. Gleichzeitig schenkt die fehlende Ausübung eines Rituals dem Sportler nach einer Niederlage die Möglichkeit, die Ursache darin zu sehen – und nicht in der eigenen Leistung. Damit, so Baumann, diene das Ritual der psychischen Entlastung des Sportlers (Baumann, 2015).

Entfaltet das Ritual im positiven Sinn seine Kraft, dann verleiht es Sicherheit, fördert Lockerheit und Entspannung, beruhigt die Nerven. Rituale helfen, sich von äußeren Einflüssen abzugrenzen. Baumann: »Die positive Wirkung ist vor allem auf die Ausschaltung von Umwelteinflüssen zurückzuführen. Der Sportler grenzt sich von der Umwelt ab, schafft eine Barriere zwischen sich und dem Publikum, schaltet dadurch Störgrößen aus und spart psychische Energie, die er im Wettkampf benötigt.« (Baumann, 2015, S. 365).

Für den ehemaligen Handballnationaltrainer Armin Emrich waren Rituale ein selbstverständlicher Teil des sportlichen Alltags: »Es gab Rituale im Tagesablauf, Rituale im Trainingsablauf, Rituale im Trainingslager, Rituale an einem Spieltag zu einem Länderspiel. Das ist zum einen ein klarer Rhythmus im Tagesablauf, aber wir hatten auch Rituale zur Spielvorbereitung. Wann ist die Mannschaft unter sich, wann kommt der Trainer dazu? Welche Aufgaben haben Physio, Masseur oder jene, die zur Mannschaft oder hinter die Mannschaft gehören? Wann ist die Abschlussbesprechung? Nach dieser Abschlussbesprechung gab es auch ein Ritual: Wir gehen gemeinsam raus. Sie kennen ja diese Schlachtrufe oder bestimmte Rituale, die jede Mannschaft pflegt, bevor sie ins Aufwärmen oder bevor sie in das Spiel selbst geht. Ja, das ist das A und O. Egal, welche Sportart Sie beobachten, haben alle Mannschaften solche Rituale, die sie mehr oder weniger intensiv pflegen, und das Herzstück dieser Rituale sind die Emotionen. Die Emotionen und die Beziehungsebene.«

Der Anteil der Athleten, die auf Rituale zurückgreifen, ist nicht unerheblich. Der US-amerikanische Sportpsychologe Prof. Daniel Wann von der Murray State University hat 2013 in einer Studie, an der mehr als 300 Olympioniken teilnahmen, festgestellt, dass fast die Hälfte aller Athleten (44 %) ein bestimmtes Kleidungsstück immer auf dieselbe Weise anzogen und mehr als ein Drittel (36 %) ein Ritual vor dem Wettkampf hatte. Fast ein Viertel (22 %) der Sportler bekannte, einen Glücksbringer zu tragen (Wann, 2013).

Aus der Praxis

Die Art der Rituale ist so unterschiedlich wie die Sportler selbst. Der Golfprofi Tiger Woods trägt in einer Finalrunde traditionell die Farbe Rot. Skispringer Johannes Rydzek trug während der WM 2015 in Falun vor jedem Sprung als Glücksbringer ein Superman-T-Shirt unterm Skianzug, nachdem er Einzel-Gold gewonnen hatte, als er dieses Shirt trug. Auch Musik kann eine rituelle Funktion einnehmen. Der ehemalige Handballnationaltrainer Armin Emrich liefert dafür ein Beispiel von seiner Damenmannschaft: »Das Ritual hat sich vor Trainingsspielen angebahnt. Die Spielerinnen ließen während des Aufwärmens Musik laufen. Wenn es ernst wurde, war die Musik aus. Dann haben die Mädels diese Musik mitgenommen zu einem Trainingsländerspiel, einem Vorbereitungsspiel. Die Musik lief in der Umkleidekabine, sie

» Rituale im Mannschaftssport

Für den ehemaligen Handballnationaltrainer Armin Emrich sind gemeinsame Regeln und Rituale für eine Mannschaft der Schlüssel zum Erfolg – ohne sie, so Emrich, werde eine Mannschaft nicht funktionieren und keine Gemeinsamkeiten haben. Für ihn gibt es klare Rituale und klare Regeln

- der Verhaltensweise
- der Zielsetzung
- des Umgangs miteinander.

»Das heißt, klare Formulierungen von Tugenden im Umgang mit sich selbst und Tugenden im Umgang mit anderen. Diese Dinge werden täglich gelebt. Es gibt also nicht immer zu Saisonbeginn ein Manifest, das schriftlich formuliert wird, vielleicht in der Umkleidekabine hängt, und dann war's das. Das ist ein Ritual, das täglich gelebt werden muss.«
Für Emrich dienen Rituale vor einem Wettkampf insbesondere dazu, Spieler

- zu stabilisieren
- zu integrieren
- zu stützen.

Die Rituale haben im Mannschaftssport für ihn zudem eine ordnende Wirkung, weil sie grundsätzliche Fragen klären:

- Wie gehen wir untereinander, miteinander um, und was wollen wir?
- Was wollen wir wirklich und wie treten wir auf?

sangen mit, tanzten zum Teil, hatten ihren Spaß. Daraus hat sich ein Ritual entwickelt.« Seine Aufgabe sei es dann gewesen, die Musik auszuschalten, letzte Informationen mitzuteilen, die Mannschaft einzuschwören, bevor sie aufs Spielfeld lief. Dieses Ritual bewahrte sich das Team auch bei Weltmeisterschaften. Emrich: »Die Spielerinnen haben natürlich mit dieser Musik den Stresspegel und Kortisol als Stresshormon gesenkt oder gar nicht aufkommen lassen, sie haben Gemeinsamkeit gelebt.« Hier gibt ein gemeinsames Ritual einer kompletten Mannschaft Halt, beruhigt und stärkt. Aus manchen Ritualen kann sich auch eine Form der Belohnung im Zusammenhang mit Erfolgen oder eine Form der Verarbeitung nach einer Niederlage entwickeln. Armin Emrich hat auch hierfür ein Beispiel: »Mal haben wir ein Huhn, ein anderes Mal einen Polizisten als Figur von Fans geschenkt bekommen. Die waren dann plötzlich Mannschaftsbestandteil. Der Polizist hieß fortan Jerry. Er war das Symbol für Stärke, für die positiven Elemente. Ich hab mal eine Mannschaft erlebt, wo die Blindenbinde kursierte, und der tollpatschige Spieler hat dann die Blindenbinde kassiert und durfte die Blindenbinde weitergeben. Das sind völlig unterschiedliche Rituale, die aber insgesamt symbolisieren: Ja, wir ziehen an einem Strang, wir sitzen in einem Boot und wir ertragen die Niederlagen gemeinsam und wir feiern die Siege gemeinsam. Bei schlechten Leistungen kann die Mannschaft so nicht plötzlich auseinanderdividiert werden.«

Der ehemalige Bobpilot Karl Angerer klatschte sich mit seiner Mannschaft unmittelbar vor dem Start nochmal kurz ab zur gegenseitigen Motivation. Viele seiner Rituale seien Kleinigkeiten gewesen, so Angerer: »Ich habe ständig mit offenem Visier gestartet. Vor dem Lauf habe ich ein kurzes Stoßgebet an einen verstorbenen Neffen geschickt, der mit 20 Jahren ums Leben kam. Ich habe noch mal an meine Familie gedacht, noch mal kurz am Ehering gedreht, und dann ging es schon los.« Auch Skicrossfahrer Paul Eckert denkt vor Wettkämpfen kurz an seinen verstorbenen Vater. Es sei ein kurzer Dankesgruß. »Das baue ich immer ein, wenn es gerade passt. Dieser kurze Gedanke ist mir wichtig. Der gehört genauso dazu wie der Skischuh.« Das Anlegen der Ausrüstung ist nämlich bei Eckert, wie bei vielen Athleten, ebenfalls rituell. Eckert: »Erst wird der linke Skisocken angezogen, dann der rechte, dann der linke Skischuh, dann der rechte. Der linke Skischuh wird als erstes zugemacht. Ich steige als

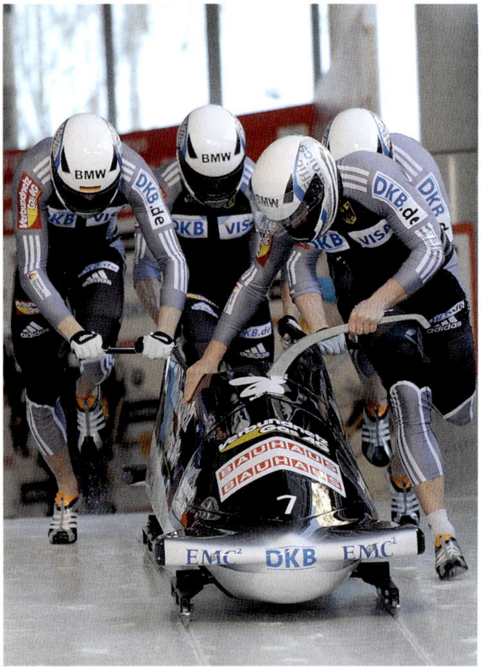

Team Karl Angerer am Start der Bob-Weltmeisterschaften am Königssee.

» Routinen und Rituale

Routinen

- verleihen Sicherheit und Ruhe
- ermöglichen einen persönlichen Rhythmus
- sorgen für Orientierung und Halt
- fördern Lockerheit und Entspannung.

Rituale

- können Sicherheit verleihen, aber bei fehlender Durchführung auch für Verunsicherung sorgen
- beschwören »höhere Mächte« (Aberglauben)
- schalten von rationalem Denken zur Intuition um
- helfen, Stress besser zu bewältigen
- vertiefen die Konzentration.

Mit Ritualen wie Routinen lässt sich das Selbstvertrauen stärken, die Nervosität reduzieren und das Wohlbefinden steigern. Eine Routine kann verschiedene Rituale beinhalten.

erstes in die linke Bindung. Vor dem Rennen werden die Schuhe von unserem Servicemann vom Schnee befreit. Dieser hilft mir in die Bindung. Ich gehe zur Sicherheit noch mal aus der Bindung raus und schließe sie selbst.« Ändere sich gelegentlich die Reihenfolge, beeinflusse ihn dies nicht negativ, sagt Paul Eckert, der vor jedem Rennen eine Playlist mit ca. sieben Liedern hört, die ihn motivieren und fokussieren. »Die wichtigeren Rituale sind die Musik, die Ruhephase am Start und die Gespräche mit dem Trainer oder Physiotherapeuten. Mit ihnen kläre ich über Funk die letzten Fakten wie Streckenbeschaffenheit und ob es irgendwelche Änderungen der Linie gibt. Und dann gehe ich in Richtung Start.«

Während es bei manchem Athleten eine bestimmte Musikauswahl ist, die ihn in einen optimalen Zustand versetzt, genügt anderen ein beliebiges Lied. Die ehemalige Skirennläuferin Regina Häusl-Leins sagt: »Ich habe am Renntag auch oft zur Auflockerung das letzte Lied, das ich am Morgen im Autoradio hörte, vor mich her gesummt oder gesungen.« Für viele Sportler ist das Umfeld wichtiger Bestandteil eines Rituals. Wolfgang Mader sagt, er habe nur ein Ritual gehabt: »Ich habe in meinem Leben bisher vor jedem Wettkampf und vor jeder Prüfung, vor der ich stand, am Vorabend mit meiner Frau oder alleine ein Achterl Rotwein getrunken. Das war's.« Skispringer Marinus Kraus hat ein Maskottchen in der Tasche: »Das ist ein Porzellanengel, der mich begleitet, der mir die Motivation und das nötige Glück mitgibt.« Und für manchen ist der gesamte Routineablauf ein Ritual gewesen, wie beim ehemaligen Nationaltorhüter Oliver Kahn: »Der ganze Ablauf vom Hotelzimmer bis zum Anpfiff war eigentlich ein Ritual. Das begann mit immer der gleichen Musik vor dem Spiel, Techno oder Rockmusik, die gepusht hat. Dann die Gymnastik vor dem Spiel, genauso das Anziehen der Spielkleidung immer in der gleichen Reihenfolge. Im Endeffekt wurde die Routine zum Ritual.«

Die Wettkampfvorbereitung

In der mentalen Vorbereitung auf einen Wettkampf ist das Ritual ein sehr wichtiger Bestandteil. Beobachte einmal einen Tourprofessional beim Golfen oder andere Spitzensportler der Welt. Du wirst feststellen, dass viele von ihnen vor einem Wettkampf konstant immer wieder die gleiche Vorbereitung ausführen. Direkt vor dem Wettkampf ist die psychische Belastung meist am höchsten. Rituale helfen, sich abzulenken. Das Ausüben von Ritualen sorgt dafür, dass du deine Erregung oder Ängste reduzierst (vgl. Baumann, 2015). Der US-amerikanische Sportpsychologe James E. Loehr stellte fest, dass Sportler, die auf ihre Trainingsrituale im Wettkampf verzichteten, oft unsicher und hektisch reagierten (Loehr, 1988). Praktiziere deine Rituale bewusst und ziehe Nutzen daraus. Je präziser und fließender deine Rituale beim Wettkampf sind, desto größer ist deine Chance auf Erfolg und umso eher schöpfst du dein Potenzial aus.

Die Aufwärmroutine

Der US-amerikanische Sportpsychologe Robert »Bob« Rotella rät Golfspielern vor einer Turnierrunde dazu, mindestens 60 Minuten vor ihrer Abschlagzeit zum Golfplatz kommen. Warum? Um eine ruhige, stressfreie Aufwärmphase zu gewährleisten (Rotella, 2005, S. 197). Was für Golfspieler gilt, lässt sich auch auf andere Disziplinen übertragen. Genügend Zeit und das Praktizieren von Routinen beim Aufwärmen helfen dir, dich optimal auf die anstehende Herausforderung vorzubereiten. Sie schenken dir die nötige Sicherheit zum Auftakt eines Wettkampfs.

Finde deine Aufwärm-Routine, die aus mehreren Ritualen bestehen kann. Achte darauf, wie du dich dabei fühlst, was dein Körper braucht und was dir gut tut, um in den gewünschten emotionalen Zustand zu kommen. Finde deinen eigenen Rhythmus. Deine Aufwärm-Routine schenkt dir ein Gefühl der Sicherheit und des Wohlbefindens, völlig unabhängig vom Trainings- oder Wettkampfort.

Die Pausenroutine

Die Pausen während eines Wettkampfs, z. B. zwischen den Disziplinen im Zehnkampf oder zwischen den Schlägen beim Golf, dienen der physischen wie psychischen Regeneration. Je erschöpfter du bist, desto anfälliger wirst du für negative Gedanken und Emotionen, die dir weitere Kraft rauben. Kein Athlet kann durchgehend 100 Prozent geben, deshalb braucht es ein effizientes Energie- und Gedankenmanagement. Mentale und emotionale Stärke zeigt sich auch im Pausenverhalten. Alles, was du tust und denkst in der Zeit zwischen deinen Einsätzen, beeinflusst deine Leistung. Das Anwenden einer Pausenroutine hilft dir, diese Zeit effektiv und erfolgsorientiert zu nutzen. Die Pausenroutine sollte im Wesentlichen zwei Funktionen haben: zum einen, mit dem vorherigen Einsatz/Schlag im Golf abzuschließen und sich zu erholen und zum anderen, sich optimal auf den nächsten Einsatz vorzubereiten. Der körperlichen Erholung kann dabei Essen und Trinken sowie die Atementspannung helfen, der mentalen Erholung dient die Ablenkung, z. B. durch Musikhören, ein Nickerchen machen, schlafen und/oder spazierengehen.

Rituale während des Wettkampfs

Auch wenn Rituale, anders als Routinen, keinen Bezug zu der sportlichen Technik oder einem bestimmten Bewegungsablauf haben, stehen sie dennoch in direktem Zusammenhang zu deinem Potenzial. James E. Loehr erklärt, warum: »Rituale während eines Wettkampfs dienen dazu, die Konzentration zu vertiefen, Muskelentspannung zu fördern und Ihnen dabei zu helfen, natürlicher und ungezwungener zu werden. Häufig sind jene Sportler, die bekannt sind für ihre rituellen Handlungen, auch jene, die etwaigem Druck am besten standhalten. Rituale tragen dazu bei, dass sie während des Spiels im Rhythmus bleiben und der Versuchung widerstehen, einfach drauflos zu stürmen, wenn sie nervös oder wütend werden.« (Loehr, 1988, S. 183). Loehr rät dazu, die körperlichen Rituale zu überprüfen. Am wichtigsten sei, so Loehr, den Ritualen besonders dann zu folgen, wenn man unter Druck steht und die Schwierigkeiten zunehmen. Um das zu können, müssen Rituale gut eingeübt sein, denn unter Stress greifen wir auf gewohnte Muster zurück, nicht auf Neues.

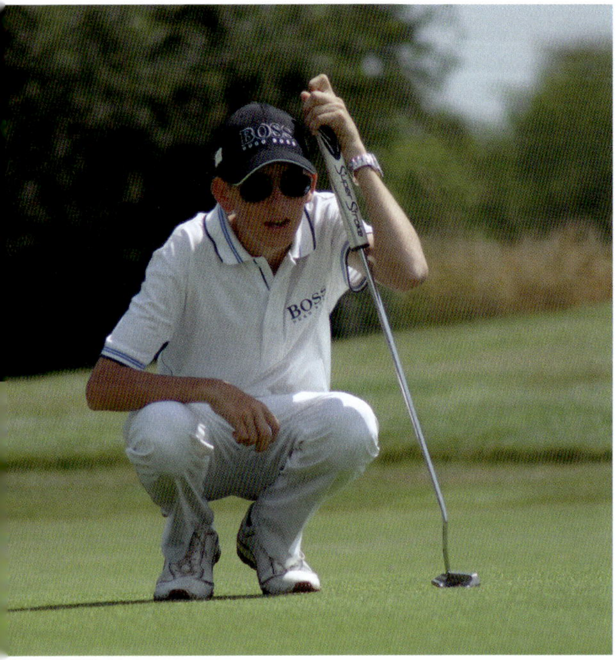

Praxisbeispiel aus dem Golfsport: Die Pre-Shot-Routine

Die Schlagvorbereitung ist ein gleichbleibendes, konstantes, systematisches, vom Umfeld und der Umgebung losgelöstes Ritual. Das Ritual ist mehr als eine Gewohnheit. Deine Schlagroutine sollte absolut automatisch ablaufen, ohne dass du darüber nachdenken musst. Denn dein bewusstes Denken ist viel zu langsam, um dich durch den Schlag zu führen. Hast du eine Schlagroutine, die du konsequent einhältst? Gibt es einen bestimmten Handlungsablauf, den du bei jedem Schlag durchführst, egal, ob du in Eile bist oder nicht? Oder haust du einfach drauf und wunderst dich über schlechte Ergebnisse? Frage dich:

- Wie gelange ich in einen optimalen Leistungszustand?
- Wo mache ich meinen Probeschwung?
- Wie viele Probeschwünge soll ich machen?
- Wie oft schaue ich zum Ziel?

Es geht darum, den Schlag mit einer klaren Zielvorstellung auszuführen. Und genau dabei hilft dir die Einhaltung einer Pre-Shot-Routine. Diese beginnt schon, bevor du den Schläger in die Hand nimmst, und endet erst dann, wenn du ihn zurück in dein Bag steckst.

Aber bitte imitiere keine Pre-Shot-Routine. Du kennst die wichtigen inneren Effekte der Schlagroutine auf den Spieler nicht, von dem du die Pre-Shot-Routine »kopieren« möchtest. Und hast du schon mal beobachtet, dass zwei Golfer dieselbe Pre-Shot-Routine haben? Jeder hat seine individuellen »Marotten«. Entwickle daher exklusiv für dich deine EIGENE Routine, mit der du dich wohlfühlst.

Konkrete Anwendung (Kurzform – die ausführliche Beschreibung findest du in meinem Buch »Golf Mental«)

- **Auf dem Weg zum Golfplatz oder Abschlag:** Bewege dich ohne Hetze. Golf verlangt Ruhe, Zeit und Konzentration. Gehe nicht unter Zeitdruck auf den Platz. Lass los. Tiefe Bauchatmung. Gedankenhygiene.
- **Wähle eine Geste, mit der du deine Pre-Shot-Routine einleitest:** z. B. indem du den Klettverschluss deines Handschuhs schließt.
- **Wähle dir vor dem Schlag einen konkreten Zielpunkt oder ein Zielgebiet** – je nach Spielstärke – aus: Deine Entscheidung sollte realistisch sein, also deinen Fähigkeiten, dem Wetter und den Platzgegebenheiten entsprechen. Du solltest sie in einem ausgeglichenen emotionalen Zustand und intuitiv treffen, weil dein Unterbewusstsein die richtige Entscheidung schneller fällen kann als dein bewusster Verstand.

Mentale Wettkampfvorbereitung

Strukturiertes mentales Training

Selbstvertrauen
- »Ich vertraue meinen Fähigkeiten und Stärken.«

Gute Vorbereitung
- Organisation
- Zeitplan für Wettkampftag
- Checkliste zum Packen
- Rechtzeitiges Packen des benötigten Equipments

Konzentration, Fokus
- ist eine Schlüsselkompetenz
- Fokus auf die Aufgabe
- Konzentration auf die Freude am Wettkampf
- Musik hören

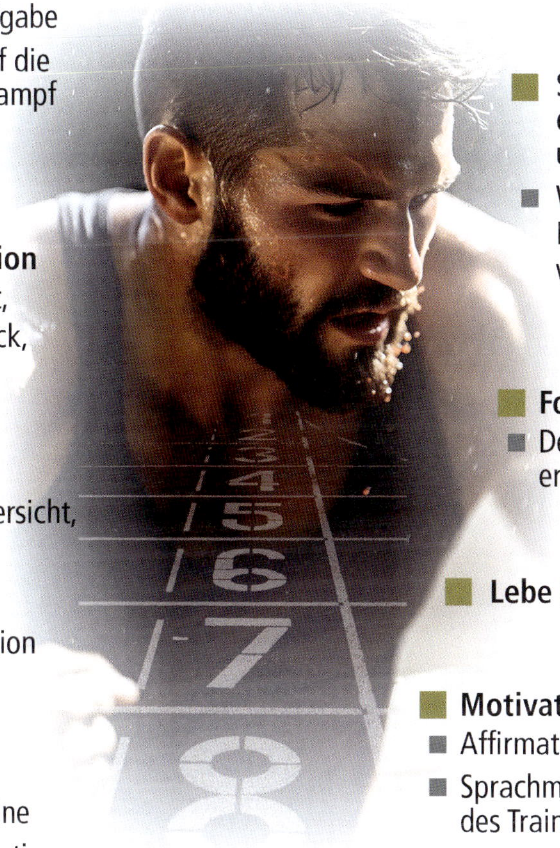

Szenarien durchdenken und meistern
- Wenn, dann … Pläne für Momente, wo etwas schiefgeht

Emotionsregulation
- Umgang mit Angst, Lampenfieber, Druck, Frust und Wut

Fokus auf Erfolge
- Denke daran, was du erreicht hast.

Mindset
- Optimismus, Zuversicht,
- Growth Mindset
- Mentalhygiene
- Gedankenregulation
- Gedankenstopp

Lebe im Moment

Motivation entfalten
- Affirmationen nutzen
- Sprachmemo des Trainers anhören
- Musik hören
- ›Erschnuppern‹ der Wettkampfluft

Routinen
- Start-Routine
- Pausen-Routine
- Pre-Shot-Routine im Golf

Visualisierung nutzen
- Das Turniererlebnis vorwegnehmen
- Überquerung der Ziellinie im Kopfkino
- Erfolgsvisualisierung

Meditation
- Sich die nötige Ruhe und Entspannung verschaffen

- **Schlagprogrammierung:** Tritt aufgerichtet, voller Selbstvertrauen, zuversichtlich, vertrauensvoll und unbeeinflusst von negativen Gedanken an den Ball heran, stelle dich mehrere Schritte (ca. drei Meter) hinter den Ball und schaue auf dein Ziel. Atme tief durch. Lasse mögliche Gedanken wie Wolken am Himmel kommen und gehen. Stelle eine möglichst intensive Verbindung mit dem Ziel her. Sieh eine Linie zwischen dem Ball und dem Ziel. Fotografiere dein Ziel.
Und dann sieh deinen Schlag so klar wie möglich. Gehe den Schlag mit all deinen Sinnen (sehen, hören, fühlen, riechen, schmecken) im Geiste durch. Spüre den Schwung und die Bewegung; fühle den Treffmoment. Höre, wie du den Ball im Treffmoment mit einem satten Ton triffst. Visualisiere die Flugbahn des Balles und den Landepunkt. Sieh deinen Ball im Ziel. Höre, wie der Ball ins Loch fällt. Oder sieh, wie der Ball ausrollt. So programmierst du dein Unterbewusstsein darauf, genau das zu tun, was du dir vorstellst.
Geeignetes, wieder gut auffindbares Zwischenziel auswählen, z. B. einen Grashalm, ein altes Tee in 2–10 Metern Entfernung vom Ball. Lass dich dabei nicht von schief gesteckten Abschlagskugeln oder schrägen Mähstreifen irritieren.
- **Probeschwung:** Konzentriere dich beim Probeschwung auf dein Schwunggefühl. Der Probeschwung dient der körperlichen Einstimmung. Dein Geist bleibt dabei frei und aufs Hier und Jetzt fokussiert.
- **Ballansprache:** Übergib beim Ansprechen des Balls die Ausführung vertrauensvoll deinem Körper und Muskelgedächtnis, deiner Intuition und deinem Unterbewusstsein. Je mehr du versuchst, bewusst zu steuern, desto mehr störst du die gespeicherten Abläufe.
- **Zeitpensum:** Achte darauf, dass deine Schlagvorbereitung stets etwa gleich lang dauert, das erleichtert das Etablieren einer Routine und verschafft dir eine Möglichkeit zur Überprüfung.

Übung zur unmittelbaren Wettkampfvorbereitung (UWV)
Bitte schreibe alle Abläufe, die du machen willst, auf – vor jedem Wettkampf und am Wettkampftag selbst, um dich optimal körperlich und mental darauf vorzubereiten. Versuche, alles wegzulassen, was überflüssig und nicht notwendig ist (z. B. unnötige Gespräche mit Familie, Eltern, Geschwistern, Journalisten oder Ablenkungen durch Medienkonsum etc.).

Je näher der Wettkampf rückt, umso wichtiger wird eine erfolgreiche mentale Wettkampfvorbereitung.
Lege schon vor dem Turnier Lösungen und Bewältigungsstrategien fest für ungewohnte Ereignisse, kritische Situationen oder erschwerte Bedingungen. Dein Vorbereitungsplan soll alle Schritte und Rituale beinhalten, die deine optimale körperliche, mentale,

Bausteine der unmittelbaren Wettkampfvorbereitung (UWV) Aus: Hannes Kratzer (2013). Psychologie für Sportschützen. epubli GmbH, S. 124

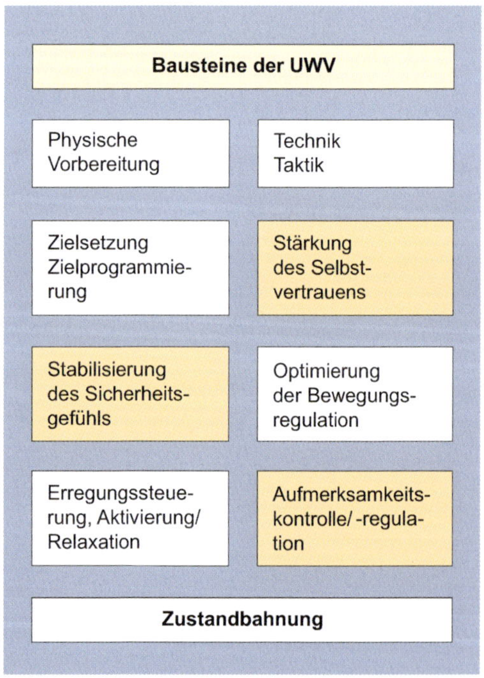

technische und taktische Vorbereitung gewährleisten, sodass du mit einem größtmöglichen Selbstvertrauen an den Start gehen kannst. In dieser individuell gestalteten UWV wird u. a. festgelegt:

- Umgang mit äußeren Bedingungen wie z. B. Hitze, Regen, Kälte
- Kommunikation während des Wettkampfs z. B. mit Kollegen, Betreuer, Trainer, ...
- die gesamte psychische Vorbereitung (Ernahrung, ausreichend Schlaf, ...)
- Maßnahmen zur Zustandsoptimierung (emotional, konzentrativ) nach Erfolg und Misserfolg sowie bei unvorhergesehenen Situationen (z. B. Wetterumschwung, Zeitverzögerungen, Unterbrechung des Wettkampfs, ...)
- Maßnahmen zur Aktivierung oder zur Beruhigung (PMR, Autogenes Training, ...)
- Wie stärke ich mein Selbstvertrauen?
- Drehbücher, mentales Training
- Aufmerksamkeitssteuerung
- Wettkampfbedingungen
- Verhalten zwischen den Schlägen, Sätzen, Sprüngen, ...
- Umgang mit schlechten Schlägen, Lektionen, ...
- Pausengestaltung
- realistische Zielsetzung!

Welche Rituale hast du?

- am Abend vor dem Wettkampf?
- beim Vorbereiten deines Materials?
- beim Packen deiner Sporttasche?
- am Morgen vor dem Wettkampf?
- zwei Stunden vor dem Wettkampf?
- unmittelbar vor dem Wettkampf?
- beim Stretching, Warm-up?
- nach dem Wettkampf?
- Was ziehst du an?
- Was isst und trinkst du vor dem Wettkampf und während des Tages?

Überprüfe ab und zu deine UWV und verändere diese gegebenenfalls.

Aus der Praxis

Der ehemalige Nationaltorhüter **Oliver Kahn** hatte klare Routinen beim Warmmachen vor dem Spiel. Kahn: »Danach hätte man die Uhr stellen können, es wäre auf die Sekunde genau das gleiche Programm. Von der Gymnastik in der Kabine bis zum Rausgehen auf den Platz. Die Warmmachübungen, das Zurückkommen in die Kabine, das Anziehen der Spielkleidung. Der gesamte Ablauf war immer gleich. Das führt natürlich zu einer ganz klaren Struktur, die einen sofort in diese Konzentrationsphase bringt. Alles funktioniert genau so, wie es sein soll.« Und wie ging der Spitzensportler damit um, wenn nicht genügend Zeit für das Ausüben der Routinen blieb? »Natürlich habe ich mich manchmal dabei ertappt, dass ich dann wütend geworden bin: ›Wieso fahren wir so spät los? Was ist denn das für ein Sch...!‹ Und hier beginnt die Herausforderung. Wenn die Routine einmal durchbrochen ist durch äußere Einflüsse, darf man sich nicht völlig aus dem Konzept bringen lassen. Ansonsten helfen Routinen wunderbar, auf den Punkt konzentriert zu sein.«

Der Skicrosser **Paul Eckert** sagt zu seiner direkten Startvorbereitung: »Am Start ist immer eine Uhr, die den Countdown herunterzählt. 50 Sekunden vorher mache ich die Schuhe zu, 30 Sekunden vorher ziehe ich die Stecken an, 10 Sekunden vorher nehme ich die Brille runter. Solche Beschäftigungen lenken mich ab und geben mir Sicherheit, weil es ein gewohnter Ablauf ist. Vor dem Start stelle ich mir die Bewegungsabläufe, die ich abspulen will, vor dem inneren Auge vor. Ich habe vor dem Start mehr oder weniger für mich beschlossen: Jetzt ist es in mir drin, jetzt kann es nur noch klappen, weil ich diesen Idealstartverlauf oder diesen idealen Startprozess ja schon einige Male gedanklich durchgespielt hatte. Das Schlimmste bei uns ist, während des Starts noch über die Technik und Ausführung nachzudenken, weil man dann natürlich immer einen Tick zu spät dran ist.«

Der Faktor Zeit spielt bei vielen Athleten eine wichtige Rolle. Der ehemalige Weltklasseschwimmer **Christian Tröger** sagt: »Letztendlich gilt es, möglichst definierte Abläufe zu schaffen: Wann man aufsteht, wann man sich vorbereitet, wie viel Zeit man zwischen Einschwimmen und Wettkampf hat. Gewisse Eckpunkte geben einem Ruhe und die Sicherheit, dass das, was man macht, letztendlich der Leistung zuträglich ist. Wenn alles zu knapp und hektisch ist, dann ist es immer schwer. Wenn man sich hingegen an jahrelang bewährte Muster halten kann, dann habe ich gerade in den entscheidenden Situationen hiervon profitieren können.« Es sei wichtig, möglichst wenig Irritation in die Abläufe kurz vor dem Start zu bringen, so Tröger. »Dies bedeutet jedoch keineswegs, dass mich eine Verschiebung um ein paar Minuten aus der Bahn geworfen hätte, sondern vielmehr, dass man unnötige Hektik vermeidet, was unweigerlich zu Stress führt, welcher unnötig und kontraproduktiv wäre.« Für ihn zog sich die Routine wie ein roter Faden durch seine Vorbereitung – vom Trainingsplan über das Essen bis hin zur Anreise. Christian Tröger wusste auch die Vergleichsmöglichkeit zu schätzen, die eine Routine bietet: »Je besser mein Training mit den erfolgsbewährten Eckpunkten aufgebaut ist, desto besser kann ich in der Nachbereitung mögliche Schwachstellen identifizieren. Wenn ich hingegen alles dem Zufall überlasse und sage: ›Na, das läuft schon‹, und weiß aber gar nicht, warum oder was tatsächlich die entscheidenden Erfolgsfaktoren einer erfolgreichen Vorbereitung bzw. eines erfolgreichen Wettkampfes waren, dann tue ich mich ungleich schwerer.«

Für Skispringer **Marinus Kraus** sind Rituale sehr wichtig, gerade auch weil den Athleten zwischen den Sprüngen viel Zeit zum Nachdenken bleibt. »Mein Ritual fängt morgens an. Da stelle ich mich auf den Tag ein. Speziell vor einem Wettkampf habe ich ein langes Ritual. Das beginnt mit dem Hören von Gute-Laune-Musik. Beim Warmlaufen für die Trainingssprünge rufe ich dann positive Gefühle vom letzten guten Sprung, über den ich mich gefreut hatte, ab. Vorm Sprung gehe ich noch mal konkret in die Fokussierungsphase. Diese ist bei mir ziemlich lange – ca. zehn Minuten vor dem Sprung.« Den Ablauf habe er schriftlich festgehalten, so Kraus, und dieser verändere sich nur geringfügig, wenn ihm weniger Zeit zur Verfügung stehe. Kraus: »Rituale sind immer sehr hilfreich und auch notwendig. Ich merke, dass ich immer leistungsfähiger bin, wenn ich meine bekannten Rituale mache.«

Auch Rennfahrer gehen bewusst mit ihrer Zeit um und strukturieren ihre Abläufe. Formel-1-Fahrer Fernando Alonso sagt: »Mein Raum ist voller Papiere mit exakten Zeittabellen des Wochenendes, bis zur letzten Minute durchgeplant. Ich streiche dann alles

» Praxis-Beispiel Segelsport

Routine bei der Wettkampfvorbereitung

Zur Wettkampfvorbereitung fertigt mein Klient, ein junger Optimisten-Segler, eine Zielcollage (vgl. Kapitel Ziele) an und legt den Ablauf fest, schriftlich ausformuliert:

- Tage vorher: Segelanweisungen zum Revier genau lesen, wichtige Stellen hervorheben
- am Vorabend: Markierungen in der Segelanweisung nach dem Essen vor dem Zubettgehen nochmals lesen, letzte offene Fragen mit Trainer klären
- morgens: aufstehen, Opti aufbauen, joggen/dehnen, Brötchen vom Bäcker holen, frühstücken, umziehen
- direkte Regattavorbereitung: Segel einstellen, einsegeln, Startseitencheck, essen (Brot oder Nudeln), Start

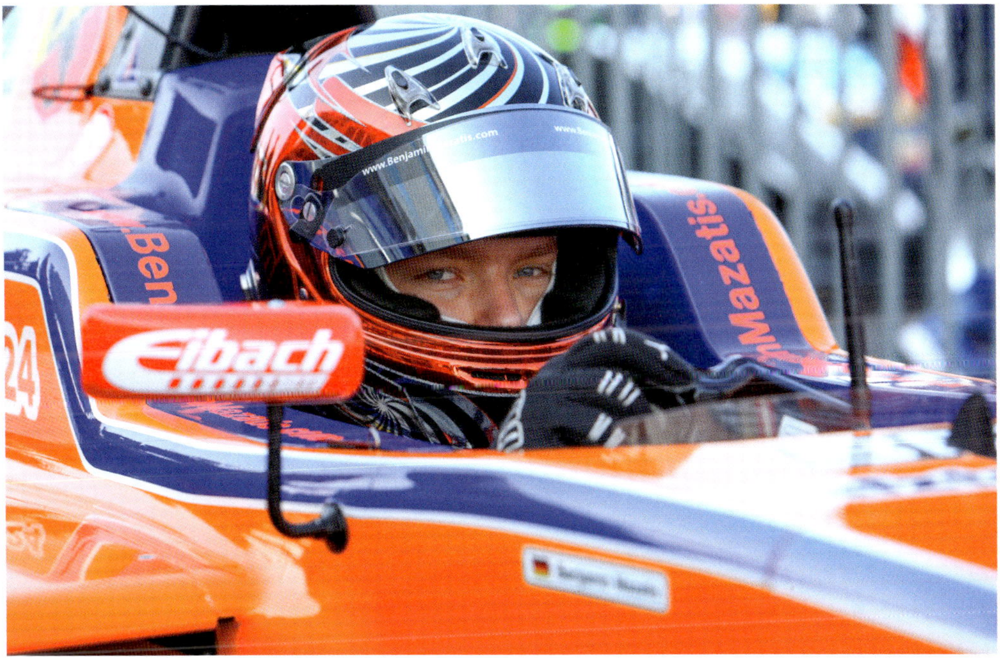

Benjamin Mazatis

ab, was ich erledigt habe. Das ist mein psychologischer Countdown für das Rennen.« (Friese, 2015). Der junge Formel-4-Fahrer Benjamin Mazatis verfolgt ebenfalls bereits eine Woche vor dem Rennwochenende einen genauen Zeitplan, prüft das Equipment und legt die Strategien (offensives oder defensives Fahren) für das freie Training, das Qualifying, den Start und das Safety Car fest. Vor dem Renntag stellt er seine Ernährung komplett auf ›Racing-Modus‹ um. Für den Motorsportler spielt die mentale Vorbereitung eine große Rolle: »Anhand meiner Streckenskizze beschäftige ich mich nochmals mit ›Keywords‹, ›Apex‹ bzw. trockener oder nasser Fahrbahn. Am Abend vorher ist der ›Track walk‹ mit meinem Coach oder Ingenieur. Mental werden Änderungen an der Strecke aufgenommen. Ich stelle mich auf meine Startposition und spiele den Ablauf durch.« Die letzten 30 Minuten vor Rennbeginn fokussiere er sich nur noch auf den Start, so Mazatis.

Der junge Motorsportler hat für sportliche wie schulische Prüfungen das gleiche Ritual: Er geht auf die Toilette, wäscht seine Hände stets am selben Waschbecken und nimmt genau vier Papierhandtücher zum Abtrocknen. Danach springt er zweimal in die Luft. Damit kommt das Adrenalin ins Blut. Beim Springen feuert er sich mit dem Wort »Vamos!« an. Auf dem Weg zum Auto oder zur Schulbank zupft er nochmal seine Kleidung zurecht, das dient seiner Beruhigung. Auf seinem Schulpult müssen dann zwei Wasserflaschen korrekt vor ihm stehen, er richtet sie exakt aus. Dann trinkt er im Wechsel zwei Schlucke von der einen und zwei Schlucke von der anderen Flasche. Trinken ist das erste, was er tut, wenn er an seinen Platz zurückkehrt.

Im Bobsport findet während der Saison von Oktober bis März jede Woche ein Wettkampf statt. Karl Angerer sagt: »Natürlich denkt man in der Mitte der Saison etwa an den Hauptwettkampf, auf den man dann fokussiert. Man geht die Bahn öfter im Kopf durch, geht auf gewisse Situationen ein oder Probleme, wenn es die an der Bahn noch gibt. Versucht, sich dort so vorzubereiten, dass man möglichst gewappnet ist, egal, was kommt – ob es vorher eine Unterbrechung oder einen Sturz gab, ob es schneit oder regnet oder der Wind geht, was auch immer. Das versucht man im Kopf in gewissen Zeiträumen vorher ein bisschen mit zu kalkulieren.« Je besser die Vorbereitung auf verschiedene Varianten der Herausforderung im Vorfeld ist, je mehr Handlungsroutinen für den Umgang damit entwickelt wurden, desto souveräner kann ein Athlet den Wettkampf selbst absolvieren.

Angerer: »Es werden immer wieder unvorhergesehene Sachen auf einen zukommen, aber ich denke, ein paar grobe Dinge sollte man vorher durchdenken – damit man Ruhe bewahrt. Dann kann man diese Herausforderungen wegstecken, ohne sich große Gedanken darüber zu machen.«

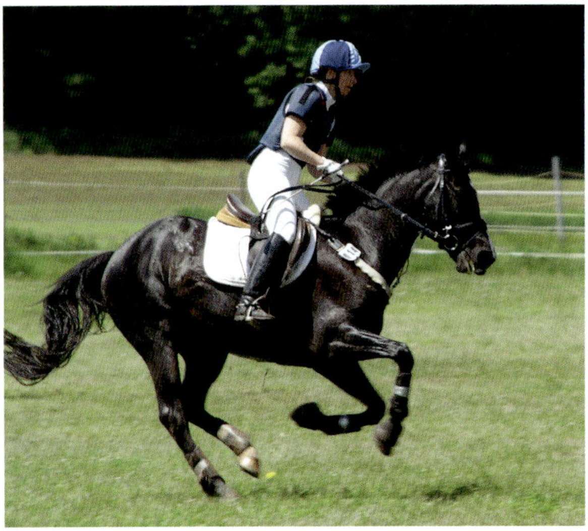

Praxis-Tipp aus dem Reitsport: Ritual für Druckabbau

Um den Druck in einem Turnier zu kompensieren, hat eine junge Reitsportlerin aus dem Jugendkader folgendes Ritual: Wenn bei ihr negative Gedanken wie »Das schaffe ich nicht!« aufkommen, macht sie mit ihrer Hand eine Wegwerfbewegung zur Seite. Diese Geste kann sie überall anwenden, auch auf dem Pferd und im allerletzten Moment, bevor sie startet. Nach der Handbewegung spricht sie stets eine positive Affirmation. Auf diese Weise stabilisiert sie ihren Zustand und wird ruhiger.

Die Postroutine

Auch nach dem Wettkampf kommt der Routine eine wichtige Funktion zu. Der Sportpsychologe Jürgen Beckmann sagt: »Die Postroutine hat z. B. ganz explizit die Funktion zu verhindern, dass sich ein Sportler nach einer misslungenen Aktion völlig hilflos fühlt und Kontrollverlust erlebt, der durch den inneren Dialog ›Ich weiß auch nicht, was heute los ist.‹ zum Ausdruck gebracht wird. Kommt es zu diesem inneren Dialog, sinken die Erfolgserwartungen dramatisch.« (Beckmann, 2008, S. 89). Der Formel-1-Rennfahrer Fernando Alonso beschreibt, wie ihm die Postroutine hilft: »Normalerweise schaue ich mir das Rennen noch einmal an. Dabei komme ich runter und kann das Kapitel abschließen. Wenn ich das nicht tun würde, würde ich ständig denken: Was ist in dieser Phase geschehen, was ist da passiert … Wenn ich es mir noch einmal anschaue, ist es Geschichte, und ich kann weitermachen.« (Friese, 2015).

Mit der Postroutine verarbeitest du den Wettkampf und ziehst Lehren für die Zukunft daraus. Das geschieht auf mentaler und körperlicher Ebene. Neben der Analyse und Bewertung können dir körperliche Aktionen dabei helfen, Gutes zu festigen und Schlechtes abzubauen. Wiederhole besonders gute Bewegungsabläufe, damit dein Körper sie besser abspeichern kann. Wenn du dich misslungenen Abläufen widmest, kannst du sie durch einen verbesserten Bewegungsablauf ersetzen – das hilft dir, deine Enttäuschung über deine erbrachte Leistung auch körperlich abzubauen. Die Postroutine solltest du sowohl nach guten wie nach schlechten Aktionen anwenden.

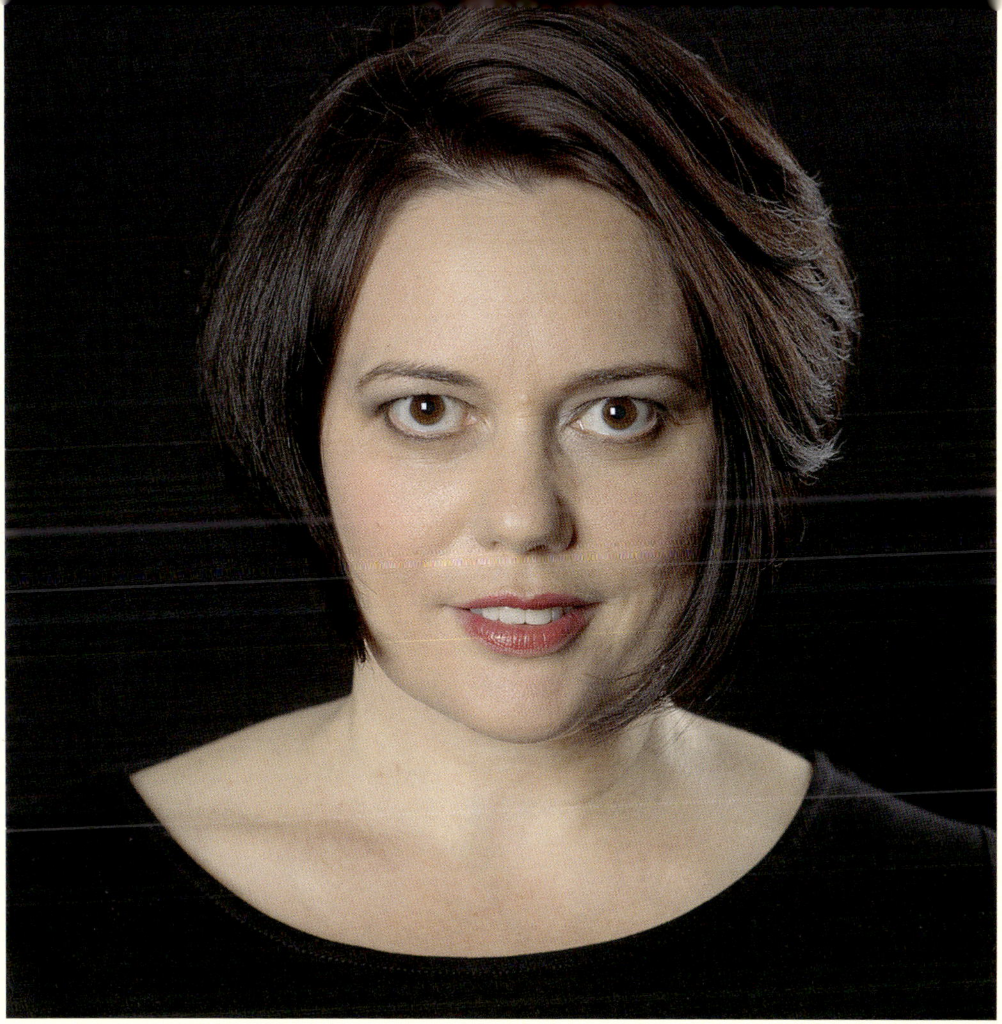

Interview mit Rita König: »Siegermentalität bedeutet eine positive Einstellung gegenüber allem, was man tut.«

Was reizt dich an der Sportart Fechten?
Die mentale und körperliche Herausforderung, gepaart mit einem strategischen Spiel ist der größte Reiz im Fechtsport.

Welchen geschätzten prozentualen Anteil hat(te) mentale und emotionale Stärke an deinen sportlichen/beruflichen Erfolgen?
Die mentale, aber auch die emotionale Stärke haben sowohl im Leistungssport als auch im Beruf schätzungsweise 50 % Anteil an dem Erfolg. Mentale und emotionale Stärke ist grundlegend, um in schwierigen Situationen Standkraft zu haben. Nach schmerzlichen Erfahrungen, Nervosität oder Stress ist der nächste Schritt, diese zu überwinden und nach vorne zu blicken.

Wie bekamst/bekommst du (Kopf-)Probleme in den Griff?
Nun, es war für mich sehr wichtig, eine Eigenanalyse durchzuführen. Durch die Selbstreflektion konnte ich sehr schnell Problembereiche abarbeiten. Wichtig war es auch zu realisieren, dass Probleme temporäre Herausforderungen sind, sie einen jedoch nie aus der Bahn werfen sollen, wenn es darum geht, Ziele zu erreichen.

Was waren/sind Höchstleistungs- und Stresssituationen für dich?
Als Fechter waren es natürlich die Wettkampfsituationen, Deutsche Meisterschaften, Weltcupturniere, Weltmeisterschaften und nicht zuletzt die Olympischen Spiele. Heute im Beruf sind es Verhandlungen mit Geschäftskunden, aber auch das allgemeine Führen einer GmbH erfordert Tag für Tag Höchstleistung ab.

Wie hattest du dich auf Höchstleistungen wie die Olympischen Spiele vorbereitet?
Grundlegend war immer, physisch betrachtet optimale Voraussetzungen zu schaffen. Das hieß, den Körper gezielt auf den Wettkampf vorzubereiten, Trainingseinheiten so zu steuern, dass an dem besagten Tag Höchstleistungen abgerufen werden konnten. An der Technik und Strategie im Fechtsport wurde in jeder Trainingseinheit gefeilt, die potenziellen Gegner per Videoanalyse studiert und gezielte Trainingseinheiten unter Wettkampfsimulation durchgeführt.
Aber als Sportler stellt man sich auch psychisch auf den Wettkampf ein. Schon in der Vorbereitung läuft meistens nicht alles glatt und dazu kommen evtl. andere psychische Belastungen, die man auch wegstecken muss. Da heißt es immer wieder, Körper und Geist aufeinander abzustimmen und sie wieder in die Balance zu bringen.

Wie hast du dich zu Höchstleistungen motiviert? Was hat dich angetrieben?
Ich bin ein zielstrebiger Mensch. Wenn man eine Olympische Medaille im Fechtsport gewinnt, dann hat man aus finanzieller Sicht keine echten Gewinne eingefahren oder sogar ausgesorgt.
Allein die Liebe zu meiner Sportart und die Chance, Fechten in Perfektion vorzuführen, haben mich motiviert. Es gab für mich keinen schöneren Moment, als im Wettkampf meine Gegnerin zu studieren und sie nach aller Kunst des Fechtens zu besiegen.

Wie hattest du es geschafft, die richtige Konzentration aufzubauen?
Stille, Ruhe und für mich alleine zu sein, waren für die Konzentration für mich sehr wichtig. Abläufe wurden im Kopf vorgestellt und ich hatte die Möglichkeit, auf mich und meine Atmung zu achten.

Welche Rituale hattest du im Sport?
Vor dem Wettkampf habe ich stets meine Ruhe gebraucht. Richtig ansprechbar war ich in dieser Zeit nicht. Echte Rituale kannte ich nicht.

In welchen Bereichen und in welcher Weise wirkt sich Mentaltraining auch über den Sport hinaus bei dir aus?
Oft kommen wir im Leben in schwierige Situationen, welche wir bewältigen müssen. Im Job, aber auch im privaten Umfeld, ganz besonders bei der Kindererziehung. Das Mentaltraining hat mir geholfen, mich auf unharmonische Situationen einzustellen und besser damit umzugehen.

Wie bist du als Sportlerin mit Druck umgegangen? Wie gehst du mit Druck um?
Unter Druck konnte ich immer meine Energien bündeln und kurzfristig kann Druck sogar einen beflügeln. Aber es darf kein Dauerzustand sein.

Woher hast du als Sportlerin Kraft geschöpft?
Viel an der frischen Luft zu sein, Zeit mit Freunden und Familie zu verbringen, Sport zu treiben, reisen, neue Länder, Städte und Menschen kennenzulernen und ganz wichtig. Zeit für sich zu haben, daraus kann ich Kraft schöpfen.

Wie bist du mit Niederlagen/Scheitern umgegangen?
Niederlagen und Scheitern gehören zum Leben dazu. Sie sind ein Teil unserer Lebensgeschichte. Ich habe durch meine Sportart lernen müssen, dass ich erst viele Gefechte verlieren muss bis ich eine Meisterschaft gewinnen kann. Jedes Mal versuche ich nach negativen Erlebnissen den Blick nach vorne zu richten.

Woraus besteht Siegermentalität?
Siegermentalität bedeutet eine positive Einstellung gegenüber allem zu besitzen, was man tut. Schwierigkeiten und Probleme sollten als Herausforderung betrachtet werden. Nur durch harte Arbeit und ein zielorientiertes Vorgehen wird man zur Siegerin. Strategisches Denken, Mut, Wille, Ehrgeiz ... und noch vieles mehr!

Hattest du als Sportlerin ein Motto?
Grenzen entstehen in Köpfen anderer – mach sie nie zu deinen eigenen Grenzen!

Hattest du als Sportlerin Ziele? Hast du heute Ziele? Machst du dir einen schriftlichen Plan?
Als Sportlerin wollte ich erfolgreich sein. Konkrete Ziele, einen Wettkampf gewinnen zu wollen, habe ich mir stets gesetzt. Und natürlich wurden die Ziele dann auch immer höher positioniert, sobald man sie erreicht hat.

Auch heute setze ich mir sowohl beruflich, als auch im privaten Bereich Ziele. Ich denke, man bleibt ein Leben lang Leistungssportler und mir hilft es, wenn ich zielorientiert den Lebensweg beschreiten kann. Natürlich werden Ziele auch mal schriftlich festgehalten, aber einige Ziele bleiben im Kopf, denn es sind meine Ziele. Die trage ich gerne in mir und spreche auch nicht mit anderen darüber.

Sind Krisen eine Chance?
Krisen können immer eine Chance sein, nur das stellt man erst viel später fest. Sie können sowohl psychisch, als auch physisch sehr belastend sein. Daher sollte man sehr achtsam mit sich selbst umgehen und schauen, dass man nicht allzu lange darin verharrt.

Was können deine Kollegen/Lehrer/Berufstätige von Sportlern und Trainern lernen?
Im Grunde genommen ist man als Führungskraft ein Teamkapitän. Es wird von einer Führungskraft erwartet, dass sie im Sinne des Unternehmens agiert, ihre Mannschaft je nach Potenzial optimal einsetzt und sie zielorientiert Richtung Erfolg führt.

Grundlegend kann man sagen, dass ohne Leidenschaft für das was man tut, kein Erfolg entstehen kann. Spitzensportler sind ein wenig »verrückt« nach dem, was sie tun. Sie überschreiten physische und psychische Grenzen, setzen ihre Potenziale optimal ein und sind bereit, ihr Leben auf ihr gesetztes Ziel auszurichten. Dabei müssen sie wichtige Entscheidungen treffen und auch bei Niederlagen dürfen sie sich nicht vom Ziel abringen lassen.

Wenn du das Geheimnis von Erfolg in 5 Tipps formulieren müsstest, wie lauten deine Regeln für Erfolg?
- Glaub an dich!
- Arbeite hart, aber mit Freude!
- Verfolge deine eigenen Ziele!
- Setze deine Potenziale optimal ein!
- Achte auf dich – denn du bist das Wertvollste, das du besitzt!

Vielen Dank für das Interview!

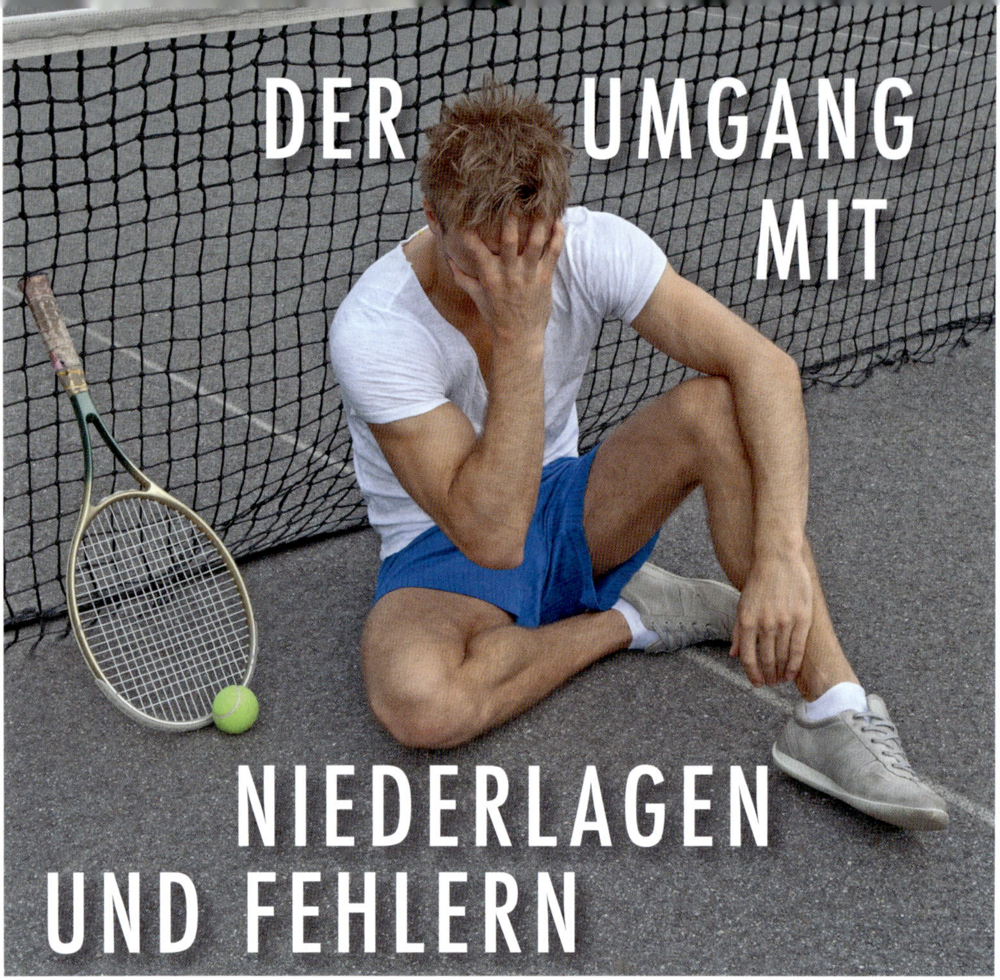

DER UMGANG MIT NIEDERLAGEN UND FEHLERN

»Es ist im Leben die größte Herausforderung, mit den Niederlagen richtig umzugehen.«
Jürgen Klopp nach der BVB-Niederlage im DFB-Pokalfinale

Erlaubst du dir selbst keine Fehler? Kannst du Fehler akzeptieren? Grübelst du lange über Fehler nach? Erlaubst du dir, dich gut zu fühlen, egal welche Fehler dir passieren? Gibst du nach Niederlagen auf, oder willst du es danach erst recht wissen? Hast du Vertrauen zu dir selbst, deinen Fähigkeiten, deinem Potenzial, deinen Möglichkeiten?

Misserfolg ist der Mentor des Erfolgs heißt es. Aber wer verliert schon gerne, gerade im Sport? Um aus Niederlagen noch Nutzen zu ziehen, hängt viel von deiner Sichtweise und von deiner Aufarbeitung dieser Niederlagen ab. Betrachtest du Fehler als »Helfer« – und das gelingt schon durch eine einfache Umstellung der Buchstaben – bieten sie dir die Möglichkeit zur Weiterentwicklung. Doch obwohl uns Fehler eine Chance zum Lernen liefern, ist die Angst davor, sie zu begehen, bei den meisten von uns groß. Dabei mündet die angestrebte Perfektion in einer Sackgasse, du produzierst Stillstand. »Wir lernen fast nur durch das Scheitern. Wir Menschen sind so veranlagt, dass wir nur dann lernen, wenn wir einen Dämpfer kriegen«, äußert sich Extrembergsteiger Reinhold Messner zum Nutzwert des Scheiterns. »Wir Menschen lernen durch Versuch und Irrtum.« (Ruhland & Steigenberger, 2010). Messner betrachtet Niederlagen als Teil eines Lern- und Erfahrungsprozesses, ohne den kein Mensch sich weiterentwickeln könne.

»Wer Fehler gemacht hat, hat meistens nur Erfahrung gesammelt.« – Oscar Wilde

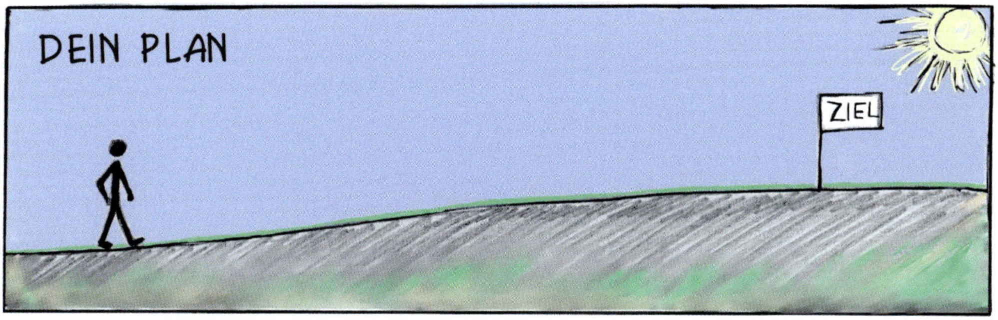

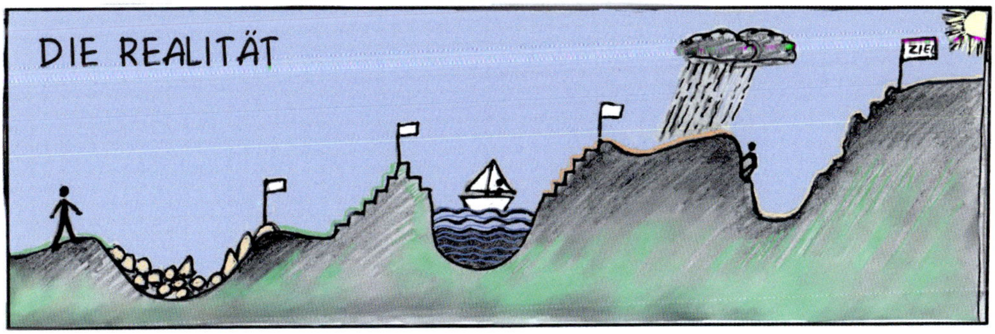

Die Torwartlegende Oliver Kahn meint: »Manche Niederlage muss man erleben, um dann zu sagen: Daraus versuche ich jetzt maximalen Nutzen zu ziehen.«

Unser Leben verläuft nicht linear steil nach oben. Stattdessen besteht unser Leben aus einem Auf und Ab, aus Tälern (Krisen und Niederlagen) und Gipfeln (dem Siegerpodest, der persönlichen Bestzeit etc.). Doch insbesondere in den Tälern sammeln wir Erfahrungen und Erkenntnisse, die uns für den nächsten Gipfelsturm nutzen. Hand aufs Herz: Woraus hast du bisher in deiner sportlichen Karriere mehr gelernt: aus Wettkämpfen, die ein glatter Durchmarsch für dich waren, oder aus Wettkämpfen, wo du dein angestrebtes Ziel verfehlt hast? Aus Niederlagen, die du ausgewertet hast – wo stehst du und wo gilt es, besser zu werden und/oder neue Wege zu beschreiten? Wer Erklärungen statt Ausflüchte sucht, hat den Weg des Neuanfangs oder des veränderten Weitermachens und damit der persönlichen Weiterentwicklung bereits beschritten. Diese Haltung macht den Unterschied zwischen erfolgreichen und weniger erfolgreichen Sportlern.

Der Skispringer Marinus Kraus sagt: »Ein Fehlschlag ist ja nicht gleich etwas Negatives. Ich lerne aus Fehlschlägen meistens mehr als aus positiven Erfahrungen. Aus negativen Ereignissen oder Fehlschlägen, da lerne ich, da mache ich mir Gedanken und versuche, diese Situationen zukünftig besser zu bewältigen und leistungsbereiter zu sein. Dabei entwickle ich mich als Person weiter.«

Für den ehemaligen Radextremsportler Wolfgang Mader ist eine empfundene Niederlage ganz entscheidend auch eine Frage der Betrachtung in Abhängigkeit von der vorausgegangenen Zielsetzung. »Es ist immer eine Frage, was für wen wann eine Niederlage ist. Nicht zu gewinnen ist nur dann eine Niederlage, wenn man das Gewinnen als Ziel hatte. Ich habe bisher in meinem Leben immer versucht, mir Ziele so zu setzen, dass es zu einem überwiegenden Teil an mir liegt, und nicht an anderen, ob ich mein

Ziel erreiche oder nicht«, sagt Mader. »Hätte ich als Ziel beim Race Across America (RAAM) den Sieg gehabt, wäre das Erreichen des Zieles an allen anderen Teilnehmern auch gelegen. Nachdem ich aber als Ziel das FINISHEN hatte, lag das Erreichen dieses Zieles ausnahmslos an mir. Hätte ich es nicht erreicht, wäre das ein Rückschlag, aber keine Niederlage gewesen, weil ich es so lange versucht hätte, bis ich es geschafft habe. Erleidet man gegen sich selbst eine Niederlage, indem man sein gesetztes Ziel nicht erreicht (was selbstverständlich auch vorkommen kann), verbuche ich diese Niederlage unter ›dazugelernt‹ und ›um eine Erfahrung reicher‹. Ich habe also wieder gewonnen; und sei es auch nur Erfahrung!«

Fehler sind Wegweiser zum Erfolg

Kein Sportler ist frei von Fehlern oder Niederlagen. Erfolgreiche Trainer und Athleten wissen, das Beste daraus zu machen! Die Basketball-Legende Michael Jordan bringt es in einem seiner berühmtesten Zitate auf den Punkt: »In meiner Karriere habe ich mehr als 9.000-mal nicht getroffen. Ich habe fast 300 Spiele verloren. 26-mal habe ich den entscheidenden Wurf versiebt. In meinem Leben habe ich immer wieder versagt. Und genau deshalb bin ich so erfolgreich!« Michael Jordan wusste, den Nutzen aus seinen Fehlern und Niederlagen zu ziehen. Dabei half ihm die Reflektion und Analyse. Keine Frage, unmittelbar nach einem verpatzten Durchlauf oder einem verlorenen Spiel steht niemandem der Sinn nach einer nüchternen Bilanz. In diesen Momenten haben uns zunächst die Gefühle fest im Griff. Ärger, Trauer und Enttäuschung fordern ihren Tribut. Diese Gefühle brauchen ihren Raum. Wichtig ist jedoch, in diesen negativen Emotionen nicht zu verharren. Machst du dich nach einer Niederlage selbst fertig, wertest du dich permanent ab durch Sätze wie »Ich bin einfach zu blöd!«, sabotierst du dich selbst. Du gibst dich auf diese Weise regelrecht auf und bewegst dich auf einer emotionalen Abwärtsspirale. Resignation, Demotivation, Angst und Stress übernehmen dann das Ruder. Das ist fatal, denn es blockiert dich und kann zu weiteren schlechten Leistungen führen. Aus dem Gefühl des Versagens lässt sich keine Kraft schöpfen, wohl aber aus dem Gefühl, eine Lernaufgabe zu haben und diese bewältigen zu wollen.

Wohin mit der Enttäuschung?

Um die Enttäuschung nach der Niederlage zu verarbeiten, helfen Gespräche mit Vertrauenspersonen. Ihnen gegenüber kannst du offen Schwächen zeigen, gleichzeitig bestätigen sie dir deinen Wert als Mensch, der trotz sportlicher Niederlage unangefochten bleibt. Diese Gespräche waren z. B. für die ehemalige Skirennläuferin Regina Häusl-Leins enorm wichtig: »Um Niederlagen zu verarbeiten, brauchte ich schon ein ausführliches Gespräch mit meinem Trainer und meinen Eltern zuhause. Dazu reichte eine Fehleranalyse allein nicht aus. Einfach abhaken und weitermachen, weil man sowieso nichts mehr daran ändern kann, hat meinem angeknacksten Selbstbewusstsein nicht geholfen. Das Besinnen auf die eigenen Stärken und das Hineinfühlen in die Emotionen eines Renntages, an dem es sehr gut gelaufen war, standen dabei im Vordergrund der Verarbeitung eines negativen Erlebnisses.«

Bei Bobpilot Karl Angerer knallte nach einem verpatzten Lauf auch mal der Helm auf den Boden. Vielen hilft auch Bewegung, um den Kopf frei zu bekommen (z. B. Joggen), oder der Aufenthalt in der Natur. Der erfolgreiche Eishockeytrainer Michael Pohl sagt: »Bei Niederlagen bzw. Enttäuschungen ziehe ich mich erst einmal in die Natur zurück, um quasi einmal ›herunterzufahren‹. Erst dann bekomme ich einen klaren Blick für die Situation und kann in Ruhe analysieren.«

Das Triple-A-Prinzip

Wladimir Klitschko hat seine überraschende Niederlage akzeptiert, analysiert, Erkenntnisse daraus

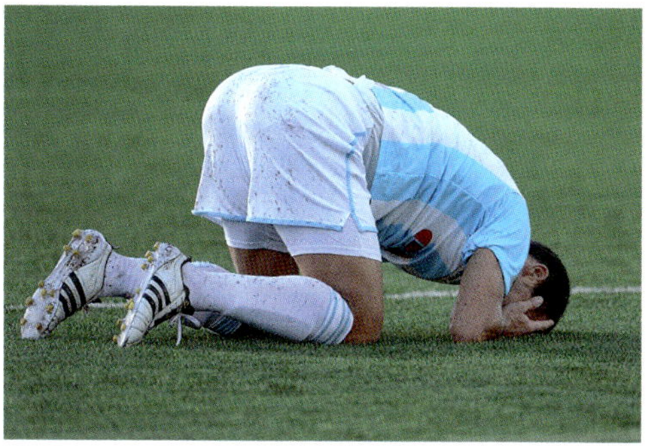

gezogen und sie dann abgehakt. Nachdem er wusste, woran es gelegen hatte, gab es keinen Grund mehr, an sich selbst zu zweifeln. Schließlich hatte er es künftig in der Hand, dem Gegner keine unnötigen Schwachstellen zu bieten. Fatal wäre es hingegen gewesen, er hätte diese Niederlage immer vor seinem inneren Auge gehabt. Wozu das führen kann, zeigt das Beispiel eines Klienten von mir: Er war in der Jugend erfolgreicher Judoka, mehrfacher Bayerischer und Deutscher Meister, im Bundeskader, und verlor zwei Jahre lang keinen einzigen Kampf. Als er das erste Mal wieder einem Gegner unterlag, war er so verunsichert, dass er danach jeden Kampf verlor. »Der Bundestrainer klärte mich auf: Du hast das Verlieren verlernt«, berichtet mein Klient. »Diese erste Niederlage seit langem bekam ich nicht mehr aus dem Kopf, nahm sie mit in die nächsten Kämpfe und verlor wieder. Das machte mich immer unsicherer, ein Teufelskreislauf.« Sein Trainer und ich bauten sein Selbstbewusstsein wieder auf, schließlich hatte der Judoka nicht von heute auf morgen Judo verlernt. Sein Fazit seitdem: »Nach der Analyse muss die Niederlage aus dem Kopf!« Und deshalb empfehle ich jedem, der Fehler und Niederlagen nutzbringend verarbeiten möchte, das Triple-A-Prinzip: akzeptieren, analysieren, abhaken! Die Spitzensportler, mit denen ich für dieses Buch gesprochen habe, hatten eines trotz unterschiedlichster Disziplinen gemeinsam: Sie haben ihre Fehler analysiert, entsprechend im Training etwas verändert und danach wieder nach vorne geschaut.

Akzeptanz, das erste A des AAA-Prinzips:
Damit fängt alles an. Akzeptanz und Annehmen sind die Voraussetzungen für das Lernen aus Fehlern. Klagen, jammern und »Was wär, wenn ...«-Fragen bringen dich nicht weiter. Akzeptiere, dass deine Performance und/oder die deines Teams nicht optimal waren. Es hilft nicht, aus einer erfolglosen Strategie eine »unglückliche Wende« herbeizureden, anderen die Schuld am Scheitern zuzuweisen, denn dann gehe ich aus meiner Verantwortung, oder Niederlagen zu verdrängen.

Der ehemalige Skispringer Sven Hannawald sagt dazu: »Manche Dinge kann man nicht verleugnen oder verdrängen – wenn man sich den Niederlagen nicht stellt, dann passiert das, was mir passiert ist: Burn-out.« (Heimsoeth, 2015, S. 133).

Für den ehemaligen Nationaltorwart Oliver Kahn ist die Akzeptanz der Niederlage, aus der eine Analyse resultiert, auch Ausdruck mentaler Stärke: »Ich mag Sportler, die sich hinterher hinstellen und sagen: Das war wirklich Mist, aber ich habe heute wahnsinnig viel gelernt. Beim nächsten Mal, da mache ich es viel besser. Die meisten sind ja wirklich völlig geknickt und zerbrochen. Ganz schlimm finde ich diejenigen, die dann andere für die Niederlage verantwortlich machen. Oder die höheren Mächte. Welche höheren Mächte? Mentale Stärke ist, hinterher zu sagen: Fatale Niederlage erlitten – aber ich habe daraus gelernt und mache es beim nächsten Mal besser. Ich konnte das auch anfangs nicht. Im Gegenteil, ich war am Boden zerstört 1999. Aber mit immer mehr Erfahrung konnte ich mir dann selbst sagen: Beim nächsten Mal, da mache ich es ganz anders.«
Sobald man einen Fehler akzeptiert, nimmt man ihm die Kraft und negative Energie.

Analyse, das zweite A:
Nimm dir vor der Analyse Zeit genug, um negative Stressgefühle abzubauen (durch körperliche

Was du tun kannst, wenn du einen Fehler gemacht hast

Leiste Wiedergutmachung, wenn du jemanden verletzt hast.

Vergib dir selbst.

Sei ehrlich zu dir selbst und anderen.

Atme tief in den Bauch. Und probiere es noch einmal.

Erkenne, dass du einen Schritt näher dran bist, es richtig zu machen.

Überlege dir neue Wege, um es beim nächsten Mal besser zu machen.

Perspektivenwechsel

Fehler als Orientierungshilfe

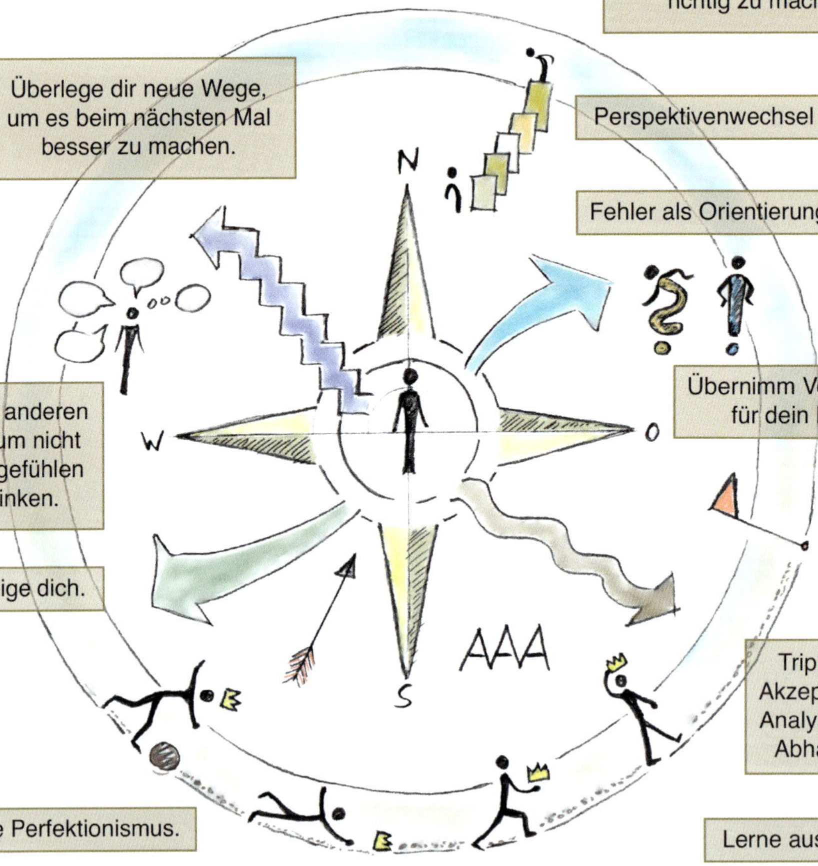

Übernimm Verantwortung für dein Handeln.

Sprich mit anderen darüber, um nicht in Schamgefühlen zu versinken.

Entschuldige dich.

Triple A:
Akzeptieren
Analysieren
Abhaken

Vermeide Perfektionismus.

Lerne aus Fehlern.

Hinfallen, aufstehen, Krone richten, weitergehen.

Nur weil eine Idee versagt, macht dich das nicht zum Versager!

Eine Niederlage im Leben und im Beruf bedeutet keine Niederlage als Mensch.

Überlege dir, wie du in Zukunft besser mit dem Fehler umgehen bzw. ihn vermeiden kannst.

Erinnere dich daran, dass du ein Mensch bist. Niemand ist perfekt, jeder macht Fehler. Fehler sind menschlich.

Betätigung, Musikhören, Wutball drücken, Gespräche etc.), sonst ist dein Kopf nicht frei für eine klare Analyse. Achtung: Richte bei deiner Analyse (am besten schriftlich) den Fokus nicht nur auf Schwächen und Defizite!

- Was waren Faktoren für den Misserfolg?
- Was lief gut? Welche Stärken kamen zum Tragen?
- Was fehlte? Was ist schiefgelaufen?
- Wo hast du vielleicht etwas im Training nicht verstanden? In welchen Bereichen ist dein Wissen um Technik, Taktik … fehlerhaft oder unvollständig?
- Was haben wir als Mannschaft zu lernen und in Zukunft besser zu machen? Was und wie lässt es sich beim nächsten Mal besser machen?
- Wie lässt sich der Fehler vermeiden?
- Was konkret lässt sich verändern? Denn äußere Einflüsse wie Umgebung, Richter, Gegner, Wetter kann ich nicht ändern.

Wichtig: Bei deinen Schlussfolgerungen helfen kein »ich muss« oder »die anderen müssen« – Veränderung beginnt bei uns selbst. Ebenso wenig nützt es dir, sich und andere global abzuwerten (»Ich bin ein Versager.«, »Der andere taugt nichts.«) oder zu katastrophisieren (»Es wäre absolut schrecklich, wenn …«).

Oliver Kahn hat jede Niederlage für sich untersucht, mit dem Blick nach vorne: »Ich analysiere genau, was ich jetzt verkehrt gemacht habe und freue mich aufs nächste Mal. Wenn mir das Gleiche wieder passiert, dann schaue ich mal, wie ich reagiere.« Diese positive Sichtweise prägt auch das Handeln des Eishockeytrainers Michael Pohl nach einer Niederlage: »Rückschlägen hänge ich nicht lange nach, sondern versuche, sie in positive Energie umzuwandeln, insofern dass sie zumeist zum richtigen Zeitpunkt kommen und einen Missstand aufdecken, und um das »Jetzt-erst-recht-Gefühl« weiter zu fördern und zu stärken!«

Abhaken, das dritte A:
Ziehe einen Schlussstrich unter die erlittene Niederlage. Sie ist Vergangenheit, du kannst sie nicht mehr rückgängig machen. Konzentriere dich auf dein Handeln im Hier und Jetzt. Verbanne nach der Analyse Gedanken an die Niederlage aus deinem Kopf, sonst blockierst du dich beim weiteren Handeln. Der ehemalige Bobpilot Karl Angerer weiß, wie wichtig das ist: »Bei uns im Wettkampf – so ein Lauf dauert ja nur eine Minute, bei Weltmeisterschaften sind es vier Läufe – muss man natürlich genau in dieser Minute vollkommen da sein. Wenn der erste Lauf nichts war, muss man das relativ schnell wieder abhaken können, dem nicht hinterherlaufen.« Gerade wenn weitere Herausforderungen auf einen Athleten oder eine Mannschaft warten, ist es enorm wichtig, erlittene Niederlagen schnell zu verarbeiten. Als der 1. FC Bayern im DFB-Pokal 2015 im Halbfinale gegen Borussia Dortmund verlor, war das eine Niederlage, die es schnell zu verschmerzen galt, schließlich standen die Bayern eine Woche vor dem Champions-League-Halbfinale in Barcelona. Lange waren die Bayern-Spieler gegen Dortmund überlegen gewesen und verloren dennoch. Damit verloren sie damals auch die Aussicht auf ein zweites Triple in der Vereinsgeschichte. Die damit einhergehende Enttäuschung darf jedoch nicht die weiteren Spiele überschatten, sonst drohen erneut Niederlagen.

Das Abhaken von Niederlagen fällt nicht immer leicht, weder dem Athlet noch dem Trainer. Diesen Lernprozess beschreibt der ehemalige Handball-Nationaltrainer Armin Emrich: »Perfektionsstreben zurückschrauben, Distanzierungsfähigkeit von Niederlagen aufbauen, das musste ich selbst lernen. Je erfahrener die Spieler sind, desto abgeklärter sind sie. In der Sportlersprache: desto ›abgezockter‹ sind sie. Das hat nichts damit zu tun, Niederlagen auf die leichte Schulter zu nehmen, sondern ganz einfach frühzeitig eine Distanzierungsfähigkeit von Niederlagen zu entwickeln und sie in positive Energie umzumünzen, weil alles andere die Regenerationszeit verkürzen würde, und das wäre ein Fehler.«

Wie gehen Trainer mit der Mannschaft nach einer Niederlage um?

Das Spiel ist verloren, die Spieler verlassen nach und nach den Platz. Was geschieht nun in der Kabine? Was viele Zuschauer sich immer fragen, haben mir Trainer offenbart. Eishockeytrainer Michael Pohl sagt: »Das Erste ist die Abschlussbesprechung, d.h., wenn wir in die Kabine kommen, bilden wir nochmal unseren Kreis, egal, wie schlecht das Spiel gelaufen ist. Da besprechen wir kurz gemeinsam das Spiel, damit niemand in die Isolierung gerät, kein Spieler für sich dasitzt und grübelt oder sich kleine Grüppchen bilden. Dieser Abschlusskreis bringt das Team wieder zusammen, das ist wichtig.« Dieses Vorgehen hilft nicht nur, um dem Verharren Einzelner in negativen Emotionen und Grübeleien vorzubeugen, sondern auch, um gegenseitigen Schuldzuweisungen wenig Raum zu bieten. In dem Moment, wo alle Spieler wieder einen gemeinsamen Kreis bilden, führen sie sich selbst vor Augen, dass sie noch immer ein Team sind, jeder einzelne ist Teil einer Gruppe. Dieses Wir-Gefühl trägt ein Team auch durch Krisen.

Die Niederlage werde beim nächsten Training nochmal gezielt aufgearbeitet – mit Videoanalysen und Einzelgesprächen, so Michael Pohl weiter. »Vorm Training gibt es auch noch eine Teambesprechung zur Aufarbeitung. Damit muss man es dann auch genug sein lassen. Die Jungs wissen i.d.R. immer sehr gut, warum sie gescheitert sind. Wenn sie das zu oft unter die Nase gerieben bekommen, dann geht der Schuss nach hinten los. Eine kurze, knackige Analyse muss reichen.« Der Eishockeysport sei extrem schnelllebig, erklärt Pohl. »Wir versuchen, die Jungs dem Rhythmus entsprechend zu eichen, d.h.

» Die Mutter aller Niederlagen ...

... im Fußball: Das Champions-League-Finale 1999: 1. FC Bayern München gegen Manchester United

Der FC Bayern führte bis in die Nachspielzeit in Barcelona – und kassierte binnen drei Minuten zwei Gegentore, die Manchester United zum 2:1-Sieg verhalfen. Es war eine Kette von Fehlern, die zu dieser Niederlage »in letzter Minute« führte. Ein Ergebnis, mit dem niemand gerechnet hatte, am allerwenigsten UEFA-Präsident Lennart Johansson, der zwei Minuten vor Abpfiff den Aufzug betrat, im sicheren Glauben, gleich die Bayern als Sieger zu ehren, und beim Aussteigen völlig verdutzt feststellen musste, dass die United-Spieler jubeln. In der Nacht nach der Niederlage gingen die Spieler sehr unterschiedlich mit dem Ergebnis um – einige Spieler tanzten auf den Tischen auf der Party mit 1.000 geladenen Gästen, andere saßen nur im Nebenraum oder gingen auf ihr Zimmer wie Torhüter Oliver Kahn (vgl. Muras, 2014). Das Fazit, das der FC Bayern München aus dieser Niederlage zog, beschreibt Oliver Kahn so: »Auch im Finale 1999 haben wir dazugelernt. Wir lagen ja bis zur 90. Minute 1:0 in Führung, noch zwei Minuten Nachspielzeit, und dann haben wir innerhalb von zwei Minuten alles verloren, den größten Titel, den man sich als Vereinsmannschaft vorstellen kann. Wir haben danach gesagt: Nie wieder werden wir aufgeben, bevor der Schiedsrichter das Spiel nicht abgepfiffen hat. Nie mehr. Eigentlich banal – aber so ist es eben manchmal im Fußball.«

Dass die Bayern-Spieler ihre Lektion gelernt hatten, stellten sie ein Jahr später eindrucksvoll unter Beweis: Der FC Bayern München gewann 2000 das Double und reckte 2001 den Champions-League-Pokal in die Höhe.

Freitag und Sonntag ein Spiel, daher muss ich mich am Samstag schon wieder auf die nächste Aufgabe fokussieren. Wenn man dann permanent mit negativen Dingen kommt, kann es eben passieren, dass die Motivation fürs nächste Spiel eher nach unten geht. Deshalb schließen wir Niederlagen relativ schnell ab und konzentrieren uns auf den nächsten Gegner.« Dieses Vorgehen deckt sich mit dem Triple-A-Prinzip.

Im Gespräch mit den Trainern spiegelte sich auch wider, dass eine Analyse der Niederlage erst nach dem Bewältigen negativer Emotionen funktioniert. Armin Emrich: »Das (Anmerkung: die Analyse) habe ich aber selten direkt nach dem Spiel getan, weil dann die Emotionen so hoch sind, da können nur wenige die Emotionen ausschalten. Es gilt, erst mal die Spieler runterkommen zu lassen, und dann können wir uns wieder darüber unterhalten.« Dabei unterscheidet Armin Emrich die gemeinsame Analyse als Mannschaft und die Analyse im Einzelgespräch. Emrich: »Es hängt davon ab, wer besonders gut war und wer an dem Tag nicht so gut war. Dort, wo jemand nicht so gut war oder wo extreme Leistungen waren im positiven wie im negativen Sinne, muss man mehr mit Einzelgesprächen aufarbeiten, weil es die Mannschaft dann weniger betrifft. Aber in jedem Fall muss man Niederlagen mit der Mannschaft und in intensiven Einzelgesprächen aufarbeiten, bevor

» Praxis-Beispiel

Zum ersten Mal disqualifiziert ...

Zu meinen Klienten zählt ein junger, sehr erfolgreicher Opti-Segler. Während einer Regatta wurde er zweimal angepfiffen. Der Anpfiff ist die Rückmeldung, dass der Segler etwas falsch gemacht hat, nach dem zweiten Anpfiff folgt die Disqualifikation. Der Vorwurf lautete, er habe »gepumpt«, d. h., er habe eine Körperbewegung gemacht, mit der er sich einen Vorteil verschafft habe. Er wurde zuvor noch nie angepfiffen. Der junge Segler weinte danach bitterlich. Was riet ich dem Segler und seiner Mutter, die ihn zu der Regatta begleitet hatte?
Bei den Wettkampfrichtern nachfragen, was genau dem Segler vorgeworfen wird, damit man es nachvollziehen kann. Vielen Sportlern, aber auch Eltern im Nachwuchsbereich fehlt oft der Mut, nachzufragen. Dabei heißt sachlich nachfragen ja nicht, den Wettkampfrichter als Person anzugreifen, sondern es dient dem eigenen Lernen.
Es völlig okay, wenn der junge Wassersportler weint. Das ist seine Art, die Niederlage zu verarbeiten und zu akzeptieren. Für den zweiten Schritt des AAA-Prinzips, die Analyse, ist das Gespräch mit den Wettkampfrichtern wichtig. Wenn möglich, hilft es hier, sich auch Videomaterial anzuschauen, sofern vorhanden. Es herrschte viel Wind. Bei der Analyse gilt es, sich hier die Bewegungsmuster klarzumachen. Zum Gespräch mit dem Sportler gehört auch, dem jungen Segler zu vermitteln, dass solche Rückschläge zum Leben gehören. Solche Momente wird jeder Sportler mehrfach während seiner Sportlerkarriere erleben. Auch Profi-Fußballer wie Ronaldo haben schon die Rote Karte gesehen.

Nach der Analyse bleibt nur eines: abhaken! Im Mentalcoaching mit dem Sportler setzte ich darüber hinaus noch den Muskeltest und wingwave® ein, um sicherzustellen, dass der junge Sportler das Erlebnis wirklich verarbeitet hat. Ist das Erlebnis noch nicht überwunden, besteht die Gefahr, dass der Segler bei der nächsten Regatta zu diesem Erlebnis gedanklich zurückkehrt und Gedanken hegt wie »Hoffentlich passiert das nicht wieder ...«, vor allem wenn die Bedingungen ähnlich sind.

man auseinandergeht; da darf nichts hängenbleiben.«

Karl Angerer, der als ehemaliger Bobpilot heute selbst Trainer im Bobsport ist, räumt ein, nach einem verlorenen Wettkampf als Trainer innerlich »wahnsinnig wütend« zu sein, aber dann atme er zwei-, dreimal durch. Angerer: »Ich werde am Wettkampfort oder unmittelbar beim Wettkampf nicht viel sagen. Ich versuche eher, die Athleten aufzubauen, damit sie den Kopf nicht hängen lassen. Aber nach ein, zwei Tagen, je nachdem wie die Zeitplanung danach ist, werde ich ein Gespräch führen. Das heißt, erst für mich analysieren, woran es denn lag, und dann mit den Athleten ein Gespräch führen, warum und weshalb es so zustandegekommen ist. Das sind Menschen, keine Maschinen. Aber man muss natürlich versuchen, den Athleten beizubringen oder die Athleten so zu stärken, dass sie zum richtigen Zeitpunkt alles richtig machen und keine Fehler passieren.«

Die Stärkenorientierung, von der Karl Angerer hier spricht, ist auch beim Umgang mit Niederlagen zielführender zum Aufbau mentaler Stärke als das Fokussieren auf Defizite. Als Trainer hilfst du deinen Athleten am ehesten, wenn du ihnen Mut zusprichst und Lösungsstrategien für mögliche Probleme lieferst. Damit stärkst du sie, um genau zum richtigen Zeitpunkt ihr volles Leistungspotenzial abrufen zu können.

Der Umgang mit Fehlern

»Wer aufhört, Fehler zu machen, lernt nichts mehr dazu.« Theodor Fontane

Bei der Betrachtung von Fehlern geht es nicht um Schuld, sondern um Ursachen. Diese zu erkennen, erfordert Ehrlichkeit und Offenheit, sich selbst und anderen gegenüber. Und das gilt für Sportler wie für Trainer. Karl Angerer sagt: »Es gibt ja auch das Sprichwort: Ein guter Trainer macht immer wieder verschiedene Fehler, ein schlechter Trainer macht immer wieder den gleichen. Man muss sich eingestehen, wenn man vielleicht nicht auf dem richtigen Weg ist. In meinem Fall z. B. den Weg, den ich als Leistungssportler genommen habe. Diese Trainingseinheiten müssen ja nicht für jeden richtig sein. Man muss als Trainer sehr individuell sein und auf seine Athleten eingehen können. Wenn man das als Trainer nicht kann, denke ich, wird es nicht reichen.«

Im Mannschaftssport liegt es oft am Trainer, welcher Umgang mit Fehlern gepflegt wird. Behandeln Trainer Fehler und Schwachstellen vornehmlich als Schwäche und vermitteln dem betroffenen Athleten das Gefühl, er hätte in ihren Augen versagt, werden Fehler vermutlich weniger als Lehrmeister, sondern vielmehr als persönliche Unfähigkeit interpretiert. Doch das führt bei den Athleten nicht zu einer Leistungssteigerung, im Gegenteil. Die Unsicherheit wächst, Blockaden können entstehen, das leistet weiteren Fehlern Vorschub. Der ehemalige Handballnationaltrainer Armin Emrich sagt dazu: »Es gibt ja immer Angst vor Versagen, Angst vor Niederlagen. Ich versuche, Befürchtungen in positive Energie umzuwandeln. Das ist die Kunst, aber damit habe ich mich eigentlich am allerwenigsten beschäftigt, weil der positive Aspekt, die positive Energie und die Herausforderung jetzt mein Innenleben und das Innenleben der Spieler oder Spielerinnen dominant beherrschen müssen und nicht: Was wollen wir nicht

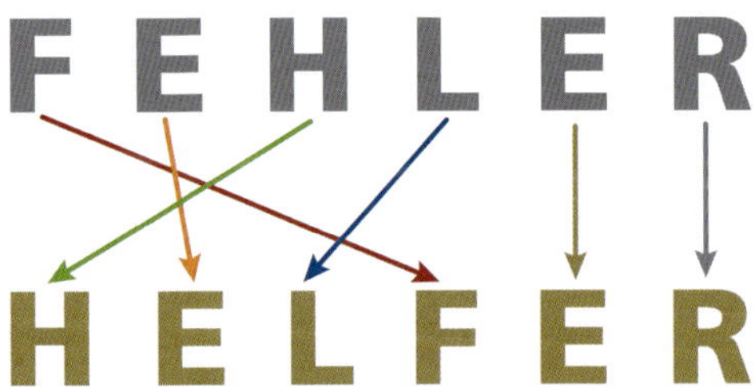

» Praxis-Beispiel

Positives Abschlussritual trotz Niederlage

Michael Pohl: »Dann wird von der Mannschaft ein Spieler bestimmt, dessen Leistung beim Spiel extrem positiv herausstach. Die Spieler haben ein erstaunlich feines Gespür dafür, wer an dem Tag wirklich eine gute Leistung erbracht hat. Da hat dann vielleicht ein Spieler nicht durch Tore, aber durch kämpferische Aktionen geglänzt, die bewundernswert waren.
Dieser Spieler bekommt dann als Symbol einen Helm, den wir immer dabeihaben, und er spricht dann selbst auch ein kurzes Schlusswort. Das ist ein erster positiver Abschluss am Spieltag selbst.« Mit diesem Ritual wird Wertschätzung gelebt. Das hilft gerade nach erlittenen Niederlagen mehr, als überbordende pauschale Kritik zu üben, die das Gefühl der Fehlbarkeit weiter verstärkt.

machen? Auch in der Ansage: Macht jetzt bloß nicht wieder diesen Fehler! Das heißt, nicht die Negativformulierung, sondern die Positivformulierung muss im Vordergrund stehen.«

Ob Mannschaftssport oder Individualsportler, beim Umgang mit Fehlern geht es immer auch um die Eigenverantwortung des Einzelnen. Da unsere Gesellschaft eher defizitorientiert ist, neigen wir dazu, uns auf unsere Schwächen zu konzentrieren, stets bemüht, diese zu reduzieren. Dieser Fokus hat zwei negative Effekte, wenn er übertrieben wird: Er kann im Vorfeld, beim Betrachten möglicher Fehlerquellen, erst recht zum Begehen eines Fehlers führen, und er kann nach begangenem Fehler im kontraproduktiven Gedankenkarussell münden.

Während einer Sportmentalcoach-Ausbildung an meiner Academy berichtete mir ein Teilnehmer, dass eine Kajak-Schülerin von ihm bei einem Kanuslalom im Finale an Tor 26 vorbeigefahren sei. Beim anschließenden Abendessen sprach der Coach sie darauf an und fragte, wie sie sich das erklären könne. Sie antwortete, der Trainer hätte sie vor dem Rennen zur Seite genommen und hätte ihr erklärt, sie müsse an Tor 26 ganz genau aufpassen, dass sie daran nicht vorbeifahre, weil es dort Probleme gäbe. Diesen Hinweis habe er ihr mehrfach vorher gegeben. Prompt sei sie daran vorbeigefahren. Dieses Beispiel führt eindrücklich vor Augen, wie schädlich es ist, vor einem Wettkampf über mögliche Fehler zu sprechen, statt darüber zu reden, wie zu erwartende Hürden genau zu meistern sind.

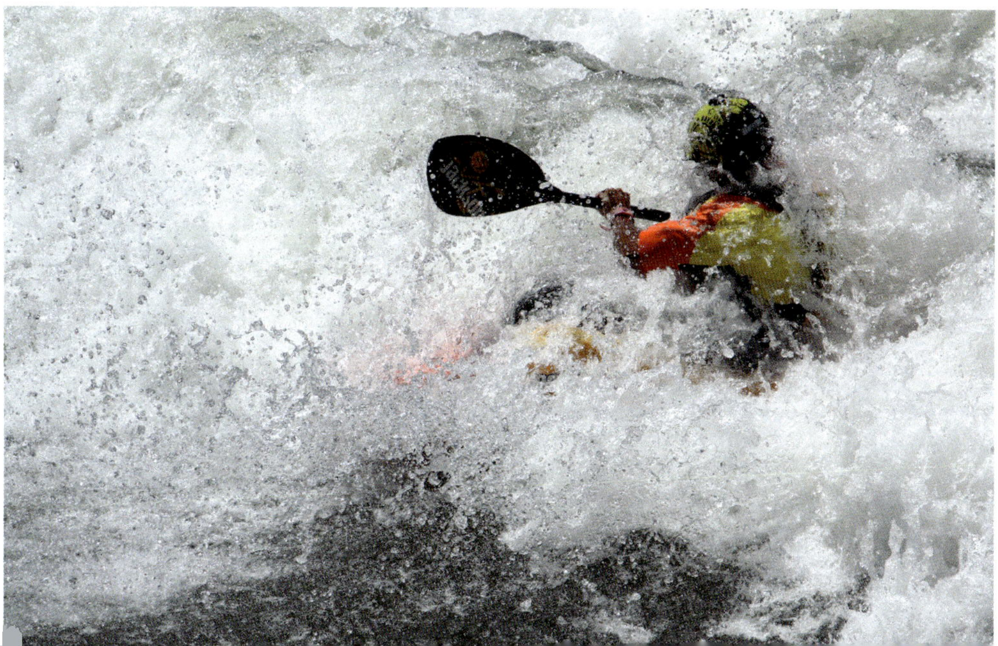

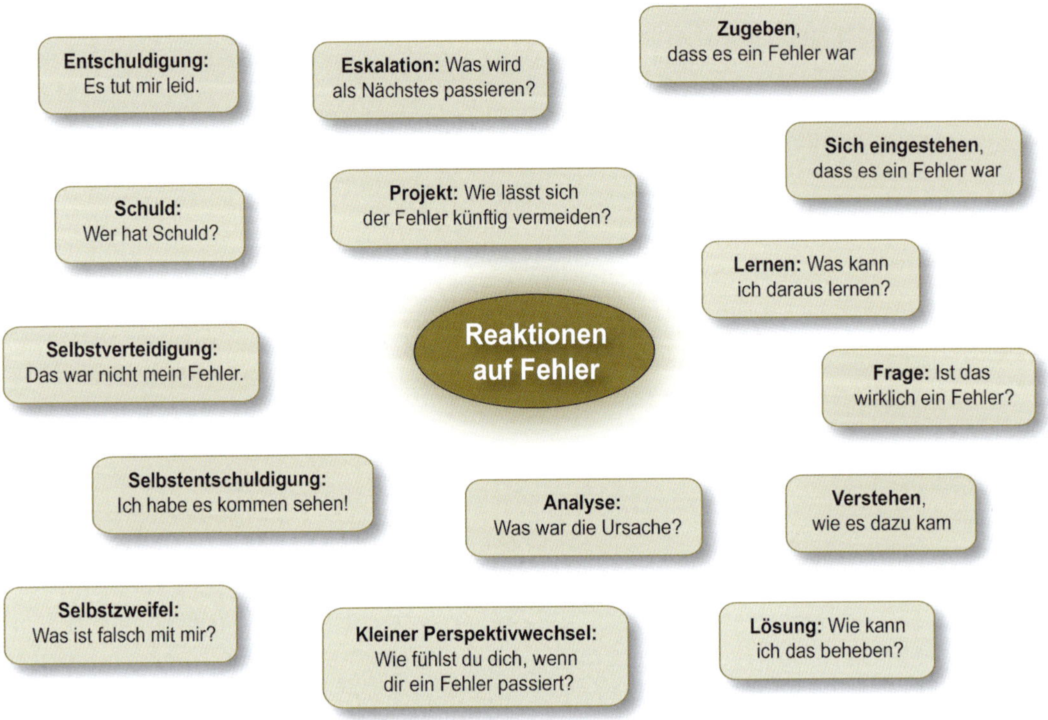

Ein weiteres Beispiel: Ein anderer Teilnehmer ist Bogenschütze. Er erzählte, wie ihn ein Sportskamerad, der vor ihm mit Schießen dran war, mehrmals darauf hingewiesen hatte, wie problematisch das Treffen einer bestimmten Scheibe gewesen sei. Was geschah? Genau an jener Scheibe hatte mein Teilnehmer dann ein Problem. Die Fokussierung auf Fehler, gerade im Wettkampf, ist stets kontraproduktiv. Warum? Weil unser Gehirn mit Bildern gefüttert wird von Szenen, die wir vermeiden wollen, aber die wir durch die Fokussierung darauf geradezu programmieren.

Der Sportpsychologe Hans Eberspächer rät zur Selbstregulation im Umgang mit Fehlern, dass man mit seinen Gedanken nie an eigenen Fehlern hängenbleiben soll. »So beschimpfen sich viele Sportler selbst, wenn ihnen ein Fehler unterlaufen ist, und sie bleiben (…) mit ihren Gedanken an diesem Fehler hängen.« Wenn ein Golfspieler sich in allen Konsequenzen ausmale, wie er seinen Ball abermals verschlägt, könne das so weit führen, dass »die Gedanken über die Situation hinausgehen und der Golfspieler sich auf alles andere konzentriert, nur nicht auf das Ausführen eines optimalen Bewegungsablaufes«. In dieser Situation sei das Gelingen des nächsten Schlages »lediglich ein Zufallsprodukt« (Eberspächer, 1995). Das bedeutet, statt aus dem Fehler zu lernen, mutiert der Fehler zum Störfeuer.

Die Kunst des Loslassens

Niemand ist frei von Fehlern. Doch du darfst dich nicht zu ihrer Geisel machen lassen. Was hilft Spitzensportlern beim Loslassen von Fehlern? Der ehemalige Nationalschwimmer Christian Tröger lässt Fehler am besten durch Ablenkung los und indem er sich neuen Projekten widmet. Der ehemalige Radextremsportler Wolfgang Mader verabschiedet sich von Fehlern, indem er sie analysiert und sich eingesteht, »dass ich auch ein Recht habe, Fehler zu machen, und indem ich versuche, diese beim nächsten Mal zu vermeiden«. Sein Deutsch-Professor habe immer gesagt: »Ein Fehler ist kein Fehler, zweimal der gleiche Fehler ist ein Fehler zu viel!«, so Mader. Der junge Rennfahrer Benjamin Mazatis wird schon durch den sportlichen Ablauf zum schnellen Loslassen genötigt: »Keine Runde ist perfekt, und da du im Kopf eigentlich eh schon immer eine oder zwei Kurven weiter bist, fällt es mir eigentlich leicht, nicht daran zu denken.«

Abstand zu Fehlern zu gewinnen, sie loszulassen, ist nicht für jeden leicht. Das gilt auch für Trainer. Armin Emrich sagt dazu: »Als Jungtrainer hatte ich damit meine allergrößten Probleme. Dann werden sie verbissen und hinterfragen, was können wir anders machen und wo ist die Fehlerquelle? Das heißt, die Distanzierungsfähigkeit von Fehlern fiel mir früher schwerer als mit gewachsener Erfahrung, weil es so viele Variablen gibt, die sie nicht beeinflussen können. Sie müssen in der Lage sein, zu unterscheiden: Was kann ich beeinflussen und was nicht?« Es helfe, die Distanzierungsfähigkeit auszubauen und das Perfektionsstreben herunterzuschrauben, so Emrich weiter. »Perfektionsstreben ist jetzt gerade die falsche Richtung. Sie können nicht alles perfekt machen, sie können keine eigenen Fehler verhindern, und sie können auch bestimmte Stärken der Gegner nicht ausschalten. Wo sind die Schwachstellen beim Gegner, wo kann man einhaken?«

Tipps im Umgang mit Loslassen und Fehlern

- Gedankenstopp (siehe Kapitel Gedanken).
- Eine gewisse Milde mit sich selbst walten lassen. Gestehe dir Fehler zu, niemand ist perfekt.
- Wisse, dass du deine Gefühle beeinflussen und steuern kannst.
- Frage dich: Was gewinne ich, wenn ich loslasse? Was verliere ich, wenn ich loslasse? Was verliere ich, wenn ich nicht loslasse? Was gewinne ich, wenn ich nicht loslasse?
- Gib dein Selbstmitleid auf.
- Vermeide Schuldgefühle und Selbstvorwürfe.
- Verzeihe und vergib dir deine Fehler.
- Erhalte deine Selbstachtung.
- Suche dir jemanden für die Suche nach Lösungen. Führe Gespräche mit Freunden, Bekannten und Vertrauenspersonen. Diskutiere deine(n) Fehler mit deinem Team und Trainer.
- Mentalcoaching
- Achte auf deine Körpersprache und dein Blickverhalten.
- Hake Fehler mit einem Ritual ab.
- Suche keine Ausreden.
- Atemübungen.
- Rechtfertige dich nicht.
- Sei ein Vorbild. Lache niemals über jemanden, dem ein Fehler passiert ist.
- Ermutige andere.

Beim Umgang mit Fehlern gilt vor allem eines: Nur wer das Verlieren akzeptiert und aus dem Scheitern etwas lernt, kann gestärkt daraus hervorgehen und in der Zukunft wieder erfolgreich sein.

» Übung

Schreibe nun deine Fehlerkultur und Reaktionen auf einen Fehler im Training und während eines Wettkampfes auf. Wie bist du in den letzten Monaten mit Fehlern umgegangen? Wie wirst du dich, wenn du einen Fehler machst, ab sofort verhalten?

Der Umgang mit Stürzen und Verletzungen

Wer Sport ausübt, setzt sich dem Risiko von Verletzungen und Unfällen aus – eine falsche Bewegung, ein Fahrfehler etc. können zum Fiasko werden. Spitzensportler leben in einer Kultur des Risikos, wie eine vom Bundesinstitut für Sportwissenschaft finanzierte Studie belegt (Thiel et al., 2010). Sie nehmen trotz Verletzungen an Wettkämpfen teil. Auch ihr Umfeld, Trainer sowie medizinische Betreuer, stellt das Fitmachen für den Wettkampf über körperliche Beeinträchtigungen. Spitzensportler sind sozusagen an die Grenzwanderung zwischen Höchstleistung und Verletzungsgefahr gewöhnt. Das Grübeln über mögliche Risiken wäre beim Ausüben des Sports fatal, weil es einer selbsterfüllenden Prophezeiung gleichkäme (»self-fulfilling prophecy«). Wenn ich als Skifahrer bei der Fahrt über die Kante an meinen schweren Sturz aus dem vergangenen Jahr denke und den Gedanken »Hoffentlich stürze ich nicht wieder!« im Kopf habe, entstehen Sturz-Bilder vor meinem geistigen Auge. Die Gefahr ist groß, dass sich der Sturz wiederholt. Was hier helfen kann, ist z. B. die Anwendung von wingwave®, EMDR oder der Emotional Freedom Techniques (EFT), um solche Unfälle zu »entstressen« und den Sturz-Film mit der Idealversion dieser Fahrt zu überschreiben.

Mental starke Athleten vertrauen ihren Fähigkeiten und kontrollieren aufkommende Ängste nach Stürzen oder Verletzungen. Karl Angerer hatte im Jahr 2005 einen schweren Unfall auf der Bobbahn und zog sich einen Halswirbelbruch zu. Er setzte seine sportliche Karriere dennoch fort und sagt dazu im Rückblick: »Ich war immer jemand, der versucht hat, sich da nicht zu tief hineinzudenken.« Das heißt, er hat Distanz bewahrt und sich nicht in Grübeleien verloren, welche Risiken ihm beim Ausüben des Sports künftig drohen. Auch der Skispringer Marinus Kraus kennt Stürze: »Stürze, Verletzungen habe ich eigentlich relativ selten erlebt, zumindest nicht so schlimm, dass ich mir im Anschluss daran längere Zeit Gedanken gemacht habe.« Benjamin Mazatis, der sich auf den Rennstrecken immer wieder dem Unfallrisiko aussetzt, sagt zum Umgang mit Unfällen: »Erst mal analysiere ich alles und suche nach der Ursache. Wenn ich die gefunden habe, vergesse ich

Wolfgang Mader im Ziel

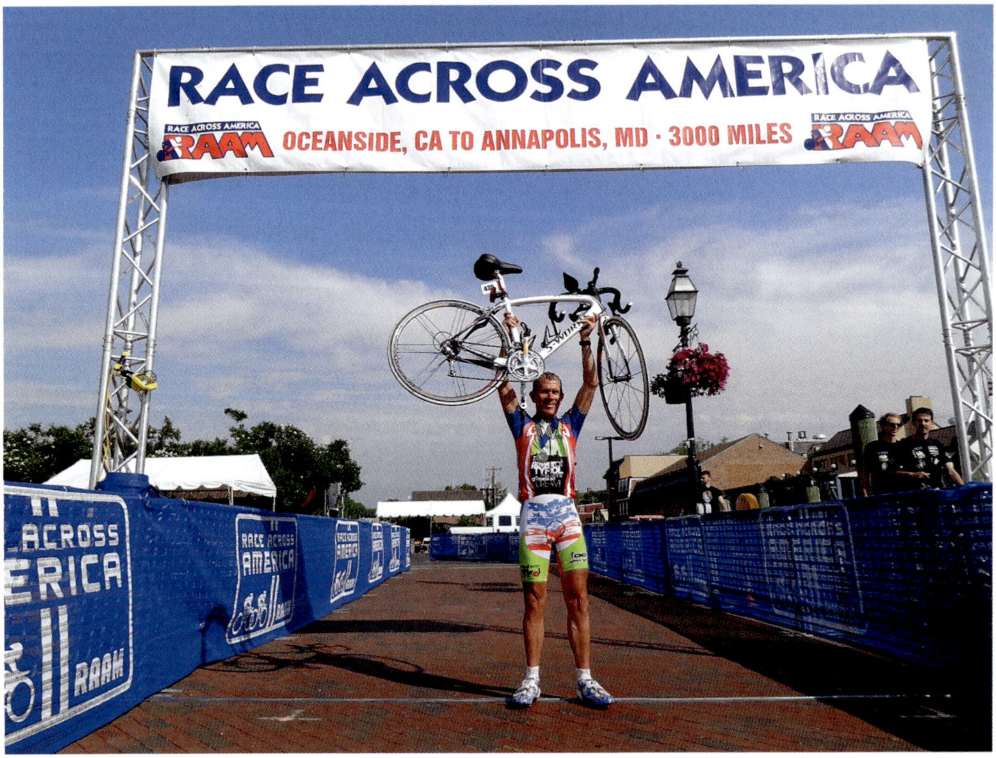

es und richte meinen Blick wieder nach vorne.« Wohlgemerkt, es geht hier nicht um Leichtfertigkeit, sondern um einen gesunden Umgang mit erlittenen Unfällen und Verletzungen. Es hilft, den Fokus aufs Hier und Jetzt zu richten – und nicht auf die Verletzung von gestern oder die Gefahr von morgen.

Wie hat der ehemalige Radextremsportler Wolfgang Mader erlittene Stürze und Verletzungen verarbeitet? »Indem ich sie annehme, wie Schmerz, als ein Lebensereignis, das ich überstanden habe, das mich stärker gemacht hat. Indem ich sie akzeptiere als ein Teil meiner Vergangenheit und damit auch meiner Gegenwart, denn nur, wer die Vergangenheit akzeptiert und aus dieser lernt, kann für die Gegenwart und Zukunft Energie schöpfen. Alles in der Vergangenheit ist gleichermaßen wertvoll für die Gegenwart und Zukunft, egal ob positive oder negative Ereignisse. Indem ich sie (Anmerkung: die Stürze und Verletzungen) besiegt habe, und nicht sie mich.« Wolfgang Mader bringt das Verarbeiten mit dem Bild des Boxers auf den Punkt: »Es gewinnt nicht automatisch immer der stärkere, technisch bessere, schnellere oder brutalere Boxer. Es gewinnt aber immer der Boxer, der einmal öfter aufsteht als sein Gegner.«

Angst – Helfer oder Hemmer?

Wer einen Unfall beim Sport erlitten hat, hat beim nächsten Training eventuell Angst. Wer Angst hat, geht weniger Risiko ein. Angst hält uns davon ab, uns in Situationen zu begeben, die wir nicht bewältigen können. Die Angstreaktion stellt die nötige Energie bereit und erhöht die Aufmerksamkeit und Reaktionsbereitschaft, um die Situation doch noch bewältigen zu können. Die Angst lässt uns Gefahren rascher und besser erkennen. Sie macht uns vorsichtiger und lässt uns überlegter handeln. Doch Angst führt auch dazu, dass der Glaube an uns selbst und unsere Fähigkeiten abnimmt. Angst führt zu Vermeidungsverhalten. Sie sorgt für Wahrnehmungsverzerrungen und macht rationales Denken unmöglich. Die Auswirkungen auf die Leistung erweisen sich häufig als verheerend.

Probleme entstehen, wenn die Angst ein zu hohes Ausmaß annimmt, sodass dein Lebensfreiraum prinzipiell und dein Handlungsspielraum im Sport speziell eingeschränkt werden. Dann nämlich, wenn:

- Angst empfunden wird, obwohl objektiv keine bedrohliche Situation vorliegt. So verringert im negativen Fall übermäßige Angst zum Beispiel die Leistungsfähigkeit in Wettkampfsituationen, da hier ein wesentlicher Teil der geistigen Kapazität auf die Sorge um die zu erbringende Leistung verwendet wird.
- du lebenshemmende Angst empfindest, die Wachstum verhindert.
- deine Angst dich handlungsunfähig macht.
- deine Angst zu der eigentlichen Situation in keinem Verhältnis mehr steht.

» Praxis-Beispiel

Manchmal führt die Summe negativer Erfahrungen zu einem unverhältnismäßig großen Angstgefühl vor sportlichen Herausforderungen.

Eine Berufsreiterin tritt zum zweiten Mal zur Meisterprüfung an. Beruflich wie privat hat sie in den vergangenen zwei Jahren nach eigener Aussage viel Pech gehabt. Sie stürzte bei der ersten Meisterprüfung und landete auf dem OP-Tisch. Aufgrund der negativen Erfahrungen hat sie den Glauben an sich verloren: »Ich habe beim Abreiten mit den Tränen kämpfen müssen, ich traue mir nichts mehr zu und reite die Sprünge mit dem Gefühl, ich schaffe es eh nicht. Ich bin kurz davor, alles hinzuwerfen!« Hier ist die Angst zur Blockade, zum Hemmnis für die sportliche Weiterentwicklung geworden – und überträgt sich zudem auch noch aufs Pferd. Die Befürchtungen werden auf diese Weise zur selbsterfüllenden Prophezeiung (»self-fulfilling prophecy«).

Die Folgen von Angst sind vielfältig. Neben körperlichen Beschwerden wie Verkrampfungen, gestörten Bewegungsabläufen oder »gummiweichen« Knien kommt es auch zu Reaktionen auf motorischer Ebene. Die Kreativität der Bewegungen nimmt ab, der Sportler zieht sich auf ein einziges Bewegungsmuster zurück. Schwerfällige oder überhastete Bewegungen sowie Koordinationsstörungen gehören ebenfalls dazu. Hinzu kommt das Gefühl, mutterseelenallein zu sein. Die verbal-kognitive Angst (z. B. im Motorsport: »Hoffentlich komme ich gesund von der Strecke am Hockenheim zurück.«) führt zu einer falschen Auslegung von Körperempfindungen und der Vorstellung des Schlimmsten.

Mentale Stärke kann Verletzungen nicht schneller heilen, aber Flügel verleihen

Es hängt von deiner Betrachtung und deinem Umgang mit der Verletzung ab, wie sehr sie zum Hemmnis wird. Wie wir Situationen bewerten, beeinflusst unseren Zustand, unser Handeln, unser Verhalten. Wolfgang Mader hat seine Betrachtungsweise von Verletzungen bereits beschrieben. Seine mentale Einstellung half ihm auch bei einer seiner großen Herausforderungen – der ›Crocodile Trophy 2013‹, dem längsten und härtesten Mountainbikerennen der Welt, das neun Tage durchs australische Outback führt. Acht Wochen vor dem Start zur Crocodile Trophy zog Mader sich bei einem Vorbereitungsrennen einen Oberschenkel-Totalbruch zu. »Ich wurde unter Einsatz eines 20 Zentimeter langen Marknagels und zweier Schrauben operiert«, erzählt Mader. Die Ärzte sagten, er könne sich von der Teilnahme an der Trophy verabschieden. Doch da hatten sie den Willen von Wolfgang Mader unterschätzt. »Vier (!) Wochen nach dem Bruch bin ich ohne abzusteigen in einem Zug auf den Großglockner gefahren, acht Wochen nach dem Bruch stand ich am Start in Australien«, sagt Mader. »Ich habe mir am ersten von neun Tagen den kleinen Finger und am dritten von neun Tagen zwei Rippen gebrochen. Nach zwei weiteren Stürzen mit Prellungen und Aufschürfungen sowie neun Tagen fuhr ich als 51. von 77 Startern über die Ziellinie in Cooktown.«

Wolfgang Mader nahm sein Schicksal selbst in die Hand und ließ sich nicht durch Prognosen an seiner Zielverfolgung hindern. Diese Eigenverantwortung ist Teil der mentalen Stärke, die erfolgreiche Sportler

Wolfgang Mader, Crocodile Trophy

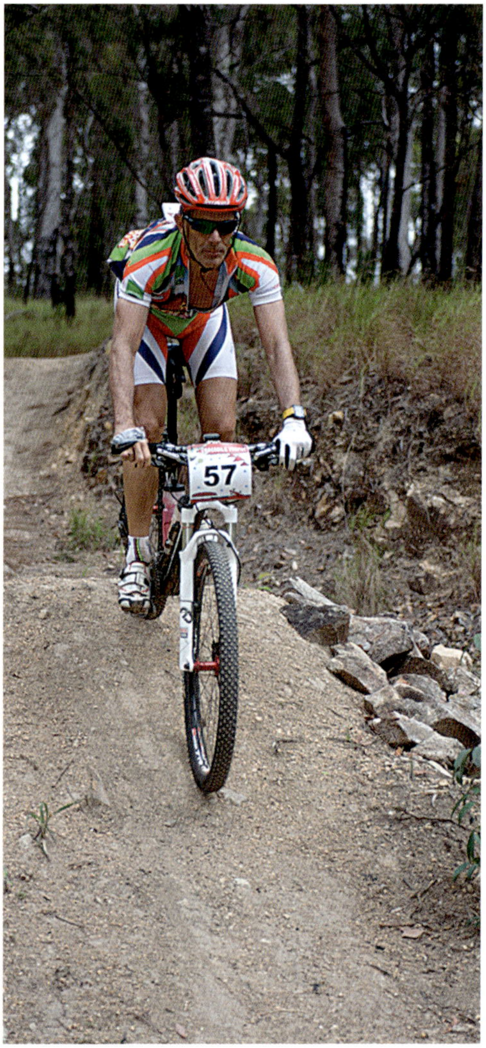

auszeichnet. Kein Weiden in Selbstmitleid, kein Hadern mit dem Schicksal, sondern der unbedingte Wille und die Beharrlichkeit, ans Ziel zu gelangen, sind vorherrschend. Ebenso wie der Mut, sich über scheinbare Grenzen hinwegzusetzen, und das Vertrauen in die eigene Leistungsfähigkeit.

Michael Pohl erlitt in seiner aktiven Zeit als junger Eishockeyspieler zwei Wochen vor der Europameisterschaft einen Bänderriss. Fünf bis sechs Wochen Auszeit waren ihm prognostiziert. Sein Trainer ermutigte ihn, den verletzten Fuß zu belasten, mit dem Ziel, an der EM teilzunehmen. »Ich habe das jeden Tag stundenlang gemacht, mit Tränen in den Augen, aber der Schmerz war mir egal, ich wollte unbedingt bei der Europameisterschaft dabei sein. Am Tag X konnte ich den Knöchel so weit belasten, dass es zum Aushalten war. Dann war es wichtig, in den Schuh reinzukommen, der Fuß war ja noch geschwollen. Um das zu schaffen, habe ich mir zwanzig Minuten vorm Spiel den Schlittschuh fest zugeschnürt und bin auf- und abgelaufen. Durch die Bewegung hat sich der Schmerz gelockert und die Schwellung besser im Fuß verteilt. Es war nicht optimal, aber ich konnte spielen!«, sagt Michael Pohl. Sein Wille und der Glaube seines Trainers an ihn haben ihm geholfen, die Verletzung nicht zur Bremse werden zu lassen. Keine Frage, das geht nicht in jeder Sportart und mit jeder Verletzung, aber der Wille ist ein gewaltiges Mittel zur Überwindung von Hindernissen, wie Verletzungen und Stürze sie darstellen.

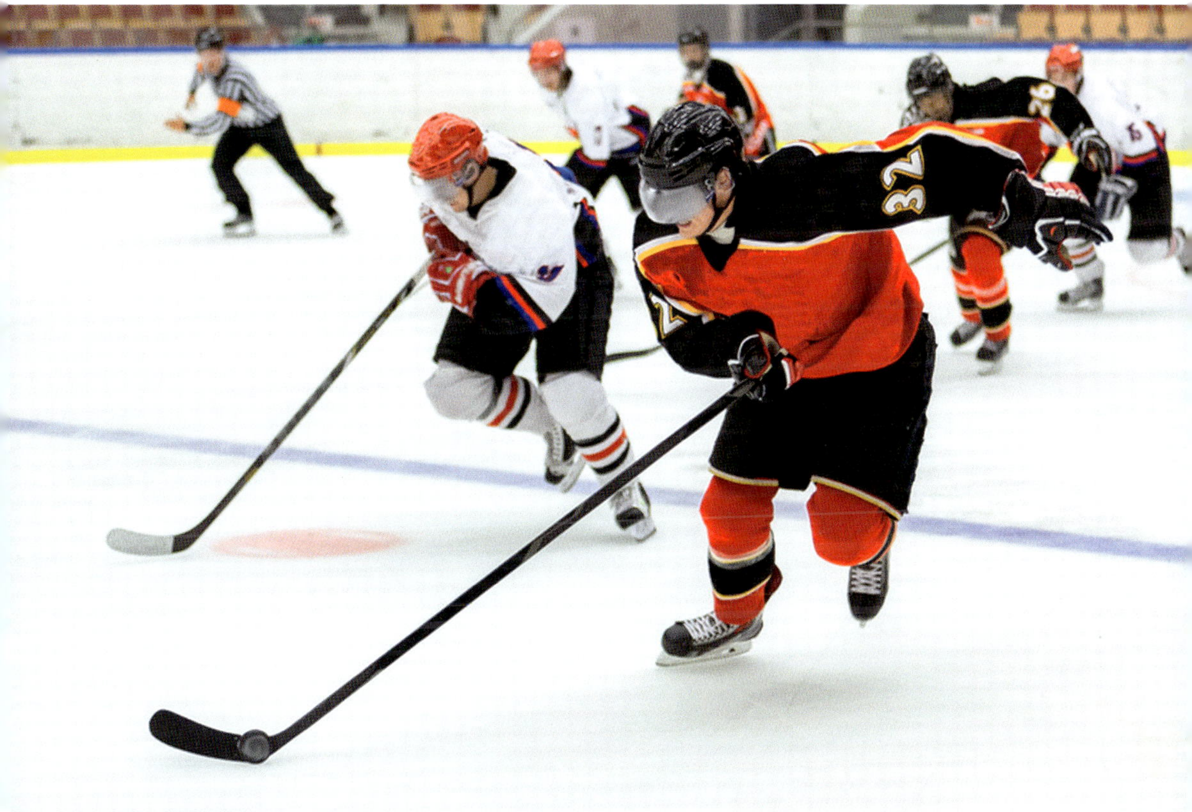

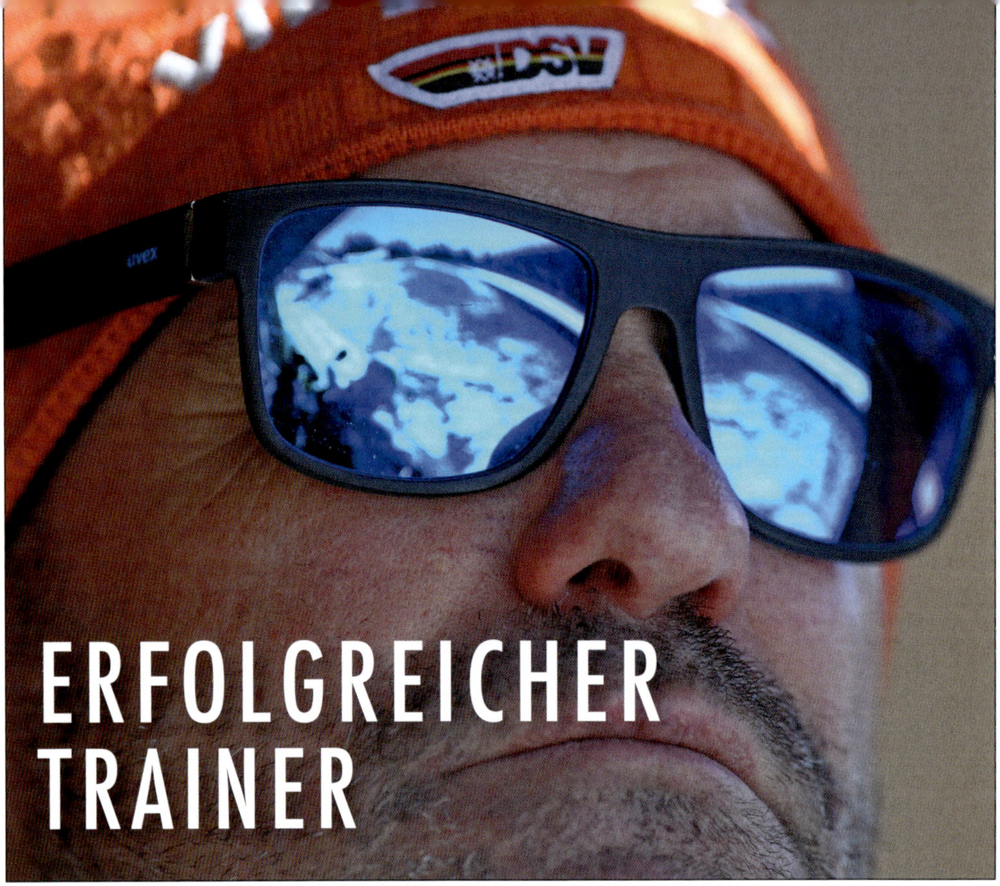

ERFOLGREICHER TRAINER

Hermann Weinbuch, ehemaliger Bundestrainer der Nordischen Kombinierer im Deutschen Skiverband.

Gerade im Hinblick auf den Trainer ist die Welt des Sports der Wirtschaftswelt ziemlich ähnlich, wie ich in meiner Arbeit als Mentalcoach immer wieder feststellen darf. Trainer sind Führungskräfte. In der Wirtschaft wie im Spitzensport muss eine Führungskraft zielgerichtet und engagiert führen, über ein Wissensmanagement und eine gute Kommunikation verfügen, Ziele klar, fordernd, effektiv formulieren können und Konfliktmanagement beherrschen. Ein Trainer sollte wie ein Manager im Unternehmen Aufgaben zu seiner eigenen Entlastung delegieren können, z. B. organisatorische Maßnahmen oder die Kontrolle von Ergebnissen. Er sollte zuhören, nachdenken und entscheiden können. Als Führungskraft wird vom Trainer erwartet, dass er die Marschrichtung festlegt und vorausschauend handelt. Sein Aufgabenspektrum ist dabei vielseitig: Er plant, kommuniziert, organisiert, realisiert, entscheidet und kontrolliert. Gleichzeitig sind die Erwartungen seines Umfeld hoch: Athlet oder Mannschaft wollen auf der sportlichen Karriereleiter vorankommen, Verein und Verband wollen Erfolge verzeichnen, die Eltern des sportlichen Nachwuchses wollen sehen, dass sich die Mühen des Sprösslings und ihre eigenen Anstrengungen lohnen. Kurzum, ein Trainer hat ein umfassendes Anforderungsprofil, das es zu erfüllen gilt. Um diesem erfolgreich zu begegnen, ist mentale und emotionale Stärke ein entscheidender Faktor. In diesem Kapitel gebe ich Tipps und Impulse, die Trainer sofort in ihrem Alltag umsetzen können. Von Werten und Zielen über Motivation und Führung bis hin zum Umgang mit schwierigen Spielern und Jugendlichen gewähre ich Einblicke in die Praxis erfolgreicher Trainer und gebe praktische Tipps für die jeweiligen Themenbereiche. Wie so oft beim Thema mentale Stärke/Mentaltraining lassen sich viele der Übungen

Tipps für eine positive Beziehung zwischen Athlet und Trainer

- Kritik: Trenne Sache von der Person.
- Verstehe, was deine Sportler motiviert.
- Sich gegenseitig respektieren und wertschätzen.
- Konfliktfähigkeit als Trainer, Konflikte klären.
- Lob und Anerkennung aussprechen.
- Gib konstruktives Feedback.
- Lerne deine Sportler kennen.
- Entwickle Problemlösungsstrategien.

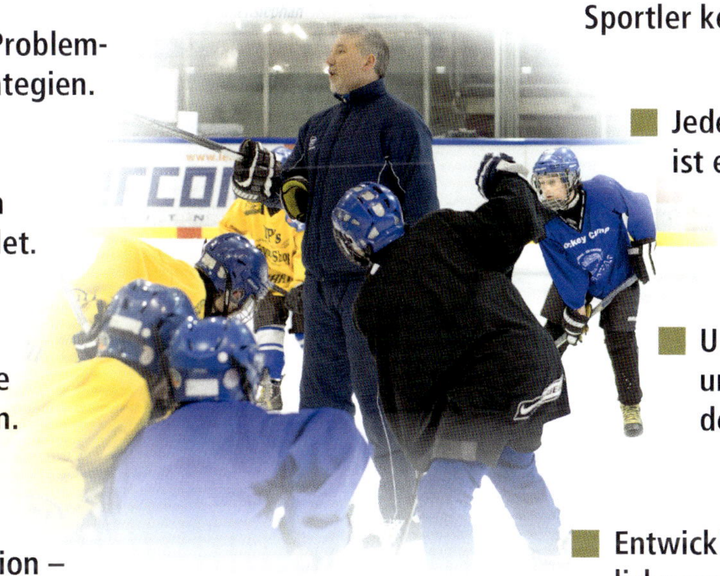

- Jeder Sportler ist einzigartig.
- Vertrauen entscheidet.
- Unterstütze und ermutige deine Sportler.
- Realistische Ziele setzen.
- Entwickle körperliche und mentale Fähigkeiten.
- Reflexion – selbst, im und mit dem Team.
- Formuliere klar deine Erwartungen an Sportler und das Team.
- Erweitere ständig dein Fachwissen über deinen Sport.
- Suche regelmäßigen persönlichen Kontakt zu den Sportlern.
- Offene, positive und nachvollziehbare Kommunikation.
- Lerne, genau zuzuhören.
- Verstehe die Gefühle deiner Sportler.
- Sei mit deinen Sportlern geduldig.

in diesem Kapitel nicht nur für die Trainerfunktion anwenden, sondern auch im Alltag und Beruf. Vielleicht schreibe ich noch ein komplettes Buch nur zum Thema »Erfolgreicher Trainer«. Dieses Kapitel kann das große Thema nur anreißen.

Gemessen an den Anforderungen, wird es viele Fragen geben, die dich als Trainer bewegen: Wie kann ich Spieler motivieren, wie kann ich mich selbst motivieren? Wie erhöhe ich am nachhaltigsten die Leistungsfähigkeit beim Athleten? Wie kann ich mir als Trainer Respekt verschaffen? Wann und wie sollte Anerkennung und Wertschätzung erfolgen? Wann und wie übe ich konstruktive Kritik? Wie gehe ich beim Thema Ziele vor? Was traue ich mir selbst zu, und wie sehr vertraue ich anderen wie z. B. Co-Trainern und Sportlern?

Vertrauen entscheidet

Mentale Stärke ist untrennbar mit Selbst-Vertrauen und Selbstbewusstsein verbunden. Je stärker das Fundament der eigenen Führung ist, umso besser kann ich auch andere führen. Wenn ich mir selbst nicht vertraue, wie sollen mir dann andere, wie z. B. Eltern, Ärzte und Sportler, vertrauen? Sich selbst vertrauen heißt, um seine Stärken und Fähigkeiten zu wissen. Etliche Trainer richten ihren Fokus meines Erachtens noch zu sehr auf Defizite und Misserfolge bei den Athleten, oft auch bei sich selbst. Dabei sind wir nur dann erfolgreich, wenn wir uns unsere Stärken bewusst machen und uns an ihnen orientieren. Der Glaube an uns selbst und unsere Fähigkeiten ist entscheidend dafür, ob wir Zugang zu unserem vollen Potenzial erhalten und es für uns nutzen können. Wer diese innere Kraftquelle anzapft, schafft die Basis für Höchstleistungen – bei sich und bei seinen Athleten. Der deutsch-kanadische Eishockeytrainer Ralph Krueger, der als erster deutscher Headcoach in der National Hockey League antrat, sagt: »Das Unmögliche kann möglich werden, unter der Voraussetzung, dass wir daran glauben.«

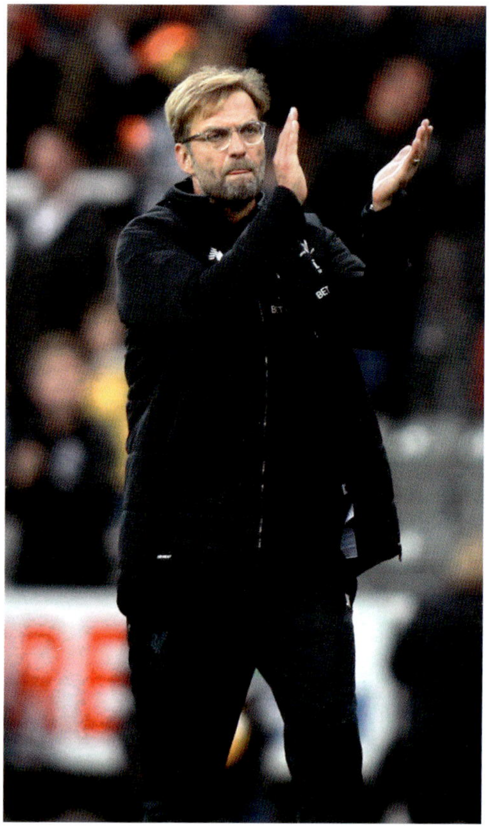

Natürlich schöpfe ich – egal, ob Trainer oder Athlet – Selbstvertrauen auch aus einer guten Planung und Vorbereitung. Kein Sportler erlangt einen Podestplatz »zufällig«, kein Trainer führt seine Mannschaft zum Pokal ohne entsprechende Vorarbeit. Im Alphabet kommt A wie Anstrengung vor E wie Erfolg.

Für den ehemaligen Handball-Nationaltrainer Armin Emrich ist nicht nur die sportartspezifische Entwicklung Teil des Erfolgs einer Mannschaft oder eines Einzelsportlers, sondern ebenso der Aufbau menschlicher Beziehungen. Emrich: »Wenn dann nach 20 Jahren immer noch eine menschlich wertvolle Beziehungsebene besteht, zwar mit weniger Kontakt, aber sehr gehaltvoll, dann ist das für mich ein Riesenerfolg und ein zeitüberdauernder Gewinn für die Betroffenen. Wenn Sie obendrein sogar eine Medaille gewinnen, dann ist es das, was als unver-

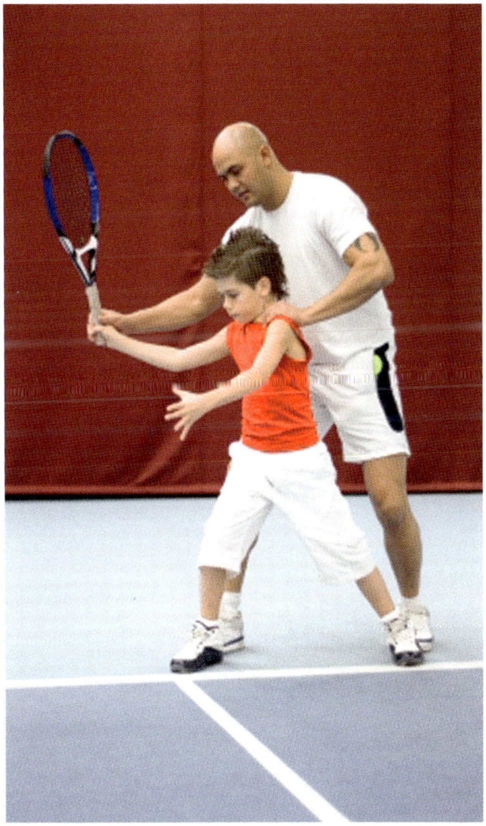

gessliche Momente im Sportlerherzen verankert bleibt. Doch es ist nicht nur die Medaille, es ist ein breites Spektrum von Ebenen, die Sie als Trainer bearbeitet haben.«

Sämtliche Trainer, die in diesem Kapitel zu Wort kommen, waren selbst vorher Spitzensportler. Sie wissen, dass Erfolg niemandem in den Schoß fällt. Und genauso haben sie erlebt, dass die mentale Stärke gerade im Wettkampf ein Faktor ist, der aus einem guten Sportler den besten machen kann. Als Trainer sind und waren sie auch deshalb erfolgreich, weil sie die Aufgaben, die sie für Mannschaft und Athleten übernommen haben, kennen:

- für Zielklarheit sorgen
- die individuellen Bedürfnisse der Sportler erkennen und berücksichtigen
- für Informationsfluss sorgen zwischen sich und Sportlern, Co-Trainern und weiterem Umfeld
- Sportler anleiten, damit sie im Wettkampf ihr maximales Potenzial erreichen können.
- Vorbild sein
- Zuhören können
- Impulse geben und Visionen schaffen.
- Sportler optimal motivieren

Was zeichnet einen erfolgreichen Trainer aus?

Wo kein Funke, da kein Feuer. Eine hohe Eigenmotivation und die Fähigkeit, mit der eigenen Begeisterung andere anzustecken, gehören zur Grundvoraussetzung eines Erfolgstrainers. Seine Beziehung zum einzelnen Sportler und zur Mannschaft ist von Respekt und Wertschätzung gekennzeichnet. Er hat ein gutes Gespür für den Menschen »hinter« dem Sportler und ist in der Lage, jedem Einzelnen das Gefühl zu geben, genau der Richtige für die jeweilige Aufgabe zu sein.

Wer dem Vorangegangenen Rechnung trägt, wird Siege ernten. Der deutsche Eishockeytrainer Michael Pohl formuliert seine Erfolgsphilosophie so: »Verlange nie etwas von deinen Spielern, wozu du selbst nicht bereit bist! Meine Philosophie ist es, den Spielern zu helfen, ihre Ziele zu erreichen, und nicht Spieler zu benutzen, um meine Ziele zu verwirklichen!« Hier kommen zwei wichtige Kriterien zum Tragen: die bereits erwähnte Vorbildfunktion und die Orientierung am Sportler. Wer sich als Trainer nur an seinen eigenen Zielen orientiert und diese denen der Sportler überordnet, droht zu verlieren. Wenn der Siegeswille des Trainers übermächtig ist, kann sich eine Mannschaft oder der Einzelsportler überfordert fühlen. Und auf diesem Boden wachsen keine Erfolge.

Authentizität

Für den ehemaligen deutschen Handballnationaltrainer Armin Emrich spielt die Authentizität für den Erfolg eines Trainers eine wichtige Rolle: »Sei dir selbst treu, lebe deinen Traum, lebe deine Philosophie, lebe dich selbst in der Kombination der Fachkompetenz, was du drauf hast für diese Mannschaft, aber auch was du drauf hast im Umgang mit den Typen.« Dabei müsse die Toleranzschwelle des Trainers in der Welt des Leistungssports sehr hoch sein, so Emrich, und dennoch gelte es, sich zu fragen: »Was kann ich mir zumuten und was kann ich mir nicht zumuten? Ich muss auch noch in den Spiegel schauen können, ich muss mich wohl fühlen, ich muss mich mit Entscheidungen und Entwicklungen identifizieren können, ich muss damit leben können. Natürlich muss ich Kompromisse eingehen, mich auch zurücknehmen können, ohne dass ich mich selbst dabei verbiege und ohne dass ich dann nicht mehr authentisch bin.« Ist ein Trainer nicht authentisch, spüren die Athleten das. Wenn die gesprochenen Worte des Trainers, seine Körpersprache und seine innere Haltung auseinanderklaffen, sät er Zweifel und Unsicherheit bei ihnen. Handeln und Reden müssen »echt« sein, sonst überzeugen sie niemanden dauerhaft.

Was macht in den Augen eines Trainers manche Sportler erfolgreicher als andere?

Die Antworten, die mir die für dieses Buch befragten Trainer auf die Frage gaben, vereinen in sich jene Erfolgskriterien, die ich bereits in der Einführung erwähnt habe. So sagt Thomas Braun, technischer Leiter der Ausbildung beim Deutschen Skiverband und Trainer der Herren im Super-G und Abfahrt: »Letztlich macht einen erfolgreichen Athleten sicherlich die Zielorientierung und die Zielstrebigkeit aus. Daraus lassen sich viele andere Dinge ableiten. Es kommen der Ehrgeiz und eine hohe Motivation hinzu. Das sind die entscheidenden Punkte aus meiner Sicht. Die Begabung, schnell Ski zu fahren, haben sicherlich viele, aber letztlich machen genau die drei Punkte Zielstrebigkeit, Motivation und Ehrgeiz den Top-Athleten aus.«

Für Armin Emrich ist sportlicher Erfolg temporär, einen »Freifahrtsschein« gebe es für niemanden, stattdessen sei es ein Zyklus von Auf und Ab. Was zum Erfolg eines Sportlers beitrage, sei ein kompetenter Trainer, dem Folgendes gelänge: »Er muss in der Lage sein, die Beziehungsebene auf hohem Niveau zu halten, und er muss jeden einzelnen Typ in der Vielfältigkeit seiner Mannschaft am Nerv treffen. Und das ist die Kunst.« Mit anderen Worten: Dass ein Sportler erfolgreicher als andere ist, liegt auch daran, dass es seinem Trainer gelungen ist, ihn durch eine typgerechte Ansprache auf ein Höchstmaß zu motivieren und für eine vollkommene Identifikation mit dem angestrebten Ziel zu sorgen. Die Qualität der Beziehung zwischen Sportler und Trainer ist der Gradmesser für die Erfolgschancen des Sportlers.

Was sagen Trainer über mentale Stärke, mentale Techniken und Mentaltraining?

Für Karl Angerer, ehemaliger Bobpilot und heutiger Nachwuchstrainer, macht der Anteil mentaler Stärke am Wettkampftag – vorausgesetzt, dass Athletik und Material »passen« – 30 bis 50 Prozent des sportlichen Erfolgs im Bobsport aus, je nach Rennverlauf. Und er bestätigt, dass er selbst mit Mentaltraining leistungsfähiger sei. Auch für Thomas Braun ist mentale Stärke ein entscheidender Faktor für den sportlichen Erfolg. Bei manchen Athleten im Skisport seien es 50 Prozent der Leistung. Mentale Stärke könne ein Handballer, so Armin Emrich, bei einem Spielstand von 13:13 beweisen, wenn der nächste Ball drin sein müsse. Die letzten 60 Sekunden seien die entscheidenden: »Wer hat jetzt den kühlen Kopf, den Killerinstinkt? Wer kann sich jetzt fokussieren, konzentrieren, genau auf diese Sekunden, wer kann alle anderen Störreize ausblenden und die für ihn oder für die Mannschaft optimale Leistung genau in diesen entscheidenden Sekunden bringen?« Das sei »Performance just in time«!

Die Erfahrungen von Michael Pohl mit Mentaltraining sind ausnahmslos positiv. »Ich denke auch, dass ich ansonsten nicht in der Lage gewesen wäre, all die Titel zu erringen. Darin ist sicher begründet, warum manche Sportler und Trainer erfolgreicher sind als andere! Nur wenn der Kopf frei ist, kann der Körper die volle Leistungsfähigkeit entfalten«, ist der Eishockeytrainer überzeugt.

Mentaltraining sollte aus Sicht von Armin Emrich stets typengerecht sein. Innerhalb einer Mannschaft gebe es eine unglaubliche Heterogenität von Typen, will heißen: jede Menge unterschiedliche Menschen- und Spielertypen. »Es gibt Typen, die brauchen kein Mentaltraining, wenn man mit ihnen solche Dinge bearbeitet, bringt man diese Spielertypen eher durcheinander oder verunsichert sie. Es gibt Sportler, die brauchen Mentaltraining als Handlauf, zur Selbstorientierung, um Motivation bzw. Motivstärke zu festigen und das Selbstvertrauen auf einem hohen Niveau zu halten.« Nach Ansicht von Armin Emrich sollte das Mentaltraining ständig mit der entsprechenden Sportart selbst verknüpft sein. Gut sei, wenn ein solches Mentaltraining nicht nur von dem Mentaltrainer durchgeführt werde, sondern auch zusammen mit dem Trainer tatsächlich kooperativ aufeinander abgestimmt praktiziert werde. Emrich: »Ein optimales Training wird nach dem Prinzip der Superkompensation gestaltet und in der Regel nach dem Intervallprinzip organisiert. Das gilt auch für ein integriertes Mentaltraining.«

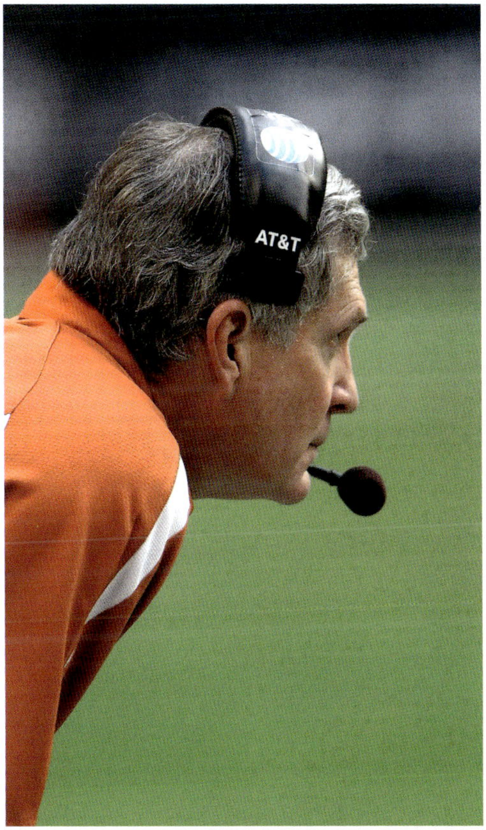

Wann und wie wenden Trainer mentale Techniken an?

Für Michael Pohl ist die mentale Vorbereitung ein ganzjähriger Prozess. Er sagt: »Man kann natürlich nicht binnen zwei Wochen eine negative in eine positive Stimmung umwandeln. Du musst von Anfang an mit der Mannschaft so arbeiten, dass sich ein Spannungsbogen aufbaut. Es ist wichtig, dass die Jungs Vertrauen zum Coach entwickeln. Das stärken wir über die Saison hinweg mit verschiedenen Maßnahmen. Bei den U20 und U18 haben wir z. B. ein Go-Cart-Rennen und eine spezielle Weihnachtsfeier veranstaltet, wo die Jungs sich gegenseitig Spaßgeschenke gemacht haben. Solche Aktionen schweißen die Truppe mehr und mehr zusammen – und dieser Prozess muss früh beginnen.«

Solche Teamevents, wie Michael Pohl sie beschreibt, lassen Trainer wie Spieler einander näher rücken und sich gegenseitig von einer anderen Seite kennenlernen. Das Vertrauen in- und zueinander wächst. Vertrauen spielt für die erfolgreiche Zusammenarbeit in Teams eine entscheidende Rolle. Es hält Teams zusammen. Vertrauen macht die einzelnen Sportler stark und beflügelt deren Arbeitsleistung. Vertrauen ist die Grundlage für eine funktionierende Beziehung und ist für die Kommunikation zwischen Sportler und Trainer unerlässlich. Deshalb führt Michael Pohl mit seinen Spieler auch viele Einzelgespräche: »Es gibt immer mal Situationen, wo Spieler z. B. durch private Umstände in ein Loch fallen können, und da ist es wichtig, dass man als Trainer da permanent am Ball ist. Du musst ein Gespür dafür entwickeln, wann dich der Spieler in welcher Art und Weise braucht. Da wird die größte Vorarbeit geleistet.«

Mit der Basis, die der Eishockeytrainer auf diese Weise geschaffen hat, braucht es in der Endphase vor dem Wettkampf nur noch mentale Impulse, die bei den Spielern positive Gefühle wecken und die Erfolgsbilder im Kopf erzeugen. Was tut Michael Pohl kurz vor dem Wettkampf? »Da kann man viel über Rhetorik machen, und darüber hinaus arbeiten wir mit Motivationsvideos der National Hockey League. Die zeigen wir fünf, sechs Minuten, bevor es aufs Eis geht, um den Jungs nochmal richtig positive Bilder mitzugeben. Das erzeugt eine irrsinnige Energie!« Und Pohl hat festgestellt: »Wenn all die erwähnten Instrumente über die Saison hinweg schon gegriffen haben, ist es hinten raus nicht mehr so schwer, die Motivation mit einfachen Mitteln nochmal zusätzlich zu pushen.«

Beim Deutschen Skiverband ist das Mentaltraining, eingebettet in die Sportpsychologie, seit 2006 einer von drei Bausteinen in der Trainerausbildung. Und die Trainer schaffen bereits beim Nachwuchs die Grundlagen des Selbstmanagements. »Bei den 12- und 14-Jährigen geht es schon ums Zeitmanagement, und sie lernen die Grundlagen des Mentaltrainings kennen«, sagt Thomas Braun vom DSV. »Ob es bei jedem Athleten unbedingt zur höheren Leistung führt, das ist individuell sehr verschieden. Aber wenn man genau hinschaut, ist es so, dass trotz allem jeder – auch die, die Mentaltraining vielleicht eher ablehnten – ein gewisses Startritual hat. Das ist ja letztlich auch nichts anderes, geschieht bei manchen aber vielleicht unbewusst.«

Auch Karl Angerer versucht, seinen Schützlingen den Nutzen von Mentaltraining zu vermitteln: »Man versucht natürlich, diese Werte zu vermitteln und die Athleten mental stark zu machen. Z. B. ihnen gewisse Dinge zu vermitteln, womit sie die Nervosität usw. in den Griff bekommen, was am besten funktioniert

Teamevent

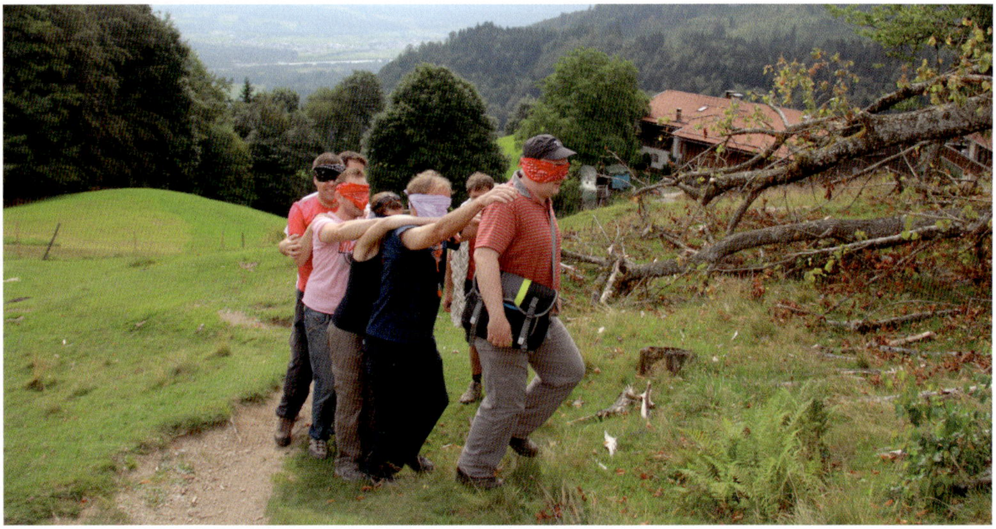

bei langen Autofahrten zum Wettkampfort. Oder ich gehe bei einem kleinen Spaziergang auf gewisse Dinge ein, hole sie wieder ein bisschen auf den Boden und gebe Tipps, wie sie ihre Nervosität – als Beispiel – in den Griff bekommen könnten. Auch wenn sie einen Sturz hatten, versuche ich, ihnen die Angst ein bisschen zu nehmen vor der nächsten Fahrt.« Als Trainer versuche er, auf die Sportler einzugehen, um zu erfahren, wie sie »ticken«, auf was sie anspringen, um dann diese Dinge zu stärken, sagt Angerer.

Armin Emrich praktiziert den Aufbau mentaler Stärke im laufenden Training so: »Sollten die Athleten zum Beispiel eine konzentrierte Trainingseinheit durchlaufen, dann sollte es nicht höchste Konzentration über eine längere Zeitspanne von z. B. 90 oder 120 Minuten sein, sondern es sollten sich immer wieder hochkonzentrierte Phasen mit weniger anspruchsvollen Trainingsinhalten nach dem Intervallprinzip abwechseln. Damit durchlaufen die Athleten einen intermittierenden Wechsel zwischen höchster Herausforderung und Entspannung und erleben somit auch ein ständiges Mischungsverhältnis zwischen Erfolg und Misserfolg im Training.« Für sein Training wende er für bestimmte Phasen das »Prinzip Wilhelm Tell« an, so Emrich weiter. »Wilhelm Tell hatte nur einen Pfeil, und er musste den Apfel auf dem Kopf seines Sohnes treffen. Es ging nicht nur um den Apfel, sondern es ging um das Leben seines Sohnes. Und er hatte nur einen Pfeil. Das bedeutet für die Trainingsgestaltung: Du hast jetzt nur die EINE Chance!«

Gerade in den Ballsportarten gebe es im Vergleich zu Individualsportarten vielfache Möglichkeiten, sich richtig oder falsch zu entscheiden: Spiele ich den Ball ab oder spiele ich den Ball nicht ab? Werfe ich selbst? Wann und wie werfe ich? Emrich: »Es gibt während der gesamten Spielzeit in den Ballsportarten komplexe Entscheidungssituationen. Die erforderliche kognitive Flexibilität zur Entwicklung der Spielfähigkeit sollte im Training immer wieder unter simulierten Stresssituationen in spielnahen Situationen gefördert werden. Die Spieler müssen mit eiserner Disziplin lernen, sich zu konzentrieren und Störreize auszublenden. Im Spiel gibt es von der Zuschauerkulisse, den Schiedsrichtern, dem Gegner bis zum Spielstand in der Regel eine geballte Menge von Störreizen, die leistungslimitierende Faktoren sein können.« Die Kunst der mentalen Stärke liegt genau darin: Trotz aller äußeren und inneren Widrigkeiten in der Lage zu sein, sein volles Leistungspotenzial am Tag X abrufen zu können.

Wie fördere ich als Trainer bei Spielern Höchstleistungen?

Wer Begeisterung schaffen will, muss als Trainer selbst mit Leidenschaft dabei sein. Wie willst du sonst deine Sportler, deine Mannschaft inspirieren und mitreißen? Viele Trainer unterschätzen, wie stark ihre eigene Einstellung die Performance der Mannschaft beeinflusst. Die mentale und emotionale Stärke eines Teams speist sich u. a. aus der Freude und dem Spaß am Sport, aus gemeinsamen Erfolgen, aus dem Spaß miteinander und aus der Art und Weise, wie du als Trainer mit dem Team agierst. Der brasilianische Ex-Fußballprofi Rivaldo hat über den ehemaligen Trainer der brasilianischen Fußballnationalmannschaft Luiz Felipe Scolari, der bei 21 WM-Spielen als verantwortlicher Trainer auf der Bank saß, gesagt: »Charakteristisch für ihn ist, dass er den Spieler führt und die richtige Ansprache findet. Training ist heutzutage überall ähnlich. Die Stärke von Scolari ist sein Umgang mit den Spielern. Er bringt dich als Spieler dazu, das Maximale aus dir rauszuholen« (Gold o.J.). Je mehr ein Spieler im Mannschaftssport sein Können einbringen kann, desto motivierter ist er für seine Aufgabe. Fühlt er sich unterfordert, sinkt seine Motivation. Fühlt er sich überfordert, ebenfalls. Ein Trainer braucht ein gutes Gespür für die Fähigkeiten des Einzelnen.

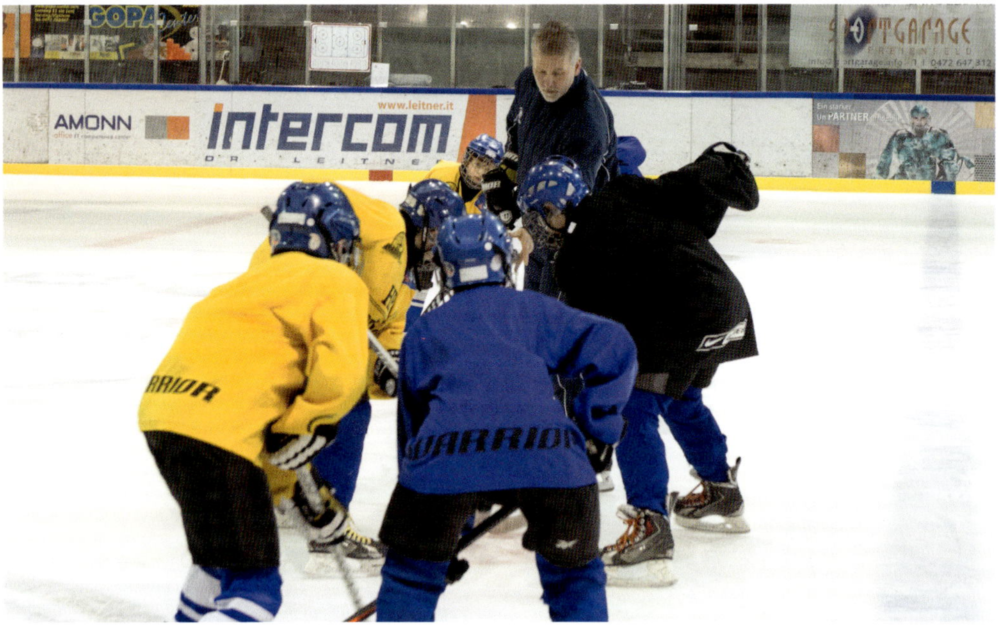

Für Michael Pohl haben sich neben generellen Teambuildingmaßnahmen deshalb Einzelgespräche bewährt, in denen er die Spieler nach Wünschen und Zielen befragt. »Hier können auch klare und deutliche Worte fallen, denn Offenheit ist wichtig«, sagt Pohl. »Unterm Strich braucht der Spieler das Vertrauen, dass er sich jederzeit auf seinen Coach verlassen kann. Nur dann wird er sich voll öffnen und in der Lage sein, das ganze Potenzial abzurufen!«

In der Endphase einer Saison sei es zudem enorm wichtig, mit den Spielern verstärkt auf der mentalen Ebene zu arbeiten. »Ich stelle immer wieder fest, dass manche Spieler unter der Saison top funktionieren und dann in den Play-offs völlig wegbrechen und nicht mehr in der Lage sind, ihre Leistung abzurufen. Dann passiert es z. B., dass in den Play-offs plötzlich Mannschaften vorne stehen, die in der regulären Saison schon oben mit dabei waren, aber nicht als Topfavorit galten.« Offensichtlich kommt dem Kopf in dieser entscheidenden Phase, die von einem erhöhten Druck geprägt ist, eine einflussreiche Rolle zu, die über Sieg oder Niederlage bestimmt. Wer hier mental und emotional stark ist, geprägt von einer selbstbewussten und selbstsicheren Haltung, kann mit diesem Druck souverän umgehen und lässt sich von einer Herausforderung nicht aus der Bahn werfen.

Armin Emrich sagt: »Ich muss jeden einzelnen Spieler am Nerv treffen, damit er heute genau in dem Spiel genau die Aufgabe bei diesem Gegner lösen kann. Das ist im Mannschaftssport natürlich unglaublich komplex. Wenn Sie als Bobfahrer die Eisbahn runterfahren wollen, dann kennen Sie genau die Kurven, die Geschwindigkeiten, Sie sind dort der Steuermann, und Sie haben hinten einen, der anschiebt. Sie sind nur zu zweit. D. h., Sie müssen jetzt nur diesen Eiskanal beherrschen. Bei den Mannschaftssportarten hingegen müssen Sie unglaublich komplexe Zusammenhänge beherrschen: den Gegner als auch die eigene Taktik, die Gruppendynamik der Mannschaft selbst.« Fürs Abrufen der Höchstleistung gelte es, bei jedem einzelnen Spieler bei jedem Spiel einen neuen Kick zu schaffen, so Emrich weiter. »Leis-

» Zutaten fürs Erfolgsrezept

Wer mit seinem Team Erfolge einfahren will, tut gut daran, Folgendes zu berücksichtigen:

- Begeisterung fürs Ziel schaffen
- Freude an den Aufgaben ermöglichen
- Individuelle Stärken der Sportler gezielt nutzen
- Verlässlichkeit bieten
- Respekt gegenüber den Sportlern
- Vertrauen aufbauen: im Team und zwischen Sportlern und Trainer.

tungssport heißt: Jedes Mal maximale Leistung liefern und sich immer wieder neu aufbäumen. Das kann nicht jeder, sonst hätten wir ja unzählige Leistungssportler. Der Trainer muss versuchen, die maximale Leistungsbereitschaft immer wieder neu herauszukitzeln.« Und nur wer als Trainer seinen einzelnen Sportler gut kennt und mit ihm regen Austausch pflegt, weiß, welcher Kick vonnöten ist.

Was bedeutet Führung für Trainer?

Für Armin Emrich bedeutet Führung auf einen Satz gebracht: »Zum richtigen Zeitpunkt die lange und zum richtigen Zeitpunkt die kurze Leine.« Emrich beschreibt dies mit folgendem Bild: »Ein Drachen fliegt so weit man ihm Schnur gibt. Je weiter man ihm Schnur gibt, desto weiter fliegt er, desto toller sieht das aus, desto größer ist aber auch die Gefahr, dass er abstürzt. Dann habe ich keine Kontrolle mehr.« Deshalb heiße Führung für den ehemaligen Handballtrainer, die Mischung zwischen bestimmten Führungsstilen zu finden, zwischen Extremen wie »Laissez-faire« und autoritärem Führungsstil. Die Beziehungsebene müsse stimmen mit der richtigen Strenge oder den richtigen Konsequenzen zum richtigen Zeitpunkt. Emrich: »Und jetzt müssen Sie beantworten, was richtig ist, und das entscheidet über den Erfolg.«

Für Michael Pohl bedeutet Führung »vor allem Verantwortung, Stärke und Entscheidungsfähigkeit verbunden mit der Gabe, Vertrauen zu schenken und zu stärken, aber auch eigene Fehler zuzugeben«. Für Karl Angerer ist es entscheidend, »gut dirigieren und motivieren zu können«. Man könne es nicht jedem recht machen, aber es gelte, die Sportler »bei der Stange zu halten«. Im Kern bedeute Führung für einen Trainer Delegation, Motivation und Respekt, »ein respektvoller Umgang von beiden Seiten«, so Angerer.

Skitrainer Thomas Braun findet ein prägnantes Bild für das Thema Führung: »Führung heißt für mich, eine klare Richtung vorzugeben, damit die Leute wissen, wo sie hin müssen. Ich mache das immer am Bild von einer Autobahn fest: Es gibt Leitplanken, aber eine Autobahn kann vielspurig sein. Welchen Weg dann die Personen gehen, ob sie die mittlere, linke oder rechte Spur nehmen, das muss man ihnen überlassen, damit sie sich überhaupt entwickeln können, eigene Ideen und Kreativität einbringen. Zwei Dinge müssen klar sein: Wo will ich hin, und in welchem Rahmen bewegt sich das?«

Für die Führung gelte, so Armin Emrich: »Es muss typengerecht sein. Eine Thuja-Hecke wird in der Regel ganz geradlinig geschnitten. Das sieht toll aus. Eine Mannschaft ist aber keine Thuja-Hecke.
Es können nicht alle Spieler gleich behandelt werden. Ein Trainer muss typengerecht in der Vorgehensweise sein, ohne dass innerhalb der Heterogenität (Anmerkung der Autorin: Vielfalt) der Mannschaft die Führungslinie darunter leidet. Also, wenn Sie bei der Heterogenität der Mannschaft mit der Heckenschere drübergehen, dann schneiden Sie dem einen den Kopf ab und den anderen erreichen Sie gar nicht, weil er 20 Zentimeter darunter ist.«

Führungsgrundsätze

- Zur guten Selbstführung zählt, das eigene Handeln und Verhalten mit kritischem Abstand zu betrachten.

- Je genauer du als Trainer deine Stärken und Schwächen kennst, je realistischer du in deiner Selbsteinschätzung bist, desto besser gelingt dir dein Selbstmanagement. Umso schneller erkennst du, wo du dich selbst sabotierst, und kannst entsprechend gegensteuern. Das verleiht dir Souveränität, Gelassenheit, Stabilität und Glaubwürdigkeit.
- Auch ein Trainer macht mal Fehler. Wichtig ist nur, diese auch offen zugeben zu können und daraus zu lernen.
- Zur guten Führung zählt, sich gegenseitig Vertrauen zu schenken:
  Vertraue auf dich und deine Fähigkeiten ebenso wie du deinen Athleten vertraust, dass sie ihr Bestes geben und ihr gemeinsam aufs gleiche Ziel hinarbeitet.
- Zur guten Führung zählt, zu wissen, wo die Grenzen liegen:
  Du vermagst ebenso deine Grenzen realistisch einzuschätzen wie die deiner Sportler, und du respektierst diese. Das bewahrt dich und andere vor Überforderung.
- Zur guten Führung zählt, Beziehungen positiv zu gestalten:
  Suche das Gespräch mit den Athleten, im Team und einzeln. Zeige Präsenz! Würdige individuelle Erfolge! Behandle deine Sportler mit Respekt und Wertschätzung, nimm sie wahr, sei aufmerksam!
- Kenne die Stärken, Schwächen und Fähigkeiten deiner Athleten.
- Zur guten Führung zählt, seinem Team (oder dem Einzelsportler) Sicherheit zu vermitteln:
  Du bist der Anker für deine(n) Sportler, du bist der Prüfstein ihrer sportlichen Leistung, und du gibst die Richtung an. Wankelmut und Unsicherheit, Angst und Zweifel übertragen sich von dir auf den Athleten. Ein guter Trainer strahlt Zuversicht und Sicherheit aus.

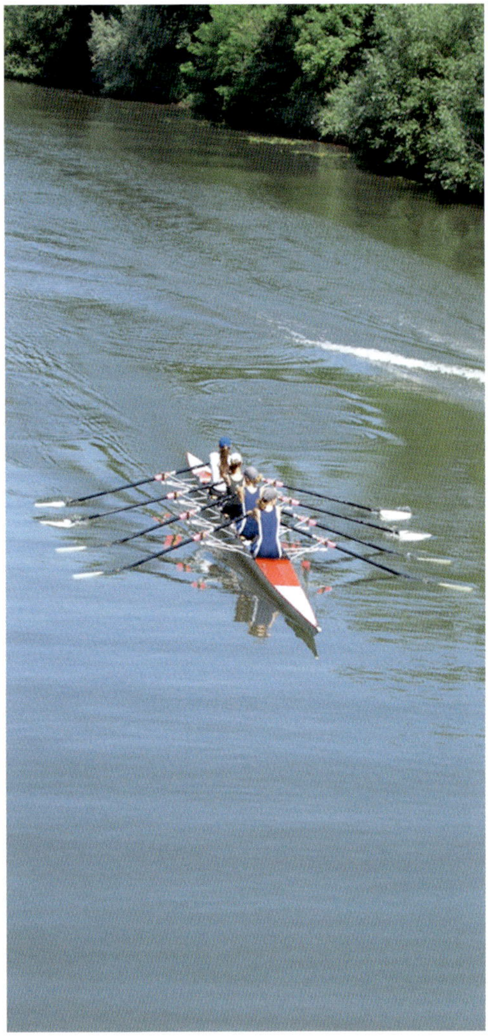

Der Trainer als Vorbild

Die Vorbildfunktion gehört zu den Kernaufgaben eines Trainers. Der Trainer ist für seine Sportler ein Vorbild – für Tugenden und Werte wie Fleiß, Loyalität, Pünktlichkeit etc., für Einstellungen und Handlungen. Die Sportler beobachten, wie der Trainer sich verhält, ob er sich selbst an die Regeln hält, ob er zu seinen Entscheidungen stehst, für sein Wort einsteht, wie er mit Problemen umgeht. Je vorbildlicher der Trainer hier auftritt, umso mehr übernimmt davon das Team für sein Verhalten – und das zahlt aufs

Erfolgskonto ein. Gerade junge Athleten lassen sich mental und emotional vom Äußeren, der Persönlichkeit und der Einstellung des Trainers leiten. Der britische Sportpsychologe Bill Beswick bringt es auf den Punkt: »Ein selbstsicherer Trainer bildet selbstsichere Spieler aus.« (Beswick, 2011).

Thomas Braun vom DSV, der dort die Ausbildung von Trainern verantwortet, fasst die Vorbildfunktion eines Trainers so zusammen: »Letztendlich muss er das vorleben, was er fordert, also authentisch bleiben. Das ist ganz, ganz wichtig. Wir haben Trainer in unseren Reihen, die sind Topsportler und bringen wahrscheinlich mehr Leistung im Konditionsbereich als manche Athleten. So ein Trainer kann auch sehr viel fordern. Wenn ich das aber fordere, muss ich es letztlich auch vorleben. So muss jeder seine Rolle finden.

Ich glaube, es macht keinen Sinn, wenn jemand, ich sage mal überspitzt, ein lockeres Leben führt, dann wäre es sicher der falsche Weg, wenn er genau in dem Punkt das Gegenteil fordern würde von den Athleten. Dazu kennt man sich viel zu gut. Es muss letztlich authentisch bleiben. Er muss natürlich vorbildlich sein auch hinsichtlich der Zielstrebigkeit. Als Vorbildfunktion ist ein ganz wichtiger Punkt die Ehrlichkeit. Die Ehrlichkeit und die Offenheit, das heißt, dass man Dinge direkt und zeitnah anspricht mit den Athleten. Das kann man dann genauso auch von den Athleten fordern.«

Der Stellenwert der Sozialkompetenz eines Trainers

Viele der Anforderungen an eine gute Führungskraft fallen in den Bereich Sozialkompetenzen. Den sozialen Kompetenzen eines Trainers kommt in den letzten Jahren eine wachsende Bedeutung zu. Sie werden als ein Potenzial zur Steigerung der sportlichen Leistungsfähigkeit eines Athleten eingestuft, nachdem die Möglichkeiten der medizinischen und trainingswissenschaftlichen Leistungssteuerung ausgereizt sind (Borggrefe et al., 2006). In der sozialen Kompetenz, so die »Studie zur Sozialkompetenz von Trainerinnen und Trainern im Spitzensport« aus dem Jahr 2006, liege der Schlüssel zum sportlichen Erfolg, »denn letztlich finden gerade sozial kompetente Trainer einen besseren Zugang zu ihren Athleten und sind somit eher in der Lage, diese erfolgreich zu steuern, zu motivieren und so sämtliche Leistungsreserven zu mobilisieren. Zudem liegt die Stärke sozial kompetenter Trainer auch darin, unterschiedliche Interessen und Bedürfnisse zu koordinieren – eine Fähigkeit, der gerade in Mannschaftssportarten eine hohe Bedeutung zuzumessen ist. Und schließlich kann auch davon ausgegangen werden, dass sozial kompetente Trainer durch den Aufbau von persönlichen Beziehungen eher in der Lage sind, sportliche Krisen zu bewältigen und Konflikte zu managen, was wiederum der langfristigen Zusammenarbeit zwischen Trainer und Athlet(en) zugutekommt.« (ebd.).

»Sozialkompetenzen, auch unter dem Begriff ›soft skills‹ bekannt, umfassen individuelle »Einstellungen und Fähigkeiten, die dazu dienlich sind, eigene Handlungsziele mit den Einstellungen und Werten einer Gruppe zu verknüpfen und in diesem Sinne auch das Verhalten und die Einstellungen einer Gruppe zu beeinflussen. Soziale Kompetenz umfasst eine Vielzahl von Fertigkeiten, die für die soziale Interaktion nützlich bzw. notwendig sind.« (wikipedia, 2015).

Der ehemalige Nationaltorhüter Oliver Kahn hat seine Wünsche an einen Trainer so formuliert: »Menschlichkeit ist für mich ein ganz wichtiger Wert. Ein Trainer sollte konsequent sein, gut kommunizieren und sagen können: ›Der spielt heute, weil der noch besser trainiert hat.‹ Klarheit und Transparenz in seinen Entscheidungen. Mir ist die Menschlichkeit unheimlich wichtig. Hitzfeld war beispielsweise jemand, der, wenn ich gesagt habe: ›Trainer, ich kann nicht am Wochenende spielen, ich fühle mich platt‹, zu mir gesagt hat: ›Ja, dann geh' zum Golfspielen. Spielst du am Wochenende mal nicht.‹ Das hat Hitzfeld als Trainer gesagt. Er hat mich verstanden.«

Das Trainerverhalten in Spiel- und Wettkampfpausen

Wie der Trainer mit herausfordernden Situationen umgeht, wirkt sich sowohl auf seine Leistung als auch auf die Leistung der Sportler aus. Liegt die Mannschaft im Spiel zurück oder der Trainer beobachtet eine schlechte Leistung eines Athleten, löst das vermutlich Ärger beim Trainer aus. Doch je mehr Raum der Trainer diesen negativen Gefühlen einräumt, desto eingeschränkter wird er in seinen Reaktions- und Handlungsmöglichkeiten. Mehr noch: Sein Ärger schlägt Wellen, er überträgt sich auf die Sportler.

Je ruhiger und gelassener der Trainer selbst mit Drucksituationen umgeht, desto mehr Souveränität bewahren auch seine Sportler. Was kann der Trainer tun, um bei schlechter Performance seiner Schützlinge angemessen zu reagieren?

- Konzentration auf die Problemlösung – was tun, um die aktuelle Situation auf dem Spielfeld zu ändern (Auswechseln eines Spielers etc.)?
- Emotionsregulation, z. B. Entspannung durch bewusste, tiefe Bauchatmung
- Beschränkung der Anweisungen in der Spielpause auf zwei bis drei kurze Instruktionen, möglichst in bildlicher Sprache oder visuell unterstützt – dann nehmen die Athleten die Informationen am besten auf (vgl. Weidig, 2009, S. 35)
- Ermutigende, motivierende, unterstützende und bestärkende Kommunikation, sowohl verbal als auch nonverbal. Abfällige Bemerkungen und Gesten sind tabu! (ebd.)
- Einfordern von Engagement und Verantwortung in der Spielpause
- Fokus auf die Stärken, nicht auf die Schwächen! Erinnerung der Spieler an ihre Stärken.

Aus welchen Gründen ist letzteres so wichtig? Das beschreibt Thorsten Weidig in seiner Dissertation »Das Trainerverhalten in Spiel- und Wettkampfpausen auf dem Prüfstand« sehr einleuchtend: »Die Konzentration auf Fehlverhalten erschwert eine optimale Leistungsentfaltung im anschließenden Wettkampfabschnitt maßgeblich. Die intensive Auseinandersetzung mit falschem technischem oder taktischem Wettkampfverhalten verzögert eine schnelle kognitive Verarbeitung, weil die Aufmerksamkeit des Athleten auf vergangene Wettkampfsituationen gerichtet bleibt und Handlungsalternativen für den folgenden Wettkampfabschnitt fehlen (vgl. Beck, 1999; Gabler, 1999). Im Gegensatz dazu erhöhen lösungs- und zukunftsorientierte Anweisungen die Auftretenswahrscheinlichkeit erfolgreichen Handelns (Bamberger, 2005; König & Volmer, 2003; Smoll & Smith, 2006; Szabó & Berg, 2006; Weidig, 2009, Seite 36).«

Es hilft nicht nur, die Sportler an ihre Stärken zu erinnern. Der Trainer weckt zusätzlich positive Gefühle in ihnen, wenn er sie – gerade wenn das Spiel ungünstig für eine Mannschaft verläuft – an vergangene Erfolge erinnert und besonders jene Aktionen lobend hervorhebt, die während des Spiels gut waren. Verbunden mit konkreten Verhaltenskorrekturen, positiv und aktiv formuliert, beugt der Trainer auf diese Weise einem Leistungsabfall nach der Pause vor (vgl. Weidig, 2009, S. 36). In der Pause gilt: Entspannung statt Anspannung. »Die Pausen bzw. Spielunterbrechungen sollten unbedingt dazu genutzt werden, dass sich der Sportler kurzfristig beruhigt und dabei entspannt, um sich anschließend auf den nächsten Ballwechsel oder die nächste Aktion mental vorzubereiten – den Flow-Zustand also einzuregeln und sich aufzubauen.« (Wörz, 2011).

Mache als Trainer deinen Athleten deutlich, dass sie keine Opfer eines übermächtigen Gegners oder eines ungerechten Schiedsrichters sind, sondern dass sie ihr Schicksal selbst in der Hand haben, und das bis zur letzten Spielminute. Wie wahr das ist, bestätigt der ehemalige Nationaltorhüter Oliver Kahn mit seinem Erlebnis während der Deutschen Meisterschaft 2001: »Wir haben danach (Anmerkung der Autorin: nach der Niederlage im Champions-League-Finale 1999 FC Bayern gegen Chelsea) gesagt: Nie mehr. Eigentlich banal – aber so ist es eben manchmal im Fußball. Im Zuge dessen entstand auch das berühmte ›Weiter, immer weiter‹-Thema, das Ottmar Hitzfeld sehr schön aufgenommen und gelebt hat. Zwei Jahre später standen wir wieder im Finale der Champions League, und drei Tage vorher war das letzte Bundesliga-Spiel in Hamburg. Wir brauchten nur einen Punkt, um Meister zu werden. Schalke hat parallel gespielt zu Hause und hat 5:3 gewonnen. Schalke feierte schon den vermeintlichen Meistertitel. Wir lagen in Hamburg 1:0 im Rückstand, das Gegentor fiel wieder in der 90. Minute. Schon wieder. Das war für mich ein mentaler Kulminationspunkt. Es passierte schon wieder. Ich weiß noch, wie ich im Stadion stand und die letzten 20 Minuten, vielleicht sogar das ganze Spiel gedacht habe: Was ist denn eigentlich, wenn wir jetzt schon wieder den Sieg verspielen? Ich konnte nichts machen gegen diesen Gedanken.

Als das 1:0 in der 90. Minute gegen uns gefallen ist – das werde ich nie vergessen, und das ist ja das, was wir gelernt haben aus 1999 – dachte ich: Egal, jetzt ist es zwar passiert, aber wir haben noch Zeit. Ich lief zu Markus Merk, dem Schiedsrichter, und habe ihn gefragt: Wie lang geht es noch? Noch vier Minuten. Da habe ich Stefan Effenberg angeschaut und gesagt: ›Effe, es geht noch vier Minuten. Jetzt geht es noch verdammte vier Minuten.‹ Das haben wir verinnerlicht. Es war wie ein Klick bei jedem einzelnen Spieler: Das haben wir ja schon mal erlebt, aber jetzt wollten wir mal diejenigen sein, die es noch schaffen. Und tatsächlich: In der 94. Minute schafften wir den Ausgleich zum 1:1, waren Deutscher Meister und drei Tage später dann Champions-League-Sieger. Was wäre wohl gewesen, wenn wir nicht Deutscher Meister geworden wären? Das sind die typischen mentalen Momente, die im Sport stattfinden und die natürlich hoch spannend sind.«

Beim Thema mentale Stärke geht es immer wieder darum, ins TUN zu kommen, also zu handeln statt zu hadern. Darum lässt sich die Liste deiner Aktionen als Trainer bei ungünstigem Spielverlauf noch um einen weiteren Punkt ergänzen:

Vereinbare als Trainer mit deinen Athleten Ziele, die für den nächsten Wettkampfabschnitt gelten. Diese sollten konkret, schwierig, aber das Leistungsvermögen nicht übersteigend, überprüfbar, von beiden Seiten akzeptiert und sowohl ergebnis- als auch prozessorientiert (z. B. »Attackiere den ballführenden Gegenspieler sofort!«) sein (vgl. Weinberg & Butt, 2005).

Mehr zum Thema Ziele findest du im Kapitel Ziele.

Kritik

Ist dir bewusst, womit du deine Athleten emotional negativ treffen könntest beim Ausüben von Kritik? Bereits kleine Gesten wie das Verdrehen deiner Augen, Unterbrechungen von Wortbeiträgen oder das Übergehen eines Einwands reichen, um dem Sportler negative Gefühle zu bescheren. Je stärker du deine Genervtheit, deinen Frust oder deine eigene Überforderung nach außen trägst, umso mehr wirkt sich das auf dein Umfeld und dessen Reaktionen aus, auf die Freude der Athleten am Sport und auf die Motivation. Die Palette eines schlechten Selbstmanagements reicht von kleinen Unkontrolliertheiten über unüberlegte Antworten und giftige Kommentare bis hin zu Affektreaktionen eines Trainers.

Drohst du z. B. einem Spieler in einer ohnehin angespannten Spielsituation direkt mit negativen Konsequenzen, wirkt sich das unmittelbar auf dessen Leistung aus, und zwar negativ: »So wird die gewünschte Synchronisation zwischen äußeren (Handlungen) und inneren Abläufen (Gedanken), die auch als Flow oder optimaler Leistungszustand bezeichnet wird, unterbrochen. Psycho-physiologische Prozesse – Erregungsniveau und Gedanken beeinflussen sich ja gegenseitig – und ausgeführte Bewegungen passen nicht mehr zusammen: Es kommt zu Störungen. Die Folge sind unkoordinierte Bewegungen, der Bewegungsfluss gerät ins Stocken, die Handlungen werden ruckartig und verlieren jegliche Harmonie.« (Wörz, 2011).

Gleichwohl schlagen während eines wichtigen Spiels die Gefühle hohe Wellen. Negative Emotionen wie Enttäuschung über einen Fehlpass oder Wut gehören dazu. Nicht selten sind dann auch Flüche zu hören, mit denen sich Trainer oder Sportler Luft verschaffen. Der ehemalige Handball-Nationaltrainer Armin Emrich sagt: »Es gehört auch dazu, dass Spieler sich das eine oder andere Mal etwas an den Kopf werfen, aber im selben Atemzug sofort wieder positive Energie entwickeln und sich unterstützen. Wenn Sie mal genau hinschauen bei den Sportarten, die haben sofort wieder eine Körpersprache, die Social Support signalisiert. Da verschießt einer einen wichtigen Siebenmeter. Der läuft zurück, und der nächste kommt und klatscht ihn ab. Heißt nichts anderes als: Komm her und mach weiter.« Mit anderen Worten: Der Ausdruck von Ärger, auch als Feedback untereinander, ist erlaubt, doch es darf niemand darin verhaftet bleiben. Die bestärkenden Worte am Ende des Ärgers, so wie Armin Emrich es hier beschreibt, sind wichtig, um wieder positive Gefühle wachzurufen, die den anderen beflügeln und zu besserer Leistung motivieren.

Wann ist Kritik angebracht?

- bei mangelnden Leistungen in Bezug auf die gesteckten Ziele
- wenn sich Spieler/Sportler nicht an Absprachen, Regeln und Aufgaben halten
- wenn das Sozialverhalten zu wünschen übrig lässt, z. B. bei Unzuverlässigkeit, Unpünktlichkeit und Aggressivität des Athleten.

Wo sollte Kritik stattfinden? Wann wird eine Gruppe (im Mannschaftssport) einbezogen, und wann ist es eine Aussprache unter vier Augen? Dein Feedback als Trainer sollte niemals den einzelnen Sportler bloßstellen oder demütigen. Wenn du möchtest, dass der Athlet deine Kritik annehmen kann und die darin enthaltenen konstruktiven Aspekte umsetzt, dann darfst du ihn nicht verletzen. Vielmehr sollte die Kritik Impulse für sein weiteres Handeln beinhalten. Dein negatives Feedback kann auch den Lernprozess des Athleten stören. Und zwar dann, wenn du bereits bei minimalen Fehlern, sehr oft oder kurz vor Wettkämpfen Kritik übst.

Die Gestaltung von Team- und Spielbesprechungen

Ob zur Vermittlung der Strategie fürs anstehende Spiel oder zur Analyse nach einem Spiel, die Motivation der Sportler gehört stets zu den Aufgaben des Trainers, wenn er zur Teambesprechung lädt. Dabei hängt viel davon ab, wie die Besprechung gestaltet wird und wie der Trainer seine Anliegen vermittelt. Der ehemalige Hockey-Nationaltrainer Bernhard Peters sagt: »In vielen Sitzungen mit meinem Team, in entscheidenden Besprechungen vor dem Spiel oder auch in der Halbzeitpause war die Kommunikation zwischen dem Team und mir das wichtigste Werkzeug auf dem Weg zur Höchstleistung. (...) Gute Kommunikation kann Berge versetzen, Spiele drehen ebenso wie Stimmungen, gute Kommunikation kann Höchstleistungen provozieren, schlechte Kommunikation kann aus Favoriten in kurzer Zeit Verlierer machen.« (Peters, 2012, S. 41).

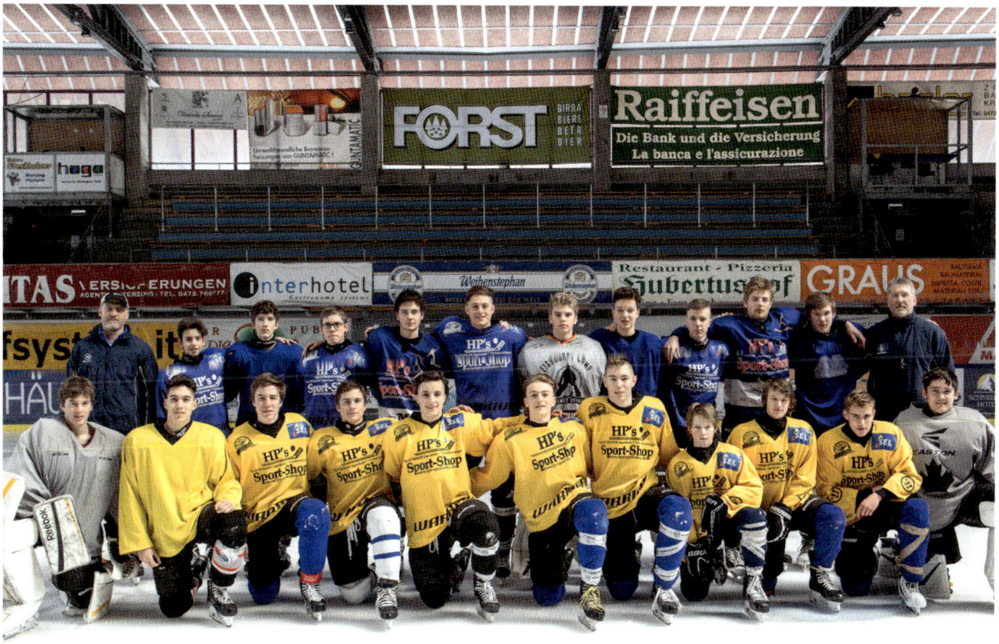

Wem es gelingt, in der Besprechung positive Gefühle bei den Sportlern zu wecken, sie für den Sieg zu emotionalisieren, der schafft Motivation. Diese Emotionen lassen sich durch das Erinnern an vergangene Erfolge und das Fokussieren auf die vorhandenen Stärken erzeugen. Bobtrainer Karl Angerer sagt über seine Teambesprechungen vor einem Wettkampf: »Ich versuche, ihnen vor Augen zu holen, was sie schon geleistet haben während der Woche, was ich ihnen zutraue, was wir schaffen können. Ich versuche, sie einfach noch mal ein bisschen hochzuheben, zu motivieren, indem ich die Stärken aufzähle und ihnen sage, dass die anderen auch nur mit Wasser kochen.«

Rituale in der Besprechung

Alle Trainer, mit denen ich gesprochen habe, hatten gewisse Rituale, die zur Teambesprechung gehörten. Karl Angerer: »Wir schwören uns dann nochmal kurz ein. Das ist oft nur ein kleines Abklatschen. Ich versuche schon, dass ich auch Emotionen mit hineinbringe. Auf die sehr wichtigen Dinge greife ich sachlich zurück, dass die Abläufe zumindest passen, die Leute richtig eingeteilt werden.«

Der ehemalige Handball-Nationaltrainer Armin Emrich nutzte vor allem Videos, um eine Beziehungsebene zu den Spielerinnen herzustellen: »Zu Beginn war das oft ein witziges Video nach dem Prinzip: Haben wir heute schon gelacht? Guten Geist provozieren und fördern, gute Stimmung fördern.« Mit der so geschaffenen guten Stimmung stieg Emrich in die Analyse ein und förderte die Selbstkritik mit Hilfe einer intensiven Videoanalyse vorangegangener Spiele. Er sagt: »Es muss das Mischungsverhältnis stimmen zwischen Fehlern, die ebenso angesprochen werden müssen wie die richtig guten Leistungen. Gegen Ende müssen Beispiele mit richtig guten Leistungen kommen, die motivierend sind. In dem Moment, wenn die Besprechung abgeschlossen ist, dann müssen wir noch mal lachen, dann muss noch irgendwo ein lustiges Video her, damit wir freudig auseinandergehen zum Mittagessen und dann zur Spielvorbereitung. Das waren die Rituale in der Mannschaftsbesprechung.«

Auch Eishockeytrainer Michael Pohl greift zu einem Ritual, nachdem er in den Team- bzw. Spielbesprechungen taktische und organisatorische Dinge besprochen und durch Rhetorik und Videos Motivation erzeugt hat: »Am Ende wird immer ein Kreis gebildet, das gilt auch nach dem Spiel. Als zusätzlich positiv hat sich erwiesen, dass im Zuge der Abschlussbesprechung ein bester Spieler bestimmt wird, unabhängig von Sieg oder Niederlage. Gerade nach Niederlagen ist es wichtig, das Teamgefühl zu stärken!«

Bilder statt Worte – der Einsatz von Symbolbildern zum Transport von Inhalten

Unser Gehirn lernt über Bilder. Sie wirken um ein Vielfaches schneller als Worte und werden entsprechend schneller verarbeitet und abgespeichert. Daher nutzen Trainer wie Armin Emrich auch Symbolbilder, um Inhalte zu vermitteln. Er liefert einige Beispiele aus vergangenen Team- und Spielbesprechungen:

- Ein Bild von einer Baustelle mit vielen, vielen Steinen, und dann steht darauf: »Aus Steinen, die uns in den Weg gelegt werden, bauen wir uns die Treppe zum Erfolg.«
- Eine Waage, links und rechts eine große Schale: In der linken sitzt ein Elefant, in der rechten sitzt eine Maus. Aber die Maus ist schwerer, und die Maus ist in der Schale unten und der Elefant ist oben. D.h., nicht der Größte, der Stärkste ist der Wichtigste, sondern der Effektivste. In dem Fall ist das Symbol die schlaue Maus.
  Armin Emrichs Begründung für diese Bildwahl: »Sie müssen ja manchmal Entscheidungen treffen, die typengerecht sind, die aber nie mathematisch 1:1 in der Gerechtigkeit umzusetzen sind. Aber es müssen begründete Entscheidungen sein und für jeden nachvollziehbar, ohne dass der eine sich übervorteilt und der andere benachteiligt fühlt.«
- Eine Mannschaft sitzt in einem Fesselballon. Jetzt ist oben ein Loch im Fesselballon. Die unten geraten natürlich in Panik: Was machen wir jetzt? Sie senden eine SMS und bitten um Hilfe, überlegen: Machen wir jetzt den Fallschirm auf? Nein, das Wichtigste zuerst: Einer klettert nach oben und macht das Loch da oben zu.
  Emrich: »Solche Bilder helfen für Situationen, wo in der Mannschaft Panik herrscht: Es sind noch drei Minuten zu spielen und sie sind fünf Tore hinten. Was ist jetzt Panikregelmanagement Nr. 1? Das Wichtigste zuerst.«

Wann ist ein Trainer gescheitert?

Die Beziehungsebene zwischen Trainer und Athlet ist das Fundament, auf dem Erfolge entstehen können. Ist das Fundament schief, rissig, erschüttert, wird kein stabiles Haus Halt finden. Stattdessen droht die Trümmerlandschaft. Das Fundament speist sich aus der Sozialkompetenz des Trainers – Vertrauen und Wertschätzung sind wesentliche Bestandteile davon. Dabei kommt der Fähigkeit des Trainers, sich auf jeden Sportler individuell einstellen zu können, eine Schlüsselrolle zu. Gelingt es ihm nicht, die Bedürfnisse des Einzelnen zu erkennen und ihnen Rechnung zu tragen, wird es ihm kaum gelingen, die Sportler nachhaltig zu motivieren.

Für Karl Angerer gehört dazu auch, über den Tellerrand hinauszublicken: »Das macht bei mir auch einen guten Trainer aus, dass man sich nicht stur auf die eine Schiene verbeißt, die man vielleicht selbst früher einmal verfolgt hat, und sagt, nur das ist der alleinige Weg, sondern einfach versucht, den richtigen Weg für den richtigen Athleten zu finden.« Dieser Sichtweise schließt sich Michael Pohl an: »In dem Moment, wo man Spieler nur für seine Zwecke benutzt, ist es nur eine Frage der Zeit, bis das von Spielern durchschaut wird und die Verbindung zwischen Coach und Mannschaft verlorengeht. Es spielt sich viel auf energetischer Basis ab im zwischenmenschlichen Bereich. Da gibt es einen ›point of no return‹. Wenn der erreicht wird, dann hast du als Trainer keine Chance mehr, an die Spieler heranzukommen.«

Für Armin Emrich ist es auch eine Frage des Stils, ob ein Trainer scheitert. »Es gibt ja wirklich ganz hervorragende Trainer, die aber nicht überall hinpassen. Sie können nicht jeden Baum in jeden Boden, in jedes Klima einpflanzen und meinen, er wächst da weiter. Das geht nicht. Die Beziehungsebenen müssen aufgebaut werden, das ist dann teilweise auch konfliktäres Arbeiten, bis das alles in die richtige Richtung geht. Die Beziehungsebene muss stimmen. Wenn dort Sand im Getriebe ist, dann werden die Mannschaft und der Trainer keinen Erfolg haben. (...) Wenn das Wechselspiel zwischen dem Trainer und den einzelnen Typen nicht mehr funktioniert, macht die Zusammenarbeit keinen Sinn mehr.«

Für Thomas Braun, Technischer Leiter Ausbildung beim DSV, sind es mehrere Faktoren, die zum Scheitern eines Trainers beitragen: »Ein Trainer muss in gewisser Weise ein Alphatier sein. Aber ich muss als Trainer das Gleichgewicht finden, d.h., dass ich meine persönlichen Dinge in den Hintergrund stelle und nicht auf die Athleten übertrage. Andernfalls wird es zwanghaft. Dann scheitert es an der Kommunikation und am guten Trainer-Athleten-Verhältnis. Das ist das Eine.

Das Zweite ist: Als Trainer muss ich mich im System und im Team mit den oberen und unteren Lehrgangsgruppen, mit den Wissenschaftlern und mit der Sportführung gut bewegen können. Wenn ich das nicht kann, scheitern viele Trainer. In der Weltspitze hängt das Scheitern eines Trainers natürlich sehr eng mit dem Erfolg zusammen. Aber im Nachwuchsbereich, glaube ich, scheitern die meisten Trainer, weil es Reibungspunkte irgendwo im System gibt, das sind meistens Kommunikationsprobleme. Oder sie sind dann so sehr Alphatier, dass sie nur ihren Weg gehen und nicht mehr nach links und rechts schauen. Die Beziehungsebene zwischen Athlet und Trainer sowie die Kommunikationsebene innerhalb des Systems sind extrem wichtig. Wenn es hier hapert, droht das Scheitern.«

Der Trainerwechsel

Muss ein Trainer gehen, aus welchen Gründen auch immer, übernimmt ein Nachfolger dessen Aufgaben. Angenommen, du bist der Nachfolger: Wie trittst du der Mannschaft gegenüber?

Folgende Fragen sollten sich Trainer und Team stellen:

- Wo stehe(n) ich/wir jetzt? Was hat während der ersten Saisonhälfte/der letzten Monate gut funktioniert? Was haben wir erreicht? Welche Erfolge hatten wir (unabhängig vom Spielergebnis)? Wo lagen Stärken und Schwächen? Wie schätzen wir unsere Leistung ein? Was habe ich gelernt?
- Wohin wollen wir als Team (und jeder Einzelne) hin? Wo haben wir Verbesserungschancen? Wo können wir uns steigern?
- Was hindert mich/uns, das jetzt schon zu erleben?
- Welche Wege (Ressourcen) erschließe ich mir/erschließen wir uns, um zum Ziel zu gelangen?

Wenn man eine Mannschaft übernimmt, ist es wichtig, nicht auf dem Vorgänger rumzuhacken, sondern dem bisherigen Trainer für seine Arbeit zu danken und ihn wertzuschätzen. Und danach gilt: Nach vorne schauen statt zurück!
Bei der ersten Begegnung mit der Mannschaft solltest du den Fokus nicht auf die Schwächen und Defizite legen, sondern auf die Stärken – und zwar

die Stärken des Teams und jedes Einzelnen. Das heißt:

- Würdigung des Trainers, der gegangen worden ist, vor der Mannschaft
- Was ist in der gelaufenen Saison gut gelaufen?
- Wo gibt es Defizite? Wo sind Blockaden? Was hindert das Team daran, erfolgreich zu spielen?
- Benennen der Stärken, sowohl des Teams als auch der Einzelnen
- Was braucht die Mannschaft – vom Trainer, vom Verein, vom Umfeld usw.? Was hat sie für Wünsche? Was ist ihr wichtig?
- Zielüberprüfung: Ist es vom bisherigen Trainer allein bestimmt oder gemeinsam erarbeitet? Ist es noch aktuell? Welches Ziel will die Mannschaft für die restliche Saison verfolgen?

Ich habe schon öfter Mannschaften begleitet, die kurz vorm Abstieg standen. Als erstes habe ich die Potenziale in der Mannschaft aufgedeckt, Stärken gestärkt, die Stärken der Einzelspieler aufschreiben lassen und danach die Mannschaft gefragt: Was macht euch als Mannschaft aus? Die Ergebnisse lassen sich auf einem großen Flipchart sammeln. Dieses Flipchart kann in der Umkleidekabine aufgehängt werden. Der Trainer kann dann künftig mit einer Geste zum Flipchart dazu auffordern: Erinnert euch an eure Stärken und geht mit euren Stärken raus auf den Platz!

Die Stärken des Einzelnen und des Teams zu erkennen und zu stärken, ist ein wesentlicher Baustein mentalen Trainings. Wichtig ist, dass jeder zur Geltung bringen kann, worin er wirklich gut ist. Das fördert das Selbstvertrauen und stärkt die Stärken jedes Einzelnen.

Trainingsgestaltung

Armin Emrich sieht eine klare fachliche Struktur als einen der Erfolgsfaktoren für ein effektives Training, ebenso Zielstrebigkeit und die Analyse des Trainers:

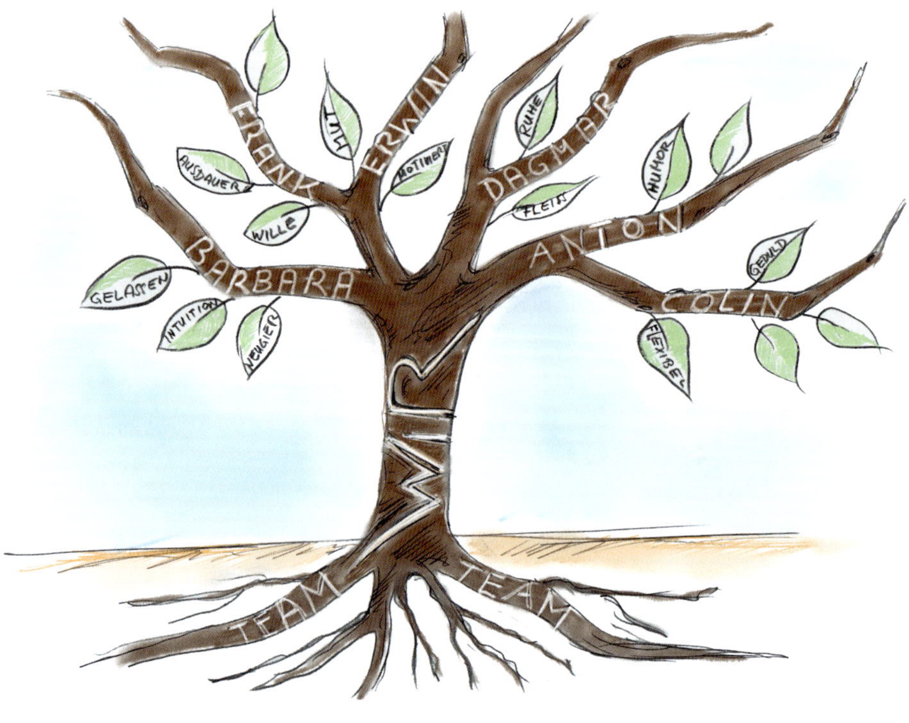

»Was braucht der eine oder andere Spieler, was sind seine Stärken, was sind seine Schwächen, was braucht die Mannschaft? Es muss im Training eine hohe Disziplin und Konzentrationsfähigkeit herrschen, damit ein Training auch effektiv ist.«

Für Karl Angerer sind Transparenz und Respekt wesentliche Faktoren, die das Training effektiv beeinflussen. Erfolgreich sei es, »wenn man ehrlich zu seinen Leuten ist, wenn man sie respektvoll behandelt, wenn man sie mit einbaut, wenn man ihnen erklärt, warum und weshalb man was macht. Es ist einfach das Miteinander, das ist das Entscheidende. Es muss Respekt sein, aber auch ein Miteinander und Transparenz«.

Michael Pohl bringt die Anforderungen eines Trainings auf den Punkt: »Für eine effektive Trainingsgestaltung ist die Organisation wichtig, Zeitmanagement, Härte und Tempo, und dann baue ich auch immer wieder Wettkampfbedingungen ein, verbunden mit Spaßelementen, die zusätzlich den Teamgeist fördern!«

Wie lernen Spieler/Athleten, mit Druck umzugehen?

Mentales Training lebt von der regelmäßigen Anwendung. Nur wer sich im Vorfeld immer wieder mit Herausforderungen mental befasst, meistert sie auch später in der realen Praxis souverän. Zu den Herausforderungen eines Athleten gehört unzweifelhaft der Umgang mit Druck. Je besser ein Athlet auf den Druck vorbereitet ist, desto leichter kann er damit in der direkten Situation umgehen. Ihn auf diesen Druck vorzubereiten gehört zu deinen Aufgaben als Trainer.

Michael Pohl gewährt Einblicke in seine Praxis beim Eishockey: »Ab der U14 werden Spieler zunehmend damit konfrontiert, um ihre Aufstellung kämpfen zu müssen, denn spätestens in der U16 wird ein Spieler, der nicht um seinen Platz kämpft, Mühe haben, sich nach oben durchzusetzen. Das geht im Training bereits los: Wie intensiv trainiert der Spieler? Wenn ein Spieler dann im Spiel selbst nicht gewillt ist, sein volles Potenzial abzurufen, und kämpferisch ist, dann muss er auch mal damit klarkommen, dass er von uns eine entsprechende Ansage bekommt und für den Rest des Spiels zuschaut. Er muss lernen, damit klarzukommen.«

Michael Pohl über das Thema »Druck« im Profisport: »Ein Profi muss permanent mit Drucksituationen klarkommen, sei es, weil 12.000 Zuschauer zuschauen oder Kritik in der Presse laut wird. Wenn man ihm in jungen Jahren eine Spielplatzgarantie geben würde, würde er irgendwann in ein Loch fallen, weil er später völlig überfordert wäre mit dem, was dann notwendig ist. Man muss die Jungen altersgerecht daran heranführen und sie mehr und mehr mit solchen Situationen im Kopf konfrontieren und zunehmend härter anpacken. Im Profibereich ist ein Spieler Mittel zum Zweck, dafür wird er gut bezahlt. Bringt er keine Leistung, wird er ausgetauscht.«

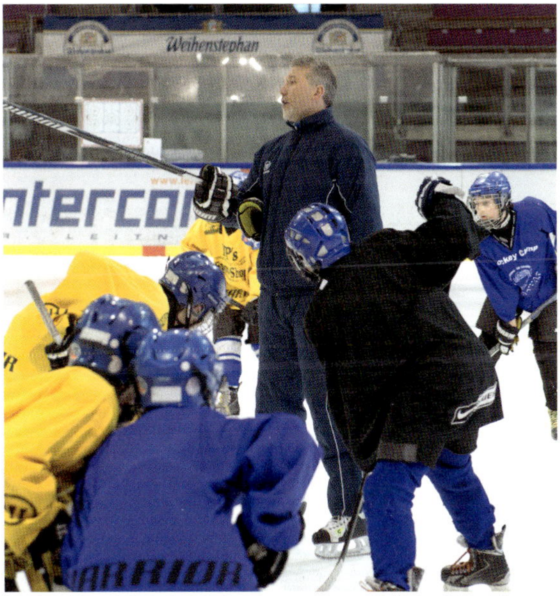

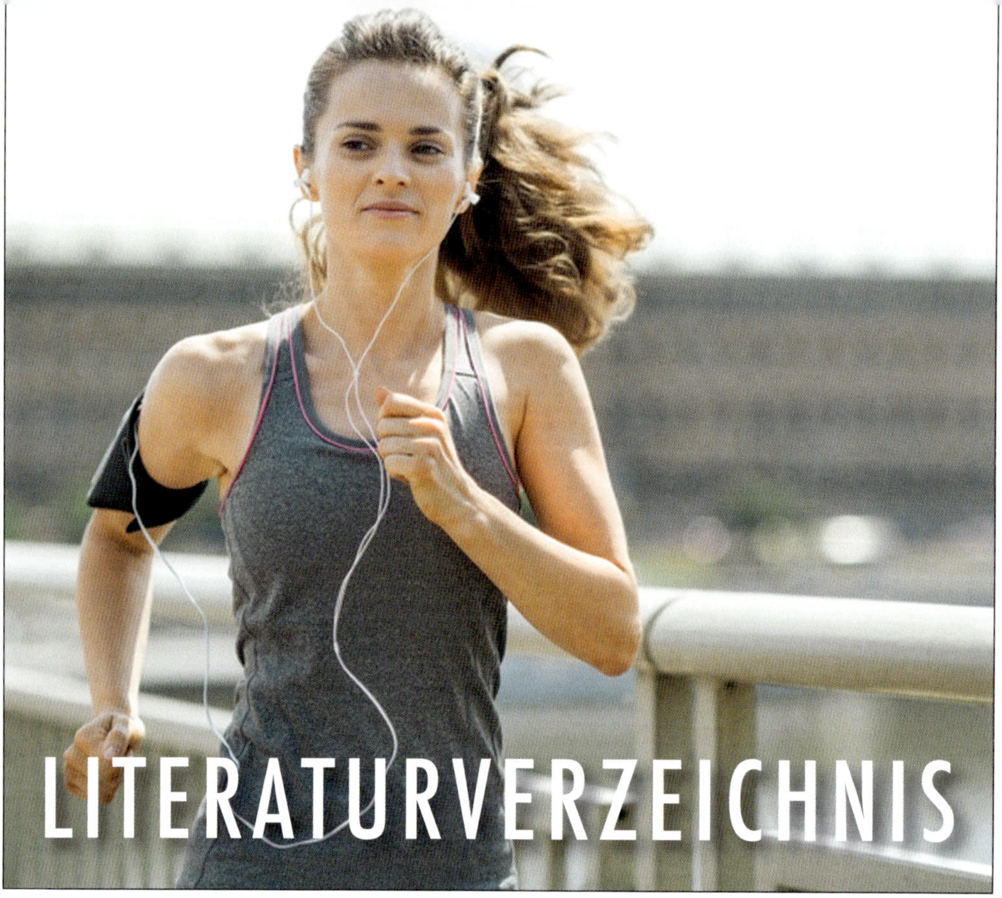

LITERATURVERZEICHNIS

Alfermann, D.: Anwendungsfelder. In: Gabler, H./Singer, R./Nitsch, J.R.: Einführung in die Sportpsychologie. Teil 2, Meyer & Meyer Sport, Schorndorf, 1993.

Amler, W./Bernatzky, P./Knörzer, W.: Integratives Mentaltraining im Sport. Meyer & Meyer Verlag, Aachen, 2006.

Association for Applied Sport Psychology Resources – http://www.appliedsportpsych.org/resource-center/

Australian Sports Commission. (2008). Concentration: Brainwaves. Retrieved from http://www.ausport.gov.au/ais/sssm/psychology/brainwaves/factsheets/concentration

Balague, G.: Three perspectives on female motivation. In: Championship Performance 11(128), 2007, S. 2.

Bandura, A.: Lernen am Modell. Klett, Stuttgart, 1976.

Baumann, S.: Psychologie im Sport. Psychische Belastungen meistern. Mental trainieren. Konzentration und Motivation. Meyer & Meyer Verlag, Aachen, 2015.

Baumann, S.: Psyche in Form. Sportpsychologie auf einen Blick. Meyer & Meyer Verlag, Aachen, 2011.

Bauer, J.: Kongress »Update on Positive Psychology« in Berlin, 12. bis 13. Juli 2014. Vortrag Bauer am 12. Juli 2014, 11 Uhr: »Das Glück und die Hirnforschung«.

Beckmann, J./Elbe, A.-M.: Praxis der Sportpsychologie im Wettkampf- und Leistungssport. Spitta Verlag GmbH & Co. KG, Balingen, 2008.

Begley, S.: Neue Gedanken, neues Gehirn: Die Wissenschaft der Neuroplastizität beweist, wie unser Bewusstsein das Gehirn verändert. Goldmann, München, 2010.

Beswick, B.: Mental gewinnen. Erfolgsfaktoren im Fußball. onLi-Verlag, Leer, 2011.

Borggrefe, C./Thiel, A./Cachay, K.: Sozialkompetenz von Trainerinnen und Trainer im Spitzensport. Sportverlag Strauß, Köln, 2006.

Brand, R./Ehrlenspiel, F./Graf, K.: Wettkampf-Angst-Inventar WAI. Sportverlag Strauß, Köln, 2009.

Brickenkamp, R.: Handbuch psychologischer und pädagogischer Tests. Hogrefe, Göttingen 2. vollständig überarbeitete und erweiterte Aufl. 1997.

Bücher, N.: Extrem. Die Macht des Willens. Goldegg, Wien, 2011, S. 27.

Caby, F./Caby, A.: Die kleine Psychotherapeutische Schatzkiste. Tipps und Tricks für kleine und große Probleme vom Kindes- bis zum Erwachsenenalter. Borgmann Media, Basel, 2. Aufl. 2011.

Caby, F./Caby, A.: Die kleine Psychotherapeutische Schatzkiste – Teil 2. Weitere systemisch-lösungsorientierte Interventionen für die Arbeit mit Kindern, Jugendlichen, Erwachsenen oder Familien. Borgmann Media, Basel, 2011.

Crowcroft, S.: Kagami Golf. Der natürliche Weg zu gutem Golf, Franckh Kosmos Verlag, Stuttgart, 2005.

Csikszentmihalyi, M.: Flow im Sport. Der Schlüssel zur optimalen Erfahrung und Leistung. blv, München, 2000.

Deci, E. & Ryan, R. (2000): The "What" and "Why" of Goal Pursuits: Human Needs and the Self-Determination of Behavior. Psychological Inquiry, 11(4), 227–268, https://psycnet.apa.org/record/2001-03012-001

Dr. Putt: Yips and Choking: Not the same! URL: www.drputt.com/deardrputt/Yips.php (06.08.2009)

Dweck, C. (2009). Mindsets: Developing Talent through a Growth Mindset. Olympic Coaching Magazine, 21(1), 4–7.

Dweck, C. (2015). Carol Dweck Revisits the 'Growth Mindset.' Education Week, 35(5), 20–24.

Carol Dweck (2017) Selbstbild: Wie unser Denken Erfolge oder Niederlagen bewirkt | Mit Growth Mindset zu mehr Selbstbewusstsein. Piper Taschenbuch; 5. Edition

Eberspächer, H.: Ressource Ich: Der ökonomische Umgang mit Stress. Hanser, München, 2004.

Eberspächer, H.: Mentales Training. Ein Handbuch für Trainer und Sportler. Sportinform, München, 1995, S. 27–28.

Eberspächer, H.: Mentale Trainingsformen in der Praxis. Ein Handbuch für Trainer und Sportler. Sportinform, München, 1995.

Eberspächer, H.: Mentales Training. Das Handbuch für Trainer und Sportler. Copress München, 2001, 7. Aufl 2007.

Eberspächer, H.: Sportpsychologie. Grundlagen, Methoden, Analysen. Rowohlt, Hamburg, 1993.

Eberspächer, H.: Gut sein, wenn's drauf ankommt – Die Psycho-Logik des Gelingens. Hanser, München, 2008.

Frester, R./Wörz, Th.: Mentale Wettkampfvorbereitung. Ein Handbuch für Trainer, Übungsleiter, Sportlehrer und Sportler. Vandenhoeck & Ruprecht, Göttinge,n 1997, 2. Aufl. 2003.

Friese, R.: Fernando Alsonso: So tickt der McLaren-Pilot. In: Formula 1.com, 27.5.15. http://www.motorsport-total.com/f1/news/2015/05/fernando-alonso-so-tickt-der-mclaren-pilot-15052701.html (zugegriffen: 19.6.2015).

Gallwey, W. T.: Inner Game Golf. Die Idee vom Selbstcoaching. Alles Im Fluss Verlag, Staufen, 3. Aufl. 2007.

Gallwey, W. T.: The inner game of tennis. Die Kunst der entspannten Konzentration. New School, Königswinter, 2. Aufl. 2003, S. 29.

Gardner, F. L., & Moore, Z. E. (2017). Mindfulness and Acceptance Models in Sport Psychology: A Decade of Basic and Applied Scientific Advancements. Canadian Psychology/Psychologie Canadienne, 58(4), 309-318. DOI: 10.1037/cap0000115. This article discusses the application of mindfulness and acceptance in sports.

Gold, Dr. T.: Gesundes Führen für Trainer – sich selbst und die Athleten. http://www.baspo.admin.ch/internet/baspo/de/home/ehsm/nachwuchs-_und_spitzensport/trainerbildung/tagungen/berufstrainerausbildung.parsys.35568.downloadList.32220.DownloadFile.tmp/14input3gesundfhrengoldd.pdf. (zugegriffen: 21. Januar 2015)

Hauser, M.: Befreit Golfen. Mit der Goa-Methode zum Erfolg. VAK Verlags GmbH, Kirchzarten, 2003.

Heimsoeth, A.: Mental-Training für Reiter. Müller Rüschlikon, Stuttgart, 2015.

Heimsoeth, A. (2023) Mentale Gesundheit. Wie wir entspannt unsere Leistungsfähigkeit erhalten. Beck kompakt

Heimsoeth, A. (2017) Mentale Stärke: Was wir von Spitzensportlern lernen können. Beck kompakt. S. 118–120

Heimsoeth, A.: Golf mental. Erfolg durch Selbstmanagement. pietsch, Stuttgart, 2014.

Heimsoeth, A.: Mein Kind kann's. Mentaltraining für Schule, Sport und Freizeit. pietsch, Stuttgart, 2013.

Heimsoeth, A.: Mit mentaler und emotionaler Stärke zum Erfolg. In: Brandt, M. (Hrsg.): Sinnstifter. Selbstführung heißt denken, fühlen, handeln. BISW, Krefeld, 2015.

Heimsoeth, A.: Führen durch mentale und emotionale Stärke. In: Brandt, M. (Hrsg.): Sinnstifter. Führen heißt Freiräume schaffen. BISW, Krefeld, 2015.

Heimsoeth, A.: Chefsache Kopf. Mit mentaler und emotionaler Stärke zu mehr Führungskompetenz. Springer Gabler, Wiesbaden, 2015.

Heuler, O.: Jenseits der Scores. Der Weg des Meisters beim Golfspiel. Golf-Forum, Göhren-Lebbin 2002.

Hohmann, A./Lames, M./Letzelter, M. (Hrsg.): Einführung in die Trainingswissenschaft. Limpert, Wiebelsheim, 2. Aufl. 2002.

Hüpper, G.: Handbuch des Golfspiels. Heel, Schindellegi, 1994.

https://www.google.de/url?sa=t&rct=j&q=&esrc=s&source=web&cd=&ved=2ahUKEwjWrJT72sSEAxVGavEDHSvDBT8QFnoECBkQAQ&url=https%3A%2F%2Fwww.apadivisions.org%2Fdivision-47%2Fpublica tions%2Fsportpsych-works%2Fconcentration-and-attention.pdf&usg=AOvVaw3Or1B3Y31LDYV8sfmaZgm2&opi=89978449, pdf abgerufen am 24.02.2024

Kahn, O.: Ich. Erfolg kommt von innen. Goldmann, München, 2010, S. 51–55; 73; 165.

Kahneman, D. (2011). Thinking, fast and slow. Farrar, Straus and Giroux.

Knobloch, J.H.: Psychologischer Stress in der Vorwettkampfphase. In: Gabler, H. u. a., Praxis der Psychologie im Leistungssport. Bartels und Wernitz, Berlin, 1979.

Kratzer, H.: Psychologie für Sportschützen. epubli GmbH, Berlin, 2013

Lau, A./Stoll, O./Wahnelt, S.: Mentales Training im Basketball. Ein Handbuch für Spieler und Trainer (Mentale Trainingsformen im Sport 2). Afra, Butzbach-Griede,l 4. Aufl. 2002.

Liggett, D.: Sporthypnose. Eine neue Stufe des mentalen Trainings. Carl-Auer Verlag, Heidelberg, 2004

Lindemann, H.: Einfach entspannen – Psychohygiene-Training. Heyne, München, 1985.

Lindemann, H.: Überleben im Stress. Autogenes Training. Mosaik-Verlag, München, 1975.

Linz, L.: Erfolgreiches Teamcoaching. Meyer & Meyer Verlag, Aachen, 2004.

Loehr, J.E.: Mental-Training. BLV, München, 1988.

Loehr, J.E.: Die neue mentale Stärke. Sportliche Bestleistung durch mentale, emotionale und physische Konditionierung. BLV, München/Wien/Zürich,3. Aufl. 2001.

Loehr, J.E.: Persönliche Bestform durch Mentaltraining für Sport, Beruf und Ausbildung. BLV, München/Wien/Zürich, 1991.

Lötscher-Gugler, H.: Lernen mit Zauberkraft. Patmos, 2008.

Martens, R.: The sport competition anxiety test. Human Kinetics, Champaign, Illinois, 1977.

Martens, R.: Coaches guide to sport psychology. Human Kinetics, Champaign, Illinois, 1987.

Mc Cord, G.: Beim Golf putten, chippen und pitchen für Dummies. WILEY-VCH, Weinheim, 2009.

Merullo, R.: Golf ist eine Leidenschaft fürs Leben. BLV, München/Wien/Zürich 2001.

Müller, C.: Spiele werden im Kopf entschieden. Erfolgsgeheimnisse der Stars. Egmont vgs, Köln, 2004.

Müller, I./Hogräfer, A.: Gezielte Entspannung für den Golfer. Christians, Hamburg, 1994.

Müssig, P.: Erfolg ist Kopfsache. Sportliche Herausforderungen meistern. pietsch, Stuttgart, 2010.

Muras, U.: »Mutter aller Niederlagen«: Man United gegen Bayern 1999. 30. März 2014. http://www.bundesliga.de/de/wettbewerbe/champions-league/news/2013/die-mutter-aller-niederlagen-das-legendaere-finale-1999-manchester-united-gegen-bayern-muenchen.php. (zugegriffen: 28. Mai 2015).

Murphy, M.: Die Kunst, den Ball zu schlagen. Golf und Psyche. Piper Verlag, München, 2002.

Nagelsmann überrascht mit genauer Aussage: „Burnout? Mein Risiko ist bei null Prozent", https://www.tz.de/sport/fc-bayern/nagelsmann-fc-bayern-muenchen-trainer-burnout-aussagen-gesundheit-91463192.html, abgerufen am 01.03.2024

Neumann, J.: Autogenes Golf. BLV, München/Wien/Zürich, 2000.

Nideffer, R. & Sagal, M. (2006). Concentration and attention control training. In J. M. Williams (Ed.), Applied sport psychology: Personal growth to peak performance (pp. 382 – 403). New York, NY: McGraw-Hill.

Nideffer, R.M.: The Inner Athlete. Mind Plus Muscle for Winning. Cromwell, New York, 1976.

Nittinger, N.: Psychologisch orientiertes Tennistraining. Neuer Sportverlag, Stuttgart, 2008.

Peters, B.: Führungsspiel. Menschen begeistern, Teams formen, siegen lernen. Nutzen Sie die Geheimnisse des Spitzensports. Ariston, München, 2012.

Peters, Bernhard, Hermann, Hans-Dieter, Müller-Wirth, Moritz „Führungsspiel. Menschen begeistern, Teams formen, Siegen lernen. Nutzen Sie die Erfolgsgeheimnisse des Spitzensports", Ariston Verlag, München, 2012, S. 61.

Pfeffer, A./Pridun, C.: Locker sein, aber nicht locker lassen. In: WirtschaftsBlatt, 29.10.2009. http://wirtschaftsblatt.at/archiv/1121259/index. (zugegriffen: 21. Januar 2015).

Railo, W./Storck, M.: Besser sein, wenn's zählt: Wegweiser zum Erfolg im Sport und Beruf. Friedberg, Pagina Verlag 1986.

Reddemann, L.: Imagination als heilsame Kraft. Zur Behandlung von Traumafolgen mit ressourcenorientierten Verfahren (Leben Lernen 141). Stuttgart, Klett-Cotta 2007.

Reisenzein, R./Meyer, W.-U./Schützwohl, A.: Einführung in die Emotionspsychologie. Band III. Kognitive Emotionstheorien. Huber, Bern, 2003.

Retzer, A.: Passagen. Systemische Erkundungen. Klett-Cotta; Stuttgart, 2002.

Rheinberg, F.: Motivation. In: Grundriss der Psychologie, Band 6, Verlag W. Kohlhammer, Stuttgart/Berlin/Köln, 1995.

Rheinberg, F.: Intrinsische Motivation und Flow-Erleben. In: Heckhausen, J. & Heckhausen, H. (Hrsg.), Motivaton und Handeln. Kapitel 13. Springer, Berlin, 3. überarb. u. akt. Aufl. 2006.

Rotella, B.: Golf ist Selbstvertrauen. Besseres Handicap durch mentale Stärke. BLV, München/Wien/Zürich, 3. überarb. Aufl. 2005.

Rotella, B.: So putten Sieger. BLV, München/Wien/Zürich, 2002.

Rudolph, U.: Lehrbuch Motivationspsychologie. Beltz PVU, Weinheim, 2002.

Ruhland, M./Steigenberger, D.: »Wir lernen nur durch Scheitern«. Interview mit Reinhold Messner. In: Süddeutsche Zeitung, 17. Mai 2010.

Savoie, J.: Positiv denken – Erfolgreich reiten. Mit Mentaltraining zum persönliche Sieg. Kosmos, Stuttgart, 2006.

Schack, T./Whitmarsh, B./Pike, R./Redden, C.: Routines. In: Taylor, J. / Wilson, G. (Hrsg.). Applying Sport Psychology: Four Perspectives, Champaign, Human Kinetics 2005, S. 145.

Schützenhöfer, L.: PsychoGolf. Erfolg mit dem Schwung des Unbewussten. Leykam, Graz, 2007, S. 40–47.

Stavemann, H.: Integrative KVT: Die Therapie emotionaler Turbulenzen. Beltz, Weinheim, 2014.

Stoll, O./Ziemainz, H.: Mentaltraining im Langstreckenlauf. Czwalina, Hamburg, 4. Aufl. 2009.

Storch, M.: Die Arbeit mit dem Unbewussten messbar machen. In: Klein, D./Weyerstraß, H. (Hrsg.), Jung heute, Verlag cgjung.com, 2009, S. 7–8.

Storch, M.: Mottoziele, S.M.A.R.T.-Ziele und Motivation. In: Birgmeier, B. (Hrsg.), Coachingwissen. Denn sie wissen nicht, was sie tun? VS Verlag für Sozialwissenschaften/ GWV Fachverlage GmbH, Wiesbaden, 2009, S. 7–10; 17–19.

Slalom-Ass Straßer: „Immer bei sich bleiben", https://www.zdf.de/nachrichten/sport/sportstudio-kitzbuehel-gewinner-linus-strassen-100.html, abgerufen am 28.01.2024

http://www.sueddeutsche.de/leben/reinhold-messner-wir-lernen-nur-durch-scheitern-1.335957. (zugegriffen: 22. Januar 2015).

Taylor, J./Schneider, T.: Mentales Training für Triathleten und alle Ausdauersportler. Sportwelt Verlag Nicole Luzar, Betzenstein, 2007.

Terry, P.: Mental zum Sieg. Ängste erkennen. Motivation steuern. Sportliche Leistung steigern. BLV, München/Wien/Zürich, 1990.

Terry, P.: Selbstvertrauen. 10 Schritte zur vollkommenen Selbstsicherheit. Edition XXL GmbH, Fränkisch-Crumbach, 2008.

Thiel, A./Maxer, J./Digel, H.: Gesundheit und Spitzensport. Sozialwissenschaftliche Analysen. Hofmann, Schorndorf, 2010.

Thomas, O., Mellalieu, S. D., & Hanton, S. (2009). Stress management in applied sport psychology. In B. W. Brewer (Ed.), Sport psychology (pp. 267-290). Wiley-Blackwell. This chapter discusses various stress management techniques applicable in sports.

Tin Cup: DVD, Warner Brothers 1996. NR. 7321921143182

Unestahl, L. E.: Golf-Training Mental. E. Albrecht VerlagsKG, München, 1993.

Vaitl, D./Petermann, F.: Handbuch der Entspannungsverfahren. Band Grundlagen und Methoden. Beltz, Weinheim, 2. Aufl. 2000.

Vernacchia, R. (2003). Inner strength. Palo Alto, CA: Warde Publishers, Inc.

Wann, D.L.: The Head and Shoulders Sport Confidence Project: An examination of the confidence of novice, intermediate, and advanced skilled athletes. In: North American Journal of Psychology 15, 623–634.

Weidig, T.: Das Trainerverhalten in Spiel- und Wettkampfpausen auf dem Prüfstand, Inaugural-Dissertation, Fakultät für Psychologie der Ruhr-Universität Bochum, 2009.

Weigelt, M./Steggemann, Y.: Training von Routinen im Sport. In: Zentgraf, K./Munzert, J. (Hrsg.), Kognitives Training im Sport. Hogrefe, Göttingen, 2014, S. 92, 98–99, 108.

Weinberg, R., & Gould, D. (2019). Foundations of Sport and Exercise Psychology (7th ed.). Human Kinetics. This text provides a comprehensive overview of sport and exercise psychology, including techniques for managing performance anxiety.

Weinberg, R.S./Butt, J.: Goal setting in sport and excercise domains: The theory and practice of effective goal setting. In: Hackfort, D. (Hrsg.), Handbook of research in applied sport and exercise psychology: Internal perspectives. WV: Fitness Information Technology, Morgantown, 2005, S. 129–144.

Weineck, J.: Optimales Training. Leistungsphysiologische Trainingslehre unter besonderer Berücksichtigung des Kinder- und Jugendtrainings. Spitta, Balingen, 12. Aufl. 2002.

Weiner, B.: Motivationspsychologie. Psychologie Verlags Union, Weinheim, 3. Aufl. 1994.

Wörz, T.: Mentales Golf. Das Praxisbuch. BLV, München/Wien/Zürich, 2003.

Wörz, T.: Die mentale Einstellung. Egoth, Wien 2011, S. 194–204.

Woods, T./Kölbing, A.: Tiger Woods: So spiele ich! blv, München, 2006.

Wortmann, S.: Deutschland. Ein Sommermärchen. Das WM-Tagebuch. Kiepenheuer & Witsch, Köln, 2006.

Würth,S./Saborowski, D./Alfermann, D.: Soziale Einflüsse auf die Karriereübergänge bei jugendlichen Athletinnen und Athleten – Zusammenfassung der Ergebnisse. In: dvs-Informationen 16, 2001, S. 40–41.

ZERLAUTH, T.: Sport im State of Excellence. Mit NLP und mentalen Techniken zu sportlichen Höchstleistungen, Junfernmann, Paderborn, 1996.

Zimbardo, P.G./Gerrig, R.J.: Psychologie. Springer, Berlin, 7. Aufl. 2003.

Weitere Bücher von und mit Antje Heimsoeth

Antje Heimsoeth: Frauenpower: Mentale Stärke für Frauen, Springer Gabler Verlag, 2018

Antje Heimsoeth: Mentale Stärke: Was wir von Spitzensportlern lernen können, C. H. Beck, 2017.

Antje Heimsoeth: Kopf gewinnt! Der Weg zu mentaler und emotionaler Führungsstärke, Springer Gabler Verlag, 2017.

Antje Heimsoeth: Persönlichkeit verkauft:
Mentale Stärke und Motivation im Verkauf
Verlag: C. H. Beck, 2018

Impulse für ein Leben in Balance. Jünger Medien Verlag, Offenbach 2014 (Kap.: Mit mentaler Stärke zu mehr Work-Life-Balance).

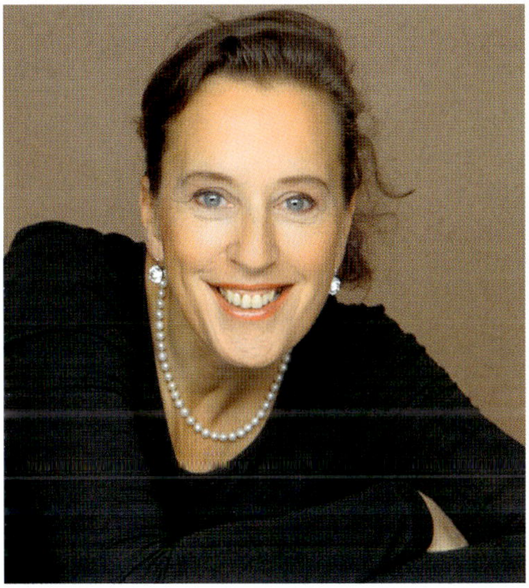

Über die Autorin

Antje Heimsoeth, Jahrgang 1964. 2003 gründete sie als Vermessungsingenieurin ihr eigenes Unternehmen – Heimsoeth Academy. Heimsoeth gehört zu den bekanntesten Mental Coaches im Bereich der persönlichen Weiterentwicklung und der Strategien für Spitzenleistungen im deutschsprachigen Raum. Sie coacht und trainiert als Business-, Mental- und Performance Coach Führungskräfte, Unternehmer, Vorstände, Politiker und Wirtschaftspersönlichkeiten. Ihre Erfahrung mit über 500 internationalen Konzernen, DAX-Unternehmen und traditionsreichen Mittelständlern sowie zahlreichen internationalen Spitzensportlern – in ihrem Klientenkreis befinden sich zahlreiche Olympiasieger und Weltmeister, deutsche und internationale Sportteams und Bundestrainer – machen sie zu einer der gefragtesten Vortragsrednerinnen auf Kongressen und Veranstaltungen in Deutschland, der Schweiz, Österreich, Nepal, Russland, China und Luxemburg. Sie stand auf einem der berühmtesten roten Teppiche dieser Welt: dem von TED Conferences.
Sie bildet heute Trainer*innen aus, die ihre Inhalte und Methoden auf der ganzen Welt vermitteln.

Antje Heimsoeths Veröffentlichungen in bekannten Verlagen, wie u. a. Haufe, C.H. Beck und Springer-Gabler, unterstreichen ihre Fachkompetenz. Sie hat bisher 13 Bücher geschrieben.

Mit ihren Büchern und Vorträgen hat sie über 850.000 Menschen erreicht.

Aus der Praxis, aus dem wahren Leben, ohne Schnickschnack!
Antje Heimsoeth versteht es, mit ausdrucksstarken Zitaten und Bildern und vielen persönlichen Beispielen, unter anderem aus dem Sport, ihre Aussagen ganz klar auf den Punkt zu bringen, einfach und verständlich. Sie vermittelt klare Botschaften. Was ihr besonders am Herzen liegt: Respekt, Vertrauen, Wertschätzung, warme Menschlichkeit.
Ihr Wunsch ist es, weltweit so vielen Menschen wie möglich dabei zu helfen, mehr Mentale Stärke und Lebensfreude entwickeln zu können.

Mehrfach ausgezeichnete Keynote-Speakerin (Speaker des Jahres 2021, ›Vortragsrednerin des Jahres 2014‹) und ehemalige Leistungssportlerin. Bei Managern und Medien gilt sie als ›renommierteste Motivationstrainerin Deutschlands‹ (FOCUS). Gastrednerin an Universitäten. Das renommierte ERFOLG Magazin aus dem Backhaus Verlag zählt Antje Heimsoeth zu den 500 bedeutendsten Persönlichkeiten der Erfolgswelt. Ende 2019 wurde sie zum Senat der Wirtschaft berufen und so Teil eines exklusiven Kreises von Persönlichkeiten aus Wirtschaft, Wissenschaft und Gesellschaft.

Mit ihrer Expertise geht sie häufig auf Sendung bei Fernsehsendern wie RTL Aktuell, n-tv, Sky, BR, nrw.tv, Hamburg1 und RFO, in Zeitungen wie F.A.Z., WELT und WELT AM SONNTAG sowie bei Radiosendern wie Bayern 3 – Frühaufdreher, Sport1, BR und ManagementRadio.

Weltweit tätig. Infos und Seminare unter
www.heimsoeth-academy.com
www.antje-heimsoeth.com

Antje Heimsoeth, Heimsoeth Academy
Schützenstraße 24 · D-83024 Rosenheim
E-Mail: info@antje-heimsoeth.de
M +49 (0) 171 6163194

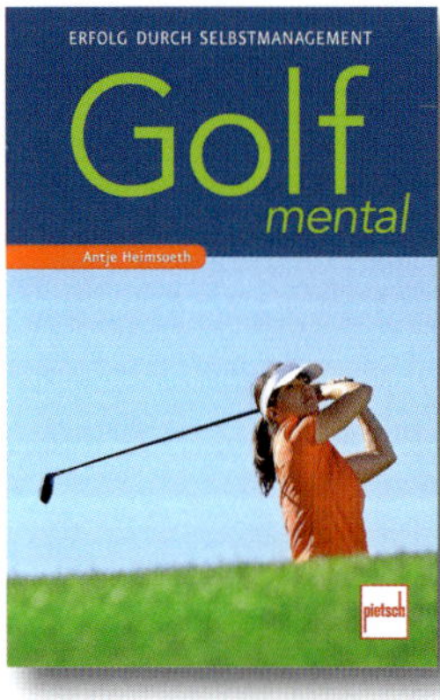

Antje Heimsoeth
Golf mental – Erfolg durch Selbstmanagement

136 Seiten, 120 Abbildungen
Format 140 x 205, broschiert
ISBN 978-3-613-50772-2
Preis 19,95 € / € (A) 20,60

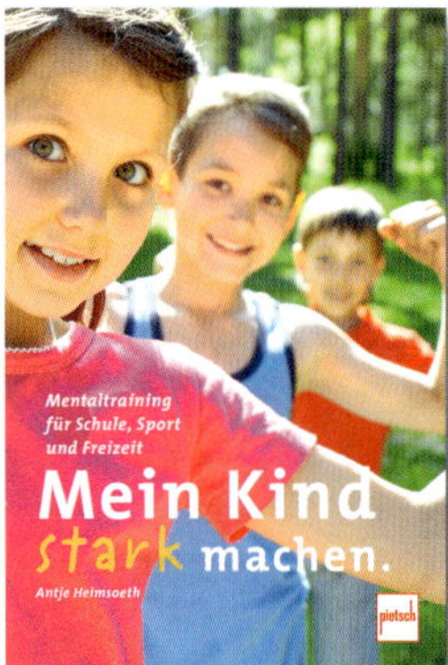

Antje Heimsoeth
Mein Kind stark machen: Mentaltraining für Schule, Sport und Freizeit

192 Seiten, 130 Abbildungen
Format 170 x 240, broschiert
ISBN 978-3-613-50899-6
Preis 19,95 € / € (A) 20,60

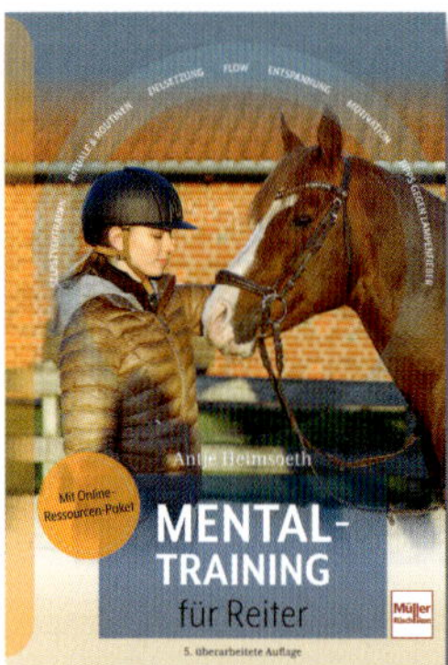

Antje Heimsoeth
Mentaltraining für Reiter

192 Seiten, 140 Abbildungen
Format 170 x 240, broschiert
ISBN 978-3-275-02285-4
Preis 24,90 € / € (A) 25,60

Stand Juli 2024
Änderungen in Preis und Lieferfähigkeit vorbehalten.

Überall, wo es Bücher gibt oder unter
WWW.MOTORBUCH-VERSAND.DE

pietsch